諮商技術與實務

五南圖書出版公司 印行

自序

　　想要寫一本關於諮商技術與實務的書，其實起因於這些年來所教授的課程，因為發現研究生實習或是畢業後在實務工作上的欠缺，感受到系所將學生放出去應該要有一種保證、或品管，因為我們服務的對象是人、是活蹦亂跳的生命，不能不小心謹慎，何況當事人求助時都是處於較為弱勢與低潮的階段，因此用對方式是非常重要的，儘管我們實際的諮商技術與實力其實都是當事人願意讓我們實驗的結果，可是在訓練階段，我們應該也負有當負的責任。而諮商技術通常是最難看到成效的，即便上了一學期諮商技術的課程，我發現準備還是相當不足，我自己接受諮商師訓練前後有十年左右，但是卻發現所謂的技術圓熟，通常是在實務或臨床經驗中不斷琢磨、犯錯與學習而累積下來的，不是一蹴可成！而更重要的是：諮商的關鍵不在於技術，而是在諮商師的專業與用心。在諮商師訓練過程中，我感到困擾最多的是：學生將諮商技術列為評估自己專業能力之首要條件，而忽略了自己身為一個人、一個助人者的角色！因此，我總想說服學生或準諮商師們，先看看自己、再想協助他人，學習諮商（以及其他）最大的受益者是自己，特別是可以有勇氣先看見自己、面對自己、思考自己為何要選擇諮商這一行？是我們的專業引導我們使用的技術，而不是技術凌駕於專業與人性之上！

　　儘管我的大聲疾呼，到底收效如何還不清楚，也許每位學習諮商的人都有自己的一套生活與生涯哲學，我所體認的不一定就是唯一真理！雖然我認為專業與人性領導技術，然而還是要顧及現實面，與現狀做一些妥協。在諮商師訓練過程裡所遭遇的一個困境就是：國內相關臨床的

諮商技巧書籍極為欠缺，而在學術文獻裡也很少見到，使得在進行諮商師養成訓練時，沒有合適的教科書可以參照，偶而或有列出治療過程的逐字稿，但是還是不多，總需要教師自己上場示範，可是這也只能讓學生見識到技巧的某些用法，或是諮商師本身的詮釋而已，也不夠周全與多樣！促成此書的另外一個原因是這一學期上研究所新生的課，雖然只是七個人的小班級，但是卻常常變成覺察與感動的課程，起初我也不太清楚為什麼課程會變調？後來發現最重要的原因是：學生很認真在做功課，所以感觸特別深。也因為如此，我希望可以將這學期課程的過程做一個實務紀錄，也將自己這些年來的學習做個反思，在本書進行的同時也將心得與收穫做分享。就如同各派理論一樣，諮商技術也是經由個人的不同解讀與運用，而有了新的詮釋與生命，呈現在本書中的一些想法也呼應了這個樣態。

與許多準諮商師接觸的經驗裡，我不斷聽到他們說自己技術不佳，所以在處理當事人問題時，常常覺得左支右絀、配備不夠，但是身為一個諮商學習者，我的看法是：技術固然重要，但是並不能造就有效的諮商師，主要還是治療師本身對於協助專業的熱情、願意心虛求進、為當事人謀求福祉的善意。因此，雖然本書以「諮商技術」為書名，我並不希望讓讀者誤解「技術勝於一切」的謬思。諮商技術其實隱於生活之中，因此我會在每一章節末附有「家庭作業」，許多都可以在日常生活中練習與運用；我常常覺得學習諮商的最大受益者是自己，而所謂的諮商理念與技術能夠融入到個人生活層面，才是所謂的「諮商人」，也鼓勵同學將所學的運用在自己身上，倘若有效，不僅會更有信心，使用的機會也會增加，也能讓自己的專業更圓熟。

其實要用筆「寫」技巧真的是難度太高，這一本書應該不是像食譜一樣的工具書，將運用步驟鉅細靡遺地列出。本書所謂的「諮商技術」是指一般技術而言，也是自個人諮商技術出發，未將一些學派的特別技巧放在裡面。本書的寫法會將歷年來我上課的一些作業與心得放進去，

希望是一本容易閱讀的工具書，當然許多技術的運用、甚至創發，都加
入了自己的詮釋，不免有許多不足、遺漏與錯誤，請同業們不吝指正。
而在每一章節後面會附上一些可以執行的作業，以為練習或參考之用。
在本書中將「諮商」與「治療」交互使用，指的意義相同。

　　我的計畫是每年寫一本專業書、一本生活運用，寫專業書其實就是
將自己的閱讀心得與實務做一些報告與交代。最後要感謝五南副總編陳
念祖先生，相信我的能力，願意給我機會將這些訓練與想法變成文字，
與各位同業分享；也感謝責編李敏華小姐的用心及專業，使本書得以順
利付梓。

Contents

目錄

Contents

Contents

Chapter 1
初次晤談

一　諮商專業是從技術進展到與人格的統整

　　諮商的目標在於改變、預防與生活品質的提升（Hackney & Cormier, 2001, p.3），諮商師的功能是協助當事人克服改變、自我引導的障礙，促進心理上的獨立與人際互助，讓當事人可以展現利己，也利社會的自主行動（Doyle, 1998, p.69），或者用更平實的白話來說：讓當事人可以減少痛苦感受、增加問題解決的能力、減少不適應行為，以及增進自信或自尊（Martin, 2000, p.89）。諮商有所謂的「過程目標」（process goals）與「結果目標」（outcome goals）（Hackney & Cormier, 1994, pp.130-132），前者是建立有助於當事人改變的治療條件，由治療師負全責，後者指的是當事人所欲達成的治療目標，可以由治療師與當事人共同協商；然而即便是過程目標，不應該只是諮商師負全責，而是需要當事人參與和合作，要不然治療師也是「一木難支大廈」，況且治療的最終目標是當事人可以在走出諮商室之後更有應對生活的能力，當事人在治療過程中從被動立場慢慢轉為主動的「改變媒介」（change agent），所謂的治療效果才慢慢彰顯。結果目標應該是具體的「操作行定義」（operational definition），也就是可以明確評估其效果的（包括行為、所需條件、與完成或成功程度）（Hackney & Cormier, 1994），而過程目標就是小步驟的規劃與執行，讓最後的大改變（結果目標）成為可能。諮商目標的擬定會在稍後再詳述。

　　由於諮商是一種專業（profession），而所謂的專業指的是經過一段時間的系統訓練（如大學、研究所或其他專業訓練課程），通過認證（如諮商師證照考試）而取得的資格。諮商師的早期訓練較關注於自我本身以外的事物（包括技巧），漸漸地隨著專業成長與成熟，才慢慢將焦點轉移到自己本身身為協助者的內在品質上（Hackney & Comier, 2001, p.19），也就是說，成為一位資深圓熟的諮商師初期可能會較重於自身技術的層面，而沒有想到技術與自身性格、人生哲學的相關與可能整合，而隨著生命經驗與智慧及臨床實務的累積，慢慢會將技巧與治療師個人生命的許多面向做統整。

　　一位諮商師的養成著實不易，許多資深的諮商師教育者（counselor educators），也就是訓練諮商師的人員，想盡了許多途徑與教學訓練方式，不管是自身經驗的焠鍊，或是觀摩與學習得來，甚至是研究之後的獲得，都希望讓諮商師養成教育可以以更有效、人性、系統的方式進行，也產生更有品質保證的結果（專業性）。諮商師與一般的心理治療比較不同的是——處理日常生活中的困擾——當然諮商師也可以協助處理一些較為嚴重的心理或行為問題，只是諮商師的信念是較為正向、樂觀的，包括：㈠相信當事人有權利成為他們自己；㈡尊重當事人的能力；以及㈢當事人為自己的生命抉擇與行動負責（Long, 1996, p.68），換句話說，就是將當事人視為主動、有能力的個體，只是目前遭遇到生活中或自我生命的困境。

　　本章會就諮商的第一關——初次晤談——為主題，探討第一次晤談進行的方式與內容，以及相關的技巧與注意事項。

　　諮商第一次叫做「初次晤談」（intake），基本上會將重點放在資料蒐集上，或是危機處置上，在這個階段，諮商師需要有不同蒐集資料的技巧，稍後就針對資料蒐集部分作一些敘述與介紹。在初次晤談的當兒，有時候也必須將其當成唯一的一次諮商機會，因為許多當事人可能只有這一次接觸諮商的機會，或是因為諮商師個案量或服務場域的緣故（如在學校單位），只能做一次治療，因此可以將資料儘量蒐集完備，

然後儘速進入諮商主題（或主訴問題）是相當重要的。即使是只做一次治療，蒐集必要的資料還是必須的動作，因為唯有資料蒐集愈齊全，接下來的治療動作才不容易出差錯；當然進行正式諮商之前，也可做相關資料蒐集的動作，不一定要在第一次晤談時才做，而Martin（2000）也提醒大家：固然資料蒐集很重要，但是別忘了諮商師的主要工作是協助當事人，也就是Brems（2001）所提的「過程」與「內容」之間的平衡，因此切忌捨本逐末。本章節只針對初次晤談做鋪陳，而不是以一次諮商為主題。在提及正式諮商的晤談之前，有必要花一些篇幅針對治療關係與其相關議題做一些闡述。

 ## 二　初次晤談的準備

初次晤談對當事人與諮商師來說都是焦慮的情境，即使是老手諮商師在面對每一個新的個案或當事人時，也有許多的不確定與擔心，因此雙方第一次見面，又是在密閉空間這麼親密的接觸下，免不了會有緊張、擔心。新手諮商師有時會擔心當事人「看出」自己的緊張，或是害怕己身能力不足，就佯裝酷，或是刻意壓抑自己的緊張情緒，效果可能適得其反。那麼該如何應對呢？有幾個方式可以提供：

㈠張羅一杯水給當事人，請他／她先進諮商室熟悉一下環境；諮商師自己也可以藉此做做心理上的準備。

㈡在諮商進行之先，與當事人閒話家常，緩一緩氣氛。

㈢表達瞭解當事人的擔心與不安給當事人知道，包括當事人可能會擔心自己說出的事不重要，或是庸人自擾，或是獨一無二，以及面對一個陌生人的正常感受。

㈣告訴當事人你／妳其實也很緊張，因為彼此在此之前是陌生人，擔心無法讓當事人暢所欲言等；對於許多當事人來說，來到治療師前面通常是「最後一搏」的意味濃厚（Bender & Messner, 2003, p.2），而他們也鼓足了相當的勇氣才踏進來，其焦慮與緊張是可以預期的，諮商

師應該表現出熱切、同情與讚許，而不是要嚇壞或嚇退當事人。

㈤可以對當事人說「如果你／妳準備好了，就可以開始。」或是「你／妳隨時都可以開始。」等；Hackney 與Cormier（1994）也舉出幾個可以運用的問句，如：「請讓自己輕鬆地開始。」「你／妳今天想從哪個地方開始？」「你／妳想談什麼就談什麼。」「也許有什麼特殊的事你／妳想討論的」以及「是什麼讓你／妳來諮商的？」（p.60）。我最常使用的開場白是：「有什麼是我可以幫忙的？」而Bender 與Messner（2003, p.23）也特別提醒這樣可能會凸顯了治療師的專業高姿態，對有些當事人來說可能是感覺有威勢，或是讓人害怕的。

㈥倘若當事人是第一次做諮商，不妨將關於諮商的一些注意事項以很平常的話語做簡單介紹，甚至可以請當事人提出問題；這也是所謂的「場面構成」，主要是治療師將諮商關係裡的性質、限制、角色與目標都定義清楚（Hackney & Cormier, 1994, p.59），簡單說來就是將諮商功能與效果、當事人與治療師在治療中的角色與工作、諮商倫理以及時間收費等等議題交代清楚，治療師也必須教育當事人如何做當事人，雖然大部分的治療師忘記了這一點（Kottler & Brew, 2003, p.41），然而為了讓當事人可以從諮商裡獲得更多，或有效利用諮商，這一個動作不能少，因為諮商師不僅要保護當事人的權益，也需要提供讓當事人知道自己權益的相關資訊（Long, 1996, p.137），這當然也包含了教導當事人如何善用諮商。許多機構會以諮商契約做開始，但是只讓當事人讀過契約內容、簽個字就算，卻沒有進一步瞭解其是否清楚所敘述的內容還是不夠，最好是協同當事人一起看契約，或是等待當事人慢慢將契約內容看完，請他／她隨時提問。另外也應該說明諮商一次晤談的時間大概是多長，有些第一次接受諮商服務的當事人不清楚若干機構會有晤談時間或次數的限制，若是事先沒有說明，突然在時間到時說：「我們時間到了。」或是：「下次再談。」可能會讓當事人錯愕、不知如何自處，反而是治療師失職。

㈦如果當事人之前曾經有過諮商經驗，也不妨瞭解一下他／她之前對於

諮商的感受與幫助性如何。

㈧如果當事人在先前的資料表上填了一些關切的議題，不妨詢問當事人想要自哪一個主題開始？或是他／她認為最迫切要解決的是哪一項？

㈨諮商師也可以就自己的專長與熟悉議題領域做一些簡單介紹，甚至也可以談及一般人對於面對陌生人（即便是專家）要說私己事的為難與擔心。在美國的諮商室裡，通常可以看到治療師的背景與資格證書（包括專長領域），這也是展示諮商師專業、或取得基本信賴的一個方式。

 ## 三　初次晤談的幾項工作

初次晤談有一些必須做的工作，不少機構都已經將初次晤談的流程固定，一般說來包含了：建立治療關係、釐清與定義問題、評估，以及契約協商（Culley, 1991, p.11），當然有些諮商取向不以找出問題為首要，而是與當事人共同尋找出解決之道，但是也需要先瞭解當事人所關切的問題或議題。Hackney與Cormier（2001）提醒治療師：瞭解了問題的根源或原因卻不一定就解決了問題，而許多問題的解決之道也與原因無關（p.36），而在諮商現場我也常常碰到當事人喜歡去追溯問題的起源，倘若當事人願意，我也可以傾聽，至少也可以藉此更瞭解當事人對於其問題或困擾的看法與感受，以及所採取的行動、所遭遇的障礙與優勢為何？甚至可以聽到當事人所陳述的「因果關係」，但是基本上我不會只針對當事人所說的原因去追本溯源，而瞭解這些可能原因，有時也有助於解決策略的擬定。譬如有一對母子來做治療，儘管母親認為自己能力不足才造成孩子的行為問題，但是我卻從她的陳述中瞭解了問題的脈絡與歷史，知道其丈夫的威權、專擅，以及自我中心可能是家庭功能失常很重要的關鍵，於是決定邀請其丈夫參與，也將孩子的行為問題重新界定為家庭系統運作失靈的「代罪羔羊」。

Kottler與Brew（2003, pp.98-102）列出初次晤談的幾個步驟：㈠開

場白（簡短介紹諮商師與初次晤談目標），㈡討論基本諮商原則（如倫理、諮商功能與運作、當事人責任），㈢檢視與修正當事人的期待（設立諮商目標），㈣探索目前關切的問題，㈤討論處置計畫，㈥結束（包括未竟問題、選擇治療師、下一次面談時間、總共面談次數等）。需要特別提出的是第三項「檢視與修正當事人的期待」，這可能與當事人不理解諮商功能或是治療師的角色有關，也可能與治療師的取向相關聯；當事人可能是一位母親，她會說希望諮商師「可以讓我的孩子不要吸毒、做一些讓我們傷心難過的事。」這個情況可以做這樣的思考：㈠這位母親是要來做「諮詢」──就是來請教如何協助「第三者」（她的孩子）；㈡如果是要做諮商，那麼治療師要注意的就是「孩子的吸毒、做一些讓我們傷心難過的事」是怎樣影響這位母親的生活的？需要做怎樣的處理較佳？當事人想要達到的目標爲何？因此，在這個案例中治療師要擔任「諮詢」還是「諮商」的工作？都可以與這位母親商量；「諮詢」與「諮商」最終都是協助當事人改變，或改善情況，但是協助的對象不同，前者是協助當事人以外的「第三者」，後者則是直接協助來求助的當事人。

另外一種情況是當事人的期待可能不是治療師能力可及（如「把我的憂鬱症治好，我不要這麼不快樂」），或者是當事人的錯誤期待（如「我朋友說來這裡就可以解決我的問題」），治療師此時就必須與當事人開誠布公，將這些疑惑或誤解做釐清解釋。我之前曾經在一個團體中碰到一種情況：一位初次參加團體的中年離婚女性，在團體中滔滔不絕地數落前夫的不是，占用了其他人的時間，諮商師介入，她卻說：「妳爲什麼不讓我說完？」我做了說明，她依然不能釋懷，也不願意停止，所以我請她也許先去做個人諮商之後才來參加團體更佳，她臨走之前說：「什麼諮商？根本沒有用！」這也許就是當事人不瞭解諮商的意義與功能，治療師也必須在之前要做一些澄清或是說明的動作，甚至是修正治療目標。

四 治療關係的建立

　　治療關係與一般的人際關係一樣，要用心經營與維繫，但是也很容易受到損害，因此更讓諮商師戒慎恐懼。治療關係通常是治療成功的最重要因素（Corey, 2005），而Rogers（1951, cited in Kottler & Brew, 2003, p.77）還特別指出：治療關係最重要的價值就是提供真誠的人際交會。就像老師的教學，雖然學生對某些科目並不一定有興趣，但是會因為老師的緣故而勉力為之，治療關係之於療效也就在於諮商師與當事人信任的關係上。諮商進行之初就必須讓當事人瞭解與釐清治療過程的一切，Doyle（1999）曾就治療中的關係建立提出幾個步驟：㈠讓當事人知道諮商的過程、用途與效果、互動方式以及彼此的責任與工作；㈡弄清楚諮商時間、次數、每一回晤談長度，以及地點，其他關於收費、遲到、取消、缺席或緊急事件的處理；㈢關於諮商倫理相關規則的溝通，包括保密性與限制、治療關係的本質、諮商師資格、治療師與當事人的責任，以及錄音或做研究的限制等（pp.50-51）。這些攸關治療倫理，但是同樣也對諮商關係有重要影響，倘若沒有事先告知，會讓當事人覺得不受尊重，或權益受損，而當事人對於一些限制（如保密）不清楚，會以為治療師洩密、透露自己身分等。之前詢問過許多學習諮商的同學是否願意去找治療師做個人諮商？大部分同學說不願意，理由之一是：「怕諮商師像老師一樣在課堂上拿自己的情況舉例說明。」這也許就是沒有將相關的倫理議題釐清，而這樣的理由又會出現一些迷思待澄清：㈠在諮商師訓練中往往不能拿受訓者的私事做演練或示範，老師就必須以舉例方式來做輔助說明，當然在說明時要將一些可認出的身分資料等都加以掩藏或修改；㈡受訓者只願意看或聽別人的案例，卻不願意將自己的相同經驗提出來，也作為後學者專業進修之用，是否也是自我中心的表現？㈢案例舉隅其目的不是要揭人陰私，而是作為輔佐教材，希望可以藉由相似的人類遭遇，引起共鳴，並且尋求更佳的解決之道；㈣身

為未來的諮商師本身卻不願意接受諮商服務，或是不信任諮商專業，將如何瞭解身為求助者的情境？未來又怎能奢求一般大眾會來尋求專業協助？

當然，當事人本身是否是主動求助的動機也會影響到治療關係、效果與目標的建立（Curwen, 1997），許多諮商師都期待當事人是自動來求助，但是在實際的情況下（如機構所在，或是接受特定機構補助－如勒戒、觀護以及社會福利機構），還是會有許多機會接觸到「非自願」個案，不妨將這些機會當成教育與希望的窗口，可以讓更多普羅大眾有機會接觸之後，相信也願意持續運用諮商專業的服務。

(一)關係建立在第一次接觸就已經啓動

在諮商進行之初，許多諮商學習者都被叮嚀要注意治療關係的建立，因此許多新手諮商師認為是在諮商正式進行時才開始「啓用」，殊不知所謂的「治療關係」是在接觸第一次就開始，而且一直持續到治療結束，在整個治療過程中，「關係」建立也一直持續，當然這其中也會覺察到當事人「測試」諮商關係，以及對治療師的信賴度。即便只是做第一次（或「初次」）晤談（有許多機構是讓新手諮商師擔任這一項工作），也要特別注意，即使最後當事人不是選擇與我做第一次晤談的諮商師為治療師，這也是關乎諮商專業，以及機構的專業形象與聲望，不容輕忽！何況在目前心理衛生積極拓展宣導的現在，儘管大部分民眾基於傳統「家醜不外揚」的習慣，不願意尋求外面專業人員的協助，諮商治療專業還在努力尋求認同的情況下，關係之為大矣！那麼，怎樣的治療關係才是好關係？至少當事人要覺得安全、被尊重、有價值與被瞭解（Kolttler & Brew, 2003, p.71），也就是營造一個感覺舒適的環境與氛圍是很重要的（Bender & Messner, 2003, p.23），雖然在這一章我沒有特別提到治療室的硬體設備或裝潢，但是環境的亮度與舒適，以及隔音是否適當也都是需要注意的。

如果諮商師本身是獨立營業，或是有獨立工作室，許多事可能事必

躬親，也因此與當事人的「第一類接觸」就顯得格外重要！有時只是第一通電話，就可以決定當事人是否願意運用這個中心（或諮商師）的服務，主要的原因就是「關係」。諮商師接到潛在當事人的第一通詢問電話時，可能就已經開始諮商治療的工作，也就開始了治療關係。這一通詢問電話可能只是詢問一下意見或是諮詢，若是情況嚴重，或是當事人決定需要面對面談，才有進一步接觸的可能性，所以這一通電話可不要搞砸了。諮商當然也是服務大眾的一個機構，有時候雖然沒有承攬到工作（或業務），但是可以在電話中先做諮詢瞭解、轉介到更適當的機構（或治療師處）作處理，這也是吻合當事人福祉的專業倫理。

我之前在美國西部一家私人心理診所服務，有一週老闆出門度假，由我留守中心業務，期間就曾經接到一通潛在當事人詢問的電話，當時還有一番曲折呢！當事人一聽到我的口音，就說明：「我要找一個會說英文的諮商師。」我就回道：「我說英文，而且從剛才到現在妳都聽得懂我說的不是嗎？」

「我要一個會說英文的美國諮商師。」對方道。

「當然！」我同意她的要求：「我們有會說英文的美國諮商師，只是目前她出去度假，要在○日才會回來，妳方便的話，我先把妳的一些基本資料留下來，等她回來之後再與妳聯絡。」

「好。」對方道，也留下了基本資料。

對於這個案件的處理，牽涉到當事人隱含的種族歧視，但是我不是站在私人的立場，而是在中心的立場，因此就不能感情用事，必須要處理得當。一來讓當事人的需求（求助）可以獲得滿足，二來也要不卑不亢、維持自己的自尊心，以及專業的立場。獨立作業的諮商師可能需要擔負生意上的盈虧，對於自己的服務品質應該要求更嚴。

在接電話時，還可以將當事人關切的議題，以及機構的服務項目作對照，若是符合機構所提供的服務項目，下一步就可以就當事人的基本資料、關切問題的相關背景作一些瞭解，這樣子也可以省去許多時間，而也不需要等到當事人出現才開始探詢或蒐集其相關背景資料。

電話、電子郵件或是其他媒介的溝通，不只是針對潛在當事人，以及其相關友人，因爲心理健康的服務是由許多機構與專業所組成，因此彼此之間的聯繫也相當重要。因爲時空便捷之故，不需要親身往返的時間，偶而轉介個案，或是在做團隊的工作時，互相的聯繫與溝通，不只有助於對當事人的服務、增進彼此的合作關係與效果，也爲未來的合作奠立了基礎。

(二)治療過程中的關係

❶ 未曾碰觸的問題不是問題

當事人進入諮商或是治療場域，都帶著他／她所擔心或試圖解決的問題來，而許多時候是在近乎絕望的情況下求助，也就是走到生命最底端、不知未來在哪裡的時候才會出現，因此與治療師約時間見面本身就是相當需要勇氣的動作，而諮商師也可以預期將會遭遇到比較難處理的生命情況。而在第一次見面時，很重要的是去傾聽與瞭解當事人所關切的議題，甚至諮商師要有開放的心胸，願意接受許多意想不到的當事人或呈現的問題。新手諮商師比較擔心的是接到一些自己沒有處理過的個案，我常常說：「這就是『新手』！」因爲在諮商師訓練課程裡可以接觸的個案通常是隔了一層，既不是老師舉的案例，也不是現場的角色扮演，而在實習場所一切都是眞槍實彈、眞實案例與當事人，必須要去面對，這也是諮商師實際臨床經驗的開始，因此「沒有接觸過的個案」不是藉口！再者，人生經驗每個人不同，諮商師當然時間與能力有限，不可能一一經歷人生的經驗，然而卻可以以相似的經驗去做連結或同理，協助當事人從不同角度去看與思考問題。這一點也提醒了諮商師：必須要去拓展自己的生命經驗，也許不是第一類的直接接觸，但是可以經由他人故事或傳記、電影等方式來瞭解人世間的實際。

❷ 接納與瞭解是不二法門

許多新手諮商師在開始面對當事人時，所使用的諮商技巧都是最入門的，也就是Rogers的三大核心條件（無條件積極關注、同理心、真誠一致）所衍生的技術。即便是資深的治療師也深覺得要做好這三大核心條件，可不是一件容易的事！主要的重點不在於技術，而是先備的一些認知與態度，包括接納當事人是一個獨特的個體，他們的經驗都是有價值的，應該受到重視，而「接納」與「瞭解」就是建立治療關係的不二法門，治療師最重要的功能也在於傳達這些接納與瞭解給當事人知道（Culley, 1991）。接納是一種修養與訓練，涉世未深的新手諮商師，因為生命經驗有限，也有自己經過長久教育或訓練的沿襲與思考，對於新的經驗或是事物會先以自己既定的思考模式（或基模）去瞭解與測試，基本上會較堅持自己原有的思慮或認知，比較不容易去接受新的事物，這些也都是可以學習的；而「知所不足」是學習極大的動力，也說明了治療師的「自我覺察與反省」相當重要。因此提醒自己：這個我不知道，也就是可以學的，那麼就請知道的當事人告訴我，我就好好趁機學習吧！

❸ 傾聽、傾聽、再傾聽

一般諮商師都曾經想要在短短時間內就協助當事人解決困境，所以在治療初期就已經開始為當事人積極尋求解決之方，有時候在未充分瞭解情況的前提下就做這些動作，其實過於急躁，有時也會嚇退當事人。因此最好的方式就是「放下」去聽，聽得懂、聽得到重點是最重要的。倘若不知道如何協助當事人，唯一的方法就是「聽」當事人說什麼。

訓練諮商師的第一關就是養成傾聽的能力與習慣，往往這一關就需要經過很長時間的錘鍊，新手諮商師容易在理解當事人的過程中受困於自己的想法與訓練框框，急著要去做回應，甚至替當事人解決面臨的挑戰或問題，但是倘若沒有足夠同理、深入內裡的傾聽做先決條件，這些

努力都可能是枉然,甚至導致處理錯誤!

　　所以傾聽的第一步就是「放空」,或是將所有一切「放下」,專注於當事人本身。腦、身、心都不受外力或內心的干擾,只有在傾聽工作做得完足之後,其他的治療步驟才可能跟進,也就是「將自己想做的事放在一邊,容許當事人的世界進入你的覺察」(Hackney & Cormier, 1994, p.58)。這些我會在「傾聽」一章做更詳細的說明與舉例。

　　傾聽是諮商師訓練的第一步,也是最重要的一步。我們一般人在生活中比較沒有機會「專注」(或「被專注」)聆聽他人(或「自己」)的經驗或故事,而「諮商」就提供了這樣一個平臺。許多經歷第一次諮商的當事人(或同學)告訴我:「感覺自己被聽見,真是很奇特!」可見治療師的「傾聽」能力之重要!

④ 建立信任關係

　　諮商師本身的訓練背景與資格就是很好說服當事人來求助的一個條件,但是受過訓練、拿到諮商師執照(或學位)並不是保證服務品質的充分條件,接下來要靠的是諮商師的臨床經驗、智慧與做法,因此諮商師的顧客源通常是由以往的當事人(甚至是「成功」的當事人)所招徠的居多;當事人因為「相信」,甚至感覺有效,所以才願意擔任義務宣傳,當然並不是每位諮商師都可以處理好每一件個案,個人治療取向與資歷不同,效果當然也會有別。不過,當事人是最好的治療效果指標,這也是諮商師很重視治療效果的因素之一。

　　當然有當事人對於治療抱持著不同的期待,甚至要求像是去看一般醫師一樣,希望諮商師可以開個「藥方」讓他/她可以痊癒,或不必煩惱。治療師可能無法做這樣的承諾,可是至少當事人進入治療之後,可以初步舒緩其情緒或是焦慮程度,這些也就足夠了。治療師也必須開宗明義與當事人溝通所謂的諮商為何?效果又如何?在諮商中彼此的權利義務為何?要做的是什麼?這也是讓當事人可以善用諮商、相信治療師的一些初步做法。

　　「信任」還表現在治療師與當事人做第一次接觸時的感受，一般當事人比較相信自己主觀的感覺，在實際與諮商師接觸、談過話後，「感覺」如何可能就是繼續接受這位治療師諮商的一個決定指標。也許有人認為當事人主觀感受也太「主觀」了吧，但是當事人通常是在危急或極為絕望的情況下來求助，當然希望有效果，雖然所謂的「有效」可能定義不一，但是當事人的感覺總是真的。「信任」可以說是Rogers所稱的「真誠一致」，治療師要讓當事人覺得其言行前後一致、不打誑語，最基本的條件就是諮商師自己本身所累積的信譽基數，包含平常晤談準時與否、堅守倫理秘密、維持個人界限等（Culley, 1991, p.14）。

　　所謂的「維持個人界限」也包含諮商師本身與當事人之間關係的情況，治療師本身需要維持客觀立場，這樣才不容易與當事人同陷於情緒的泥淖，無法掙脫，也讓專業不能發揮協助功能；但是另一方面諮商師又需要讓當事人覺得與其靠近、瞭解當事人的處境，所以這之間的拿捏真的需要經驗與智慧。這個關係的「兩難」，也是一直在考驗治療師的課題。

　　當治療師與當事人之間的關係穩固之後，諮商師就會有更多的彈性來犯錯、嘗試新的策略，甚至花時間找出最好的解決方式（Kottler & Brew, 2003），而最重要的是取得了當事人的合作意願，接下來的改變行動才有可能！雖然建立良好治療關係是諮商成功的基礎，然而並不是每一個治療關係的建立都如治療師所願（Hill & O'Brien, 1999, p.35），有些當事人不願意被協助，當然也就難以建立較佳的關係，畢竟在治療過程中儘管治療師是站在較為主動的立場，然而關係是雙向的，必須要彼此都有動機與行動，良好的治療關係才可以預期。

⑴當事人試探治療關係

　　當然在諮商進行中，治療關係也需要好好維護，這就如同家人與朋友的關係一樣，不可以因為親密而疏忽了，偶而還會看到當事人在測試與諮商師之間的關係。我發現建立關係的最好鑰匙是諮商師表現出對於當事人問題的瞭解與同理，別無其他。這句話怎麼說呢？許多當事人

是因為自己思索，或是求教於多人自己關切的議題之後，還是得不到解答，最後才會找到專業諮商師，因此其中的波折與困擾已經累積多時，而不被瞭解的困頓也在其中糾結纏繞；當他／她找到諮商師談這個議題時，可能已經打算說是「最後一步」了，因此諮商師好好聆聽、聽到重點是最重要的。諮商師要用心去聽，而這個用心則需要「智慧」與「慈悲」，前者是客觀、全盤與周全，後者是同理、人性與接納。而一旦聽到重點，也表達出來讓當事人瞭解時，最平常的觀察就是看到當事人的情緒自然的流露，當事人一哭，表示他／她已經卸防，同時也有獲得瞭解後的輕鬆。把這個壓抑的情緒樞紐打通了之後，算是與當事人建立了第一個穩固的關係；然而，諮商這種面對面、親密接觸的人際關係，是一般生活中少有的經驗，當事人當然也是戒慎恐懼，有一些疑慮，這也無可厚非，而當事人偶而在提及重要議題時不免會擔心諮商師到底值不值得信任？因此會有一些測試或是試探的動作出現，也就不足為怪了。

當事人會以什麼方式來測試與諮商師的關係呢？偶而當事人會用抗拒的舉動（不合作，或有礙諮商的一些行為），也許會對諮商師做一些要求（像是遲到、任意變更時間、要諮商師買禮物、建立諮商之外的私人情誼或做什麼以為安慰或獎掖、同意諮商師的任何建議或尋求諮商師的意見、服從與配合等等），「抗拒」不是在諮商中才會出現，而是生活中常見的情況，治療師如果警覺到當事人的可能抗拒，不必驚慌，先冷靜下來，讓自己可以有機會學習抗拒的處理。關於抗拒行為的發生與因應，會在第九章做詳細的敘述。

⑵諮商師的覺察與反省功夫

有時候諮商師對於一些特定的當事人或是議題會無法處理，許多的情況不是因為治療師缺乏經驗，而是觸動了諮商師個人沒有去處理的傷口或未竟事務，這些也都會影響到治療關係與結果，因此諮商師本身的自我反省與覺察就相當重要。像是一女性諮商師正在辦理離婚，其個人情緒還在，倘若又碰到一位要跟妻子離異的當事人，難免可能就會混淆私人與專業事務，這對當事人是不公平的。在治療過程中，諮商師也必

須有充分的覺察，才可能注意到與當事人之間的這些細微線索。我們在
諮商師培訓過程中特別著力於準諮商師的自我功夫，其用意在此！

 五　諮商目標設定

　　諮商目標是作為治療結果檢視的依據，也是諮商方向的引導，因此
在初次晤談時就會將諮商目標次數做清楚說明與協調，目標需要具體而
可測量才行（Sanders & Wills, 2005），這樣才能更正確引導諮商方向；
諮商目標也必須依照諮商進程中大環境或當事人狀況與條件常做修正，
讓治療目標更具體可達，因此Cade與O'Hanlon（1993）提到「良好的目
標包含了當事人的行動，或是引發當事人行動的情境」（p.61）。

　　目標的設定主要是依照當事人的意願，而不是治療師的意見，一
般主動求助的當事人會比較清楚他／她希望可以達成的目的（如：「我
希望可以快樂一點。」「我不要再這麼痛苦。」或是「我要大家把我當
成大人看。」），這些目標或許模糊或不具體，治療師在諮商過程中都
可以協助當事人將其具體化；當然也會碰到當事人不知道或是不清楚自
己的諮商目標，這個時候「未來導向問題」（future-oriented questions,
Selekman, 2005, p.162）（如：「假如我們的治療有效，一年之後你／
妳來拜訪我，你／妳會希望告訴我什麼？」）或「奇蹟問題」（miracle
questions）（如：「如果有一天你／妳醒來，發現你／妳所擔心的問題
都不見了，你／妳第一個看到或發現的改變是什麼？」）就可以發揮很
好的引導，讓當事人將治療目標作具體描述與期待；Selekman提到：關
於未來最具威力的就是因為其尚未發生，因此等於是鋪就了可能性的豐
沃土壤（2005, p.162）。

　　為何需要設立目標？Locke與 Latham（1984）（cited in Egan, 2002,
p.250）提出幾個理由：㈠目標可以協助當事人集中注意力與行動；㈡目
標可以協助當事人願意投注精力與努力；㈢目標提供當事人誘因去尋求
策略來完成；㈣清楚而具體的目標協助當事人堅持下去。

良好目標的設定需要吻合幾個條件：㈠是諮商師與當事人相互協調下的結果，也是當事人想要的、當事人可以做修正；㈡可觀察也可接近，愈具體愈好；㈢要實際評估當事人能力與時間的許可情況；㈣目標可評估，這樣才能決定目標該設在哪裡；㈤相關的核心議題必須要先討論（Culley, 1991, p.95; Hackney & Cormier, 1994），另外要加上「可以隨時做必要修正」，也因為對於當事人情況瞭解更多，治療目標可以做改變（Aveline, 1997, p.112）。

如果當事人之前已經尋求過諮商或治療，但是問題依然沒有改善，諮商師就可以詢問當事人：「你／妳之前也有過類似的諮商經驗，可不可以告訴我有哪些事情我必須要知道？或是你／妳會期待這一次與前幾次有什麼不同？」（Selekman, 2005, p.72），這不僅可以增加治療的效率（不再重蹈覆轍，或使用了無效的方法），也可以協助當事人釐清自己想要的治療目標。

諮商目標的設定也有不同的方式，可以舉出的有：㈠直接詢問希望可以達到的目標或結果為何？㈡詢問問題不再出現的徵象與情況如何？㈢詢問情況有所改進的第一個徵象為何？或是他人的反應會怎樣？㈣採用「評量式」問句（Scaling questions），「如果"1"表示最糟的情況，"10"表示最好，你／妳目前的情況你／妳會給自己幾分？如果進步一分，會是怎樣的情形？你／妳希望可以進步到幾分算是滿意？」（Selekman, 2005），而諮商目標是可以依據不同進程與證據作修正的（Sharry, 2004, p.91），有時候當事人所擔心的問題可能因為環境改變或自身成熟，不是像原先所列為的第一優先關切議題（如希望可以經濟獨立，後來自己打工也有了能力，這個「經濟獨立」的迫切性就不同了），因此諮商目標可能就會做一些修正；或許是起初所定的目標太大（如「希望不要吃藥擺脫憂鬱症」）或不切實際，需要做一些修改（如「希望可以慢慢減少使用藥劑量，同時維持不錯的生活功能」）。

之前提過治療目標可以有「結果目標」與「過程目標」兩者，前者是你希望最終達成的目的，後者是要達成結果目標所涉及的一些活動。

諮商目標一般說來可以歸納為（Long, 1996, p.10）：㈠自我成長或自我實現——開展並接受真正的自我，找出自己是誰、瞭解自己內在潛能並實現、統整真實與理想的自我。㈡促進更佳發展——包括讓當事人可以展現最好的生活功能；㈢促進情緒與身心健康——讓日常生活上所遭遇的困挫可以獲得解決，至少可以讓當事人身心靈方便更舒適自在。

　　當然，個人看法可能不一，分類就有異，例如像㈠自我管理或統整（如讓當事人可更瞭解自己的反應與控制，重新獲得生活的支配權）（Teyber, 2000，徐麗明譯，民92, p.109）：㈡特別問題的因應或解決（如生活重大事件，像失去【落】經驗、失業、搬遷等，心理疾病、教養問題）；㈢發展階段的困惑或困難（包括學業、生涯發展，對於生命課題、死亡與存在的困惑）：㈣人際問題（如自己在他人眼裡的形象、不知如何與人相處、人際遭遇的困境、家庭或親密關係等），不一而足，而且這樣的分類有時候失之簡單，其實有些問題也都蘊含著其他的因素或條件（像失落議題有時也與生命意義有關，生涯發展與自我統整或定位有關，人際與自己性格或生命型態有關），做這樣的分類可能是讓諮商有個明確目標可以開始。有時候當事人會想要在看得見的徵象或行為上找出證據，卻不一定會發現肇因可能存在於看不見的內在（Murdin & Errington, 2005, p.14），諮商師也需要有一段時間的觀察與晤談才會發掘，因此先針對當事人提出的關切議題做處理，然後就可能讓潛藏的問題出現。

　　初次晤談或是接續下來的諮商時段，最好都有計畫，或是議程的初步設定，治療師藉此明白此次治療必須要包含的內容與進度，也可以協助當事人的記憶（Sanders & Wills, 2005）。在每一次治療之前，治療師都需要做一些計畫，至少要將上一次諮商的內容作簡單回顧或瀏覽，思考一下接下來這一次有哪些議題或內容要涉及，不要拿著個案紀錄紙就直接進入諮商室。其實，最好的準備是在每一次治療結束之後，諮商師的記憶還新鮮，可以馬上反思哪些處置是不錯的，或需要改進的？有沒有該問的問題而未問？有沒有其他可以使用的處置或介入？簡短地記載

下來,可以讓下一次的治療更順利、準備充分。而在新的一次晤談開始之先,也要花時間去瀏覽或回顧一下上回的紀錄與記憶,思考這一次晤談的主旨或目標,有時候治療師個案太多,會忘記當事人的名字或求助議題,事先的準備不僅會讓當事人感受到諮商師的重視,也可以讓接下來的治療過程更順利。

要讓當事人改變也許是諮商最後的目標,但是一般人會抗拒改變,除非是必要;因為改變需要冒險、拋棄已經熟悉的事物與方式,而且不能保證安全性與改善程度,所以一般人不想要做改變是很正常的,除非諮商師可以說服或讓當事人想像與看見改變後的希望。此外,要造成改變也需要注意當事人本身的條件或準備程度、發展階段、喜好、態度、技術與人格特質(Kottler & Brew, 2003, p.23),有些改變是當事人沒有能力做到的(像是染有毒癮的父母,或是不良居住社區),因此要進行的改變工程可能更大!當然這也提醒治療師結合周遭環境與可用資源的必要性。

六　填寫晤談資料表

許多諮商中心在當事人正式進入諮商服務之前,都會準備一份簡單的資料表讓當事人填寫。資料表內容基本上包括當事人姓名、性別、年齡、住址、電話、訴求問題、緊急聯絡人等,訴求問題部分也會列出一般人可能會遭遇的困擾,讓當事人勾選,項目大概有家庭、親密關係、人際關係、生命意義、壓力、生涯選擇、課業問題、親子問題等等,然後會有一些空位讓當事人以較為開放方式敘述訴求的問題,主要目的是讓「個案管理員」(case manager)將適當諮商師分派給當事人,也可以讓諮商師在初次見到當事人之前,可以稍稍瞭解一下當事人訴求的問題,先做一些準備。我也相信當事人在決定求助的當下,也已經開始了改變的過程(de Shazer, 1985),也就是說,自願來求助的當事人是較有動機去做改變的,當然另一方面也表示當事人所遭遇的困擾已經讓他／

她覺得到達可以忍受的頂點，再不求助可能就無法承受其後果了。晤談資料表可以提供治療師一個框架，將個案做初始的概念化，也可以做為第一次晤談時開場白的依據。

　　諮商師在未見到可能（或潛在）的當事人之前，是需要做一些準備工作的，而不是立刻看到檔案就上場，畢竟諮商師的工作性質是協助當事人解決或紓解生活上的困境，面對的是一個生命，因此不得不謹慎！即便是諮商師相當熟悉的議題或對象，也有必要做一些事前預備動作（像是相關資料的準備，或是一些評估表）。我們在諮商進行時會特別強調治療關係的建立，但是有些新手諮商師會誤以為關係是在接觸之後，多半是面對面接觸之後（甚至是第一次諮商開始）才「開始」建立關係，但是這樣的定義已經太狹隘，因為通常如果諮商師在第一次接觸到當事人時有的是以電話聯絡，就已經開始建立治療關係，而且治療關係是常常需要接受考驗的。許多諮商師也見識到當事人不斷地在治療場域中在試探或測試與諮商師之間的關係，儘管信任關係建立不易，但是關係損害卻是相當容易的！這當然也牽涉到當事人對於諮商師的信賴，以及當事人本身的特質。

　　倘若諮商師是自己執業，許多的聯絡工作都得要親自力行，甚至連打電話都得自己來，就可以想當然耳將治療關係的建立推演到打電話的時候，許多當事人可能有的疑問也許也必須在電話中做說明。有些當事人在第一次電話接觸（此處不是指如生命線或張老師的熱線電話）的時候，就會急著將主訴問題提出來，希望諮商師可以替她／他想想辦法，因此就會將問題始末做一些說明，諮商師不妨就開始資料蒐集的動作，倘若遇上緊急事件（如當事人有傷害他人或被傷害的潛在危險），基於維護與珍惜生命的宗旨，也應該及時予以建議或是轉介當事人可以立即獲得協助的機構與處理方式。

七 填寫相關評量表

有些諮商機構會準備一些實用簡易或標準化的評量表以作為當事人所關切問題或對當事人功能評估之用。比如若是當事人填寫資料時有憂鬱症或自殺、自殘的可能性，諮商師也可以預先準備相關量表，以為進一步評估參考之用；有些當事人會主動要求做一些測試或問卷，像對於未來或是自己不清楚的當事人要求做生涯方面與人格的測驗。當然，若是無特別準備這些量表，也可以以問問題方式進行，一樣可以達到預期的效果。這裡也要提醒新手治療師，即便是標準化測驗，也只是評估、診斷的「參考」依據，不能以一個測驗就定讞或做重要的決定，這樣冒險太大！此外也要考慮文化與相關背景因素（如種族、信仰、語言；文字、教育程度等），因為許多的評量工具有其建立時的條件與適用限制，這些都會影響測驗結果的解釋。

八 觀察的功夫

在進行詢問或是蒐集背景資料的同時（或之前），諮商師還有一項重要的功課要做，就是——觀察。當事人也許帶著個人關切的問題出現，但是同時也帶著關於他個人的一些習慣與個性在身上，諮商師不能忽略這個功夫！「觀察」是蒐集資訊的一個重要管道，也可以作為瞭解當事人的一個來源。Doyle（1998, p.77）與Kottler、Brew（2003, p.82）提到治療師可以觀察的非語言行為包括：生理產生的身體變化（如臉部顏色、呼吸速率）、臉部表情與身體動作（如微笑、皺眉、眼部移動與手勢）、一般的外表（如衣著、整潔、姿勢）、生理特徵（如身高、體重、氣色）、身體碰觸、空間行為（包括與人之間的距離），以及口腔的發聲情況。Miltom Erickson在其治療過程中也強調治療師應該要善用自己的五官感覺（特別是觀察與聆聽）尋求對治療有效的線索（引自

O'Hanlon, 1987）。Curwen（1997, pp.50-56）列舉了「心理狀態檢視」項目（mental state examination），一共有十五項，還包括了一些情緒（如焦慮）與認知功能（強迫思考、幻覺或幻聽、記憶、頓悟、方向感或時間感等）做檢視，有興趣的讀者可以參照閱讀，以下篇幅我會將可以觀察注意的事項加以整理。

(一)外表

當事人的穿著、衛生習慣、外表（有無特別需要注意的地方，如化妝、臉色、傷口或是胎記），以及走路或是動作的特色，這些都是諮商師第一次面對面接觸就可以開始覺察到的，而這些也都可以給諮商師關於當事人的一些訊息與猜測，有時候相當重要。穿著若有不合時令（如熱天卻穿著長袖）的表現，諮商師可以思考的方向包括：是不是室內冷氣太冷？需要關小一點嗎？還是當事人生病、有什麼傷口不能曝露？或是當事人在遮掩什麼？當事人對於氣候或是照顧自己的情況需要懷疑等等。這些猜測有時候藉由一句短短問候招呼的話就可以解決，像是：「是不是冷氣太大了？需不需要我關小一點？」尤其是對於年紀較小，或是遭受性侵害的當事人，有些問題他們也不知道如何啓齒，諮商師的觀察就特別重要！像是受到暴力傷害的當事人會掩藏自己的傷口，用衣物遮掩是最便捷的方式，而有些傷害可能外表看不見，當事人的行為動作都是參照依據。

一般人的衛生習慣不會差到哪裡去，但是有些當事人在見到諮商師時，可能會讓諮商師在這個狹窄的密閉空間嗅到一些值得懷疑的線索，諮商師也需要留意。罹患有精神分裂症、憂鬱症或是其他失智失憶的當事人，通常不太會注意到自己的衛生習慣與散發出來的味道，諮商師在審慎觀察之後可以做初步診斷，必要時需要做進一步診斷或轉介動作。當然也有些當事人是因為習慣的問題，不太注意到個人衛生以及可能帶給他人的影響（像是有些老人家），倘若當事人的衛生習慣與他／她的主訴問題有關聯時（如人際關係），諮商師也許就需要針對他／她個人

的衛生問題做一些改善處置。

有位當事人臉上有生病（血管瘤）留下的疤痕，這影響到她與人說話時會很在意、動作就不自然（刻意去遮掩臉部），諮商師不避諱直接詢問，可以更瞭解她的心境，也藉此「正常化」（normalize），讓當事人覺得不需要在諮商師面前掩飾一些什麼，因為這些都可以被接受。有位當事人因為右手多了一指來晤談，他說話的同時習慣將右手放在身側，於是我就問：「我可不可以看看？」他伸出手來，也允許我觸碰，接著我就問他：「它給你帶來什麼不方便嗎？」

「也沒有。反正我已經習慣了。」他說。

「家裡人也有這樣的情況嗎？」我問。

「有，我叔叔、一個表哥，他們都有。」

印證了我的猜測之後，接下來我問：「他們跟你談過這個指頭的事嗎？」

「沒有。」

「你打算怎麼做？」接下來我們才進行他所關切的下一步。

還有一次是見到一位女性當事人穿著厚重、諮商過程中還不斷咳嗽，後來發現她是長期受到家暴的受害者，以衣物來遮掩自己身上的傷痕；當她被發現的同時雖然有羞愧、難以啓齒的情緒，但是諮商師表明了自己的立場與關切，接下來才可以進行與當事人之間的真誠對話。此外，像有些疾病是在外表上就可以看到一些端倪的，包括心臟病的人兩頰上會出現不自然的紅暈，風濕病的人有些在關節部位會有突出腫大的現象，因為有些生理上的疾病也會伴隨著心理上的適應問題，多一些瞭解與常識，可以讓諮商師更瞭解當事人，並提供適當的協助；有些人記憶衰退，不一定是年老的緣故，可能是甲狀腺問題或其他因素引起，必要時可轉介給一般醫師做檢驗。觀察外表還有談話時與諮商師眼神的交會如何（會逃避或是直視，逃避可不可能是說謊？或是不習慣？還是文化因素？）？當事人眼神如何（如果是迷離、不專注，可能是在藥物的影響下）？等等。

　　Murdin與Errington（2005, pp.92-94）提醒治療師：有時當事人看見諮商師外表所呈現的資訊（包括性別、肢障、胖瘦、特殊身體特徵等）也會有一些既定成見出現，因此不單只是治療師看到當事人的外觀可能會有偏見或刻板印象而已。例如曾經有學生去做了諮商，然後非常驚訝地說：「我以爲諮商師是女的，結果出現的卻是男的！」

㈡味道

　　有些當事人因爲嗜好或是習慣，身上會有一些較爲特殊需要注意的味道出現，諮商師可以仔細評估，有時候有助於諮商的進行。像是有些人嗑藥，因爲長久下來，身上就會有一股味道，諮商師若是熟悉藥物，通常可以做一些診斷與瞭解，我們一般常碰到的就是菸、酒或是檳榔，菸味可以較容易察覺，酒是有時候會聞到（如當事人來諮商之前喝了酒，酗酒的人則是有紅紅的酒糟鼻），檳榔有時候是看牙齒就可以發現。另外有些人服藥是因爲生病的緣故，也許上個廁所就會將味道留在馬桶裡，或是近身接觸就會發覺有異狀；也有當事人不喜歡洗澡，或是有體臭（味），這些也會在諮商場域中出現，雖然不是每個人都討厭這些味道，但是刺激感官的不愉快味道，也可以讓諮商師去設想其他一般人可能對當事人的看法與觀感，而有些心理異常的當事人也可能會忽略自己外表或是清潔等問題，這也可以讓治療師在臨床工作中做一些參考。

　　在諮商室裡，偶而會碰到一些身體有特殊味道的人（狐臭，或是其他），如果是就學階段的孩子，常常也因爲自己的衛生習慣不能夠獲得同儕的認同，甚至進一步排擠，這當然也會影響他／她的人際關係與學習，因此有時候是必須先針對改善外表給人的感受，以及身體的味道著手，而當治療關係可以影響到當事人做決定的時候，諮商師的許多建議，甚至鼓勵與引導，當事人都會比較願意嘗試。當然年紀更小的小朋友，有時候是因爲沒有被照顧到，甚至小小年紀還需要負責家裡的事務，而疏於照料自己，諮商師要採取的行動就會有些差異。曾經有位小

六女同學因為衣服髒亂不潔，常常被導師提醒，後來甚至處罰，但是都沒有改善，送到輔導老師這裡，才瞭解女同學因為母親離家、父親工作忙碌，自己身為老大、要照顧年幼的弟妹與生病的阿嬤，所以都是她為家人洗衣服，但是因為力氣太小，大件衣物很難洗乾淨，所以就還是穿來上學，才會引起老師的誤會、同學不願意與之親近；當然也有個人衛生習慣所造成影響的，曾有一位大學男生常常在宿舍內晾衣服，但是因為宿舍內通風不良，衣服常常還是溼的，就造成一種霉味，讓其他室友很不好受，屢勸那位同學又不聽，才會引起班上導師的注意。而當當事人身上的特殊味道是先天的（如狐臭、排汗），諮商師也可以提供適當的建議做改善。

我曾經碰到一位因為身上有狐臭、人際關係欠佳的當事人，他知道自己有這樣的問題，可是基於自尊、不喜歡同學拿這個問題來奚落他，所以變得很固執，當然與人之間的關係就變得更糟！偏偏輔導老師都找過他，也提供不同的方式與建議改進他的狐臭問題，他也覺得煩了！當然最好的治本之道就是開刀切除腋下的汗腺，可是他的家境又不允許。因此藉著他來輔導室服務，與他有共同工作的經驗，有一回我在聊天時說道：「喂，你跟我一樣很容易流汗，有時候味道不好聞喔，前幾天我有位朋友從美國回來給我帶了幾罐去除體味的藥，只要抹在腋下就可以，因為藥有期限，我一下子用不了這麼多，送你一罐怎樣？」他欣然接受，後來我們談到多帶幾件上衣來學校更換，他也願意做了！當然這樣的建議還是需要在彼此關係建立好之後才可能奏效。

許多年前也碰到一位女性研究生，不喜歡洗澡，換了衣服就塞在衣櫥裡不處理，後來是其他室友受不了了告訴教官，才進一步去瞭解這位學生的身心狀況，轉介給身心科。

治療師善用自己的感官，作為諮商的輔助工具，視覺與味覺通常是最常使用的門徑，觀察不只是「觀」而已，許多的感官知覺都可以發揮作用。

㈢動作

有些當事人會有一些習慣性的舉止，這些也許反映其人格與情緒狀態，也許是因為緊張所致，或是有其他意涵，也許根本什麼意思也沒有，得要靠諮商師的經驗與直覺來做判斷。像曾有一位當事人喜歡眨眼睛，但是自己卻渾然不覺，後來我發現只要問到他不喜歡回答或不能做誠實回應的問題時，他出現這個動作的機會更多！有另一位當事人喜歡搔脖頸，後來發現是她這一陣子很煩、很緊張，於是就有這些動作出現，後來醫師診斷也瞭解她的頸脖因為焦慮抓搔而有紅疹出現；還有一次是看到一位小四同學只要一說謊就會無意識地去遮一下自己的嘴，身體語言真是絕妙。

動作當然也會影響他人的觀感，像是坐姿，有些人會大喇喇、不拘小節，有些則是相當保守拘謹，有的會有抖腳、玩筆的習慣，有些人則是雙手緊扣在兩腿之間，這些動作多多少少也透露了當事人的一些個性，或是在諮商室的情緒，可以作為晤談的一些參照。在諮商室裡，治療師最容易觀察到的就是當事人的肢體動作，但是也別忘了，當事人當然也可以觀察到諮商師的動作、猜想動作的意涵，因此為什麼在諮商師受訓初期，會特別強調「專注行為」的用意就在此，也許最初是要刻意養成這些肢體動作，但是最後還是希望治療師是「言行如一」——表現出來的就是心裡所想的，中國古諺說：「察其言、觀其行，人焉廋哉！人焉廋哉！」就是這個意思。

㈣使用語言與習慣

有些人常常有習慣使用的語助詞或是語尾詞，他們的習慣已經自動化了，因此很不容易自覺，像是常說「對」、「這樣子」、「我跟你說」、「你知不知道」、「但是」等，這多少反映了此人的性格，像是自己常說「對」的，可能認為自己說的有道理，或是給自己信心；「我跟你說」的願意分享卻不一定是坦誠；習慣說「你知不知道」的，有點

要分享卻展示低調；說了一段話卻往往加上「但是」的，表現了對自己的不自信、他人的懷疑，或是較沒有行動力，當然這些解釋不一而足，應該要對應當時的情況做考量。罹患「土雷症」的病人會突然口出穢言，又擔心他人的反應，不明白此情況的會以為此人無禮。有一次在臺北312大地震的東區，因為是週末，好多人都去逛街，突然的地震讓許多人一下子擁擠到街頭，當然有很多人就開始撥電話報告或是報平安，此時我看到眼前一位二十出頭的年輕人在撥了無數次電話之後終於通了，他的第一句話是：「幹××幹××，剛才好大的地震！」原來「三字經」已經成為文法的一部分了！

使用語言與當事人的文化背景也有關聯，諮商師可以使用當事人習慣的語言溝通當然更能詞明意達，但是也要注意是不要刻意去套用，要不然非但沒有拉攏當事人的心，反而讓當事人覺得牽強噁心，甚至造成誤會更可怕！年幼的當事人可能因為語言能力、加上面對的是成人或是威權人物，更阻礙其表達的方式或表現，而年輕一代使用的語言可能會凸顯對事情看法的嚴重性，較為誇大，偶而還會有新鮮、流行的語彙出現，像是「這個建議很『瞎』！」、「那個穿著遜『斃』了！」諮商師也必須要瞭解發展階段的這些特性。

(五)進入次序與座位

而在做配偶或是家族治療的時候，我也會特別觀察當事人進場的次序與座位方式，這些會提供我更多關於這對夫婦或家庭互動的相關訊息。我自己先不坐下，而是讓當事人等先選位子，領先進來的，通常是權力（位）較多（高）的；接著可以觀察他們是如何入座的？座位間隔是如何？有沒有什麼特殊意涵？甚至他們彼此之間是怎麼注視對方的？

舉個例說，曾有一對夫婦，丈夫先進來、接著妻子才進來，彼此之間距離很遠，而且不是面對面的位置，我的猜測是：這一對夫妻已經很久沒有注視彼此了，而且有極大的怨懟和敵意。另外有一對夫妻偕同兒子前來，丈夫先進來、然後是兒子、最後是妻子，兒子坐在夫妻之間，

但是距離母親較近，這說明了這個家平日在家中互動與親密的情況：父親權威、母親弱勢、兒子居中斡旋（與母親關係較親）；後來我請丈夫對妻子說一些話，但是丈夫是低頭說的，我要求其面對著太太說，但是丈夫很不自然，於是我猜測道：「你們夫妻有多久沒有這樣子面對面說話了？」坐在一旁的兒子首先發難：「哇，他們已經很多年都沒有坐下來說話了，都是吵架！」倘若家族有更多人出席，就可以看到更多的互動情況。

㈥其他特殊情況

如果當事人出現一些特殊的表現，諮商師也要留意其可能意義，包括生理限制（如大舌頭、自閉症）、身體的不適，或是語言上面的障礙。曾有一位當事人為了表示其身體的問題，突然抓住我的手去觸摸他的掌心，這個舉動讓我嚇了一跳，後來猜測這位當事人常常是失業在家，也不想付諮商費用，另外他平日也是靠著自己的魅力讓女士為他付錢的，一切就了然於胸了！因此接下來就比較清楚如何處理。

有一回我擔任第一次晤談，看到這位女性當事人的打扮相當不一樣，因為她是用黑色的脣膏，眼上的化妝品也是黑色，身上的穿著有點太多，也是層層包裹很厚重，而我當時還聞到一股怪怪、形容不出來的味道在空氣中，但是我只是有這些疑問，卻沒有進一步去釐清，後來我的督導問：「妳發現這個當事人的不同嗎？」我也把我的發現說出來。

「但是妳沒有處理。」督導道。

我承認。後來與督導分析這位當事人，有幾個疑慮獲得澄清：1.當事人有吸毒前科，那個「怪怪」的味道就是吸食者身上常發現的味道；2.眼神不專注、渙散，有時答非所問，可能是受到藥物影響，來見諮商師之前還在用藥效果中；3.穿著不合時宜，可能當事人沒有感受到自然天候、沒有明確判斷力，加上自己吸毒之後的後效之一是發冷；4.化妝上也呈現同樣的問題，還有一項是對於自我認同與信心的問題。初次晤談時另外也需要注意到是否需要做一些緊急處理，像是詢問自殺或傷人

的危險性，以及應該採取的措施。以自殺危險性評估來說，可以以量表作篩選，另外也需要問及一些關鍵問題（如是否最近有較多的壓力或失落經驗、有無自殺企圖或歷史、有無用藥或嗑藥習慣、支持系統如何、是否身體有恙──特別是慢性疾病，或是不可治癒的病痛等）（Curwen, 1997, pp.65-66），這些問題該怎麼問會在稍後章節再詳述。

觀察也可以協助我們進一步提供更好的服務給當事人，像是知道當事人怕熱，可以將室內溫度調適當一些；知道當事人行動不便，那麼在安排座位上就可以留意一下；若是當事人有空曠恐懼症，也許將諮商室門打開，把座位安排在靠近門邊的地方會較適當；若當事人是趕過來的、還在喘氣流汗，那麼遞一杯水給他／她，告訴對方不急、慢慢來、喘口氣再說，也是很好的關照方式。如果擔心猜錯，直接詢問當事人是最妥當的方式，當事人也可以感受到治療師的親切與尊重。

 ## 九　詢問相關背景資料

諮商以往被認為是「談話治療」（talk therapy），這當然有過度簡化之嫌，但是諮商師主要以口語方式與當事人晤談卻也是不爭的事實。因此在詢問當事人相關的背景資料時，問正確的問題或是正確地問，都是很重要的。關於如何問問題，我會在問問題那一章做更為詳細的說明。在這裡需要提醒的是：雖然在初次晤談主要是蒐集資料，但是並不以蒐集資料為第一且唯一的優先，有時候資料蒐集也要看當事人的情況而定（Martin, 2000）。很多時候，當事人在談起自己的問題時會有許多情緒，甚至是久蟄的情緒，當碰對人可以訴說、對方會傾聽的時刻，就會更激動，此時可能就需要諮商師用耐心同理的耳朵，好好聽，並不急著要把所有關於當事人的資料一一蒐集完畢，可以在稍後的段落慢慢進行。

Pipes與Davenport（1990）提到正式的初次晤談一般會包含幾項內容：目前所遭遇的問題（或抱怨，包括歷時多久、引發的特殊環境因

素、影響當事人生活的程度、這些抱怨造成的結果、當事人曾經試圖解決的情況、當事人如何來求助的、當事人對於來接受諮商的期待爲何）、目前的生活功能與生活情況（包括與誰同住、居住與工作情況、有無特殊疾病或生活習慣、有無重大生命事件發生等）、家族史（包括原生家庭、與家人關係）、個人生活史（包括婚姻與家庭狀況、生育或子女、生理或心理發展、個人優缺點、過去重要相關歷史——像是疾病、創傷、使用藥物等）、之前的處置（心理治療的歷史、當事人本身對於治療的效果看法與感受等）（pp.109-112），有些機構會設計一些簡單的問卷來評估，也是一種不錯的輔助策略。Bender與Messner（2003, p.53）還會詢問當事人之前有無諮商的經驗，這樣可以讓治療師清楚知道之前的治療延續多久、當事人認爲成功與不成功之處爲何？

十　畫家庭圖與其他投射測驗

　　家庭圖（genogram）的繪製可以讓治療師清楚當事人的家庭背景與互動狀況、遺傳疾病等，通常可以含括兩代以上，這個構想來自於家族治療。以最普通的家庭來說，家庭圖最好包括三代，也儘量將已知的所有相關人資訊（如祖父母、叔叔嬸嬸、外甥等）、特殊重要事件（如出生、婚姻狀況、死亡等）、彼此關係情況（如親密、疏離、衝突等）（Frame, 2000, pp.70-71）、背景資料（個性、疾病、生理特徵或障礙）寫下來。一般繪製的方式是：圓圈表示女性（○），方形表示男性（□），年紀以阿拉伯數字表示，圓圈或方形旁邊可以加上出生年月日、職業與教育程度，切開表示離婚（╫），×在圓圈或方形內表示死亡，折線表示衝突關係（〰），粗線表示糾結關係（▬）（或關係過於親密），兩條線表示關係甚佳（＝），單線表示關係還好（－），虛線表示關係疏遠或薄弱（－－－）（Kottler & Brew, 2003, p.108）（見下圖示例）。

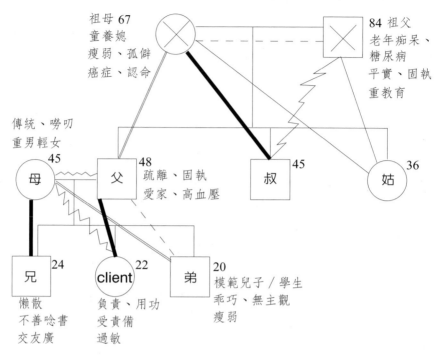

圖1-1　家庭圖示例

此外，在家庭圖中還可以加入一些個人資料，比如年齡、性格、特殊習慣或疾病，可以讓資料呈現更爲完整。對於語言表達能力尚未完全發展、或是較不善於以口語方式表現的當事人來說，諮商師有必要尋求其他途徑（other alternatives）來進行資料蒐集。如果是想要知道家庭結構，可以採用阿德勒式（Adlerian）的問法。然而非語文方面呢，就可以做一些創新與研發。當然新手諮商師囿於「尚未出師」不敢妄自採用創新的方式，這是遵守專業倫理（在使用新治療方式之前理應知會當事人其使用方式與可能的危險）的規範考量，但是諮商師也不妨在累積經驗之後，甚至做了較爲客觀的研究之後，可以採用自己研發的治療方式或策略。

　　遊戲治療或藝術治療就有許多的創發，而這些其實可以藉此來瞭解當事人的背景與問題所在，比如之前我就採用過「畫全家福」方式，讓小學年齡階段的當事人可以很自在地讓我瞭解家中的成員，以及與家人的關係。我給小朋友一張八開圖畫紙，然後要他／她畫一張「我的家庭」，沒有什麼特別的指導語，小朋友可以隨意發揮。我從圖畫中可以知道他／她家中成員、都做些什麼活動？是屬於傳統還是較為開放的家庭？對於大一點的學童（包括國中以上到成人）我要求他畫一張全家福（照片），也就是把一家人聚在一起拍一張照片；從每個成員所站的位置、當事人將家中成員擺放的方式，就可以約略猜出其家庭結構，與誰最親？跟誰疏遠？這是很有趣的一個活動。

　　當然，心理治療裡也常用所謂的「畫人畫樹測驗」，但是不熟悉投射測驗的諮商師也不必擔心，從畫人畫樹測驗延伸而來的一些投射技巧，也可以做適當運用，不需要拘泥於完整的投射測驗，而是諮商師可以經由許多管道來瞭解當事人。像是採用喜歡的顏色或是動物，還有喜歡吃的東西等，都可以給諮商師一些線索來做猜測，像是喜歡淡藍色的，可能是較喜愛自由、樂觀的個性，喜愛狗的，可能也反映出其個性中的忠誠與爽直，喜歡吃香蕉的，可能是不喜歡麻煩或較乾脆的人，這些都是用普通常識作猜測，當然也會不對，沒有關係，讓當事人有機會可以適時做釐清，而且也因為諮商師只是「猜測」、不是果斷認為就是如此，也讓當事人有釐清與說明的空間。一般人都喜歡知道別人眼中的自己是什麼模樣，諮商師的「猜測」，其實也蘊含著對當事人的可能觀感或初始印象，也有趣味好玩的成分。

　　蒐集資料的方法不一而足，諮商師不必囿於某些特定的評估方式，因為當事人還是我們最重要的考量，以適合當事人的方式進行是最省事、也便捷的。倘若可以自與當事人相關的資源那裡蒐集資料（如家人、醫師、教師或朋友），也可以提供治療師其他角度來看當事人與其面臨的挑戰（Ruddell, 1997），如阿德勒在看一個孩子的問題時，除了聽小孩說，也會請家中成人提供一些相關資料，但是基本上他會讓當事

人（通常是孩子、或是『被認定病人』，Identified patient or IP），有機會說出自己這一方的故事與感受，是一種尊重當事人、平衡權力位階的表現，而敘事學派也會充分利用當事人周遭的相關資源，讓治療可以有不同面向的瞭解與介入。

十一　善用自己的直覺

此外，第一次面對當事人，諮商師要不忘自己的直覺能力，而不是被訓練的許多規條綁住。所謂的直覺就是「動物覺」，是我們與生俱來的求生本能，基本上是會針對危險或有威脅的情境做警覺或反應，如同一般常說的當我們遭遇危急情況，會採用「逃或抵抗」（flight or fight）策略是一樣的道理！

像是諮商師在感覺當事人在這種處境之下，可能會有自殺意念或企圖，以及有其他衝動行為會產生的可能性時，都需要進一步去作澄清與證實，這些直覺可能無法用科學方式來印證（Gladwell, 2005），但是卻也是諮商師必須要保存的一種能力。專業的訓練會教導我們以系統化的方式進行，甚至也會磨銳我們的直覺，但是也有人會在緊密的訓練之後變得只相信訓練，而不太相信直覺！諮商是一種藝術，因此有其直覺與創意的成分，Klauber（1987, cited in Murdin & Errington, 2005, pp.126-127）提到治療師不僅要有邏輯思考，同時也別忘了「自發性的過程」（spontaneous processes），隨著治療經驗的增加，諮商師在做許多觀察與判斷時，也會注意到自己與當事人接觸時的直覺，而這些自發性的反應可能協助治療師做必要的危機處理與有效協助。

十二　初次晤談可能遭遇的其他問題

在初次晤談時並不一定就如之前所敘述的一樣順利，之前的敘述比較適合一般自願求助的當事人，然而諮商師也常常碰到一些轉介過來

的，或是非自願的當事人，特別是在學校，強制治療或矯正機構（如醫院、監獄等），當事人是因應或迫於形勢不得不出現，而當他／她現身在諮商室裡時可以表現出格外合作或是不合作的態度，諮商師又如何因應這樣的情況？對於格外合作的非自願當事人（如監獄囚犯或毒品勒戒人），諮商師可能會質疑當事人的真誠與真實性，這自然會影響到諮商效果，甚至是經濟效益（也就是花時間與心力做治療值得嗎？）。即便是在治療師比較不能主導或掌控的機構，我相信諮商是一種難得的人與人之間的交會與互動，許多的當事人即便只是因為機構的要求（如強制治療）、或是自己的利益（如增加保釋的可能性）而前來做諮商，這樣的接觸還是會有其正面效果存在，只是治療的效果也許不是我們在短期之內可以知曉的，甚至可能永遠都不知道。

Kottler與Brew（2003, pp.114-123）提醒諮商師在初次晤談時容易犯的幾項錯誤（我會在每一項之後做一些詮釋）：

㈠擔心害怕當事人不來，甚至會影響到自己未來生計；尤其對於自己設立私人中心的治療師可能較會擔心財務上的問題，但是一般諮商師也會擔心當事人會不會繼續來，這是關乎自信與能力的指標之一。

㈡在諮商過程中想太多卻忘了傾聽；這也是諮商師常常會犯的錯誤，沒有把注意力放在當下，卻一直在思考下一句話，或是該如何反應當事人所說，反而沒有專注於當事人身上。

㈢未能與當事人產生聯繫；只顧著蒐集相關的資料，沒有花心力去建立治療關係，可能會讓當事人覺得諮商師只關心其病徵、而不是當事人這個「人」，難免會有不好的感受，治療師也可能擔心這位當事人會流失。

㈣太具批判性；有些諮商師沒有把自己定位好，尤其當治療師本身兼具其他角色時（如母親、或女性），不免在聽到當事人陳述的問題時會有一些批判的反應出現，如「爸爸媽媽總是關心自己的孩子啊」、「你這樣是不是太大男人了？」。

㈤嘗試做太多；雖然諮商師的功能之一是協助當事人處理所遭遇的問題

或困境，但是也因此有些治療師相當熱切於協助當事人解決問題，有時候太急切，反而沒有預期的效果，包括當事人本身的問題可能由來已久、不是短時間內可以獲得解決，再則，諮商師這樣「李代桃僵」，也漠視了當事人本身解決問題的能力。

㈥忽略了可以提供的協助：有時候當事人處於緊急狀態下，需要即時的協助（如受虐、有自殺可能性），但是治療師卻忽略了可以立刻提供的協助，不僅在專業倫理上有誤，也可能危及當事人性命。

㈦未能蒐集相關資料：當諮商師的焦點不在於瞭解重要資訊或問題背景，可能就會造成誤判或是延誤處置的危險，像是當事人陳述心情不佳，治療師以為只是一般的情緒問題，沒有進一步詢問憂鬱症或自殺的可能性，萬一當事人事後出差錯，諮商師不能辭其咎。有些諮商師的治療型態以當事人為中心，這並無可厚非，但是若當事人不清楚自己在諮商中的角色與該做些什麼，治療師也只是任由當事人敘說，沒有適當的引導或教育，也許會耽誤處置先機。

㈧想到自己沒有注意到的重要事項而懊悔、不安：這是許多治療師會遭遇到的情況，因為「事後諸葛」總是比較容易，但是在諮商現場偶有疏失，只要事後可以彌補過來，應該還算處置得當，隨著經驗的累積，這些失誤會慢慢減少，但是諮商師要相信自己在當時所做的處置都是當時最好的。

㈨忘了去找出自己是如何做到的：治療師的自我覺察與反省，在諮商晤談之後、寫紀錄的時候都會注意到，諮商師會去檢視在方才的治療過程中是不是做對了哪些？哪些卻忽略了？做得好的部分，可以作為下次處理類似情境的首選方式，做得不好、或效果不佳，則可以研究改進，如果忘了去檢視自己怎麼做到、做不到的，可能就無法適當累積經驗，也顯示了治療師自我的檢視反思不夠。

㈩誤判或誤診：這些都可能影響到當事人福祉與接下來的處置，必須即時尋求補救之方或諮詢。

(十一)太想去為當事人解決問題了：諮商師的工作是協助他人，因此不免會

急於「援救」當事人，而忽略了可能的不良後果，包括不尊重當事人的能力與資源，可能會養成當事人的依賴，沒有機會讓當事人可以發展出解決問題的能力等等。

㈡擔心自己太喜歡或不喜歡當事人；一般人也希望可以讓別人喜歡自己，諮商師也不例外，但是諮商師的首要之務不是去討好當事人，或是擔心當事人喜不喜歡自己，而是要協助當事人處理生活上的困擾或疑惑，因此應該是「專業優先」，如果掛心當事人對自己的喜惡，可能會妨礙自己做處置動作，這樣對當事人是不利的。

㈢只將注意力放在當事人出現的癥狀上；有些癥狀只是表象，或者當事人不表現出來，根本在外表上也看不出來，如果諮商師如此天真以為沒出現就是沒事，或是表現出來的就是真相，有時候反而沒有抓到核心問題所在，容易造成處理上的錯誤或延擱。比如，有些男性當事人因為文化因素之故，比較不容易表現自己痛苦，也許治療師看見當事人一切泰然自若、很平常，就認為困擾應該減緩或解決了，沒有繼續追蹤、詢問清楚，事態或許會更嚴重。

　　對於非自願、表現出不願意合作的當事人，諮商師正可以趁此機會發揮專業知能，甚至讓當事人改變對於諮商治療的看法。我們在專業領域上，通常會將不願意合作的當事人表現的種種行為視為「抗拒」，其實不只是在治療場域，在日常生活中一般人也常常如此表現（比如被介紹或要求去做一件自己沒有意願要去做的事），因此不必要將這樣的行為歸諸為當事人的問題。在學校擔任諮商工作時經常會碰到這樣的當事人，因為目前的學校系統裡面，諮商還是候補（或是彌補、善後）的工作，學生知道自己是弱勢、被規定的一群，因此反對或不滿所有學校威權當局所強制的一些行為是很正常的，當諮商師遭遇到這類當事人時，如何進行第一次接觸？甚至可能是唯一一次的接觸呢？這裡有一些經驗可以提供參考：

(一)唯一的原則就是將這五十（或四十）分鐘的諮商時段好好加以利用

也就是不要強制或期待自己在這短短時間內可以成就些什麼諮商效果（特別是上級單位所要求的，例如「讓他乖乖上課、不要搗蛋」、「勸她想想自己的前途，未來該怎麼辦？」之類），而是將這段時間善加利用，讓它變成一段很不錯的經驗，甚至進一步可以讓當事人不排斥跟諮商師談話。在接觸國、高中生時，他們正面臨成長階段的許多挑戰與考驗，包括定位與認同自己，因此只要是與當權者有干係的任何人或宣導，他們會為了反對而反對，也不吝於表現出極端的不情願與抗議。此時諮商師不必因此而氣餒，或是感到極大的威脅，我通常會這麼開始：

1. 先同理當事人此刻的心境，以他／她的立場與想法開始，如：「某某老師要求我要見見你，你的心情一定不太好受。第一，你為什麼要見一個陌生人？第二，我在這裡是要做什麼？」

2. 表明我自己的身分與願意聽他／她的說法或故事的誠意，如：「我是這裡的諮商師，也就是協助人解決生活中一些問題的人，雖然我也是這個學校的一員，但是我的一些想法可能跟你之前所接觸的老師有一些不一樣。我先不管其他人怎麼談你／妳的事情，我想要先聽聽你／妳自己怎麼說。」

3. 說明我自己的困境、取得可能的合作意願，再不然就商議可以協調的做法，如：「怎麼辦？你／妳是被要求來這裡，而我是因為工作的緣故必須待在這裡，我們兩個人都有不得已，要怎麼做才可以有比較好的交代？而我們又不會太痛苦？」有些當事人也不買這個帳，執意要走人，我此時也必須說：「也許我們就在這裡待五分鐘，至少你／妳給你／妳的老師、我給我的老闆一些交代。」或是：「我這裡有一個提議，你／妳可以同意或不同意。你／妳在這裡可以畫圖（紙給他／她看畫圖用具與紙張）、

　　看看書（拿出現有的書或雜誌）、聽聽音樂（指出錄放音設備與
　　CD）或是談任何你／妳想說的話題。」

4. 如果當事人不知道如何開始，治療師也可以詢問當事人認為自己
　　的優點、或是表現得不錯的地方，可以醞釀一個友善、正向情
　　緒的環境（Selekman, 2005, p.59），對於學生族群，談談他／她
　　（在學校）喜歡的活動或事物也是一個不錯的開始，但是我們中
　　國人有的較為保守，也不太讚揚「自誇」的風氣，因此會碰到有
　　些當事人不願意談這些、或是很簡單地交代一句「沒有」，治療
　　師也不要因此而氣餒，因為一般人本來就不容易與他人很快就交
　　心，況且有些治療師還是奉法院或其他權威人物（機構）的命令
　　而與當事人晤談呢！自然也會被當事人視為假想敵。

5. 倘若當事人還是不願意待下來，就要做一些處置。我可能說：
　　「也許今天你／妳沒有心情，那麼我們下一次再談。」或是有附
　　帶條件式的：「我們可以只談這一次，下次你／妳就不必來；或
　　者我們可以延到下一次同一時間再談。」許多學生都會採速戰速
　　決的方式，當然也有人選擇後者，真的連這些條件他／她都不同
　　意，也只能讓他／她離開，我另外使用的一個方法是即使當事人
　　只做了短暫的停留，我在他／她離開諮商室之前會將自己對他／
　　她的好印象說出來，如：「即使你／妳是在不得已的情況下來到
　　這裡，你／妳也願意出現，我看得出你／妳是一個很遵守信諾的
　　人，也會體貼別人的想法，雖然我們今天沒有談很多，但是你／
　　妳對於我所提出的問題幾乎都是有問必答，你／妳是一個有自己
　　意見的人，跟你／妳談話很愉快。」這樣的處理方式，不僅給當
　　事人與諮商師留一條退路，也給未來接觸的可能性增加，至少也
　　讓他／她可以體驗到前所未有的美好經驗。

　　萬一碰到當事人雖然留下來了，可是沉默不語、或是只用簡單的
「不知道」應付該怎麼辦？諮商師第一件事就是不要焦慮，因為一緊
張就可能會做出錯誤的舉動，先讓自己冷靜下來，不要限制或規定自

己該如何？一切隨緣。遇到沉默的情境，最容易用來考驗諮商師的情緒智商與處理智慧。首先可以就這個沉默做一些詮釋，如：「你／妳現在不想說話，我可以理解。」「面對陌生人不想開口說話是很正常的，因為又不瞭解對方。」「有時候沉默可以讓我們思考一些事情。」「等你／妳準備好了，我也願意聽聽。」「『不知道』是很正常的反應，有很多時候我們也不知道問題該怎麼回答。」「如果你／妳知道呢，你／妳會怎麼回答？」偶而也可以跟當事人玩一個遊戲，就是先說明一些遊戲規則：「看樣子說話也挺費力氣，這樣好不好？你／妳如果同意我的問法，你／妳就搖頭（或舉一根指頭），不同意就點頭（或舉兩根指頭）。」有些當事人的沉默與他／她的互動習慣或個性有關，此時諮商師就可以思索其他獲得資訊的方式，比如以「完成語句」或是畫圖方式進行，甚至是聽音樂。我之前碰到一位較寡言的中學生，於是以自己設計的一些未完成句子來進行瞭解；也曾經碰到一位「永不妥協」的當事人，後來是我自己在她與我的面前擺了圖畫紙與繪圖用具，自己先畫起來，然後故做神秘道：「有人說可以從圖畫中瞭解一個人的想法，妳認為呢？」結果她就先分析我的圖，我也同意她的分析，後來她自己也畫了一張圖，讓我從圖中更清楚了她的內心世界！我也讓當事人聽音樂，然後從音樂中去找尋一些可以切入的話題，反正就是讓彼此在諮商時段中有事做就是了。

㈡不要提「正經」的話題

諮商師或許有自己的諮商進度或是目標，甚至是上級或是轉介單位希望完成的目的，但是當當事人沒有意願提供、甚至花了許多心力在做對抗時，諮商師就必須要暫時擱置自己的議程，不要哪壺不開提哪壺，否則真的是哪兒也去不了，還破壞了彼此的關係或第一印象。不提「正經」話題，那麼該提什麼呢？可以從幾個方面來著手：

❶ 從觀察開始

　　諮商師從當事人進入諮商室開始就已經開始觀察並蒐集資料，因此有時候可以從對當事人的一些觀察心得開始。比如我看到當事人在很熱天候下還是穿很多衣服，就會稍稍問一下：「冷氣有沒有太冷？」「你感冒了嗎？」當然有時候衣服穿多是為了掩飾一些事情（如吸毒、患病、受傷、受到虐待等），也可以給諮商師一些有用的線索。當轉介的老師對於當事人沒有一句好話時，諮商師也可以發掘一些對於當事人新的瞭解，如看到短小精幹的當事人，我就會猜測式地問一下：「你是不是運動很行？」有一回碰到將運動褲當成垮褲穿的當事人，我不是去質問他這樣的穿著是否不當，而是相當有興味地問道：「這樣要怎麼穿（褲子）才不會掉下來？」當事人非常有技巧地作示範讓我看，我們的諮商就從這裡開始。

❷ 從當事人有興趣、有能力的話題開始

　　在學校服務的諮商師常常會問：「你／妳對哪些科目有興趣？」這雖然是不錯的開場白，但是偶而也會碰到釘子、當事人說：「都沒有興趣！」接下來就會有點小尷尬，因此我採用其他的相關措施，比如我會說：「有沒有哪一位老師你／妳覺得比較酷的？」「如果有人問你／妳在國中生活看到最遜的事，你／妳會提哪一件？」甚至可以問：「你／妳最喜歡的偶像是誰？」「你／妳玩哪個（電腦）遊戲？裡面的人物最厲害的是？有什麼特色？」有一回，我看到當事人在看一本書——《安妮的日記》，正好我多年前看過，雖然大多內容都已經忘記，但是起碼還記得是二次大戰德國猶太家庭的一個女孩子的成長故事，因此就以這一點開始與當事人作連結，問她最敬佩安妮的是哪一點？話匣子就打開了。假裝無知、或是不知道也是一種不錯的策略，曾經與一位中輟國中生談話，知道他田徑很行，我就問：「田徑的比賽項目是哪些？」他就非常得意，後來發現我連「爆發力」都不清楚，就解釋得相當詳細給我

聽，我也發現他真的很行！

❸ 從玩遊戲（或其他媒介）開始

對於年齡較小的小朋友，玩遊戲通常是建立關係最快的一種方式，因為遊戲就是他們生活最重要的部分，當然其他年齡層的也可以偶而使用，玩遊戲不一定只限於遊戲治療，而是可以用來輕鬆一下、放鬆自我，甚至是建立關係的好途徑。一般此年齡層玩的遊戲都可以帶入，自己設計的也可以（如闖關、猜謎、故事接龍），有時也可以玩玩算命的遊戲（包括星座、紫薇斗數、以喜愛的動植物或顏色來猜個性之類），或是魔術，也可以吸引當事人的注意，鬆懈他／她的緊張心情。

當然也可以使用詩詞、音樂、歌曲等作開場白，或者是以電影或影片欣賞方式開始，任何一個切入點都可以善加利用，諮商師的創意也可以在這裡發揮。我也曾經與一位非自願當事人在僵持了兩個小時之後，以畫圖看性格的方式邀請對方參與，起初她還不太情願、冷眼旁觀，當我畫了一顆樹之後，她就開口評論道：「妳是一個很孤單的人。」我對她的猜測給予讚許，說她真是觀察入微，結果她也願意下筆開始畫，很簡單的畫房子畫樹，但是我卻在圖畫裡看到一個孤僻禁錮的心靈！比較瞭解她為什麼對人有敵意，以及冷淡的態度，這個瞭解是我們治療關係的第一步。

❹ 從時事或是新聞媒體披露的一些較引人注意的話題或相關話題開始

也許有一些與當事人有關、或許他也會注意到的較為重大的新聞，由這裡入手，就像是閒話家常一樣，可以減少當事人的戒心，也比較容易找到彼此都可以談的共同話題。如：「你／妳看到那一則邱小妹（被虐待致死）的新聞沒有？你／妳認為誰應該負最大責任？」接下來可以切入的相關議題就很多，包括「責任」、「親子關係」、「醫德」或其他生命議題，偶而還可以與當事人來此的目的或困擾做連結。即便是

「紙片」模特兒的議題，也可以談到健康、美麗標準、養生、減肥、照顧自己等觀點。

❺ 從徵詢意見開始

這是類似短期焦點解決諮商的一個技巧，把當事人當成專家，如：「如果你／妳是我，你／妳會怎麼做？」「像你／妳知道事情的嚴重性，瞭解有些人不能跟他／她有進一步交往，可是其他人不像你／妳這麼清楚，你／妳可以給他們什麼樣的建議？」甚至有時候只是就當事人的專長開始：「怎麼可能一百公尺跑十一秒，你／妳是怎麼辦到的？」這樣的方式是尊重當事人、其資源與能力，也讓當事人覺得自己有力、不是一個受害者。

❻ 坦誠以告或協商

與當事人磋商該如何運用這幾十分鐘，因為既然當事人不能走，諮商師因為職務所在也必須要在這裡，既然兩方都有不得已，那麼可不可以商議？彼此都可以接受的利用時間的方式？倘若校方或是機構要求必須要當事人接受固定次數的諮商協助，也可以與當事人就這幾次的諮商做協議。例如我與同學協調好三次諮商限制，只要他／她達到一些標準（如準時出現、自己決定話題、讓學校不需要找他／她再來見諮商師等），就可以簽字放人，他／她也願意謹守彼此的約定，這樣也解決了諮商師不知如何處理的困境。

❼ 從常做的夢或重複的夢開始

雖然我不是精神分析學派的信徒，但是偶而也會詢問當事人記不記得一些較為奇特或是重複做的夢，因為夢境至少不是那麼切身逼迫的經驗，但也帶著一些隱喻，有些當事人是比較願意談論的，也可以從這些夢境開始，聽聽當事人自己的解讀，以及當時是否遭遇一些特定事件。偶而，也會從夢境中看到一些待答的問題，這些也可以在稍後的晤談時

間做處理；若是碰到緊急的事件，如夢中所披露的是傷害性極大的，像是受虐的景象，有時候可能引發當事人極為強烈的情緒，諮商師就要有準備，不要慌亂。談夢也可以輕鬆，當事人的防衛不會太多，也可以是諮商師藉以瞭解當事人的一個管道。

❽ 從早期記憶或其他投射活動開始

我也會用自我心理學派Adler的「早期記憶」回顧開始，但是我使用的開場白是：「你／妳可不可以給我三個八歲之前的記憶，也許可以從這裡猜出你／妳的個性喔！」一般人是很好奇、也願意冒險的，這在引起動機上有極佳的效果，反正用三件事來猜，可以多多少少瞭解當事人，也是一個好的開始。其他的投射性活動有很多，包括問對方喜歡的顏色（可以約略猜初期大概的性格）、喜歡的動物（從動物特性來猜測）、喜愛的植物，或是坊間在玩的一些算命遊戲等，當然這些猜測可以作為參考，不是用來診斷的依據。

❾ 走出諮商室

如果待在諮商室很無聊，不妨改換地點，甚至走出諮商室到戶外去。諮商室對於一些人也有象徵性意義，可能是學校的一部分、也可能是拘束限制的一種，當事人也會擔心自己說的被他人聽見，因此不妨換個較適當的地點（當然也要顧慮到機構的立場），當事人可以更輕鬆地說話、暢所欲言。我曾經與一位中學生走出諮商室，到學校外圍繞著走，邊散步邊談，她也願意敞開心胸多談自己關切的議題。對於年幼的當事人，有時候諮商室並不是最適當的場所，因此走出來、或另覓場所也可以讓諮商效果加分。

❿ 相信自己當時所做的處理是最好的處理

最後一點，新手諮商師常常在一次晤談之後會有極大的挫敗感，也常常會看到自己做得不足、或是應做而沒有做到的部分，這是相當好的

一個自我檢視的方式，也是所謂的「過程處理」（processing）的一部分。每一次當然都不是最完美，但是也表示有進步的空間需要努力。我會告訴新手諮商師：看到自己不足的部分是很好的，可以讓下一回有改善空間，但是同時也不要忘記應該將這些動作在下次晤談時做補足，倘若需要即時的補救也要想辦法（如明知有自傷可能卻忘了問，在晤談後可以即時作補救），而基本上要相信自己當時所做的處理是那時所能想到最好的處理，希望下一回可以更好（以「could be better」替代「could have been better」）。

我曾經碰過一位對自己責求較多的諮商學習者，在與當事人晤談之後會發現自己許多不足，然後牢牢記住、隨時提醒自己，後來甚至到了自責的地步，這些自責讓她在面對下一個當事人時更無信心，讓自己的治療師角色更「失功能」，儘管時時提醒她：可以有這樣的察覺與檢視很好，可以讓自己更進步，但是不需要這麼嚴苛，反而會讓自己的專業怯步。然而這種提醒還是需要學習者本身自己的想法與行動有一些修正或改變，要不然徒然只是要求，並不能改善現狀多少。

十三　關於諮商契約

許多機構在第一次晤談時就需要當事人簽一份諮商契約，其中包括諮商過程中當事人與諮商師的權利與義務關係，當然也包含保密與其限制，還有資料使用與錄音、錄影的一些規定。另外有些機構基於財務預算的考量，會有晤談次數的限制（如以六次為上限），主要也是因應目前短期諮商的潮流，但是這些限制不是一成不變，有時候視當事人情況也可以稍做改變，因此契約也可以重新修訂，當然也不是無限期，因為諮商的基本精神是希望當事人可以有能力獨力處理所面對的問題與挑戰，不希望造成當事人的依賴。

諮商次數限制（所謂的「短期諮商」）除了經濟效益之外，有其優點：㈠傳達了改變、進步與成長是有可能的訊息，所以只需要一段

時間；㈡時間上的限制也可以讓諮商師與當事人更有動力做迅速且有效地合作，短期治療主要目標是議題焦點而不是時間的問題；㈢諮商師與當事人的關係會因為有限度的晤談次數而緊密發展，諮商師也看到當事人的優勢，讓當事人有動力去做改善，而不像傳統的治療是將焦點放在當事人「生病」或「病態」行為上，而讓治療似乎遙遙無期！㈣當事人與諮商師在晤談時間會努力去尋求解決之方，當事人所呈現的行為不被視為問題，而是試圖解決問題，當事人來求助只是因為自己「卡」住了；㈤諮商師在諮商過程、兩次晤談之間會編派一些作業讓當事人去嘗試，許多都屬於需要行動的體驗作業，也都可以連結與延續諮商效果（Nicoll, 1999, pp.18-19）。

契約上當然不是規定得鉅細靡遺，但是主要的重點會詳列出來，許多第一次來做諮商的當事人可能不太清楚契約裡面的意思，需要諮商師做進一步的解說與舉例，諮商師當然責無旁貸、需要做適當的說明，當事人若有疑問，也需要回應。雖然大多數的當事人會看完就簽字，但是比較保險的方式還是：㈠逐條唸給當事人聽，並不時詢問需要解釋否？㈡讓當事人有機會表達自己的疑慮，請當事人提出疑問，諮商師做解答。有些當事人對於錄音、錄影、有人在一旁觀察（或使用單面鏡）、或是資料的保存、有多少人看他／她的紀錄等會較為敏感，諮商師當然要有因應的動作。我曾碰到有些當事人擔心自己的故事被流傳出去，所以對諮商抱持著懷疑的心態，我解釋說我自己也曾經是當事人，也曾經有過這樣的擔心，但是像是諮商師教育者（多半是學校老師），需要訓練新的諮商師時，有時以例子來做說明會較為明確，或是同一機構的諮商師會有類似的「個案討論」或「督導」，藉著個案討論可以指導實習諮商師或是臨床工作者處理得更有效，即便是這樣，當事人也不必擔心資料或身分會外洩，通常當事人經過這樣的說明之後會比較安心。

十四　關於諮商服務與相關限制

　　當事人也許是之前已經接受過諮商服務，也許是初次接觸諮商，治療師都有義務要去詢問，並告知當事人關於諮商服務的性質、相關專業倫理，以及其他應注意事項。

　　諮商服務的性質、治療師的學經歷（甚至專精取向），以及諮商師與當事人在治療進程中的角色與工作，即便當事人不知道怎麼問，都可以仔細做說明，請參照諮商專業倫理。

　　關於保密的部分，許多的諮商師可能在社區或學校服務，走出了諮商室，可能有機會遇見當事人，此時治療師該如何應對？我在學校工作、也擔任教職，因此我的許多當事人在校園內有機會遇到我，為了免於麻煩或誤會，我會在事先告訴當事人：「如果我在路上碰到你／妳，我不會主動跟你／妳打招呼，為了避免你／妳尷尬，因為有時候你／妳可能跟其他人同行，要是萬一你／妳還要解釋是怎麼認識我的，可能就洩漏了你／妳在（或已經）接受治療的事實，這可能不是你／妳想要的。如果你／妳不在意，先跟我打招呼，我也會回應，若是沒跟我打招呼，你／妳也不必要因此而覺得不好意思，好不好？」這樣事先說明，可免於尷尬與違反當事人福祉。

十五　準備好再出發

　　最後還要提醒的就是：不管是初次晤談或是後來的諮商服務，治療師都需要先將自己準備好，包括心態上的調整，當治療師出現在當事人面前時，臉部的表情最好生動一些（Kottler & Brew, 2003, p.87），但是也應該呈現出有活力的樣子，因為基本上當事人是因為困擾問題來求助，在外表與精神上都比較灰心沮喪，要是看到治療師也是委靡不振，不知作何感想？會不會認為諮商師都已經這樣頹喪了，能夠怎麼幫我？

這也提醒治療師在與當事人晤談時，焦點就在當事人身上，因此諮商師必須拿出專業的態度來面對。此外，若是知道當事人所要處理的議題，諮商師做一些適當的準備動作是需要的（譬如藥物問題、性傾向、親子關係，或其他較特殊的疾病等），這也展現了諮商師的專業。

在與當事人碰面時，治療師有一些禁忌需要留意（Kottler & Brew, 2003, pp.114-122）：㈠一直採用最低限度的回應，或點頭頻率太高（甚至一直「嗯」），㈡臉部表情僵硬，㈢臉上太多表情，㈣閉鎖的身體語言（如腳交叉或翹二郎腿、手環抱胸前），㈤坐得太輕鬆或太挺直僵硬，㈥瞪著當事人的時間太多，㈦不要只留意當事人所「說」的，還要聽聽他／她的語調、使用的語言或措辭，也要觀察他／她的行為動作（Kottler & Brew, 2003, p.90-92）：㈧表現出不專心或不尊重當事人（態度問題），㈨在聽的時候想太多（不能專心聽），㈩無法投入當事人所說的（心中另有想法），㈪具批判性（以有色眼光來看、來聽），㈫想要做太多事（太狃於急效），㈬忽略可以提供的協助（有時當事人當下必須要做一些處理，但是治療師只考慮到讓當事人繼續來諮商而已，沒有採取必要行動，如面對有自殺傾向的當事人），㈭沒有蒐集到相關資料（讓當事人無目的地談，沒有適時介入或探問），㈮太專注去想自己遺漏的（擔心自己遺漏資料，因此妨礙了傾聽），㈯忘記自己在做什麼（初次晤談有目標要達成，應該有一些既定的程序或問題要涉及），㈰誤診，㈱急切要「修好」問題（沒有機會瞭解當事人關切議題的全貌就妄下行動或處方），㈲擔心當事人喜歡或不喜歡我（怕影響到自己的接案率與自信心），㈳未將當事人呈現問題概念化（將蒐集到的資料做最妥善的檢視與處理、擬定處置方向或策略）。

十六　危機處理流程與用作

新手諮商師最需要注意的就是在接案的同時，有時候在重要關頭會忘記哪些訊息是屬於危機情況，需要做緊急處理。如果當事人是以緊急

的情況下來晤談，就必須先解決當事人當下迫切需要協助的項目（像是情緒崩潰、恐慌發作、自殺企圖或未遂等），因此諮商師必須要明白哪些情況是需要做緊急處理的，實習諮商師還可以有督導協助，但是發現這些警訊的還是第一線的諮商師，除非諮商師本身的警覺性夠，要不然接下來的處置都會有問題。而一般的心理衛生機構也會有一些危機應變的系統，讓當事人在無法立刻找到諮商師時，可以取得協助或資源。這些危機系統包含了其他的協助機構、專業同僚，或是全天候的緊急危機熱線（Long, 1996, p.13）。許多新手諮商師是擔任初次晤談的工作，也是站在接觸與發現當事人關切議題的第一線，因此如果發現有必要做即時處理的狀況，機構應該都有一些標準程序或處理流程，治療師本身要非常清楚。

家 庭 作 業

1. 詢問三人在第一次與人見面時會注意到對方什麼？哪些情況會決定你與此人是否會繼續聊下去？當他／她看到你／妳的第一眼，想到什麼？注意到你／妳的什麼？你／妳如何做回應？

2. 訪問有過工作面試經驗的人士，發現自己的優勢在哪裡？給年輕一代的建議為何？（或是訪問一些甄選職員的主管，他們在面試時會注意受試者哪些表現？）

3. 請同學問學校同學對於心輔系（或諮商系）的印象為何？認為心輔系（或諮商系）同學「應該」如何表現？

Chapter 2
個案概念化

一　個案概念化的重要性

　　絕大部分的諮商師養成課程都較重視「技巧」的部分，然而卻忽略了治療師在使用技巧之前其實是經過一個認知的處理過程——「個案概念化」（case conceptualization）（Martin, 1990, cited in McLennan & Culkin, 1994）。有效能的諮商師應該要具備的能力：發展出關於當事人問題與需求的正確概念，針對這些需求做出最適當的處置決定，以及將這些決定藉由有目標的溝通技巧來達成（Robinson & Haliday, 1987, cited in McLennan & Culkin, 1994, p.183），前二者就是「個案概念化」的精髓。「個案概念化」是讓一個人的困難或問題的根源、發展與維持意義化，代表一個統觀的看法，指的是假設可以經過驗證或試驗，而與當事人合作達到治療的目標的處置或計畫（Tarrier & Calam, 2002, cited in Sanders & Wills, 2005, p.25），更詳細一點是指：「治療師刻意、聚焦與持續的努力去瞭解當事人，接著要做出可能的處置計畫，計畫涉及系統性的詮釋有關當事人的所有資料，以提出與當事人有關且有用的行動過程。」（Osborn, Dean, & Petruzzi, 2004, p.122）。也就是說，個案概念化可以分成兩個相關的領域：瞭解造成當事人問題的病因、關於當事人面臨的困難的有效介入方式或計劃爲何（Constantine & Gushue, 2003, p186）；諮商師本身的概念複雜度會影響其在臨床上假設形成與釐清（Hollway & Wolleat, 1980, cited in Duys & Hedstrom, 2000, p.9），概念複雜度愈少者較容易採用直接或指導性的介入方式（Goldberg, 1974,

cited in Duys & Hedstrom, 2000, p.9），有經驗的治療師比新手治療師的問題概念化會較容易類化到不同的當事人身上（Martin, Slemon, Hiebert, Hallberg, & Cummings, 1989, cited in Duys & Hedstrom, 2000, p.9）。

概念化可以瞭解當事人關切的事情或問題的始末、當事人對於這個問題的詮釋、處理問題的優先次序，以及可以採用的處置方式，就像是治療師的一個「指南針」（Persons, 1989, cited in Sanders & Wills, 2005, p.25），概念化是一個「運作的假設」（a working hypothesis, Sanders & Wills, 2005, p.29），也就是可以在整個治療過程中不斷翻修、修正。諮商過程初期是蒐集資料的工作，然而當資料蒐集差不多之後，接著要怎麼做呢？如何運用這些已經蒐集來的資料？這個步驟也是我們國內目前在諮商師培育課程中較為缺乏的一環，個案概念化雖然重要，但是卻沒有出現在正式課程裡。所謂的個案概念化，就是依據當事人所提供，以及諮商師所蒐集的資料，將當事人所關切的問題做初步的診斷、設定優先次序與處遇計畫，因此主要的關鍵就在於資料蒐集之後要做的動作。通常是在初次晤談之後，諮商師就必須依據方才晤談內容與所得，將個案處理的方向做一個統整，也就是開始著手計畫要如何協助當事人，因此「個案概念化」的動作就是將處置動作「具體化」的重要步驟。

Hackney與Cormier（2001, p.245）提醒諮商師：蒐集當事人相關的背景資料時，不要忘記將當事人所處的社會文化環境與脈絡考量進去，因為大部分的人是在許多系統內運作的，這也頗符合目前生態取向的趨勢，因為個人不是在真空狀態下生活，而是在不同的關係與脈絡交織互動的複雜存在。當然，個案概念化也受到諮商師治療取向或信念的影響，對於當事人關切議題的解釋會有不同，自然也連帶影響治療師對議題處理的差異。

 ## 二　個案概念化定義

根據賀孝銘等人（民90，p.200）在參照各家說法之後所做的整理，

定義「個案概念化」為：「諮商員蒐集當事人的相關資料，並系統地加以統合，呈現當事人問題，問題發展與原因，當事人的適應狀況，諮商處理的可能重點與策略，諮商可能的結果等多向度綜合之能力表現。」從這個定義可以看出個案概念化的元素、進行順序與過程，資料蒐集需要靠諮商師的觀察、理論取向與統整功夫，也需要在過程中瞭解問哪些問題？觀察哪些語言與非語言訊息？最後與當事人協調、加上自己的專業判斷以及諮商模式，排列出需要處理的優先次序，最後列出想要執行的具體方向、可能結果或遭遇之阻礙。而諮商師不應該只是「一人」作業，而是同時需要去瞭解當事人可用資源，以及諮商師可用資源，可以讓個案概念化更為完整、周詳。

 ## 三　個案概念化步驟

　　Berman（1997, pp.1-7）提到個案概念化的步驟分為：㈠選擇最適合當事人的理論觀點，㈡使用支持的資料或證據當作個案概念化發展的關鍵特色，㈢在發展個案概念化時，運用短期與長期目標作為主要特色，㈣發展有效的個人書寫型態。從以上的敘述中可以瞭解：㈠個案概念化受到治療師本身相信的理念與理論影響，但是也要考慮到是否適合不同的當事人；㈡要蒐集到重要的支持證據，才可以套用在當事人身上，然而這也出現一個危機——諮商師是否只會找一些吻合其理論的證據？㈢對於每個當事人，治療師都應該可以與當事人一起擬定出短期與長期的治療目標，然而在臨床上可能比較重視當下、短期的目標；㈣諮商師自己書寫記錄與個案概念化（包括處遇計畫）都有個人風格，極大部分與個人受訓經驗有關，主要是書寫的邏輯性與可讀性；書寫的型態可以以假設、（出現）癥狀、人際脈絡、發展或歷史、主題或隱喻，以及診斷為基礎的不同方式，讀者可參見Berman（1997）的書籍。當資料蒐集差不多之後，接著就需要做初步診斷計畫（或處遇計畫，treatment plan），以及每個處遇計畫的細部執行步驟，也就是做一個統整的工

作。資料蒐集主要目的是協助諮商師與當事人就諮商目標做協調，接著諮商師就需要做一個「個案概念化」的工作。

個案概念化基本上包括了幾個步驟：

㈠當事人與問題之背景資料呈現與分析。

㈡初步診斷（包括當事人問題與目標）——暫時的評估。

㈢處遇計畫（根據當事人之需求或是諮商師之專業判斷列出最優先的問題與接續下來的諮商策略）。

㈣評估方式（諮商效果需要做追蹤與評量，也有助於持續的處遇工作）。

㈤隨著所穫資訊愈多愈完整，做一些修補或訂正（診斷與處遇計畫）的動作。

我們一般在設計諮商師訓練課程時，較少將「個案概念化」列入，這個準備工作不能少。怎樣將蒐集到的資料做初步判斷，根據哪些線索做決定？然後要將治療次序做優先排列，根據這些治療目標構思出可以實做的執行計畫，然後按部就班進行，倘若執行中發現不妥或是需要改進之處，至少也有一些藍本供對照參考。優先次序的安排可以先詢問當事人的意見，有時候當事人會指定要先處理哪些問題，諮商師也需要尊重當事人的意願。

個案概念化也與諮商師所相信或訓練的理論取向有關，也就是諮商師會依據自己相信學派的觀點來看當事人關切的議題。但是依照諮商師自己相信的理論或是觀點來處理，有時候並不一定會獲得當事人的信賴或認可，諮商師也可以做解釋，倘若當事人認為不必要，那麼也應該尊重其意願，也許諮商師認為很重要的，也可以待治療關係穩定之後，當事人或許願意考量諮商師的意見。

四 個案概念化案例舉隅

㈠小山

小山今年二十一歲，他來求助是因爲第三次的戀情可能就要告吹，前兩次也都是分手的下場，雖然第一次是對方提出、第二次是自己，但是他覺得女人眞是難懂，他摸不透女人的情緒。他說他是一個很開明的人，也願意接納別人的意見，可是他還是覺得不能討好女友、常常出差錯。小山認爲自己最大的問題是「溝通」，所以希望就這個議題請諮商師提供建議。我除了詢問小山前兩次分手的理由之外，也要他具體描述所謂的「溝通」問題指的是什麼？我到底可不可以幫上忙？他說：「就是怎麼樣讓她瞭解我瞭解。」

「可是，你眞的瞭解她嗎？」我問。

小山呆了一下：「這倒是，因爲我好像不太理解她，所以才會常常出錯。」

我於是詢問小山給我一個最近發生的事件，讓我聽聽看他們之間的可能障礙在哪裡？小山說，本來就想跟女友可以天天一起吃飯，可是女友就是沒有辦法抽出這麼多時間，小山說：「我認爲既然是男女朋友了，我就會儘量找時間陪她。」結果前幾天好不容易女友答應跟他一起吃晚餐，女友因爲之前參加活動會晚一點到，要他先去替她點餐等她，但是在約會時間之前，小山也替一位同學修電腦，沒有去注意時間，結果是過了約好的五點半才猛然發覺已經遲了，怕打電話又耽擱時間，於是就想先趕去再說，沒想到女友很生氣，也不理他，他後來頻頻道歉，但是女友似乎不領情，小山說：「爲什麼她做錯的時候道歉我就要接受，我做錯了道歉，她卻可以不接受？」小山認爲女友太驕縱、太自以爲是！

聽完了小山的故事，我的初步診斷是：

1. 溝通問題：先學會聽，然後反應，傾聽與同理技巧。
2. 不公平：女友道歉可以被原諒，自己卻不行。感情付出的公平性如何評估？
3. 女友情緒化：可能是因為沒有被聽到、沒有先被同理。
4. 界限問題：親密交往真的需要焦不離孟、孟不離焦嗎？如果步調不同呢？如何可以在親密關係中保有自我與共同的空間？

第一個診斷是小山提出的，而我也發現有這樣的可能性，這也是小山希望先處理的，所以以第一次諮商來說，我們就先處理所謂的溝通問題，而我在「溝通問題」後面所列的就是我將要採取的執行計畫：我要先協助小山會聽、然後才做反應，但是我在第一次諮商時也提到了他所定義的「親密關係模式」──要儘量找時間在一起。我以小山提的那次遲到事件為基礎，與小山演練他的女友可能的感受為何？希望他聽到、瞭解什麼開始，然後再以角色扮演方式模擬雙方的想法與感受。小山可以瞭解為什麼女友會這樣想？而他自己為什麼也會覺得不公平。

後來我問：「你與女友交往是希望她按照你的步調來做，約會或是兩人對情感的看法都是這樣嗎？」

小山愣了一下：「沒有啊，我沒有強迫她的意思，而且我們又不同系。」

「所以即使是很好關係的人，對於該見幾次面才算親密也是不同？」

小山點頭。

「好，所以轉到之前你說的可以接納女友或是其他人的不同意見，即使是對方跟你的想法有極大差異，你也可以接受？」

最後剩下的時間，我們就討論如何進行協調的問題，讓小山與女友彼此都可以享受親密，但是卻沒有太多的「勉強」（為了討好對方、卻要委屈自己）的約會方式。也就是在初步診斷出來之後，就需要依據當事人的優先次序做處置計畫，既然小山提到溝通問題，諮商師當然可以依據當事人的需求先做處理，倘若諮商師發現有更急切需要處理的事

務，也可以先做處置，例如說如果小山提到與女友之間的互動不良，讓他有時候會忍不住去撞牆，因爲眞是太頭痛了，那麼諮商師先要處理的可能是小山的自傷行爲，而非小山聲稱的「溝通問題」了。

㈡珊珊

珊珊今年大三，二十歲，因爲「人際問題」來求助。

珊珊：「我不知道爲什麼自己不能交到好朋友，好像以前的朋友都不能像以前一樣了。」

諮商師：「跟以前一樣？是說跟以往感情很好的時候？」

珊珊點點頭：「以前我們是一起的，可是後來就不是了。」

諮商師：「可不可以說得詳細一點？到底之前是怎樣？現在又如何？」

珊珊：「以前嘛，我跟她們兩個是好朋友，很多事情都一起（做），後來我發現自己好像得罪了其中一個，我們是室友，但是她沒有跟我說，有一次我不小心在部落格上看到甲──我那個室友的留言，好像是在說我，因爲那個情況太熟悉了，她跟乙就在那裡說我怎樣怎樣，都是我的缺點，我知道了以後，看到那個室友都覺得怪怪的。」

諮商師：「怪怪的？還有什麼感覺？生氣嗎？有背叛的感覺嗎？」

珊珊：「很氣，可是又不能怎樣？後來我就搬出來了，反正我也要打工，暑假宿舍要關門，可是我還要打工，所以就在打工的地方認識了一個學姊，她介紹我去租房子。」

諮商師：「搬出來之後，情況怎樣？」

珊珊：「其實我除了上課，就是打工，比較少時間跟她們在一起。」

諮商師：「跟她們有機會碰面的時候會很尷尬嗎？」

珊珊點頭：「就是說打招呼這樣而已，好像也沒有什麼話題可以談。」

諮商師：「聽起來有點遺憾，妳自己對於這份情誼希望維持怎樣的情況？」

珊珊：「我是覺得大家曾經那麼好過，現在也不知道為什麼會這樣。」

諮商師：「妳自己還有其他朋友嗎？跟班上同學相處怎樣？」

珊珊：「還好，我打工的地方有認識一些人，跟班上同學就是還好，可以談談，只是沒有太多的共同話題。」

諮商師：「打工占了你一天的多少時間？」

珊珊：「每天下午五點半開始，一直到十點多。週末假日就幾乎是整天。」

諮商師：「打工對妳來說是需要還是必要？」

珊珊：「我要養活自己，因為我爸媽也不能提供我的生活費。」

諮商師：「妳要負責自己的生活費，還有嗎？」

珊珊：「學費也是我自己出。」

諮商師：「那麼一個月估計你必須要支出多少？」

珊珊：「生活費大概五千，可是我買了機車，一個月要付四千塊。」

諮商師：「所以負擔就不小！因此打工也是很重要的，幾乎給自己的時間就不多了，妳要怎麼平衡課業跟工作？」

珊珊：「學校的功課還可以（應付），只是每天（打工）回來會累一點，我也儘量在上班之前把功課的東西弄好。」

諮商師：「到目前為止你都是這樣安排生活嗎？真是辛苦了！好，回到我們剛開始提到的話題，妳擔心交不到朋友是怎樣的情況？」

珊珊：「我也不想跟她們變成這樣，我也希望可以有很好的朋
　　　友，可是好像我不花時間跟她們一起，就會疏遠的感
　　　覺，可是我覺得她們也沒有考慮我的情況，而且我做錯
　　　了什麼，她們應該告訴我，不是在我不在的時候說。」
諮商師：「友情、親情這些關係都是要花心力去經營的，妳的
　　　　生活作息跟她們有很大的不同，所以減少了很多大家
　　　　在一起相聚的時間，這也是很正常的，不過許多的朋
　　　　友也是這樣，平時大家各忙各的生活，但是還是願意
　　　　花一些心血去維持友誼，即使不能相聚，也可以有其
　　　　他關心彼此的方式。另外，妳希望跟這些以前的朋友
　　　　維持怎樣的關係？這是妳自己可以決定的，也許她們
　　　　希望跟妳更親近，所以會要求妳給多一點時間，這段
　　　　情誼要維持到什麼程度，也是妳可以做的決定、以及
　　　　妳願意投資多少而定，也許接下來我們就這個主題多
　　　　聊一些。」

　　珊珊認為本來的好友竟然私下在討論她的不是，有被背叛的感覺，於是主動與被動地開始有疏離的動作，這種關係的失去讓她難過，也很無奈，因為自己要打工，時間上不容許像以往這樣經常與好友相聚，也因為在一起的時間少了，影響到可以共同討論的話題、可以分享的活動，珊珊曾自責自己是不是做的不夠多？是自己把關係弄擰的。諮商師在瞭解珊珊的情況之後，可以依據所蒐集的資訊進行個案概念化與處置計畫的擬定：

　　1.珊珊想要怎樣的情誼？自己想要付出的有哪些？如何與人建立「有酬賞」又滿意的人際關係？

　　2.社交技巧的實際如何？目前身邊的人際支持又如何？

　　3.這個失落經驗（失去朋友）要怎樣處理才算圓滿？珊珊與家人間的互動狀況如何？珊珊的人際互動模式又如何？與目前的情況有

無關聯？

4.如何協調打工、課業與休閒（包括與友人互動）的時間？

五　使用診斷的限制

　　初次晤談裡的診斷工作，最重要的是瞭解當事人所訴求的問題是不是諮商師本身可以勝任？有沒有其他生理或是心理疾病需要先做處理？或是做轉介？有沒有可能是因為生理因素所導致的生活功能失調等等，都可以先做釐清。在醫療單位，可能很需要「診斷」的資料，因為根據這些才可以申請經費（或健保）補助，所以醫師或治療師們必須要寫下他們對於當事人的「診斷」（或編碼），以小山的案例來看，諮商師可能可以依據《心理疾病診斷與統計手冊IV》（*Diagnostic and statistical manual of mental disorders*, 4th Ed., or DSM-IV），將小山的問題列為「V61.1 1伴侶關係問題」。然而在諮商室裡，諮商師所做的這些診斷基本上是作為往後諮商方向的依據，諮商師較不希望以診斷方式來「標籤」當事人，因為一般人還是不喜歡被視為「有病」的人，況且罹患心理疾病在現今這個社會也不是什麼光榮的事，主要是普羅大眾還不太能接受心理疾病與「道德」（好像是人格的一種缺損）無關。

　　採用診斷手冊有幾個錯誤的假定：㈠這些分類是根據世間的現實；㈡我們有能力去明確區分正常與非正常行為；㈢這些分類有助於臨床診斷；㈣這些分類有助於處置計畫與過程（Maddux, 2002, cited in Selekman, 2005, p.10），因此治療師雖然還是會依據診斷手冊作一些判斷，以免誤診或是延誤當事人就診（如重度憂鬱症可能就需要做出診斷，適時轉介、強迫住院，或是配合藥物做治療），然而也可以將這些徵象或是診斷作為接下來治療計畫與執行的參考依據；另外，治療師在做診斷時也可能為了要讓當事人可以獲得醫療保險而做了「過度診斷」，也不是恰當的，而因為這些診斷都會留下紀錄，甚至跟隨當事人一輩子，必須要謹慎將事（Dougherty, 2005, p.136）。由於諮商所面對

的多半屬於日常生活中所遭遇的困擾，因此基本上不會將當事人「病態
化」，誠如Milton Erickson所說的「（人們尋求）心理治療主要不是希
望對不能改變的過去有所開導或啟發，而是因為不滿現狀，想要有更好
的未來。」（cited in O'Hanlon, 1987, p.12）。

　　診斷的好處是：㈠可以提供有益於瞭解的線索，㈡協助人們得到支
持，㈢協助減少責備、建立合作關係，㈣標籤有時可以協助家長與他人
看到孩子的正面優點，㈤診斷可以讓我們接近許多相關知識，㈥可以協
助家庭獲得資源；但是它的壞處在於：㈠標籤會強調病態、也貶損了當
事人，㈡可能限制與助長了期待效應，㈢可能是不可靠、不正確的，㈣
如果當事人是特殊的，標籤就有負面效果，㈤對當事人來說，診斷不是
他們自己選擇的，這牽涉到專業倫理的問題（Sharry, 2004, pp.86-88）。

　　在做診斷的時候，很重要的一點是：將當事人放在所處的情境脈
絡中來考量，這樣可以協助諮商師與當事人更瞭解情況與其可能的意義
（Sharry, 2004, p.89），像女性主義治療就特別注意社會文化裡對於不同
性別的差異期待與待遇，可能是來求助當事人的主要關鍵，而不是當事
人本身的問題而已！像是許多的病徵可能是特殊情境所引起，而不是病
態，相反的，有些可能就是較嚴重的病態而非常態。比如一般人在聽到
悲劇訊息時會有一些情緒上歇斯底里的表現，諮商師不是看到當事人情
緒失控而已，還要瞭解是怎樣的情況下產生的反應，這樣比較不容易誤
判。也有諮商師發現當事人遭遇重大傷害或失去，竟然無動於衷，以為
這是不正常的反應，可是如果知道當事人在最近很短時間內已經有許多
失落經驗，這樣的反應也許就是他／她的正常因應方式。

　　讓當事人有個「病名」，可能引發一些負面的效應，包括當事人
將自己看成病人，增加無力感，也可能將諮商效果打了折扣，而諮商師
將當事人視為「病人」，也可能有一些先入為主的成見，造成在治療過
程裡的許多偏見，或是「月暈效應」（就是「以偏蓋全」），反而妨礙
了諮商進行與結果。當然，在醫學上說病人需要有「病識感」是很重要
的，因為這樣病人才會願意與醫師或醫療團隊合作，可以讓預後情況更

佳。之前曾經遭遇一位罹患精神分裂症的當事人，但是他的家人卻全盤否認，不願意讓他去看醫生，結果我們發現當事人若是在學校，就可以在老師與同儕們的支持下固定去見精神醫師拿藥，也按時服藥，同時接受諮商協助，需要與人互動也可以隨時找到人談話，他的生活功能相當好，但是只要當事人一回家、再回學校的時候，情況就變了，不僅精神恍惚，也不能好好作息，原來他一回到家，母親就將他的藥丟掉，強調他沒有病、不需要吃藥，在這樣的壓力下，他的病徵就浮現了！在這個案例中，當事人有病識感，也配合相關醫療與心理諮商，所以可以維持相當好的生活功能，然而其母沒有這樣的共識（我們也可以理解），反而成了孩子復健過程中的阻礙。當然有些疾病服藥後有一些副作用（如呆滯、感覺不是自己），可以商請醫師在藥劑上做調配，如果病人自行停藥或決定劑量，可能後果更糟！

所謂的「處遇計畫」就是諮商師針對小山與珊珊的問題做處理的計畫，而這些處理過程或是方式，可能就與諮商師的經驗或是理論取向會有關係了，端賴諮商師是怎麼看這個問題的來決定，接下來會花一些篇幅來做說明。

六　個案概念化模式

　　一些臨床治療師看到個案概念化的重要性，也因而發展了一些模式或流程，協助初學者與同業作為參考。在這一節，我會將我所整理的個案概念化流程做一個圖示解說，提供同業參考。

蒐集當事人相關背景與問題資訊

> （當事人性別、出生序、原生家
> 庭家庭圖、家人關係、種族、職
> 業、重要生命事件、問題描述、
> 過去諮商或醫療史、支持系統、
> 生活功能檢視等）

形成主訴問題概念

> （依據諮商師自己所信仰的取向
> 或理論，擷取重要問題線索，將
> 當事人所述與諮商師觀察資料做
> 統整，列出可能問題之優先次
> 序）

依照優先次序列出治療目標

> （徵詢當事人意見與協調，列出
> 需要處理的問題優先次序，有時
> 是一個大問題框架下有不同子問
> 題，或是不同問題糾結需要分別
> 列出）

按照列出之問題優先順序以腦力激盪方式
分別臚列可以介入或處置方式與考量

> （儘量仔細、具體，若需要團隊
> 支援亦應一併列出需支援事項）

可行處置方式

> （就列出之可能處置方式與方向
> 作篩選；擬定計畫在諮商晤談裡
> 進行；隨時依據出現之新資訊與
> 當事人狀況做調整或修正）

進行治療

圖2-1　個案概念化模式流程圖

七 個案概念化與理論取向

　　諮商師因為自己所受訓練、經驗背景的不同，對於問題的看法也會因此而有差異，當然也就會影響到其對問題的診斷與解釋。不同理論可以提供諮商師：㈠解釋人類如何學習、改變與發展的基本原則；㈡提供一個正常人類功能的模式；㈢提供一個諮商過程與可能結果的流程（Hackney & Cormier, 2001, p.5）。諮商理論也可以提供諮商師看問題與當事人的方向或角度，而這些看法也會影響到諮商師所做的處遇，誠如Corey（1996）所言：「諮商理論決定了諮商師找什麼以及看什麼，也大致決定治療的焦點與歷程，影響治療師治療策略與過程的選擇。」（p.4），而理論取向提供了諮商師對自己所做的處置有意義的基本原則（Corey, 1996, p.4）。一般將諮商理論分為人文、認知、行為與系統取向，看問題的方向也不同。人文著重在個人感受與觀點，相信人可以找出因應問題的最佳方式；認知取向將問題導向人的「想法」，認為是人對事情的看法或偏或狹，而引發問題或情緒上的不安適；行為取向的則將問題歸為「學習而來的」，需要經過另一番新的學習來做修正；系統觀則是將大環境（包括家庭、人際、社區或生態等）納入考量，認為問題本身不是問題，而是有其他因素共同造成。

　　當然諮商師本身的個性、生活經驗、人際互動模式與技巧，以及生活哲學與其所選擇的理論取向息息相關（Corey, 1996; Hackney & Cormier, 2001, p.6）。許多新手諮商師或是準諮商師往往會煩惱自己所要專精的理論取向，然而對於初學者，在訓練過程中幾乎都是將幾個大取向的理論囫圇吞棗似地咀嚼、吸收，也許從某個學派裡拿一些、另一個學派又拿一些，通常是找自己比較喜歡的，有些甚至聲稱自己是「折衷」學派。喜愛的諮商理論或取向也是經過長時間慢慢琢磨而成型，諮商師本身的性格、生命經驗比較重要，我在美國求學時曾經做過一個簡單的調查，發現一位稱自己為人本取向的諮商師認為祖母給他的身教與

寬容讓他相信人本學派的主張；另一位則是因為自己身為弱勢族群，受到許多社會文化的打壓，所以堅信女性主義；另一位則是在經過一位精神分析的治療師協助之後，瞭解自己的許多經驗可以用潛意識或與原生家庭的親子關係解釋，因此也相信並專研精神分析學派。當然不管哪一個學派或取向，對於問題的診斷有不同，也因此只能解釋或解決問題的部分或部分問題，沒有說一種學派或取向如「萬能藥」，對任何情況都有相當的效果。準諮商師在學習許多理論中，慢慢去發現也印證理論，然後根據自己的個性、生活經驗來做調整，發展屬於自己的諮商型態。Erickson（1979）也提到：每個人都是一個獨特個體，心理治療也必須依據不同的個體做修正，以符合個人之特殊需求（cited in O'Hanlon, 1987, p.13），這也提醒了諮商師即便有特別專精或喜愛的治療取向，也需要注意當事人是我們服務的對象，以他／她的需求與考量為優先，不是以治療師自己的理論取向為唯一參照標準（Brems, 2001, p.250），這樣就不免會有圓洞方鑿的危險。

取向不同，對於人類行為的發生與認定也有不同解釋，如自我心理（或阿德勒）學派會檢視當事人家庭氣氛、排行與私人邏輯，看看當事人採用的是對社會有益或無益的行動，希望讓當事人可以朝社會興趣的方向發展。現實學派會注意當事人的需求（生理與生存、自由、樂趣、歸屬與權力）為何？採用怎樣的行動去滿足自己的需求？而這個行動的結果是有效的、還是無效的？協助當事人重新做更有效的選擇與行動。家庭系統取向的治療師檢視家庭互動狀況，包括階層與界限的瞭解、溝通管道有無效果，以及問題解決的模式為何，目的在於讓個人可以在家庭中做自己，保有自由與紀律的權利，也有選擇與負責的部分，不讓當事人或另外的家人成為「代罪羔羊」。行為主義取向的諮商師在形成個案概念化過程中認為當事人的行為是經由不同途徑「學習」而來，因此會將焦點放在當事人外顯、可觀察的行為上，以及行為出現時的特殊環境條件，鎖定問題或是需要改變的行為之後，就可以協助當事人做適當的行為改善（減少不當行為或增加適當行為），此學派的治療師相信只

要行為獲得改善，其他相關的認知與情緒也會有所改善。認知行為取向治療師會注意到當事人一些不適用或是無效的想法，試圖以辯白、舉證以及行為或情緒作業等來擊破這些錯誤的思考或信念（如誇大、依賴、討好、掌控），其目標是讓當事人可以分辨合理與不合理的信念，甚至可以在行事之先有自我對話與批判，最後讓當事人可以有一個嶄新的生活哲學。諮商師在蒐集當事人資料的同時，當然也受到所相信的取向影響（例如分析取向者可能會就原生家庭相關資料與童年經驗蒐集較為詳細），而在資料蒐集的同時，治療師也在開始運作理論模式的相關觀念（試圖以取向特有的角度與語言來詮釋資料），最後所形成的處置或介入重點也是以取向為依歸。

以小山的案例來說，不同諮商學派可以有不同處置。自我心理學派諮商師可能就小山行為的動機出發，探討他想要在親密關係裡成就的是什麼，小山在家的心理社會排行（如老大或中間小孩）對其生命型態的可能影響，還有家庭氛圍如何也會列入考量；現實學派可能會去瞭解他在這個關係中的需求為何？選擇採用什麼方法滿足需求？針對這個需求小山是否採用了「有效」的方法入手？結果他滿意嗎？認知學派會去探究小山對於親密關係「應該如何」去瞭解，看看是否有不合理的想法影響了小山與女友之間的關係（包括男女朋友「應該」常常在一起，女友「應該」配合我、要是不能配合我就是極大的災難等等）；家庭治療也許針對小山與原生家庭的關係與學習來看他呈現在人際關係的影響，包括家人關係如何？各次系統間的界限與運作情況？個人獨立自主與家人親密關係的平衡怎樣？行為學派可能聚焦在溝通技巧與人際敏銳度的覺察，讓當事人有機會再重新學習；焦點解決學派取向的諮商師，會看見小山在與女友互動中的優勢，詢問小山如果這些問題都不存在時，他與女友之間的關係會如何？然後針對這些「遠景」織造出可以達成的努力目標；溝通交流學派的治療師也許著重在小山與女友之間的溝通模式做釐清與分析，不做無效的溝通遊戲，務期以更有效的溝通進行互動等。

「個案概念化」自然與諮商師的理論取向或信念有關，也因此諮

商師容易以自己的「小理論」來針對當事人關切的議題做解釋，然而這些「小理論」可能會有傷害：諮商師比當事人更早知道當事人要走的方向，甚至提早將當事人的意圖揭露了，可能會威脅到當事人，也影響治療進度；此外，萬一諮商師思索的方向與當事人有異、甚至是錯誤的，對當事人來說，傷害更大（Martin, 2000, pp.83-84）。可以避免的方式是：諮商師將自己放空，先好好聽當事人怎麼說，而關於診斷或是處置事宜，就待晤談結束後去做吧！

　　也許在諮商治療初期，諮商師已經看到當事人問題的癥結，但是當事人還不清楚，若是治療師狃於急效、企圖讓當事人看到問題癥結，可能會嚇壞當事人，或是當事人不同意、不買治療師的賬，有些甚至就不再出現，此時也提醒諮商師所謂的「步調」（pacing）問題，因此在「個案概念化」過程中，首先以當事人選擇的最重要關切為治療目標，等到治療關係更穩固之後，諮商師的說服力才會產生想要的效果，不必著急。

 ## 八　個案概念化注意事項

　　Murdock（1995）提出治療師在處理個案概念化時需要考慮到幾個問題：㈠呈現問題是否吻合理論所揭櫫的心理失常？㈡當事人所呈現的其他面向是如何吻合理論所提的觀念與呈現的主訴問題？㈢根據這個理論，當事人該往何處去？㈣我要怎麼協助當事人達到他／她想要（或需要）的？㈤我如何知道當事人好些了？也就是注意到當事人的表現與關切的議題是否吻合某些標準化的診斷？有什麼證據證明？有無其他的參考依據？依據治療師的理論取向，會注意到哪些面向、優先次序如何？有沒有一些處置與介入的可能想法與做法？是否吻合當事人所需（與目的）？如何評估當事人進度或治療效果？下面篇幅會就諮商師在做個案概念化時的注意事項說明。

(一)診斷是參照指標，但非唯一

個案概念化的動作，主要目的是給諮商師對於當事人相關資料做一些初步的整理，以爲之後接續下來的諮商動作做準備；它不是用來標籤當事人，也許診斷有若干指引功能，但是不應該作爲唯一的指標，因爲這也容易誤導諮商師，甚至窄化了治療。做診斷或評估動作主要是視以下資訊爲圭臬（Hackney & Cormier, 2001, p.27）：1.諮商師的理論取向，對於問題的哲學觀點；2.當事人當下所處的情境與條件，以及諮商師對於這些問題與情境的瞭解；3.當事人的文化、社會脈絡與世界觀而定，而評估的範圍包括：與問題有關的資訊、當事人背景資料、人際關係，以及環境方面的資訊（Sanders & Wills, 2005, p.78）。

精神科醫師或是在一些國外的諮商機構，因爲醫療制度的關係，必須要將診斷列出（如引用ICD-10或DSM-IV），以爲申請醫療補助費之用，但是目前在我國的諮商師尚無需做這個動作，因此初步的一些診斷可以讓諮商師較爲瞭解當事人目前的情況，有些當事人可能同時見精神醫師（或醫師）與諮商師（如憂鬱症者、精神分裂症者與其他心理疾病、有心臟病患者、慢性疾病者等），諮商師當然有義務與責任瞭解當事人的用藥與身心狀況，也要與該醫師保持適當聯繫與諮詢，這是爲了當事人福祉之故。例如，若當事人正在服用抗憂鬱症藥物，或是服用多種藥物，諮商師可以監督當事人用藥的情況，以及當事人治療的進度，或是其他狀況需要注意，與當事人的醫師做聯繫，以維護當事人的權益與福祉。換句話說，諮商師不僅是照顧當事人的心靈，也要顧及身體的健康，身心靈是一體的，不可偏廢。Corey（1996）特別提醒治療界同仁：診斷的類別只是用來檢視與瞭解癥狀的模式，以爲處置計畫之用，不需要將當事人置於病理標籤內，甚至以刻板不變的方式來診治（p.14）。

(二)診斷的彈性與議論空間

此外，在做個案概念化的同時，也會牽涉到診斷的問題，診斷的主要功能是允許治療師以最可能有效的方式去做介入處置（Ruddell, 1997, p.7）。Hackney與Cormier（2001, p.4）提醒我們：固然「正常」是一般人常用來評估問題程度的指標，但是以「功能性」如何來做評估可能正確性較高，因為「正常」並不表示「有功能」，許多人外表一切表現吻合一般人行為尺度，但是卻不是「發揮功能」，例如，一個完整家庭並不表示其可以發揮良好的家庭功能。所謂的「功能性」指的是促進成長、問題解決與因應（Hackney & Cormier, 2001, p.4）。所謂的「正常」還涵攝著符合時、地、文化等因素，像以往會將同性戀者視為病態、不正常，但是目前已經自《心理疾病診斷與統計手冊》中去除。使用DSM-IV有一個優勢，就是在評估指標中可以大略估算當事人的「一般功能性」（general function）與「社會環境與資源」（social environment），也就是考慮到當事人目前的自我強度（或危險性），以及社會人際脈絡與支持系統。例如，當我發現有位當事人學業表現甚佳，師長與同學都認為她很優秀，但是在諮商場域中她卻透露自己與母親關係不佳（而她又是單親家庭），在學校沒有知心朋友，同時又感受到極重的學業與生涯壓力，雖然這位當事人的一般功能尚佳（可以獨立生活、不缺課），但是在初步診斷的紀錄中，我仍然會帶一筆「可能有危險性」，以為他日繼續諮商或是協助的參考。也許有人會認為諮商師未免太嚴重事態，但是因為諮商尊重與珍惜每一個生命，即便診斷或是推斷嚴重一些，但是採取了應然的措施較不會後悔。Elstein、Schulman、Sprafka（1978）也發現許多臨床治療師為了做出較為正確的診斷，會將結果延後到幾次面談之後（cited in Dougherty, 2005, p.134），這也說明了我之前提到的在初次面談時會先做出「暫時性」的診斷，當治療過程慢慢進行，得到更正確的資料，才將正式診斷列出，這是預防誤診或影響到接下來的處置。

曾經有個個案與諮商師談過之後，諮商師發現他有自殺意念與傾

向，於是就採取危機處理模式，啓動了危機處理系統，把導師、教官、同學與家長都知會了，也做了預防措施，但是該當事人卻發現平常不親近的雙親突然出現在學校，就斷定是諮商師洩漏了隱私，很不能諒解，經過其他老師的說明與解釋之後，他才卸下心防，瞭解到治療師的一切處置行動都是以愛惜生命爲優先。有位大學生在校時性侵女同學，並將其性愛過程放在網路上，學校爲了校譽與「學生前途」考量，最後只以和解方式處理，但是許多老師不同意，認爲這是輕忽了受害者所遭受的傷害，掩飾眞相與犯罪，可能會在未來造成不可收拾的局面，央求校方可以嚴厲處分，甚至報警處理，要讓男同學瞭解也負起自己應負的責任，並且要諮商師涉入處理，但是校方人員不願意，果然不及一年之後男同學再犯，此回受害對方家長不願意輕縱，他也逃脫不了刑責！

　　Kottler與Brew（2003, pp.95-96）指出要觀察當事人的心理精神狀態可以從幾方面注意：外表、一般行爲（如打招呼、禮貌、臉部表情）、心情、思考邏輯與內容、時間地點與方向、語言、記憶、注意力與專注力、頓悟與判斷力，及文化背景。治療師若有一些疑問，最好做「不排除」（not rule out）的處理或附註，可以在稍後做進一步的診斷與確定。例如，有些年長當事人記憶力衰退或是行動緩慢似乎是年老的必然傾向，但是若是發生太突然，可能是有其他疾病的因素（如甲狀腺分泌問題、老年癡呆症前兆），諮商師也需要做轉介來確定，以免延誤醫療；有些憂鬱症的突發是因爲生命事件，或是壓力的影響，爲避免誤診、延誤治療，也需要做較爲周全的評估。

(三)個案概念化可以做適時修正

　　個案概念化與處置計畫會隨著資料或證據蒐集愈多愈完整而做若干修正（Berman, 1997, p.176; Sharry, 2004, p.91），有時候個案概念化出現幾個治療方向，但是諮商師在有限時間（或次數）內，只協助了當事人其中一個或兩個目標，諮商關係就結束了，倘若是長期，當事人隨著治療時間而有不同的關切議題，因此個案概念化也當然會隨著時

間、或是治療目標的優先次序做適當修正。例如治療之初，當事人列出
兩個目標：親密關係與生涯發展；諮商進行六次之後，當事人認為與女
友的關係已經穩定，不需要再來做治療，也提到生涯發展問題並不那麼
迫切，決定要結束諮商關係，諮商師提議與當事人就目前進行的諮商做
一個總回顧，以為諮商的結束，結果當事人提及自己與女友的互動模式
與原生家庭極為相似，於是想花幾次晤談時間來針對原生家庭的溝通做
檢視，因此與諮商師重新訂定契約，諮商師也必須對原先的個案概念化
做修正。就評估的角度來說，治療師的評估（包括診斷）工作，可以有
標準化與非標準化的心理與教育測驗、個別訪談、行為觀察、個案記錄
分析，以及重要他人所提供的資訊，而不管診斷如何，治療師的唯一工
作就是能夠教育當事人且建設性地協助其處理這個診斷（Welfel, 2002,
cited in Dougherty, 2005, p.137），個案概念化的修正當然也包括目標的
修正或重新安排優先順序。固然個案概念化與諮商師的理論取向與個人
經驗、信念有關，但是Brems（2001, p.248）提醒治療師具備更廣的概念
化選擇會更好，而概念化也應該是持續進行的過程，隨著治療的進展或
關切問題的不同而會有不同的概念化產生。

㈣不要忽略當事人所處的社會、文化與經濟情境

許多人發現現代人的心理疾病愈來愈多了，這句話似是而非，也許
是因為現代人真的較之以前人類生活壓力更重，或許是以前的人類祖先
沒有心理疾病的警覺或診斷，就像在發現癌症之前，我們的祖先已經有
癌症，只是沒有瞭解就過世。近幾年來，臺灣社會的經濟衰退似乎與自
殺率、憂鬱症等心理疾病呈正比成長，經濟的不穩定也造成個體對於安
全感、統整與自尊的傷害（李宇宙，民95，p.55），而人的獨立性換來
的可能是社交網路的疏離，這也提醒心理健康人員不能忽視生態環境、
文化風俗，以及社交關係脈絡的影響力。許多的文化傳統依然深植人
心，即便找了相關專業人員協助還不一定可以有預期效果（像不能生育
的獨子夫婦，受到家庭傳宗接代的壓力；不能相處的婆媳，長子在孝順

與維持自主性之間左右爲難），大環境的考量與評估是很關鍵的。

　　對於年紀小的當事人，除了將其能力與限制做考量之外，也需要兼顧其對於成人的依賴、社會文化環境的重大力量等因素，我們在臨床工作中常常看到因爲家庭失功能、或是承受超齡責任的孩童或青少年，無法受到應有的關愛與照顧，而出現行爲或心理上的問題，這些孩子通常是家庭問題的「代罪羔羊」，以相當極端的方式做出求救的訊號。中國人的孝道與順從有許多重疊，在諮商過程中鼓勵當事人的獨立自主，有時候會與其要盡的孝道扞格。此外，「性別」也是一個重要文化因素，曾有研究者發現：準治療師會在無形中將自己對於性別的期待與偏見放在個案概念化過程中而不自知（Seem & Johnson, 1998），這可能違反了專業倫理，也傷害了求助的當事人，例如會要求女性當事人考量孩子的處境、委曲求全。

㈤不要忽略當事人的成熟因素

　　當事人的問題有時是因爲成熟階段的關係，例如小學中年級之前的學童比較不容易專心，這需要經過慢慢訓練的過程，或是學生對於某些觀念不能理解、增加其學習的困難度，然而也許過了一個月，他的智能發展更成熟，這些原本不理解的觀念就迎刃而解，因此諮商師不要狃於急效，有時候等待是必要的；國一剛進學校，也許會有許多的不適應，但是經過一、兩個學期，也許就較爲成熟、能力增強、適應情況也較佳，當初呈現的問題可能就不存在了！因此Doyle（1998）也提醒不要輕忽時間的因素，時間與經驗也是影響問題的變項，當然治療師不能以「到時候就沒事了」來推諉責任。諮商的效果多半不是立竿見影，也極少有當事人後來會登門道謝，而且個人的環境中有許多因素，也許對於治療效果有加分，所以諮商並不一定可以見到所謂的「因果關係」，但是至少諮商師願意在當事人處於困頓時擔任陪伴與積極協助的角色，甚至靜待當事人「長大」，這也是一種功能。

㈥處置不等於技巧

Murdock（1995）提醒新手諮商師：不要誤以「處置」爲「技巧」，所謂的「處置」是比較廣義的、包含更多，不是侷限於具體而微的行動，我認爲處置其實包含了許多的治療策略，但是在運用治療策略之前，諮商師必須要瞭解自己的理論取向（是怎麼看當事人關切的議題？），以及採用有效的策略時必須要搭配其他的相關條件（包括當事人的資源、準備度等）。也就是提醒治療師要把眼光放遠放大，不要只是擔心該用怎樣的技巧，而是去思考可能有哪些策略可以運用？當事人目前的資源爲何？可能的挑戰與困難在哪裡？能不能在無望中看到一些希望？

㈦瞭解人類複雜的行爲

Berman（1997）在其關於個案概念化一書中一直強調要瞭解人類行爲（包括人性）的複雜性（像性別、性傾向、文化、暴力等），當然諮商師的訓練中包含了人類發展歷程與相關的生命任務，但是這些都只是概括的理論與通則，無法鉅細靡遺，許多臨床治療者一進入諮商現場，就開始感受到所學理論知識的不足，因爲現場狀況太多了，之前的知能根本不敷應付！瞭解人類行爲全部幾乎就是「不可能任務」，但是我們還是可以「做中學」，這些「不知道」（unknown）只是會讓治療師更有心去理解、深入，希望可以對當事人更有幫助。當我接觸到第一位遭受性侵害的當事人，我就會去瞭解這個族群的情況（也包括加害者），閱讀是最便捷之道，而我的當事人可以提供第一手資料；我在碰到因爲性傾向不同而影響其生活功能的當事人時，我也會去搜尋相關資訊，務必提供當事人最好的服務。當然，治療師也不能因爲是「從未」接觸過的案例而推諉，雖然專業倫理中的「能力」是主要考量，然而諮商師不能以此自限！

九　個案概念化的幾個指標

Corey（1996）指出個案概念化需要包括的幾項資訊（pp.14-17），我也另外添加了自己的意見：

㈠身分資料（identifying data）

包括姓名、性別、年齡、外觀特徵、社經背景、種族、信仰、聯絡人、家族譜等等。

㈡呈現問題（presenting problems）

主訴問題為何？當事人是怎麼說的？目前求助問題為何？問題發生多久了？當事人使用了哪些方式來處理？有效性或成功率如何？

㈢目前生活現況（current living circumstances）

包括家庭、親密關係、工作、經濟、社交或支持系統等。

㈣心理分析與評估（psychological analysis and assessment）

當事人目前的心理狀態如何？成熟度呢？有無有害於其生活的因素存在？當事人情緒狀態與自我強度如何？因應能力呢？

㈤社會心理發展歷史（psychosocial developmental history）

是否正遭遇到一些重大生命事件？遺傳（包含智力、生理或心理疾病）、家庭或親子關係的障礙？生病是否對當事人有好處（所謂的「附加利益」－secondary gains）？社會文化因素的考慮（如中國人的孝順服從、西方人的獨立自主）。

㈥健康與醫療歷史（health and medical history）

有無就醫紀錄？目前正在診治中嗎？有無家暴或其他受傷紀錄？人格或性格上的突然改變？

㈦工作適應情況（employment and adjustment）

當事人目前有無工作？其對於自己工作的滿意度與適應情形如何？有無任何問題或困擾？之前的就職紀錄如何？與同事或上司關係如何？休閒時間夠嗎？如何安排？

㈧致命性（lethality）

當事人是否有危及自身與他人之可能？若有，將採用哪些手段？是否有致命性？有自殺意念或企圖嗎？有無自傷或自殺歷史？當事人是否願意訂立「不自殺契約」？

㈨目前人際關係（present human relationships）

目前當事人與家人、親密伴侶、手足、同事或朋友之間關係如何？是否呈現社會孤立情況？與人的親密關係如何？與人衝突的情況如何？當事人本身又如何處理人際衝突？對於家庭或人際的信念或價值觀如何？

㈩摘要與個案形成（summary and case formulation）

當事人主要的防衛機轉、信念、價值觀如何？如何定義問題？優勢與挑戰有哪些？初步診斷、建議的處置方式與特別需要注意事項為何？

Stevens與Morris（1995, p.82）提出了個案概念化應包含的十三個元素，從可觀察的到推論的有：背景資料、目前呈現的關切議題、說話方式、非語文行為、當事人情緒經驗、諮商師的接案經驗、當事人與治療

師的互動、測驗與支持資料、診斷、推論與假設、治療目標、處置方式與結果評估。比較不同的是「當事人情緒經驗」、「當事人與治療師的互動」與「諮商師的接案經驗」等，前二者可以歸納在治療師觀察的範疇內，看看當事人的情緒表現與語文表達間的關聯，而「諮商師的接案經驗」會提供諮商師看問題的方向，當然也可能有負面效果（如過度類化，因為一般治療師會去尋找支持其假設的線索）。雖然許多諮商師都希望在第一次晤談時，就可以將這些所需資料蒐集完善，然後做一個較周全的個案概念化，可是第一次晤談時間不多，可能會就主訴問題做較為深入的瞭解，必要時才詢及其他相關資料，因此也提醒新手諮商師不必急著在第一次晤談時就將資料蒐集完全，有時可能因而耽誤緊急處理的必要，或對當事人而言有反效果出現（如：「問這些無關問題，我的問題該如何處理？」）。

個案概念化需要使用到知識、理解、運用、分析、統合與評估等技巧（Murdock, 1991, p.355），通常個案的概念化是在治療師腦中形成的，寫在書面上的包含有當事人的背景、呈現問題、初步診斷，以及處置方式（或方向），從初步診斷或是處置的方向就可以大略看出諮商師的「個案概念化」，當然所蒐集的資料也透露出治療師所注意與重視的是哪些資訊？倘若是心理動力取向，可能會將童年或家人互動關係做較為詳細的探索；焦點解決取向則會留意當事人的成功經驗或例外等。有些情況或機構將初次晤談與編派諮商師分成兩道不同手續來處理，因此有時候初次晤談的諮商師可以在處置計畫裡提一些建議或方向，以供真正執行治療工作的諮商師做參考。

十　其他相關因素

㈠讓當事人瞭解諮商師要做的處置，以取得合作

當然，個案概念化也牽涉到諮商師對於當事人問題的評估，這個評

估動作與諮商師的理論與對於人類問題的觀點、當事人所處的情境與諮商師對於其情境的瞭解、當事人文化背景與世界觀都有關係（Hackney & Cormier, 2001, p.27），也就是治療師對於問題的儘量全盤瞭解、環境與相關因素蒐集、以及治療師對於問題的看法都會影響接下來的處置方式，因此治療師對於特別的處置方式要熟悉、瞭解處置的效果，另外還需要能夠「讀懂」當事人在接受這些處置之後的反應如何（Hackney & Cormier, 2001, p.32）。

㈡不同取向諮商師對問題有不同看法

目前許多的諮商師都不太會去追溯當事人問題（或關切議題）的原因了，因為問題原因通常與解決方式很少關聯（Hackney & Cormier, 2001, p.36），像精神分析學派可能就因為取向不同，會較深入探究當事人的過往經驗。偶而諮商師也會碰到好奇的當事人，我之前就遭遇過一位同學問我：「妳為什麼不問我以前的童年經驗？」

我回道：「如果你認為跟你目前關切的事情有關，不妨提出。」

「可是心理治療不是都要談過去的經驗嗎？」

「這可能要看不同的學派而定。」我答。然後解釋給當事人聽我的想法如何？他有沒有其他的疑問？對於我的處理流程可否接受？

㈢是否抓住一個取向不放？

有些新手諮商師告訴我：他們的老師或督導要求他們以一個特定學派為基礎，不同的當事人或問題都一以這個學派的觀點與處理出發，目的是希望他們可以熟悉這個特定學派。當然這樣的方式見仁見智，不可以對錯是非來做評斷，一些特定學派也會要求其學員這樣做，是為了鞏固其學習與技術運用；只是基於諮商助人專業的倫理，治療的主角是當事人，治療方式應以當事人的「個別性」來量身打造，而不是以諮商師的學派為準則；但是換個角度來說，就像一位老師教學，有其對於教育的信念與原則，儘管學生各個不同，但教學宗旨則一，諮商師的情況

也是如此。熟悉一般諮商取向、與當事人癥狀的準諮商師，在個案概念化方面表現較爲統整且複雜度高，經驗愈多也愈佳（Ladany, Marotta, & Muse-Burke, 2001），Constantine（2001）的研究也證實了折衷與統整取向的諮商師較之心理分析或認知取向的治療師不僅有較豐富的多元文化知識，其個案概念化技術也較佳，這可能暗示治療師本身若瞭解較多取向也會有更周全的考量，對當事人關切的議題有更多選項。若治療師習慣採用某種取向或治療方式，也必須要瞭解那個取向的優勢與挑戰（Murdock, 1991）。

(四)以當事人福祉爲唯一與最終考量

不管治療師的個案概念化取向與處置如何，最重要的就是以當事人福祉爲先，讓諮商可以達到最佳效果爲目標，而在協助過程中也要注意專業與自大是不同的，若是不瞭解當事人情況與背景、而擅自做了處置動作，很可能造成不可收拾的結果。此外，有時候治療師做得太多，對當事人不一定就是好事，偶而不做處置或是不做什麼也是必要的措施（像有些當事人只是需要有人聽聽他／她的故事，他／她有處理的能力，諮商師不需要越俎代庖；甚至有治療師做出「放棄」的動作，當事人卻自尋出解決之道）。有時候當事人會要求治療師多做一些、或是少做一些，也許當事人對於諮商的專業協助期待不同、或是當事人的個性使然，諮商師要學會拿捏的智慧。

(五)讓當事人看到希望

當事人來求助，在許多情況之下是很失望沮喪的，甚至認爲自己已經走到窮途陌路，所以姑且一試，諮商師會希望就困擾問題的歷史或脈絡作瞭解，當然也不要忘記當事人希望解決問題的初衷。諮商人通常是相信人性本善，人有潛能也會解決自己的問題，因此治療師也要讓當事人看到「希望」，當然這種「希望」與誇大不實的療效是不同的。諮商師的概念化在許多時候是不會讓當事人知道的，因爲涉及診斷，有時候

擔心誤導了當事人，也許當事人會很著急想知道自己的情況如何、預後結果可能會怎樣？諮商師也可以給當事人做個簡報，這個簡報內容可以呈現出當事人的優勢、人生是解決問題過程的現實等，讓當事人也願意在治療合作過程中付出努力。當事人進入諮商也希望目前所遭遇的問題能夠有所改善，不管他／她是不是將治療當做最後一著，至少還是懷抱著希望（Asay & Lambert, 1999, cited in Carlson, Watts, & Maniacci, 2006, p.38）。

㈥注意時間與能力

Stevens與Morris（1995）提醒新手諮商師，不要忽略時間、當事人改變動機、資源與環境的相關因素，而在做個案概念化時過度強調長期目標，反而讓目前可以做的無法有具體規劃，錯失良機與療效！曾經碰過一位實習生，在督導時間詢問她：「妳認為這個個案目前最迫切的需求是什麼？」

「我認為她的家庭有嚴重問題。」

「現在妳面對的是當事人，妳要怎麼做？」我問。

「我想把她的家人叫過來一起商量。」實習生道。

「這也許可以是下一步妳可以試著做的。現在當下呢？」

「我不知道，跟她談也沒有用吧！」實習生也有點沮喪。

「妳的當事人是她，所以針對妳目前的當事人與可能的資源，思考一下妳可以做什麼？先不要想其他。」

這位實習同學有遠見，只是不是迫切的短期目標，治療師要先聚焦在當事人身上、目前的處境，如果這些處置慢慢有了效果出現，更長遠的目標或策略就可以進行。

家 庭 作 業

1. 請一位同學不知道的陌生人扮演當事人（Osborn, et al., 2004），在課堂上做諮商演練，然後全班就方才的演練提出批判性建議，也請演員做回饋。

2. 找出一個案例做描述，請同學就自己喜愛的一個取向將此案例作個案概念化的說明與演練。

3. 利用Corey (1996) *"Case approach to counseling and psychotherapy"* (4th ed.) 裡Ruth的案例做不同諮商取向的個案概念化與處置計畫的演練。

4. 請同學就一個臨床案例，根據自己喜愛的理論取向或學派，寫下完整的個案背景、問題分析與處置方向。

Chapter 3
諮商從傾聽開始

諮商階段一般可以分為四個：開始階段（beginning）（蒐集當事人與關切問題的相關資訊、診斷、建立同盟關係、擬定處遇計畫、協調治療目標等）、探索與瞭解階段（exploration and understanding）、行動階段（action）與整合階段（integration）（Kottler & Brew, 2003, pp.58-66），最後應該加上一個「評估」（evaluation）階段。諮商師在開始治療之前，必須要先蒐集資料，接著就可能依當事人的需求與陳述，開始進行治療工作。但是在任何處置動作開始之前，卻必須要先學會「傾聽」的能力。也許有人會問：「傾聽，誰不會？」言下之意彷彿是只要有耳朵、聽力沒有受損，應該就可以進行傾聽的工作。然而，既然會聽，可是在日常生活中我們為什麼常常會碰到「對方不瞭解我所說的？」或是「我怎麼誤解了他的意思？」甚至認為自己很孤單，找不到知心人？許多當事人也會因為與家人或親密伴侶的「溝通」問題或衝突而來求助。

諮商師在學習助人技巧之前，最重要的是要「傾聽」當事人的訴求（或困擾），「傾聽」是一種能力，因此也需要不斷練習。一般人會聽，但是卻不一定「聽到」或「聽懂」，「傾聽」是需要全心全意地投入，因此也會疲累。我們在日常生活中，即便是聊天也是很費力的，要聽進去、聽懂，然後做適當回應，更是費心費力！

許多人會說：「我跟某某溝通過了。」但是真的去追究起來，此人所謂的「溝通」，事實上只是「傳達了自己的意思而已」，也就是有「溝」沒有「通」，只是單向的傳達，然而這可能就失去了溝通真正的涵義與功能。溝通應該是雙方可以說出自己的想法或做法讓對方真正聽

到、瞭解，然後彼此在都知道對方的意圖之後，做適當的協調與讓步，而不是把自己想說的說出來就算。要溝通之前，先要「聽到」對方所說的，接下來我們所說的才會被聽見。

 # 一　被聽見的重要

　　一般人在生活當中，較少有機會被完整聽見，即便是與親密的家人，有時候反而是因爲太熟悉，而沒有被聽見，諮商師也許是一位眞正能夠花時間與心思仔細傾聽當事人的人選，也因此許多當事人在被聽見之後，對於諮商的感受十分正向，也建立了治療關係的第一步。諮商師的傾聽除了蒐集資料之外，還有其他的附加功能，其中最重要的一項就是「讓當事人可以盡情表達與發洩」。Doyle（1998）特別區分爲「紓解」（ventilation）與「宣洩」（catharsis），前者指的是允許當事人儘量說出自己想說的，可以讓當事人去檢視、討論與瞭解自己的感受、想法、意見與經驗，也因此當事人在說完之後會有輕鬆的感覺；後者指的是將許多被阻擋、壓抑的情緒解放或清理出來，或是讓其明朗化，也就是回憶過往的經驗，然後將這些經驗、或累積的情緒以不同形式表現出來，治療師必須採取行動協助當事人處理這些情緒（pp.112-115），也可以謂之「情緒處理」（會在稍後「情感反映」章節敘述）。

　　我們常常會聽到親密伴侶、夫妻或是家人之間提到「溝通」的問題，很簡單地說就是希望「被聽見」、「被瞭解」與「有反應」，如同Long（1996）所說有效溝通的三個目標是：「去表達」（to express）、「去瞭解」（to understand）與「去促進瞭解」（to facilitate understanding）（p.148）。一般人所認爲的溝通比較著重在「表達」層面，彷彿只要說出來讓對方聽到就算，但是溝通進一步是要聽的對方可以「瞭解」，這個訊息才算是有傳達到，然而接下來就是要「確定」對方接收、瞭解了所傳遞的訊息，因此需要從對方的回應裡去知道「他／她到底聽懂了沒有？」，如果確定對方眞的聽懂了，進一步的瞭解與反

應才有可能發生。

　　之前提過，「被聽見」很重要，也就是說明了人需要有聽眾（或是對象），而對方若是能瞭解我們所說的，通常壓力就減少一些，有時問題也獲得了解決；我們偶而在生活中也會出現自言自語的情況，好像是一種自我的「對話」，也可以經由這種方式將心裡懸著的疑問或是困擾，找出一些脈絡或是解決策略，然而這畢竟還是比不上有個說話的對象，有人聽、可以瞭解與接納情緒、獲得支持、知道自己不孤單，甚至可以協助出出點子。

　　每天忙碌的生活，讓我們很少有機會好好聽對方說話，當然要找個願意聽的人也不容易，而治療師在諮商場域裡將全副心力放在當事人身上，會仔細傾聽當事人所說，甚至做適當的回應，這個經驗對許多人來說都是很少見的，當然也就珍貴。在臨床經驗裡我也發現：當我們可以讓當事人完整說出想說的、或是關切的議題，當事人本身在敘述遭遇與感受的同時，也會做一些整理，也許諮商師可以做若干引導的動作，讓當事人可以做更有邏輯與完整的敘述，或是當事人以自己習慣的脈絡呈現，都可以讓當事人獲得適當抒發。比如有一回一位高二學生跑來抱怨考試不公、老師跟學校都很爛，我只是好好聽，偶而插一句話，他說了三十來分鐘，把自己的抱怨、感受說出來，後來就拍拍屁股要走人，我問：「沒事了？」

　　學生不好意思地笑笑：「沒事了。」後來又加一句：「其實我自己也要負責任，自己這一次沒有準備好就怪老師。」學生在陳述事件過程中，自己也做了整理，看到自己不足的部分，也找到解決之道，諮商師其實嚴格說來沒有做什麼，只是提供注意、傾聽而已。我們也會碰到一些當事人，在說完自己的故事或觀點之後，其實很明白自己的盲點與問題在哪裡，只是都只在自己心理醞釀，有個很好的聽眾在面前仔細聽他／她說，對當事人而言就是一種情緒宣洩，或是思緒的整理，他們其實要的答案都早已知道，可見治療師的傾聽是多麼重要！此外，常常在團體諮商中，有些成員雖然發言的次數不多，但是卻可以仔細傾聽他人的經

驗與意見，他們也在傾聽中學習到許多。

　　有位母親一直不肯放手讓孩子走自己的路，連兒子騎車上學也要步步追蹤，因爲她擔心孩子沒有她的保護與監督，可能就會出問題，「這樣子孩子的一生就完了！」當我在聽完她的故事時，說了一句：「妳一定要保證長生不老，要不然妳兒子就可憐了！」她看看我、笑著說：「老師，我也想要這樣，但是不可能對不對？我知道天下父母心，再怎麼厲害的父母，也不可能面面俱到。」一段時間過後，這位母親告訴我：「老師，我現在不必每一次都跟著我兒子了，我要慢慢學著不擔心，讓自己去做一些事，像跟著孩子騎腳踏車的事，現在已經不做了！」

　　諮商或是治療有時候也不需要做特別的處置，僅僅是好好聽當事人說的，也可以讓當事人在有聽眾的情況下，把自己所思所感做個整理，有時當事人自己也可以找出解決之道，諮商也重視當事人的能力，不將當事人視爲無能、或不能作爲的人，當事人在講述之後、或是知道接下來該怎麼做之後，也同時有賦能、重新得力的感受。

二　「聽到」最重要

　　諮商的第一步就是「聽」，傾聽是諮商師必備的一種能力，如果不能好好聽，接下來的處置動作可能都無效。雖然目前許多的諮商學派已經不太重視探討或追溯問題的根源，甚或是從以往的記憶去找尋問題的可能起源，但是有些技巧還是可以摻雜使用，只要達到治療目的即可。自我心理學派的「早期記憶」（early recollections），或是佛洛伊德的「釋夢」（dream interpretation），不一定得採用原始的用途，也可以達到其他的目標。舉例來說，我會請當事人舉幾件小時候記憶深刻的事件，然後從這些事件去分析推測當事人的人生哲學或是價值觀，甚至是與人互動的習慣模式（NiColl, 1999），從這裡去「聽見」、瞭解當事人，也協助我擬定下一步的處置計畫。另外，釋夢的方式不一

定要讓治療師來做，也可以由當事人自行去解釋，當事人會將夢與最近
發生的一些事或是自己的性格做連結，也許可以從夢中找到問題的解決
之道（自我心理學派），或是說明自己壓力或焦慮的顯現（佛洛伊德學
派），甚至是常常重複出現的夢境，對當事人來說也許具有特殊意義；
諮商師可以經由當事人說夢、釋夢的過程，瞭解其關切的議題，所以也
可以「聽到」重要訊息。在諮商中的傾聽也可以說是「積極的聆聽」
（active listening），可以傳達「同理」與「接受」（March-Smith, 2005,
p.28），也就是一般的溝通可能只進行了「傳達」與若干的「瞭解」，
但是較少「同理」與「表達瞭解」，這也是諮商不同於一般溝通的主要
關鍵。

 ## 三　傾聽的元素

　　傾聽是專注（attending）、聽見（hearing）、解讀（interpretation）
與最終的瞭解（ultimately understanding）等能力的綜合（Long, 1996,
p.181）。Adler 與Towne（2002）曾指出傾聽所需要具備的要素，
包括：聆聽（hearing）－聽力功能無損，專注（attending）－心
理的注意，瞭解（understanding）－知道所接收的訊息意義，回應
（responding）－對於說話的人給予回饋，以及記憶（remembering）－
記住對話時的訊息資料（黃素菲譯，民93，pp.336-338）。首先當然就
是物理與生理的條件，環境裡不要有干擾的因素（包括噪音，甚至是空
調，以及準備一個安全舒適的環境），生理上不要有聽力損傷（要不然
得先要補足、或有協助機制）；再則心上要放空、專心聚焦於當事人；
「瞭解」是心理上的活動，就是明白解讀當事人所發出的訊息（口語與
非口語的）；只是聽見、卻沒有回應給對方，當事人應從何得知自己被
聽見與瞭解？因此諮商師的下一步就是將所聽見的、感受到的「表達」
給當事人知道；另外還要有記憶，要將進行中的重要訊息記在腦海裡，
這是作為統整資料很重要的功夫。諮商師有時候一天之內要接好幾個個

案,萬一沒有留心在晤談過程中記錄下來,可能稍後要做個案紀錄就會有問題,也影響往後與當事人晤談的進度與過程,通常有些諮商師在晤談過程中不做記錄動作,若是有必要,也可以徵詢當事人的同意,在晤談進行時也一邊記錄下來。

「傾聽」雖然表面上看起來是「聽」的動作而已,然而卻包含了許多內容,而最先需要注意的就是「專注行為」(attentive behavior),也就是讓當事人從外觀就可以看出來治療師有沒有注意聽,基本上要呈現的有身體姿勢、眼神交會、臉部表情與「瞭解、最低的鼓勵」(acknowledgments/minimal encouragers,如點頭、嗯等非語文訊息表示「在聽」或「聽到」)(Kottler & Brew, 2003, p.85)。為什麼身體上呈現出「專注」很重要?想像一幅景象:你/妳在跟某人說話,對方卻注視別的地方、不看你/妳,或是手邊有事在忙,偶而還摸摸鼻子、好像在笑,這時你/妳有什麼感覺?會想要繼續說下去嗎?因此以聽者的立場都需要對方專注了,諮商師的先決條件不就是如此?關於專注行為與非語言訊息的部分會在稍後章節做詳述。

四　無效的傾聽

諮商師在諮商室裡工作,必須要全神貫注,也因此諮商助人是耗神耗力的辛苦工作,特別是諮商師在五十分鐘到一小時的諮商時段裡,幾乎是沒有鬆懈地將注意力都放在當事人身上,因此相當疲累。既然傾聽是這麼重要的工作,那麼在諮商技術裡要特別闢一章來說明,也表示了傾聽可以是一個學習的技巧或能力。在瞭解傾聽有其要素之後,進一步就可以說明為什麼有些傾聽是無效的、沒有發揮功能達到預想的目的?

Long(1996, pp.156-157)提過五種傾聽,除了「假裝傾聽」、「選擇性傾聽」之外,還包含了「沒聽」(nonlistening)與「自我中心的傾聽」(self-focused listening)(與下文「自戀式傾聽」同),這些都是無效的傾聽;所謂的「無效的傾聽」有學者細分為以下幾類(Adler &

Towne, 2002, 黃素菲譯，民93, pp.344-347）：

㈠假裝聽（pseudo-listening）

表面上表現出專注行為，但是卻心不在焉，沒有去聽取對方說者的訊息；有時候是為了禮貌，但不是真心要聽，也不關心說者要說的內容，結果當然是「船過水無痕」，不會留下印記。我們常常會在父母教訓或勸導孩子時看到這一幕，可能是父母重複太多遍了，但是又不想讓父母認為自己不尊重，所以孩子就假裝在聽，通常父母也會發現說：「你／妳到底有沒有在聽？」孩子就會制式回答：「有啊！」

㈡自戀式傾聽（stage-hogging）

常常將說者所說的話題轉到自己感興趣的話題上，把焦點放在自己身上；這是我們常常在與人互動中會出現的情況，就是雖然表面上在極具興味地聽對方說話，可是心裡卻在想：「等一下我要說什麼？」或是將焦點（或鏡頭）轉向自身經驗。像是在聽朋友講旅遊的經驗，但是卻不時穿插：「對呀，我上次去丹麥的時候也是碰到……。」

㈢選擇性傾聽（selective listening）

只選擇自己有興趣的部分做反應，其他沒有興趣的部分就忽略，就如同在一個宴會場合，我們會聽到自己想聽的人所說的，而自動篩選掉不想聽的人所說的部分。像是有些人會比較喜歡聽見別人讚賞自己的部分，忽略掉要改進或是有缺失的部分，但是也有人會記得別人的批判，卻推說對方都沒有看見他／她的優點。

㈣隔絕性傾聽（insulated listening）

與選擇性傾聽相反，不聽也不去注意說者；根本就不打算聽就是。像一般在家裡，聽到媽媽在唸，老是唸那幾句，當然就會變成「媽媽聾」（mother deaf），耳朵就自動篩除這些刺激，但是基本上「隔絕性

傾聽」應該是帶有其他不想聽的強烈動機，而「選擇」不聽。隔絕式傾聽經常會發生在對某人有偏見或是敵意時的表現，像是不喜歡某個政治人物，當看見其出現在螢幕上時，就會按成「靜音」或是轉臺，這樣的舉動是防衛性的，目的是讓自己少受負面影響或傷害。

㈤防衛性傾聽（defensive listening）

以為他人所說的都是攻擊自己、批判自己，因此常常自我解讀，很情緒化；防衛性傾聽通常是發生在彼此關係較為疏遠或是不和的情況，擔心自己被攻擊，或是被挑毛病，所以就帶著成見（或有色眼鏡）去聽（看），自然所篩選出來的資訊也會有偏差。例如，在諮商室裡的女兒常常抱怨母親不喜歡她對衣服的品味，所以說：「反正我穿什麼她都不滿意，那一天她說我哪一件衣服不錯，我當然不認為她是在誇我，反而有可能是在諷刺我。」而防衛性傾聽可能還有一些先入為主的成見（或認知）在影響，也可能變成「選擇性」傾聽。

㈥埋伏性傾聽（ambushing listening）

小心聆聽、仔細搜尋資料，而且像是間諜一樣地偵測說話者；有時候像是「後設傾聽」（meta-listening）一樣，想要去聽見對方語意中其他的涵義，這樣的聽法不免耗損過大，而且不能享受資訊分享的許多善意。像是平日與我交惡的人突然誇獎我，我就會在心裡自問：「他是有什麼企圖？只是在嘲諷吧？」例如若是諮商師有特別的理論取向，也可能會採取「埋伏式」傾聽，蒐集「吻合」自己理論取向的資料，像是「喔，你看，就是與母親關係不佳，後來才會厭惡女性」之類的。

㈦魯鈍傾聽（insensitive listening）

無法清楚接收訊息，甚至只是接收說者表現的字面或語言意義，沒有思考到深一層的意思；這就有一點像是西方人的習慣，以為口語上敘述就是「白紙黑字」的意思，但是在我國意義就不同，例如朋友請吃

飯，我如果一口應允，對方也覺得奇怪，非得要三請四邀、表現出極度誠意之後，才會有眞正飯局的約定。小時候我們比較容易接受「字面意義」（take by literally），但是行年漸長，許多形式與禮儀的裝飾之後，反而就不能只講想說的了，若是仍然按照小時候的認知與人溝通，可能就會被視爲太過天眞、不明世故。新手諮商師也會犯「魯鈍傾聽」的錯誤，只聽到當事人所說的一些，甚至聚焦在這些認爲自己聽見的內容上，沒有進一步去思考當事人是否眞有此意？有沒有其他相關因素要納入解釋？這就是缺乏傾聽敏銳度的訓練。

諮商師是人，當然也會犯這些錯誤，然而隨著時間與訓練的累積，犯錯的機會應該會逐漸減少，傾聽的功夫也是如此，在最初時可能圄於公式，有些笨拙，但是經過練習、也用心，這些傾聽能力就會成爲諮商師的配備之一，渾然天成。

五　妨礙傾聽的因素

無效的傾聽另一方面也就是說明了妨礙傾聽的因素，那麼這些因素爲何？我整理了Adler與Towne（2002）所列出的一些原因（黃素菲譯，民93），合併我在生活中的發現並做一些解釋，基本上沒有將生理上的聽力問題列入：

㈠性別因素

社會要求不同性別的人在說話時有不同規範，包括男性比較有能力表達具體事實，而女性則是擅於情境脈絡的描述、情感上的表達；通常在談話進行之中，男性打斷對方的談話是爲了表示自己的意見，而女性通常是給予鼓勵與支持，女性也較容易表現出非語文的訊息與肢體動作，表現其專注在聽，倘若男女兩性在傾聽的表現上剛好相反，社會對其評價可能都是比較負面的，如說男人「囉唆」、「奇怪」，說女人

「難搞」、「這麼有意見」。當然女性之所以在說話時會注意脈絡與歷史，可能是因為其腦中胼胝體較男性為發達之故（Moir & Jessel, 1999, 洪蘭譯，民89）。有些當事人「誤以為」諮商師都是女生，這是他們之前腦中認知的「假定」，因此當一位男性諮商師出現時，當事人反而嚇了一跳，不太敢開口說話，諮商師如果意識到這一點，也可以做適當處理，不管是直接詢問他／她對於不同性別諮商師的看法、他／她希望的選擇都是可以討論的議題，許多男性諮商師也可以說服當事人選擇他擔任治療師，所以主要的決定因素還是在諮商師處理的態度。

當然也有要求見男性諮商師的，當事人可能認為他要談的是屬於男性的範圍，因此會要求同性諮商師（或者是女性當事人，需要知道男性諮商師的意見），可是也需要考量到其他因素。例如，以前曾經處理過一個暴力前科個案，他本身還有一些智能上的障礙，在中心已經接觸了不少諮商師，但是卻都無功而返，中心也基於當事人有暴力傾向，也都以男性諮商師為他的治療師做考量，也是因緣際會，在束手無策之下讓我去「試試」，結果治療效果奇佳！檢討原因竟然是因為我的性別！原來這位當事人對於父親的管教相當反感，從小就與父親唱反調，母親只好居中協調，但是中心又都派男性治療師與其晤談，當事人的移情現象就很明顯，但是卻都沒有人注意到，換了一個諮商師，功力沒有比較高，只是因為他對女性不像男性那樣抗拒，所以治療進行就順利了。另外一位大三男生，本來是因為學業與工作不能兼顧而前來，後來這些問題都處理了，他才跟我談女友要跟他分手的問題，在諮商初期不敢提出這個議題是因為怕表現男性是「弱勢」，後來這個親密關係的問題也處理了，我很好奇問他：「之前你看我的性別是什麼？」「無性（asexual）。」原因是如果他「當」我是女性，又向我求助，對他來說是很難接受的，因此就刻意忽略我的性別。

此外，現在的多元社會，連性別也可以是多元的，不只是兩性而已，有時候諮商師會遭遇到性傾向的少數族群或當事人（如變性人、同／雙性戀者），當然當事人也可以依據自己的情況做一些選擇，例如會選擇同

性戀諮商師或較瞭解這些議題的治療師，諮商師也必須尊重。女性主義治療師也強調與女性當事人做諮商時應該以女性諮商師為主，因為男性治療師可能會將社會文化裡的男性霸權複製在諮商場域裡，或是當事人會將內化的父權表現在諮商室裡，反而讓女性當事人再度淪為受害者的角色。另外，在團體諮商場合裡，有時候會有一些性別的限制與刻板印象，使得在團體中的成員不能暢所欲言，像是女性在男性面前，通常會表現得較為拘束、少發言、不敢說出自己的意見，而男性在女性面前會比較勇於表達、會打斷他人說話，這些都可能加強了性別的刻板化，阻礙了溝通，因此也是諮商師必須要注意的地方。此外，若是男性治療師擔任女性團體的領導，又會是怎樣一番情景？而女性諮商師擔任男性團體的領導，又是怎樣的場面？如果主題是性別平等，卻只出現單性成員的團體，是不是也很奇怪？

㈡社會影響

這可以從上述的「性別因素」所解釋的做延伸，就是社會允許男女兩性如何表現，也會展現在說話的行為上，一般說來，女性「接收」訊息的機會比男性要多，因為社會期待女性是被動的角色，甚至是「有耳無嘴」，女人不應該有自己的想法和意見，因此當然不允許表達意見。此外，現代的科技與媒體發達，網際網路無遠弗屆，因此資訊也是多如牛毛，甚至爆炸，這麼多的資訊在沒有求證的情況下，可能會因為接受太多了，就視以為真，甚至認為理所當然，這樣子以訛傳訛是很危險的，也因為將這些訊息視為真、或是唯一真理之後，要接受不同的意見就很困難，好像資訊接收已達飽和，不可能再容許其他資訊的流入。

所謂的「社會影響」自然包括社會文化以及科技文明，社會文化裡包含了傳統的一些價值觀與習俗，除了上一段所說的對於性別的刻板印象與要求之外，還有許多細枝末節，甚至約定俗成的「規定」。如中國社會裡較重視「家庭」或「團體」，一個人所代表的不是他／她這個人而已，還代表著他／她的家世與家族，因此所感受到的壓力就與西方重

個人主義的社會不同。治療師會不會因為帶著這些觀念或期待去聽當事人所說的，也就是有批判意味在，就讓傾聽的能力因此削弱？像諮商師認為離婚會讓家族蒙羞、影響孩子成長，而暗示當事人盡量忍耐、繼續待在不滿意的婚姻關係裡。

我們的社會不重視孩子的意見，認為孩子只是一個「小孩」，不像成人般成熟，因此孩子的意見通常也不會被注意或聽見，父權制度的瀰漫，也讓女性與孩子少了許多發展空間。在諮商場域中常常會看到女性，可能是因為女性紓解壓力的方式是說出來（普羅人類的女性經驗），女性是弱者、願意求助（普遍社會文化），或是女性願意相信專家（中國文憑主義）等等因素，少看到男性求助，與男性不願意展現「弱勢」行為、或是不向他人吐露私事或心事有關，國人普遍不接受諮商治療的觀念可能與社會文化中的「擔心家醜外揚」關係密切。當然，承自上述第一項，如果讓男性霸權很深的諮商師擔任治療，也許就會將社會期許的女性角色與期待加諸在當事人（不論男或女）身上，會聽不到當事人的心聲，也有礙當事人福祉。如佛洛伊德學派的諮商師就會要求女性要去「適應」社會的期待，不認為問題可能出在社會文化本身。此外，我國傳統重視家庭，凡是違反一般傳統家庭觀念或價值的想法、行為，也可能被斥為「不倫」或「背叛」，例如，男性應該要「養家」，擔負起維持家計的責任，不應該讓女性出門去賺錢，或是讓女性賺的錢比男性多；個人的事也就是「家事」，應該在家庭之內尋求解決之道，不應向外求助；婚姻的結合是一男一女，不可能接受男男或女女之間的親密情感；雖然「女追男，隔層紗」，女生追求男性還是違反女性的應有美德或特質等等。當然換句話說，諮商是由美國過來的專業，許多美國文化所存在的價值觀也會隱含在諮商裡，像是尊重個人、獨立、明白溝通方式，而中國的傳統則是尊重家族或團體、權力位階與倫理、從眾行為、隱含與間接的溝通，這些也可能會影響諮商師在治療中的行動，東西文化的衝突或扞格也就可能發生。諮商師也在這個社會中生活，不免受到這些影響，如果沒有做適當的批判就在諮商場域中延續

或引用，可能就會無法同理當事人處境，傷害到當事人。

(三)先入爲主的想法與假設

如果看東西是帶著有色眼鏡去看，自然看到的物品會失去原色，同樣的，倘若在聽別人說話的時候，已經有了先入爲主的假設或是成見在，那麼接下來所聽的內容也不免受到污染或錯誤解讀，這當然也影響了傾聽的品質。比如說甲平常對乙的行爲都有意見，認爲這個人很自私，因此當乙找甲商議一件可以合作的事宜時，甲當然會先入爲主認爲乙不安好心，與乙合作的先提下自己一定會吃虧，因此不管乙提出的條件如何豐厚，甲可能就一直想著如何拒絕合作。「先入爲主」的偏見妨礙的可能是其他訊息的接收與容忍，失去了傾聽的優勢（可以從不同面向或角度來看同一件事情）。先入爲主的想法當然也包含價值觀、文化、諮商師生活中事件的影響（Culley, 1991, p.40），這就是傾聽的自動篩選機制。例如一位諮商師聽到當事人因爲同性性行爲而有了脫肛現象，但是都去找密醫，不循正規醫療系統，使得自己的情況更嚴重，加上又擔心自己找不到喜歡的人，常常與人發生一夜情，卻沒有適當的預防措施，結果諮商師說：「你就趕快改過來，不要再跟男生在一起了！」這位諮商師的可能假設是：1.同性戀是不好的；2.同性戀可以改變成異性戀。但是以這個案例來說，應該做的處置是：1.詢問其可以採用的保護措施；2.給予其正規醫療體制裡，不歧視性別或認同的醫師處理其生理上的問題；3.自信或自我價值觀的提升；4.性傾向的相關議題，包括歧視、不正常與家人關係等等。在這個案例中，諮商師的假設就反映了他／她的價值觀，而這個價值觀也影響他／她對於當事人議題的焦點的拿捏和處置，就專業倫理來說，可能其處置對當事人有傷害。

(四)環境因素

進行談話的環境裡若是有一些干擾，當然也會妨礙傾聽的工作，因此在進行有品質的對話之先，需要將物理環境（包括硬體設備）的基

本條件先處理好。諮商師在進行治療時，通常必須先將物理上的干擾因素給排除掉（像是諮商進行中不接電話），或至少是降低至某一適宜水準，好讓諮商可以順利進行；另外要注意隱私與保密性，如果室內隔音不佳，會讓諮商談話內容外洩，也間接影響當事人的權益。諮商室裡的設備與擺設有時也要考慮到，像室內光線或顏色不要太亮、刺眼，也不要太暗或是陰沉，通風良好，回音要避免，也不要讓外面的聲音影響或干擾；而室內設計「質感」的要求也很重要，不要讓人有簡陋、隨便、冷清（陰冷）的感受，當然太過豪華炫目也不佳。對於年幼者來說，除非是在遊戲（治療）室裡、擺放了許多玩具與沙盤，否則諮商室內的布置不應分散當事人的注意；對年長者或是有視力障礙的當事人而言，光線的明亮度與色彩也需要留意。面對需求不同的當事人（如肢體不方便），也需要做適當的考量與安排，才可以讓治療過程更順遂。

(五)非語言因素

說者的一些動作與非語言訊息，通常會傳達不同的資訊，這也是中國人所說「聽其言，觀其行」的智慧，說者說話時動作太多、甚至有讓人覺得不注意或不專心的動作意味，也都可能妨礙傾聽，像是聽人說話時沒有眼神接觸、甚至頻頻看遠方，有時身體沒有面對著說話人、或是手中在忙別的事，都會讓說者產生懷疑，認為聽者不專心。許多人的溝通出現障礙，問題不在於「語言表達能力」，而是為什麼對方沒有聽見所要傳達的內容，但是卻接收了傳達時的「情緒」？這也是溝通很需要釐清、努力克服的部分。像是父親很生氣地說：「我就是要幫你，你為什麼不告訴我？」這一句話的字面意義是傳達了「想要幫忙」的善意，但是因父親的語氣是很生氣的，所以接收訊息的兒子「聽到」的是父親的「氣憤」，反而忽略了真正的協助用心。而另一種情形也與溝通時的語氣（非語言訊息）有關，即便口語明顯表達的是「可以」或「同意」，但是語氣不同就可以扭曲語句上的意義；例如以很不情願的口氣說：「好啊，你去呀，你當然可以去，我又沒有阻止你。」但是接收訊

息的人會怎麼想？剛剛聽到的訊息裡是「不情願中又帶有威脅」，還是不去好了！因此說話者的非語言訊息或動作，也可能是阻礙傾聽的因素之一。

㈥缺乏訓練

傾聽是需要訓練的，而不是天生自然的能力。我們一般在家庭裡與家人的對話，都不一定像諮商師在聆聽當事人所說的那樣專注，並不是因為家人沒有付錢、當事人付錢所以有差別待遇，而是愈親密的人愈沒有耐心去聽對方說話，總認為對方老生常談、或是不斷重複，甚至認為自己都聽對了、聽懂了，「我們自家人還不瞭解彼此嗎？」要專心一意聽人說話是很耗體力與心神的，我們常常與人有電話長談，也會發現後來覺得精疲力竭。有時在諮商師訓練課程裡，邀請同學好好聽對方說話，沒幾分鐘他們就覺得受不了、很累，何況是在諮商室裡一次就要待上近一個小時，甚至更久呢？傾聽是一種可以經過訓練而養成的能力，也是耐力的訓練，其實只要願意用心，聽一段長時間都可以忍受。一般的諮商時段大概是五十分鐘到一小時，有些治療師可能沒有設限、或是偶而有馬拉松式的團體治療時，中間的休息時段安排、或是自我身心的調適就相當重要。許多新手諮商師沒有達到較佳的傾聽，也可能是訓練不足的關係，假以時日，這些困難都應該可以克服；當然訓練背後還需要有「熱忱」來支持，諮商師的工作才可能繼續下去。

六　傾聽的步驟

傾聽是「專注、生理上聽見、解釋，與最終瞭解的混合體」（Long, 1996, p.181），因此過程與組成很複雜，其實也不適合將其分解來說明，而諮商師在進行傾聽時需要做到幾個步驟：

㈠首先確定在諮商進行中不會受到不必要的干擾

諮商室內不應有任何不必要的打擾（包括有人進出、電話、敲門，或是諮商師臨時有事走出去），諮商室也要有良好隔音設備。環境的舒適、空氣流通、光線適當、座椅安排等需要注意，務必讓當事人可以在這個空間保有私密與安全。

㈡將心放空，把舞臺讓給當事人

諮商師在進行晤談之先，先要「準備好」，這個「準備好」是含括了身、心兩個層面，身體上要健康安適（感冒或身體不舒服時進行諮商也是一個負擔），另外是心理上不要有干擾，前者比較容易覺察，後者則需要特別注意。不要把自己擔心的事或是未完成的事情帶入諮商現場，要將自己的心思放空，才可能專心一意為當事人服務。此外，也不要去想當事人這麼說那麼我應該如何回答、或是等一下該怎麼做？這些思考都可能阻礙傾聽。因此在排除了諮商室裡可能出現的物理干擾因素之後，第二項要排除的就是諮商師生、心理的干擾。一般新手諮商師在傾聽訓練時碰到的最大阻礙就是來自自己，因為很想要聽，反而因為太緊張而沒有聽清楚，諮商師會擔心自己漏聽，或是想到下一步應該如何回應，而錯失了傾聽的機會！加上現代人手上心上都相當忙碌，要真正放空的確不容易，但並不是不可能，只要有適當的練習，慢慢學習把心放空就會達成了！Hackney 與 Cormier（2001）就曾經說：「只有當你願意將自己所關切的事務放下，你才可能有自由去體驗另一個人所關心的議題。」（p.49）

Paul Pederson（1988）曾經提出諮商時的「三人模式」（The triad model, p.123），說明在諮商現場通常進行的對話有三個：一個是當事人與諮商師語言與非語言的互動，其次是發生在諮商師腦中，另外一個則是在當事人腦中進行，這樣的比方很能說明諮商師不容易「放空」的實際。此外他描述的是當諮商師在諮商室碰到當事人，通常會出現的情

況：其實在諮商室裡出現的有諮商師本人、諮商師心理的「魔鬼」、諮商師心理的「天使」，當事人本身、當事人的「魔鬼」以及當事人的「天使」。這怎麼說呢？舉例來說好了，表面上看到的是：

> 小山（當事人）：「我不知道怎麼處理這件事。」
>
> 諮商師：「所以你今天來是希望可以找到解決的方法。」

但是實際上進行的是：

> 小山（的魔鬼）：「我是不知道諮商師會什麼？」
>
> 小山（的天使）：「也許他可以告訴我一些方法吧！」
>
> 諮商師（的魔鬼）：「唉喲，又是男女感情的事件！」
>
> 諮商師（的天使）：「世間上最難處理的就是感情了，每個人都容易受傷！」

　　新手諮商師可能因為擔心等會兒該怎麼回應當事人的敘述而傷腦筋，也擔心自己能力不足不知該如何處理，甚至因為個人的私事或煩擾而掛心，這些都可能妨礙諮商師傾聽的能力。諮商師因為自己職責之故，在治療場域裡要特別用心與用力，一刻也疏忽不得，因此身心的專注是最重要的，有時候會因為自己私人的事務而煩惱，但是都必須要自行先做處理，不能將其帶入治療場域中，因為在治療時，當事人是諮商師唯一的關注目標，若因為諮商師私人的事務干擾，妨礙了諮商進行或效果，諮商師就必須負起責任。當然前一節所提的偏見與成見、刻板印象，或是文化傳統的價值觀等也會隨著諮商師而來，這就與諮商師本身的覺察與改進動作有關。

㈢專注行為擺出來

　　我們一般人會看到的是可以觀察到的「行為」，因此至少諮商師需

要讓當事人「看到」他／她在聽。我們聽人說話不單只是聽到口語上所傳達的訊息而已，更重要的是其他訊息的接收與參照，包括對方說話時的口氣、眼神、動作以及其他，舉個例說，當某人跟我說：「借錢？沒問題！」但是他卻面有難色，甚至不敢接觸我的眼光，我這時的解讀可能是：「雖然嘴裡答應，可是有難言之隱吧！還是不要向他借好了！」所以一般人在聽別人說話時，會接收多方訊息，而藉以判斷較多的反而是非語言的部分，倘若要說服當事人諮商師是在用心的，最重要的第一步就是把專注的動作做出來，讓當事人可以「看到」諮商師的用心與專心。

㈣傾聽是用「心」也用「力」的工作，因此需要全神貫注

所謂的「專注行為」是指可見的外表行為，但是「專注」也包含了心理上的狀態，也因此，諮商是一項需要全心全力的工作，所以除了要將舞臺全部讓給當事人之外，在語言與非語言的肢體語言上，也要做適當的表現，尤其臉部表情是我們一般較少注意的部分，需要去瞭解與練習。我們一般在與人做日常生活的對話時，可能因為太習慣了，不會特別去留意自己的表情，但是通常可以從對方給我們的回饋裡得到一些訊息，像是：「喂，你那個什麼表情啊？很噁心！」或是對方以肢體動作來做回應，讓我們覺察到（如打對方一下，或是做個鬼臉提醒）。但是在諮商場域，也許因為工作、或是緊張，更沒有機會去留意自己可能出現的肢體動作或表情，而當事人不一定會反應給我們知道，有的甚至就不再出現，治療師就必須要特別留意。曾經有當事人問過我：「你們諮商師是不是都很理性、沒什麼表情的？」我反問她怎麼會有這樣的觀察？她說：「我上一個治療師幾乎都不太說話，而且我也看不出她到底有沒有聽懂我說的話？」後來隨著經驗的累積，我也發現其實諮商師的表現在在都看在當事人眼裡，他們也不免有一些揣測，而治療師是否同理與用心傾聽都會顯露出來、無法掩飾，尤其是治療師的表情與動作，

所傳達的訊息有時比語言更豐富！也因為是要用「心」用「力」，治療師進行諮商之前，身心的準備就相當重要。

㈤適時提問

專注傾聽的另一個指標是：諮商師會適時提問。提問的目的包括：蒐集資料、釐清疑問，以及表示傾聽。光是被動地「嗯嗯」或是點頭，還不一定表示專心傾聽，除了可以反映給當事人剛才聽到了什麼（簡述或做摘要），當事人的可能感受（同理心），也可以解讀當事人為何有這樣的想法與行為出現，加上適時問適當的問題，通常可以蒐集到更多、更深入的資料，也可以讓當事人進一步去思考或做說明。諮商師不宜提出太多的問題，雖然問問題是很方便的蒐集資料、探討問題的方式，但是連珠炮式或是一連串的提問，不免會讓人覺得緊迫逼人，甚至感到自己像犯人一樣受偵訊，會讓當事人覺得很不舒服。關於問問題的技巧也會在稍後章節做敘述。

㈥常常練習

由於傾聽是一種需要培養的能力，因此經常練習可以讓自己傾聽的功力更深厚。我們一般與最親密的家人之間，有時也沒有傾聽的時間與度量，所以常常會「認為」家裡某個人很「囉唆」，因為一直在重複同樣的事情，好像是認定對方沒有聽見，或是「理所當然」地認為「家人應該懂我」，其實不是某人喜歡嘮叨，可能是聽者的一些表現讓說者意識到「沒有被聽見」。我們擔任諮商治療工作，許多的理論與技術得要自己去運用，如果有效，才會願意使用在他人身上，要不然治療也只是做「匠工」，而非專業！練習不一定要在諮商技術的場合，而是隨時隨地、也在日常生活與他人的互動中學習，讓傾聽成為一種可以隨時取用、類似本能的一種反應。

Culley（1991）提醒治療師在聆聽的同時，需要去聆聽自己的反應——覺察到自己的感受、想法與直覺為何（p.40）？這也就是自我覺察

的功夫。新手治療師可能還沒有養成這樣的敏銳度或習慣，但是隨著臨床與生活經驗的增加，會注意到自己在聆聽的同時有哪些想法或是感受出現，而這些訊息也可能會影響諮商師對當事人的瞭解與觀點。

㈦諮商師的特權與善用

諮商師的特權之一是可以知道與瞭解許多人的故事與生命，這樣的特權是應該要珍惜的，也需要善用、不能濫用。作為一位治療師可以這麼貼近另一個生命，甚至協助這個生命有更好的品質，就應該戒慎恐懼、謹慎將事，當事人這麼信任我們，把自己生命的悲喜陰晴與善惡都赤裸裸地展現在我們面前，我們如果不仔細認真傾聽，不是太對不起他／她們了嗎？既然治療師有這樣的特權，而且贏得當事人的信賴，就更不能輕忽自己的職責，而諮商師不僅聽見了當事人的經歷與故事，還聽見了當事人在生命經驗中的複雜與矛盾、掙扎與堅韌，感受到了人類的困境與希望。

七　學會傾聽就貼近人心

傾聽要身心的全神貫注，初學者都不太容易做到完善，加上治療師本身的變項，有時候也會擾亂傾聽的效果。要做好傾聽的工作，必須要在自己身心條件俱佳的情況下進行，如果身體不適、或是有一些生活上或心理上的擔心困擾，甚至是諮商室之外在進行建築工程或有吵鬧喧嘩，也都可能會影響諮商師傾聽的能力與表現。傾聽是一種可以培養的能力，也是諮商人第一個重要功課，學會傾聽之後，會知道當事人所說的重點、情緒與想法，甚至像是成為當事人，活過了他／她的生命／經歷，而對人類處境有更清楚的瞭解與疼惜，接下來諮商師就可以更有效率地與當事人一起合作了。

家 庭 作 業

1. 找一個場合去觀察他人的對話情況，把發現到屬於專注與不專注傾聽的行為分別記錄下來。

2. 找家中一位你認為最常嘮叨的人，請他／她發表五分鐘談話，然後你／妳：⑴全程注意聽，並表現出來；⑵將你／妳所聽到的內容簡短說出來，看看對方有何反應？

3. 仔細聽一位老師或是同學說話，將他／她所說的內容以摘要方式說給他／她聽，然後請對方評分正確度多少（以百分比方式計）。

4. 找一個你有興趣瞭解的對象，做一個簡短的「生命史」訪談，寫一篇故事，然後寄給受訪者。

Chapter 4
專注與非語言訊息

 一　專注行為的重要性

㈠做比說更大聲

　　雖然傾聽很重要，第六章要介紹的「擬情的瞭解」也很重要，然而這些並不是最重要的治療考量，首要之務是「要有反應」（Wilkins, 2003, p.11），治療師在治療過程中要對當事人所敘述或表現的有反應、有作為，這才是最重要的！而諮商師表現「反應」的第一步就是「專注行為」了！「專注行為是所有協助介入技巧的基礎」（Hill & O'Brien, 1999, p.81），專注行為的目的是要讓當事人可以自由開放地說出自己的想法與感受，因此動作沒有做出來、嘴上說自己很用心根本說服不了當事人！「行為」就是一種非語言訊息，所傳達的內容與意涵，有時候比語言還要多，甚至重要，因此本章會將焦點放在生理與心理的專注之外，還會特別將非語言訊息的部分做整理與說明。

　　語言本身其實並未能充分表達出我們所想，而我們的身體常常傳達或透露出一些語言未能充分表達的訊息，也就是所謂的「非語言」訊息（non-verbal message），所謂的非語言訊息可以包括身體動作（如手勢、姿勢）、臉部表情、聲音的特色（如停頓、語尾詞、嗯啊等語助詞、聲音高低或強弱等）等等。「專注所指稱的是當兩（或多）人互相交換訊息時，將注意力聚焦在另一個人身上」（Brems, 2001, p.101）。為什麼需要表現出專注的行為？Culley（1991）表示：諮商師必須要

「在語言與非語言兩方面表現出接受與瞭解」（p.27）。這也是治療師必須做到的第一步，所謂的「聽其言，觀其行」，諮商師是否專業、用心，從這些行為就可以看出來。

在談生理上的專注之前，也要提醒諮商師自己身體的準備度要先做好，包括自己的體力與精神狀態要維持到最好，像是之前睡眠足夠、身體無恙或無病痛等。「專注」原本是指心理上的注意，但是心理上的專注是會表現在可以觀察到的行為上的，關於心理專注會在稍後的段落做說明。怎樣才可以顯示一個人在專心聽？所謂的「專注行為」，就是肢體所表現出來的專心，包括眼神（與當事人）的接觸、身體稍微往（當事人方向）前傾、會隨著當事人所說的內容做最低的回應（也就是口語上的「嗯」、「喔」、「啊」、「是這樣子」等）、有變化的臉部表情，以及手勢或動作，Long（1996, p.202）解釋專注是「生理上的警覺與準備要接收溝通的過程，以及心理及情緒上選擇性地注意、能夠專注於所接收到的溝通」，而Egan（1998, pp.68-70）曾提出的SOLER ——關切地面對當事人（Face the client Squarely）、開放姿勢（Open posture）、身體前傾（Lean toward the client）、維持良好的眼神接觸（Eye contact casually），以及保持輕鬆（Relaxed）指的就是「生理上專注」。

其實一般生活上與人互動，我們對於非語言的訊息就相當敏銳，中國人尤其會注意到肢體語言可能表達的潛在意義，當然這也牽涉到你／妳與談話對象之間的關係如何。通常我們會將語言所傳達的意思列為第二，決定所說的話的真正涵義還決定於其他的訊息，包含了語調、眼神、用詞、臉部表情、身體動作或是距離等，對於不專注的行為一般人都會覺察到，像是眼神飄忽、或是不敢直視（可能說謊），身體不是面對著你／妳，而是稍偏一邊、或是根本背對著，一直看錶、好像表現了不耐煩，或是身體一直扭動、看著遠方，語氣透露出不情願、或是勉強意味等等。為什麼提到與對話者的關係很重要？因為你／妳與對方的關係或是熟悉度可以協助你／妳分辨出（或解讀）特定個人的一些習慣性行為

表現與意涵，例如有人習慣邊聽人說話、邊動手玩筆，不熟悉的人會將這個行為解釋作「不專心」，但是熟識的人可能知道他／她其實是聽進去的。我在與父母親晤談的時候也常常聽到類似的抱怨，家長會說：「我說話孩子都不聽，因為都沒有反應，也不會應我一下。」或者是：「我才開口，他／她就嫌我煩，說我都講一樣的事！」有的甚至是：「我叫他／她去倒垃圾，他／她也不答腔，我就只好自己拿去倒，可是後來他／她又說『我聽到啦，我會倒，你／妳幹嘛去倒？』」所以一般人還是希望以清楚、明白覺察到的方式接收到「自己被聽見」的訊息，也因此「專注行為」很重要，要表達出來「聽見」的動作也很重要！

(二)做筆記與專注表現

在諮商過程中，治療師至少要表現出生理的專注，這是最基本的要求。有時候在諮商現場，諮商師做不做筆記也會影響到當事人對於治療師專注程度的評估，當然在諮商過程中做筆記的說法不一，有時也要看治療師本身的習慣，以及當事人所提供的訊息而定。以前做諮商，可能因為年紀關係，可以較為專注、記憶力也較佳，因此不太需要在諮商中做筆記，但是後來發現有些內容可能會遺忘，或是有些事情需要做處理，記錄下來比較完整、也較不會忽略該有的處置與行動，所以就會跟當事人做說明，讓他／她知道我做筆記的習慣與用意，絕大部分的當事人都可以瞭解；此外，有時記錄一下重要的資訊也是必要的，而做筆記這個動作不會妨礙諮商進程。當然，若是在團體中，沒有觀察員的協助，有時候也不太有機會挪出空來做筆記，那就需要藉助諮商時段之後的空檔，努力回想一下。

 二　心理專注

儘管許多人認為諮商是一種「談話治療」，但是在治療現場所運用的不僅止於語言，其他的媒介也都可以派上用場。之前提到非語言訊息

包括很多，而治療師也可以善用這些訊息，達到治療效果。新手諮商師最容易在治療時段「分心」，也就是儘管身體外表上表現了「專注」，但是內心卻是奔騰翻攪、非常紊亂，最常出現的就是在思考「待會兒要問什麼問題？怎麼問？」或是「糟糕，我根本不知道他／她爲什麼說這些？」當然身心的專注是會互相影響的，不可以分割，這裡是爲了敘述方便，所以做了切割。因此接下來要談到心理的「專注」。

㈠諮商師的準備

諮商師在進入諮商室做治療之前，心態上先要有所準備，最基本的就是將生活中的一切先暫時擱置，不要把它們帶入諮商現場。不管是今天路上塞車，或是跟家人有不愉快，還是髮型或服裝不對，這些都要在進入治療室與當事人碰面之前就放下。

治療師在踏入諮商室之前，心理上應該有所準備，如果是第一次與當事人見面，可以先就目前手上已經有的資料做研究或閱讀，大概知道當事人今天所主訴的問題（或主要關切的議題），讓自己有所預備，然後整頓一下心情，再踏入諮商室。

如果是已經與當事人有過接觸，諮商師最好將自己上一次、或是與當事人有過的諮商紀錄再瀏覽過一次，刷新一下記憶，甚至是看看上一次有沒有疏漏的部分（有沒有該問卻未問的問題）？如果讓當事人做了一些家庭作業，也該回顧一下，此外若是當事人目前有服藥，也可以監控一下當事人服藥的情形。有些諮商師會在上一次晤談之後的個案紀錄裡記下未來諮商時可以採用的策略，或是需要留意的細節，這些治療師也都可以再看一下，較清楚自己這一次諮商可以怎麼進行。

如果諮商師是匆匆趕來，至少需要讓自己有喘息的機會，而不是急忙進入諮商現場，這樣可能會讓當事人也覺得匆忙，沒有準備好，反而影響治療信任與效果。另外，諮商師若是之前接了一個個案或團體，心境上還沒有從上一次活動裡「脫離」出來（像是前一位當事人的故事還在影響諮商師），或是本身在身體還是很疲累狀態下，可能就需要

一段時間的休息，才可以發揮最好的能力，如果一連接了好幾個個案，身心上都處於緊繃狀態，卻要繼續進行晤談，對於下一個當事人很不公平。這其實也提醒諮商師必須要事先調整好自己接案的步調與時間，不只是對當事人負責任，也是為自己的健康負責的表現。有一年實習，我每天接案量超過八件，中午休息時間還要帶一個團體，然後又要超時留下來將紀錄寫好，每天回到家都累得無法做其他事，後來發現自己記憶衰退，有時面對電腦螢幕卻久久打不出字來，幸好後來決定不要這麼拼，讓自己的步調緩下來，這些失憶、精神不濟的情況才有了改善。而如果諮商師身兼數職（擔任行政事務、兼任基金會董事、講授課程與治療），也需要在進入諮商現場之前先打點好，不要讓這些事務影響接下來的治療。

此外，有時候治療師因為私人事務或是當事人的情況可能影響到其專業的表現，也都需要做考量。例如治療師因為來諮商室途中處理車禍擦撞尚未完成，或是碰到自己的當事人臨時發生事情（如企圖自殺、死亡、入獄），這些都可能影響諮商師的表現，是否可以協調安排另一個諮商時段，可能對當事人較好。我曾經在某天要進行治療前，主任告知我我的一位當事人被注射藥物過量死亡的消息，當時我還不知道自己受到影響，只是腦中一直閃過那位當事人前一天來叩門提醒我今天要晤談的一幕，是督導發現情況不對，要我回去休息，我才回過神來！

㈡未竟事業

每個人心上都有傷、有遺憾，許多發生過的事在目前生活中一直重複，或是以往的悔恨也都還在心上纏繞，治療師當然也不例外。但是治療師本身若是自我覺察功夫不夠，可能會在與當事人晤談的時段出現，也許就會影響了治療效果，或是當事人福祉。像是治療師若剛與丈夫分居、情緒還處在氣憤階段，倘若男當事人正好提到想要與女友分手，諮商師可能就會將屬於自己的情緒發洩在當事人身上，甚至將當事人視為與自己丈夫一樣的「可惡」男人，有意無意中傳達了憎恨或鄙夷，這些

都會妨礙諮商師的專注，而這樣對待當事人也不是專業人員應有的表現；諮商師本身過去沒有處理好，或是一直逃避的議題，也是「未竟事業」，這些未處理或是沒有處理好的生命議題，都可能隨時在諮商場域中碰觸到，引發治療師的情緒反應，可能會危害當事人福祉。而所謂的「未竟事業」與接下來要談的「反移情」可能也會有一些重疊，主要區隔是「未竟事務」是抽象的、心理的、甚至是潛意識的，而表現出來的行為就是治療師的「反移情」。

㈢反移情現象或投射現象的處理

諮商師會將自己生命經驗中與重要他人的關係投射在與當事人親密的諮商時段中，就如同當事人有「移情」現象一樣，在治療中的反移情與投射很重要是因為它們提供了映照內在自我的一面鏡子，基本上以三種模式出現——直接表現在治療場域裡、以故事象徵或描述的生命事件出現，以及以做夢或幻想的方式出現（Grant & Crawley, 2002, pp.11-12），例如諮商師會告訴當事人：「我覺得你跟我前任男友很像。」或是「以前我認為我不會再碰到跟我前任男友一樣的人了！可是……」或是治療師夢見當事人與她／他有親密行為。

以前我對於年紀稍長的女性當事人有一種說不出來的感受，有喜歡也有不喜歡的矛盾，會去討好、但是也會有責怪，後來我發現這就是一種「反移情」現象，趕緊找督導談，往後才會注意這些狀況。因為我的母親很早就離開我們，所以我在潛意識中就一直在找符合母親形象的人，只要年齡或是一些特色吻合，就不免會對她特殊。當自己警覺到這個現象時，第一個先找督導做說明，督導瞭解這樣的情況，為我做了一些心理建設，此外我還去找一位治療師，可以無阻礙地談我與母親的關係，當然這樣的經驗也會讓我常常提醒自己，不要因為這個投射而妨礙了我與當事人的治療關係與效果。倘若諮商師對於不負責任的人很不屑，在碰到想要逃離責任、甩開懷有身孕的女友的當事人，可能就會投射厭惡、或是鄙夷的態度，這也是諮商師「投射」表現的例子。

㈣對於當事人關切議題的瞭解與準備

諮商師對於當事人將（或是已經）談論的關切議題必須要有所準備，也許有時候是在見了當事人、有了初次晤談經驗之後才知道當事人困擾的議題，但是倘若治療師可以先一步對議題做認識與瞭解，將大大有助於諮商關係與進行。因此，治療師或有專精，不管是對於治療取向（如認知、精神動力或焦點）、協助族群（如孩童、青少年、女性或同志）、模式（如個別、配偶或團體）、機構（如學校、工商企業）或問題（如憂鬱症、飲食疾患、精神疾病、自傷），但是基本上諮商師需要不斷在專業上求進步，因此廣涉相關議題與知能是很重要的。也許第一次對於當事人或是其所關切問題不是那麼熟悉，必須做轉介的動作，然而在諮商社區化的同時，治療師當然也必須要讓自己的服務能夠「社區化」，不能夠單以自己「不熟悉」做藉口，萬一附近社區只有你／妳有專業資格接案，或是轉介對當事人不可行時，治療師也必須要為了當事人最佳福祉設想。人世間的挑戰與問題這麼多，一位諮商師當然不可能「萬事通」，但是自己的專業能力可以增加、懂得運用相關資源卻是治療師不可旁貸的責任。

㈤焦點放在當事人身上

諮商師面對的是當事人（個人、配偶或家族），因此要將焦點鎖在現場出現的當事人身上，而不是當事人所「提」的其他相關人身上（除非非常必要），如果諮商師不小心將焦點轉移了，也不是專注的表現。有時候新手諮商師會「隨著」當事人所說的內容走，不知不覺中就偏離了議題（當事人要談與女友的關係，卻因為發生一件事意見不合，結果諮商師就把重點放在那件事上，忘了拉回正在談的主題），或是換了當事人之外的人物為主角（如當事人談自己心情不好去找朋友談，接著就開始談她這位朋友，諮商師也跟著）。

三 非語言訊息的功能

　　每一位諮商師的諮商型態不同，有些諮商師習慣說話，有些則是較為沉默，這與諮商師的個性或是訓練有關（如精神分析學派的治療師在諮商初期很少說話，而是以當事人提供訊息為主）。但是基本上在諮商進程中要求諮商師有所反應是很正常的，總不能諮商師杵在那裡一動不動，或是面無表情，不免會讓當事人嚇到，或是有其他猜想（到底是為了維持專家形象？他／她有沒有聽懂我說的？），即便只是沉默不說話，也可以表示或造成很大的影響力，閉眼想想一幕：小男生站在媽媽面前低頭不語，媽媽眼睛盯著孩子也沒有說話，這一幅景象讓你想到什麼？有沒有體會到小男孩的害怕？而一般人對於沉默也是比較不自在的。Long（1996）曾說：「非語言行為通常會傳達更精確的意義，主要是因為訊息傳達者對於自己的行動未能覺察」（p.173），我們一般聽人說話也會將非語言訊息納入，以偵測語言訊息的真確性。

　　既然非語言的訊息所傳達的意義似乎比較重要，那麼非語言訊息的功能又在何處？一般說來，非語言訊息可以補充或強調語言所傳達的意義，像是在說：「我要加油！不能再落後了！」的同時以握拳方式往上一揚，就是強調「加油」的意義；或者是當事人說：「唉，我也不知道該怎麼說！」同時手在空中比劃了一陣，然後無言地放下（這個動作就是補足當事人「不知如何啟齒或說明」的補充動作）。當然有時候也會有「替代」的意味，可能是語言無法傳達那個意思，或是不好用語言表達，如當事人說：「我看到他就想——」右手同時做出出拳打擊的動作（想揍對方、很生氣等），或者是掩嘴笑了一下（表示有趣、好玩）；或是當事人進門之後雙肩下垂、頭低低地坐在位子上，接下來諮商師可能會問：「看起來今天情緒有點陰霾，想要談談嗎？」

　　Brems（2001, pp.102-103）提到Knapp（1978）歸類的語言與非語言訊息互動方式，包括：

㈠重複（repetition）

重複可以是確定的意思，可以將說者所說的再說一遍，使得對話繼續進行，也讓說的人與聽的人有所連結。例如諮商師在聆聽當事人敘述時，會重複使用「喔」、「是」、「這樣子」等方式表示聽見或瞭解。

㈡反駁或否認（contradiction, denying or confusion）

與「重複」的作用相反，這一點通常是諮商師會去注意的一點，也就是看到當事人所說的與語文所表達的意思剛好是不一致，甚至是相反的，這是當事人給予的混亂訊息，有時需要諮商師指出來其矛盾處（如面質）。例如當事人在敘述一件很痛苦的經驗時，卻帶著微笑。

㈢替代（substitution）

替代語言訊息的功能，比如同意就點頭、有所疑問就皺眉、煩惱就嘆氣。

㈣補足或加強（complementation or strengthening）

非語文訊息可以加強語言所要表達的意思，更突顯其重要性或同意程度。如在說「是啊」的同時一直點頭強調，或讚許當事人的同時也做拍肩動作。

㈤強調或加重（emphasizing or accenting）

強調談話內容的某一部分，比如語氣加重，或是以手勢比出「框框」方式說明（例如，「我是說『那個人』……。」），或是說到氣憤時，以拳揮舞空中來強調。

㈥約束或控制（regulation or control）

非語言訊息可以協助說者與聽者適時調整他們說話的速度與步調。說者與聽者可能會發出疲累、失去興趣等線索讓對方接收，此時可能就需要調整說話步調或是轉換話題。諮商師特別需要瞭解這方面的線索與訊息，以維持諮商的進行，要不然當事人會失去興趣，甚至有抗拒行為出現，但是這些可能也涉及文化的因素（例如南歐人說話較多手勢與表情）或個人習性，像有些人說話較慢條斯里，或是喜歡鉅細靡遺，有人則是直接切入重點。

四　非語言訊息的運用

非語言訊息通常就可以概括身體語言，Stevens與Morris（1995），將非語言訊息分為眼神接觸、臉部表情、身體移動、特別的個人行為（如手勢）、姿勢、座位安排，及以上動作隨時間與環境而改變的情況。一般說來，非語言訊息有：身體外表、肢體動作、準語言（paralinguistics或paraverbal）、空間運用、時間（Brems, 2001, pp103-114），以及沉默，除了「沉默」會另闢一章節說明之外，以下分別作闡述：

㈠身體外表

身高、體重、衛生情況、外表的整齊、態度、穿衣服的品味、眼睛與頭髮顏色、長相、身材，或是傷痕或障礙與否，另外當事人的神情與精神狀態也是可以注意到的一個線索，這些都是諮商師眼睛可以看見的，其中衛生與外表整齊情況可以看出當事人自我照顧的程度，以及是否符合一般的社會標準，當然諮商師要注意不要讓自己本身一些關於性別或是社會階層的刻板印象左右了對當事人的判斷（像是：「妳媽媽沒替妳洗衣服？」或以當事人穿著斷定其是來自某社經階級而有不同看法或對待）。如果當事人年紀尚幼，外表衣著髒亂或是散發味道，可能是

被忽略的孩子，而一般成年人或無其他心理疾病的影響下，對於自己的外觀穿著應該會注意一些細節。當然除了當事人之外，諮商師本身呈現在當事人面前的儀態與外表，可能有些機構也會強調或要求，基本上諮商師都還不至於穿著或打扮超出該表現的範疇。我曾經碰到一位嚴重憂鬱症患者，一進入諮商室整個人就埋在沙發裡，一動也不動（後來發現是重度憂鬱），也遭遇過在炎熱氣候下將自己包裹很密實的兒童期性侵受害者，或有自傷習慣者，這些當事人的外觀或是行動表現就給諮商師一些線索可以做初步診斷與處置計畫的參照。

(二)肢體動作

身體包括範圍很廣，舉凡頭、眼、眉毛、臉部、眼睛、嘴巴、肩膀、手（臂）、腳與軀幹等，這些都可以表示當事人的情緒狀態與警覺性，倘若出現僵硬、固著或是不規律顫動，都可能與生理或心理疾病有關，如土雷症者的不規律臉部顫動，以及口出穢言。當然有些肢體動作的表現意義可能是相似的，如環抱雙臂表示無興趣或拒絕（有時只是一個動作而已），或是一般人表示專心聆聽會與說話者有偶而的眼神接觸等。肢體動作的表現有時與文化或性別有關，像東方人若彼此不熟，會較少有眼神的接觸，可能也有比較多閉鎖性身體的姿態（如低頭、手緊貼在身邊，或是環抱手臂），女性的肢體語言也比較保守、封閉一些，男性則是開展動作較多。

諮商師在晤談時可以從當事人的肢體動作獲得許多訊息，這也是面對面諮商的優勢（與電子郵件或是電話諮商相形之下），也是當事人比較難隱藏的部分。當然諮商師也需要注意到自己的肢體語言與動作，雖然當事人的目的不是要來瞭解諮商師，但是他／她也會在晤談中留意諮商師的反應，而肢體語言當然也較難隱藏諮商師可能有的情緒。雖然一般諮商師訓練課程裡不會要求諮商師有豐富的表情或是肢體語言，但是這也可以是諮商師的一個優勢，至少瞭解自己的肢體語言與表情，也讓其生動豐富化，也是諮商師自我覺察與成長的課題。至少，當事人不是

面對著一個面無表情、冷酷的諮商師在說話，而諮商師的活力也應表現在諮商場域裡，讓當事人感覺有希望！特別是有些時候，諮商師也必須示範給當事人一些社交技巧，或是相關技能，肢體語言的表達就更為重要。

另外與身體有關的是「碰觸」。碰觸可以有不同的意涵，包括安慰與支持、開發與探討的接觸（刻意去擴展當事人的反應）、誇大（讓當事人可以注意或增加對自己身體與感受的敏銳度）、挑釁（用來施壓、讓當事人釋放壓力），以及技巧介入的一種方式（Totton, 2003, pp.118-123）。身體的觸碰也是一種近距離的親密表示，但是也需要得到當事人的同意才做較為妥當，因為有些人是基於社會文化（如男女授受不親）、個人遭遇（如遭受暴力與性侵害者對於他人的觸摸會有不同的防備與感受）或習慣，何況身體是一個人最終極的界限，不可輕易侵犯，也是對當事人最基本的尊重。身體通常會有許多的記憶（Rowan, 2005, p.70），甚至會將一些心理的壓力或狀況隱藏在身體裡，所以像是緊張焦慮的人身體會很緊繃，或是出現一些身體或生理癥狀（嘔吐、腹瀉、發癢、睡不著、過動等等），因此也可以經由詢問或觀察等獲得相關資訊，有時候身體的碰觸會紓解一些壓力或傳達關切與安慰（像擁抱、拍肩），但是要顧慮到當事人的主觀感受與專業倫理。Siegelman（1990）提到隱喻也經由我們的身體經驗展現出來（p.24），身體當然也可以表現出內在涵攝的象徵性意義，因此諮商師也不能輕忽身體所發出的訊息與可能意涵，特別是對於受到語言或認知限制的當事人（如孩童、未能以語言完整表達的族群）。

㈢前語言

所謂的「前語言」指的是與聲音或語言相關、有溝通價值的一些非語言因素，包括說話的音調高低（高表亢奮、低表情緒低落或不信任）或大小（大表信心十足、小表自信不足或個性使然）、說話流利度（如說謊流利度一般會下降）與節奏，以及說話的一些固定模式（包括口頭

禪），或是音調的不同（如笑聲）（Doyle, 1998, p.150）。

音調高低有時候是當事人天生如此或是習慣，但是諮商師可以留意的是音調突然的變化，一般人說到讓其興奮的事情時音調通常會提高，或是突然有音量上的變化、結結巴巴等，可能是另一些訊息的透露（比如遲疑、擔心或尷尬），諮商師可以細心留意。有些人有固定的說話模式，可能是因為地域關係，或是個人特殊表達方式，前者像是香港人說中文會用英語式的倒裝句：「我吃飯了已經。」個人特殊的表達如：「我就去跟他說，對呀，然後他就開始跟我談起來了，對。」以上這些是依據當事人來說，然而治療師本身同樣需要注意。Hill與O'Brien（1999, pp.86-87）還將「最低限度的鼓勵與反應」、「打岔」、「沉默」與「文法語句」放入「前語言」部分，他們也特別提醒治療師要去「配合」當事人的非語言型態，而不是要求當事人配合諮商師（Hill & O'Brien, 1999, p.82）。有些治療師可能因為本身的習慣，在說話時的聲調較為低沉、音量較小，或是忽略了當事人是否可以聽清楚，這些也會影響諮商過程與當事人的感受，而若是諮商師習慣沉默，或只是做最低限度的反應，當事人也會覺得奇怪，因此這也提醒治療師對於自己一些前語言的行為要多注意一些。

㈣空間運用

一般準諮商師常常聽到的是當事人與諮商師的座位是依九十度角度安排，主要是不要曝露一個人的全身，讓彼此有安全感，此外，最好晤談人之間有個物品或傢俱（如桌子或花瓶擺飾）做遮擋。這些原則也應該有一些彈性變化或安排，像是不讓當事人的眼睛直接面對陽光（可以將座位做適當移動，或是拉下窗簾）。

空間包含了當事人與諮商師之間的距離，以及所坐的位置，也可以讓諮商師獲得一些關於當事人的訊息。像是空間的使用（個人與環境空間），有些可能有文化因素（東西方人對於距離的遠近與意義不同）、性別因素（當事人與諮商師性別不同可能空間就大一些），也有個人因

素（與其他人的距離多少才是舒適的）的考量。另外當事人的坐姿也是一個很好的觀察點，一般說來，性別不同所表現出的肢體動作也有文化意涵，男性開展、展現的是權力或勢力範圍的拓張，女性趨於保守、封閉，主要是「保護自我」（畢恆達，民93），有些當事人會以較爲拘謹的姿態坐著，可能是因爲面對有權威或上位者所採取的姿態，也有蜷曲在沙發裡，或是很大方翹二郎腿的，這些坐姿也是當事人與空間互動所產生的一些習慣或是禁忌表現。

當然諮商室裡的空間有限，也與諮商師（或機構）的硬體擺設有關，可以更動的不多，有時候無法安排桌子或其他硬體傢俱作爲晤談人之間的屏障，也可以提供一些抱枕讓當事人可以適時運用。當然諮商師若是考慮到當事人對於位置或是距離的感受，最好的方式還是直接詢問一下當事人的意見較爲妥當。而一些諮商室由於空間不足，甚至在諮商室裡擺放許多書櫃或雜物，讓狹窄的諮商室更顯侷促，其實也會影響到在裡面的治療師與當事人。

(五)時間

對於許多人來說，時間是很主觀的，雖然諮商的時間有一定（通常是一個小時或五十分鐘），但是有些當事人對於時間的觀念也會影響到諮商的進行與對治療師的態度。像是有些當事人會認爲他／她目前在這麼大的困擾中，諮商師應該花較多時間與其晤談，才是重視他／她的問題的表現，有的甚至會說：「沒關係，你一個小時多少錢，我會加倍付給你。」在諮商中的時間通常也意味著諮商師與當事人之間的「界限」，也就是讓彼此保有自我的空間與時間的意義，諮商時間一般說來不會無道理延長或縮短，這也是所謂的「諮商架構」裡的一種，不讓當事人因此而太依賴，或是讓當事人予取予求，當然也不是讓諮商師掌控當事人，或犧牲當事人利益來滿足自己的需求。諮商時間的規定可以讓當事人充分運用這一段既定的固定時段，也是基於負責與經濟效益的原則，而時間的限定自然也就表明了諮商師可以付出與專注的時間。在之

前我提過，諮商是「勞心勞力」的工作，諮商師基於治療效果，以及自我健康維護，設定固定晤談時間是必要的，容易「耗竭」（burn-out）的諮商師常常是接案太多，也忘了自我照顧。有些諮商師可以做馬拉松式的治療或團體，之前也要做許多準備的工作，就像歌手要開演唱會之前的準備工作一樣。

晤談時間的限制是諮商師設立個人與專業界限的重要指標（Brems, 2001）。當事人若經常遲到、取消晤談時間，或是要求增加晤談時間與次數，甚至不願意結束諮商關係，這也都表明了測試界限的意涵；諮商師本身若是常常遲到，也不按時結束晤談，除了顯現出諮商師個人的習慣與個性之外，也可能給當事人一個訊息就是：沒有一定的界限。當然有些諮商師可能會視當事人情況將諮商時間做適度的縮短或延長，也是基於服務當事人，或是以當事人的福祉為考量，不能一概而論。

 # 五　沉默在諮商中的運用

「沉默」也是非語言訊息的一種，因此特別在這裡專節做介紹與說明。治療師需要有反應，但是不能不足或太過（Bender & Messner, 2003, p.29），然而在諮商師訓練課程中，也會特別提醒治療師善用「沉默」，既然治療師說太多也不是，沉默不說話又怎麼是對的呢？很有趣的是，在英文字彙裡，「傾聽」（listen）與「沉默」（silence）所使用的字母都一樣，只是順序不同（Secretan, 2004，何修瑜譯，民95，p.214），沉默應該也是傾聽裡的一個重要元素，沒有沉默無法仔細聆聽，或是進一步思考或反省。在第一章「初次晤談」也約略提過當事人沉默時的處理方式，這一章節裡會再做延伸。許多新手諮商師會受不了諮商中的沉默，因此會急著發言填補空隙，但是有時候可能會讓當事人覺得諮商師也很緊張、可能經驗不夠，或是專業性不足，也許讓彼此的信賴關係產生變數，當然，反過來說（不說話或說太少），結果可能也一樣。到底沉默在諮商中的功能與處理方式應該如何？新手諮商

師對於治療過程中的沉默特別不容易忍受，也不知道如何處理（Doyle, 1998），擔心是不是因為自己能力不足，所以不知道接下來該怎麼辦？

我記得有一回一位睽違已久的學生來看我，兩個人聊著聊著，話題漸漸沒有了，於是就有沉默，可是雙方沒有人急於打破這個沉默，反而覺得很自在，像是老朋友相處的情形一樣。我於是瞭解：原來忍受沉默，甚至接納沉默是彼此關係更進一步的表示。沉默不一定就表示「沒有反應」，可能呈現在外在的部分是如此，但是並不就是說無動於衷；然而在日常生活中，我們對於談話對方沒有及時做反應，或是沉默都會感受到一種「被拒絕」，或「不被尊重」，有的甚至會覺得是一種「威脅」或「敵意」的表現，因此這也提醒治療師在諮商場域裡若是沒有針對當事人的行為做出反應，不免也會讓當事人有一些負面、妨礙療效的想法出現。一般說來，諮商師不太會讓自己沉默，因為沉默可能表示自己不知道要如何處理當時的情況，可能也顯示出自己的無能或不專業，但是諮商師本身喋喋不休可也不是好事，因為阻擋了自己去傾聽的機會與能力。在諮商師訓練課程裡，可能會將注意力放在當事人的沉默上，這也是本節想要著墨之處。

Hill與O'Brien（1999, p.75）提到新手諮商師害怕沉默是因為擔心當事人覺得無趣、焦慮、批判，或是「卡住了」，或是擔心自己無能，不能協助當事人，所以會急著說話、填補空檔。新手諮商師害怕沉默，是因為會將沉默視為自己專業上的無能（不知道說什麼或怎麼做處理），或是將其視為是當事人的抗拒行為（這只是原因之一），也擔心當事人質疑自己的專業性等，然而沉默可以是一種很有力量的溝通方式，它可以讓我們少犯錯誤，然而也可能會讓人有距離感、不易親近、高傲、退縮、不友善或是威脅的意味（Rowan, 2005），拿到諮商情境中也要注意到沉默可能的蘊涵意義。在治療過程中運用沉默，最好是在治療關係穩固之後（Hill & O'Brien, 1999, p.87），新手諮商師或是第一次接觸諮商的當事人對於「沉默」可能較難忍受，或感覺不自在。

沉默曾被指稱為當事人表現「抗拒」的行為之一。但是這樣的指稱

也太爲簡略了！想想生活中我們所表現的沉默有什麼特殊意涵？可能表示「不會」，或是「無關緊要」？還是「說了也無用」、「沒有我說話的餘地」？還是「氣得說不出話來」或「等著瞧」？還是「不知如何應對」或「怕說了情況更糟」？也許是當事人的個性使然，同樣的沉默在不同人眼裡可能意義也不同！Martin（2000）甚至鼓勵治療師去傾聽治療過程中的沉默，而Kottler與Brew（2003, p.175）則是提醒治療師需要忍受沉默，甚至與沉默自在相處，因爲在治療過程中，沉默是一直存在的，當然如果運用得當，「沉默」也可以成爲諮商師的一個最佳技巧。即便沉默是抗拒的一種表現，其實也提供了治療師一個思考的方向：去瞭解抗拒行爲背後的邏輯與價值觀；就一個系統而言，「抗拒」是抵抗外來入侵力量的表現，是維護自身界限的正常反應（Sherman, 1999），從這個觀點看來，沉默其實也有「保護」的作用。

㈠沉默在諮商中的意義

在治療過程中的沉默，可能有不同意義與內涵，也許是當事人不知道怎麼回答，或是在思考，可能是諮商師不知道如何接下去說或處理，擔心當事人對自己的看法等；新手諮商師通常較不能忍受沉默，因爲這樣的情況可能會讓他／她想到：是不是自己無能力處理？很尷尬？或是認爲不能讓諮商「順利」進行的敗筆？如果是當事人一時之間不知如何回應，諮商師可以說：「要怎麼說眞是不容易。」或是：「要是我，可能也不知道如何回答這樣的問題。」有時候是因爲當事人在思考，諮商師可以回應：「沒關係，慢慢來，這的確需要時間去思考。」有時候是因爲當事人在情緒中，或是在哭泣，諮商師也可以給當事人時間說：「不急，你可以在想說話的時候才開口。」重點在於尊重當事人的沉默，然後等他／她開口。倘若是諮商師自己接不下去，或是不知道如何處理呢？諮商師就必須要讓自己學會去聽沉默，瞭解當事人非語文的一些訊息，同時讓當事人知道諮商師瞭解（Martin, 2000, p.29）。

Doyle（1998）賦予治療中沉默的意義爲（pp.226-227）：

1. 當它是專注反應的一種，表示諮商師對於當事人所說的感到興趣；

2. 沉默可以是對當事人的支持，也可以鼓勵當事人繼續談下去；

3. 沉默可以提供當事人去釐清自己思緒與感受的機會；

4. 可以以沉默作為探索或詢問之用，讓當事人提供更多的資訊或線索；

5. 可以視為休息，讓治療師與當事人可以喘一口氣。

表面上的沉默，私底下卻是波濤洶湧也未定，而諮商師也需要去瞭解在諮商過程中沉默可能代表的意義：是不是當事人累了？在思考？抗拒剛才諮商中發生的（不舒服或氣憤）？或是因為困惑而需要諮商師進一步提供訊息、解釋、協助或支持的表現（Doyle, 1998, pp.227-228）？也許是思想或是情緒「卡」住了，或是突然失焦閃神等。另外我在生活與臨床中也發現：沉默可以是一種「被動攻擊」（passive aggressiveness）的表現，當事人不說話，但是卻用沉默表示不同意，只是他／她的位置或立場，限制他／她表現出這個敵意或不滿（可能會影響他／她在他人眼裡的形象、評價或是地位、利益），因此他／她就以沉默來表現；遭遇到這樣的當事人，可以思考其有無一些創傷經驗，讓他／她決定以這種方式來保護自己？還是這樣的方式已經變成他／她與人互動的人際模式，造成相當的影響？這也都是在治療過程裡可以努力的方向。

㈡沉默在諮商中的功能

Culley（1991）提到傾聽，也創意地運用沉默是要在三者之間取得適當平衡，一是賦能當事人、讓當事人覺得有能力，二是提供空間讓當事人可以反省思考，三是協助當事人面對自己的不舒服感受（p.39）。沉默可以在當事人陳述過程中、或陳述之後，以及接受諮商師所做的陳述之後發生，時間長達五秒以上（Hill & O'Brien, 1998, p.86）。

沉默在諮商中的功能可以有：

1. 沉默可以允許當事人在不受打斷的情況下完整做敘述，同時可以傳達諮商師對當事人的尊重（Hill & O'Brien, 1998, p.87）；

2. 讓諮商師與當事人去思考方才所談的內容或感受，或是思考該怎麼表達；

3. 有時諮商過程或是談論的議題張力太大，沉默可以讓彼此喘一口氣、舒緩一下；

4. 沉默可以讓當事人去想想下一步該怎麼做，諮商師也可以藉此思索或反省一下自己方才的處理方式、當事人的可能想法或感受，以及自己下一步的處理；

5. 讓當事人或是諮商師有機會處理或是調整一下自己的情緒；

6. 讓諮商師可以有時間去與當事人的內心世界做聯繫，同理當事人處境或感受（Hill & O'Brien, 1998, p.87）。

　　諮商師在處理治療過程中的沉默時，首先不要緊張，也不要將當事人出現的沉默「個人化」（包括懷疑自己能力、是否自己做錯了什麼，或是當事人不喜歡我），而是去思考、同理當事人可能的情況，允許沉默在諮商進行中發生。若是沉默時間太長，也可以做適時的介入，問問當事人在思考什麼？或是為何停頓下來？有什麼感覺或情緒？

六　諮商師對非語言訊息的敏銳度

　　諮商過程中當事人所表現出來的非語文訊息，諮商師可以經由訓練覺察到，比較困難的是治療師自己所傳達的非語文訊息，如果不是特別敏銳，或是由當事人指出，可能治療師自己並不容易知道，而弔詭也在於並不是每位當事人都會提醒諮商師或是讓諮商師知道。那麼有心加強自己覺察度的諮商師可以怎麼做呢？

㈠檢視自己的諮商錄影帶

　　一般說來諮商師若能夠有機會重新觀看自己做治療時的錄影帶，就

可以得到許多意外的訊息，而這些資訊都可以協助我們在進行治療時較有統觀的瞭解。治療師最好多瞭解自己在諮商室裡的非語言訊息的使用情況，可以做適當的修正，也藉此更清楚不同的當事人可能出現的非語言訊息、其可能代表的意義，以及對於處置方式的影響。諮商師若可以觀察、記錄，甚至與督導討論自己在諮商進行時的身體動作等非語言部分的表現，當然會讓自己更容易覺察，也可以更清楚知道這些動作蘊含的意義，進一步檢視是否恰當？該如何修正或改善？另外，如果不嫌麻煩，還可以將焦點放在當事人身上，看看當事人是有哪些習慣動作，或是出現的一些非語言訊息可能代表的意義，這些也可以增進當事人觀察的敏銳度。當然，許多諮商師教育者是以現場演練或角色扮演的方式，讓同學們可以觀摩彼此在模擬現場的表現，若是有更細心的老師還會特別要求學生分批（組）觀察諮商師與當事人的一些行為表現（語言與非語言的），這都是很好的訓練。

(二)角色演練與觀摩

我在諮商師訓練課程中，會以個案模擬方式進行，讓同學都有機會看到別人如何處理當事人與其關切的問題，在做演練後的討論時，也不憚其煩地請觀眾提供自己所觀所想，甚至提供不同的處置策略，這都是很好的學習，而為了加強準諮商師對於非語言訊息的敏銳度，也可以提醒同學們就這些面向做觀察與回饋。例如同學會提到：「你剛才在與當事人談話時會不由自主地搓自己的手，你是不是很緊張、很擔心？」或是「你知道自己常常在摸鼻子嗎？」、「剛才二十分鐘內，你只看了當事人兩次，是不是有點奇怪？」、「你是不是會強迫自己必須要在一段時間之後做出一些回應？有時候我覺得你是不需要這樣做的。」、「你需要給當事人意見嗎？好像很急著對她有所幫助？」

當然最有效的還是可以目睹資深治療師的現場演示，不少大師級的諮商師（如Ellis、Rogers、Perls與當代的一些治療師等人）也錄製了許多可供觀摩與學習的錄影帶，他山之石可以攻錯，藉由觀察自己或他人

錄影帶或臨場表現（角色扮演），甚至在團體中擔任觀察紀錄者，或是有團體討論（或督導）的機會，都可以讓自己察覺非語言訊息的敏銳度增加，也可以更瞭解人類行為背後的許多意義與傳達的訊息。

(三)注意與改善自己的肢體語言表達方式

我在諮商中曾經讓當事人面對著鏡子，對自己說一件快樂的事或是一句滿意、鼓勵的話，然後給自己一個微笑，才開始一天的工作與行程，這雖然是體驗作業的一種，同樣的方式也可以運用在諮商師自我的非語文訊息的覺察與改善上。因為並不是每一位治療師都很熟悉自己的表情與肢體動作，與其讓他人來提醒，倒不如自己可以更清楚自己的一般（或特殊）動作或表情，因此常常以鏡子觀照，可以獲得第一手的資訊，而且自己練習也比較不會尷尬、不自在。我自己也發現對於無聊的話題會開始有用手支住下巴的動作出現，或是對於自己不贊同的意見或行為也會有「感覺不耐煩」的肢體動作（皺眉、看別處、做一些無厘頭的小動作）表現，及時發現就有助於改善，也會警惕與覺察自己是否會將這些動作也帶到諮商場域？

(四)關於語調與意涵

不同的語調可以傳達不同的意義。我在諮商師訓練過程中會玩一種遊戲（或是練習），讓同學以不同的聲調表達不同的意涵，像是「欸」、「呀」、「啊」，甚至只是說「一二三四五六七」，都可以以語調詮釋不同意涵，如「叫人」或「引起注意」、「生氣」，或「撒嬌」，慢慢地就以句子的方式來表達，同學才恍然：原來字面上的意思可以隨著語調不同而改變意義！例如以很尖酸的語調說：「當然，妳很美！」聽起來的意義可能是「忌妒」、「嘲諷」或「不以為然」，與字面的意義相差千里！想想用不同的語調（如生氣、平和或暗藏玄機）來說這一句話：「你去呀，我沒有說你不要去呀！」然後問問聽的人，說話者想要說的真正意涵為何？我們在一般生活中都會意識到他人語調的

不同所傳達的意義也殊異，何況是在諮商場合中，可能就不經意或很習慣地表現出來了！

七　其他注意事項

　　雖然說表現出專注行為很重要，但是這樣的「專注」也會有一些限制。像是與當事人眼神的交會，不要太長或太常，或是盯著當事人看，這會讓當事人感受到「威脅」，而非「專注」的善意，最好將眼光適度在當事人臉部與肩部之間移動；臉部的表情固然也很重要，但是不需要刻意誇張，因為諮商師不是在演戲；適時提問、問適當的問題也很重要，但是不宜以問問題來主導整個諮商過程。

　　諮商師雖然不是演員，沒有必要要求諮商師有豐富的表情或是肢體動作的表現，但是既然非語言訊息也是傳達與溝通很重要的媒介與工具，治療師若是擅於運用、敏於覺察，也在治療過程中適當使用，我想這都可以是專業知能的一部分。其實我在自我的專業訓練裡發現到：即使不是擅長心理劇，也可以讓自己的肢體表現更豐富。以前在大學求學階段，我們幾個心理系的固定營隊都會舉辦心理劇比賽，系裡也很重視這樣的活動，總是要每一年級至少推派代表隊伍參賽，然後選出冠軍隊伍代表系裡在心理營出賽。不只是心理劇可以讓久蟄的情緒自然表現發抒，其本身也有很大的治療作用！曾經參與過心理劇工作坊或是初步訓練的同學都表示自己在目睹心理劇所帶來的張力與衝擊幾乎是「無法抵擋」，也大呼過癮！何況目前的心理治療與諮商著重在「身、心、靈」一體的整合觀念，因此治療師本身自然豐富的情緒流露與肢體動作，也可以是助人專業中必備的一環。

　　諮商不應該是將重點放在語言表現的行為與溝通上，資深治療師可以更體會到其他相關訊息，媒介與資源的運用對諮商效果的加持，像是在遊戲治療裡的許多觀察都是將行動做解讀，而行動也有其非常重要的象徵性意涵，不管是注意到當事人的非語言訊息、自身的肢體語言，都

可以讓專注做得更徹底，也對治療過程的整體動力有深刻瞭解。

家 庭 作 業

1. 兩個人一組，以一分鐘為限，甲先對乙說話一分鐘（任何話題都可以），乙表現出沒有聽的情況。一分鐘之後交換角色，然後討論「沒有被聽到」的感受，以及哪些非語言訊息也傳達了不專心？

2. 兩個人一組做對話，分別發言一分鐘，第三者擔任觀察員，將兩人的身體訊息記錄下來，談話結束之後，先問對話的兩人「怎麼知道對方在聽？有什麼跡象可以看出？」然後請觀察員補充說明。

3. 選一位與自己較不常對話的家人，花五分鐘時間聽對方說話，不打岔，但是要有回應，然後詢問同學結果如何？

4. 與某一位你經常與他有不同意見的人練習，同意他的觀點，然後支持他的說法，最後問問他的感受。

5. 嘗試以不同語調說同一句話或是發語詞，其他人猜測此人想要表達的是什麼？

6. 仔細去觀察兩個人的對話，看看兩人互動過程中是怎麼去處理那些沉默？藉此也去猜測兩人之間的情誼有多深。

7. 檢視自己與朋友間的關係，當兩人在溝通時，出現了沉默或不語的情況，問問對方的想法與感受，也向對方如實以告自己的思考與感受。

8. 檢視自己在諮商過程中的沉默時段，想想自己當初是怎麼因應的？腦中浮現什麼意念？

9. 記錄自己一路走來的諮商路，對於沉默的應對方式與瞭解有什麼轉變嗎？

Chapter 5

摘要與簡述

　　每位治療師可能因爲治療取向的著重點不同（如認知、人文或是行爲），在處理當事人關切的議題時就會有不同的焦點或重點，可能是聚焦於情緒、認知或是行爲（Doyle, 1999），但是最終都是希望當事人可以開始採取行動去測試或嘗試、造成改變。著重認知取向的諮商師，可能會較花時間在資訊提供、協助做決定、瞭解與駁斥破壞性或不合理的信念；著重在情緒取向的則是注意到當事人自貶情緒、對他人接受度，以及澄清價值、信念等所引發的不適當情緒反應；而著重行爲取向的諮商師會將時間投注在當事人的行爲與技巧上，開發其更多行爲的可能性（Doyle, 1999, p.54）。從本章節開始，會就這些不同取向常用的技巧做介紹與舉例。首先是「簡述與摘要」的部分，這通常會放在諮商師訓練課程裡對於諮商師「處置」技巧的入門課。「簡述」就是諮商師從當事人敘述中所瞭解的核心訊息做重述，而「摘要」則是較長的簡述或覆述，以經過組織的方式將面談的重要內容整合起來（Culley, 1991, p.42 & p.45）。

一　摘要與簡述的功能

　　摘要內容（summarize）或是簡述（或「覆述」——paraphrase、「重述」——restate）在諮商中的主要功能有（Kottler & Brew, 2003, p. 136）：

(一)讓當事人知道治療師在用心仔細聆聽

一般人在對話中很少簡述或覆述方才對方所說的，只是當作「應該」瞭解、「應該」正確來作反應，這往往也會造成誤解，甚至讓對話中斷；諮商師的聆聽就是一種專注與尊重。因為在一般對話的場合中，很少有人願意花心思去仔細聆聽我們所說的話，也許是因為思考著要怎麼回應或反駁（站在自己的立場要辯駁），或是不認為有傾聽的必要（可能對方都是老生常談、重複性過高），但是諮商提供了一個最基本滿足人類需求的地方——有一位專業傾聽者在那裡為了當事人而存在、出現，更甚者是會將所聽見的內容回應給說的人聽，當然會讓當事人感受到：治療師有聽，而且還聽得很認真仔細。

(二)可以檢視治療師所聽到內容的正確性

一般性的對話是一種「流動」性質，就是你說我聽、我說你聽互相交換的方式，比較沒有機會讓彼此去檢視所傳達內容的正確性；經由簡述或覆述的動作，諮商師可以回饋給當事人知道「我是不是聽懂了你／妳所說的」、「我聽到了正確的訊息了嗎？」當當事人自治療師口中重新聽過一遍自己方才的敘述之後，也可以替自己整理一下敘述的內容，釐清一些迷思或疑點，比較清楚自己想要關注的主題與內容為何，若是諮商師聽錯了，也正好有修正或釐清的機會。

(三)協助當事人聽到自己所說的，尤其是一些主要議題

諮商師也可以是當事人的一面鏡子，反映出當事人所言所感；通常經過諮商師覆述當事人所說的內容之後，當事人也可以整理一下自己的說法與想法，確定哪些事物困擾自己？而想要處理的又是哪些？諮商師經過自己整理出來的覆述資料，摘錄了所聽到的一些重點，也可以協助當事人決定優先次序。

㈣協助治療師主動地投入與當事人的治療對話中

治療師的諮商模式不同，也影響著當事人怎麼看治療師，有些諮商師很少說話，感覺很被動，有些諮商師則是表現了相當主動介入，當然主動或被動介入其實也要看不同的當事人的需求；一般的當事人既然花了錢與精力，當然會期待治療師有所「作為」，而在諮商室裡的「對話」就是最為明顯的「作為」，摘要或簡述就是協助諮商師「主動」涉入治療對話。曾經有一位當事人向我表明：「以前我的諮商師都很少說話，幾乎都是我在說，我也不知道自己說的對不對、她有沒有聽懂？但是妳不一樣，妳真的有在聽我講話。」也因此當事人會投入較多，協助諮商的進行。

㈤讓討論進入到更深層、內容更有深度

治療上的對話基本上會隨著時間與諮商次數慢慢深入，諮商師與當事人這樣一來一往之間其實就是將話題往更深層的方向探索，而當事人的經驗世界也慢慢建構完整。

㈥鼓勵當事人持續往特定的方向前進

諮商師在治療過程中，會視當事人所關切的優先次序做介入與調整，簡述或覆述內容的作用之一就是可以引導當事人朝某個特定方向去做更深入的瞭解，而不是散槍打鳥、沒有個方向。

此外，Doyle（1998, p.168）提及釐清當事人的感受、有無其他可行之道，以及要瞭解更多或更詳實的資訊，都需要做澄清的動作，而摘要或簡述就是很便捷的方式之一。簡而言之，摘要的主要功能有：㈠表明當事人所說的被聽見、被瞭解；㈡讓當事人更清楚自己的處境與感受、想法；㈢可以準備開始新的晤談時段、有機會去增加或修正之前所說的；㈣讓當事人可以承擔責任（Corey, 2000，洪秀如譯，民92, p.49；Egan, 2002, p.132）。「簡述」就是將當事人所說的內容覆述

或重述,基本上使用的字數較少,也較具體清楚;摘要是簡述的一種模式,通常運用在晤談結束時(或是第二次晤談之初,用來銜接或提醒上次所談的內容),其功能有:整合當事人所說的內容,釐清或是聚焦在一些主要議題上,讓當事人知道諮商師全程專注傾聽,也檢視所聽內容的正確性(Hill & O'Brien, 1999, p.99)。摘要或簡述可以使用在諮商時段剛開始、整個諮商進程中,以及晤談時間結束前,在諮商或晤談剛開始使用,還有「暖身」的作用,也協助當事人將瑣碎的內容組織成有條理的段落,或是將某主題告一段落(Brammer, 1973, cited in Egan, 2002, p.131)。

二 諮商師如何說

諮商師第一步是學習傾聽,接著才是如何說。而要如何讓當事人知道我們在認真聽?諮商師很重要的工作就是做「反映」(reflecting)的動作,所謂的「反映」一般會就當事人所說的「內容」或是內容底下的「情緒」或「感受」作反映(Hackney & Cormier, 1994, p.104; Kottler & Brew, 2003, p.132),本章重點先就「內容」反映的部分作討論,而反映內容最便捷的方式就是將方才所聽到的簡要敘述一遍。

(一)簡述與摘要的步驟

使用摘要或簡述就是要「簡短而扼要」(Hill & O'Brien, 1999, pp.101-102),要說得比當事人所陳述的要「簡短」,而且要提到最重要的焦點,最好能抓住當事人不確定、卻尚未探討的議題,也因此最好是一次只聚焦在一個議題上,而且是當事人所想的(而不是其他人的看法)。有效的簡述或摘要包括四個步驟:回憶(recall)、認清內容(identification of content)、重述重要建構與關鍵詞(rephrasing key words and constructs),以及檢視感受(perception check)(Hackney & Cormier, 2001, p.55),諮商師需要有清晰正確的記憶,清楚方才當事

人所說的,然後確定自己抓握的重點是哪些?再則,將一些重要字句與內容記下來,最後可以去確定當事人的感受如何。在這裡將「摘要」與「簡述」作為當事人在諮商過程中「內容」的重點摘述,而未將「情緒」或「感受」上的覆述包含在內(這個部分會在「同理心」章節做更詳盡描述),但是在實際諮商場合,要將「內容」與「感受」分開卻是很少見的,在這裡只是為了敘述的方便才這麼做。

許多諮商初學者會像鸚鵡學話一樣,將當事人所陳述的內容又再覆述一次,這樣雖然也傳達了自己在聽的訊息,但是也不免耗時過久,或是讓當事人不解「你為什麼要重複我說的?」若一直重複當事人所說的、而沒有以自己的話語作重述,可能會造成對話中的循環模式甚至讓當事人覺得不舒服(Doyle, 1998, p.160),初學諮商者可能不免要經過「鸚鵡學話」這個階段——就是以當事人所陳述的「簡短版」呈現,許多用詞也都還是當事人曾經使用過的;接著才會慢慢以諮商師自己的瞭解與用詞來「轉述」給當事人聽到。因此,諮商師學習瞭解當事人所說的、以提綱挈領的方式「重述」當事人說過的,甚至更進一步以自己的理解來轉述一遍,就是相當重要的學習,此外,最好也多增加自己使用語彙的豐富性與變通性,可以使自己在與當事人談話時更得心應手。所謂的「簡述」或「摘要」,我們在日常生活中也經常使用到,像是敘述電影情節,或是連續劇劇情,或者詢問他人閱讀某本書的大意,以及一則社會新聞的大概,這些也都是以自己的語言或表達方式將某事件或故事做「重點」陳述。

例一

當事人:「我不知道該怎麼說,很難說,因為事情有太久的歷史,一時之間我不知道要從哪裡開始。」

新手諮商師:「你不知道要從哪裡開始,因為太久了。」(鸚鵡學話)

有經驗的諮商師:「事情發生到今天已經有好一段時間了,也

變得很複雜，所以你也不知道怎麼説才好。沒關係，你想從哪裡開始就開始，有了開始接下來就比較容易。」（用自己的理解反映給當事人知道，也讓當事人放寬心，可以開始敍説）

例二

當事人：「不知道，我不知道爲什麼要來這裡，我媽叫我來我就來了。」

新手諮商師：「你不知道爲什麼來這裡。」（鸚鵡學話）

有經驗的諮商師：「雖然你不太清楚來這裡的理由或目的，我是在這裡工作的諮商師，有很多機會接觸到許多像你一般年齡的同學，假如你知道的話，你會想到什麼話題我們可以聊聊？」（瞭解他的意思，也進一步鼓勵他開口）

例三

當事人：「反正情形就是很糟糕，我也不敢回嘴，因爲一回嘴，我媽後來一定會遭殃，可是我爸那個人真的是不可理喻，他認爲他説的做的全都是對的，但是天知道他不知道捅了多少漏子，只有我媽願意去收拾。」

新手諮商師：「你説你爸説話都沒有人敢回嘴，因爲他會把氣出在你媽身上？」（有進步了，但是可以更好！）

有經驗的諮商師：「你爸爸很權威，連説話都不許別人回嘴、表示自己的意見，如果有人冒犯他的權威，你母親就倒楣了！但是你很清楚他實際上的情況，這就是讓你很生氣又無奈的原因。」

（點出重點「父親權威」與「不近情理」，
還有當事人可能的感受）

㈡如何使用摘要與簡述

使用摘要需要注意到：1.聽見當事人所說的重點；2.將其重點做扼要說明；3.儘量使用當事人所運用的語言或表達方式；4.可以在當事人說出一段很長的敘述之後使用；而若是在接下來的晤談之初使用摘要，特別是在當事人不知道如何開始時，將之前所談的內容做簡要摘述，可以引導當事人接下來要談的重點與方向（Egan, 2002, p.131）。由於摘要是較長的「簡述」，因此還需要注意到重點統整、時間序，以及當事人的感受與想法。

使用簡述或摘要時需要注意到（Culley, 1991, pp.44-45）：

1. 是暫時提供當事人你的觀察或發現，不是絕對或決定性的，因此在使用語句上要注意措辭。
2. 避免告訴、知會或定義當事人。
3. 要尊重、不批判。
4. 使用治療師自己的語言，而不是像鸚鵡學話。
5. 聽到當事人內心想要表達的感受，也適當表達出來讓當事人知道。
6. 不要在當事人所說的之外另外加東西，也不要批判或做額外詮釋。
7. 要真誠，不要假裝自己懂。
8. 簡短而直接。
9. 維持自己說話的音調，不要用誇張或不置信的方式說話。

Hill與O'Brien（1999, pp.102-106）也提醒諮商師使用簡述技巧時，一次聚焦在一個重點上是很重要的，這樣才能讓晤談更深入，而不是流於表面或膚淺的對話；此外，採用不疾不徐的態度與支持性的口吻，以

「暫時性」的語氣，聚焦在當事人身上，若有不清楚的可以請當事人再說一遍，使用簡述時可用不同方式（如「聽起來好像……」、「妳說的是……」、「剛剛我聽到……」等）。

例一

當事人：「他威脅我說如果不跟他在一起，他就要公布我跟他的照片，而且他是很屬害的，可以直接侵入學校網站，我就完了！」

諮商師：「他不願意跟妳分手，就使出這樣的威脅惡劣的手段，讓妳又恨又害怕！」

例二

小玉提到自己很擔心撫養她的祖母年紀漸長，最近又因為生病讓她更焦慮，很怕有一天祖母若是過世，自己不知道該如何生活，而自己同父母親關係又不親密，到時候只剩下自己一個人，前一陣子因為準備報告、期中考，根本就沒有機會回去看祖母，有時候聽到祖母打電話來就忍不住想哭，雖然很想念祖母，可是發現自己什麼忙也幫不上，因此即使很想打電話，可是還是不知道說些什麼安慰的話，尤其是聽到祖母說自己來日無多，更是痛苦！

諮商師：「妳跟祖母很親，因為從小就是跟著祖母長大，現在自己在外地求學，不能夠像以往一樣常常見到祖母、盡孝道，現在祖母年紀大了，身體狀況不佳，更讓妳擔心隨時可能失去她，無法想像自己那時該怎麼辦？無依無靠怎麼辦？也不知道自己現在可以做些什麼，那種擔心害怕又無助的感覺很讓妳焦慮。」

例三

當事人：「我不知道，我也不知道自己以後怎樣？反正沒有想
　　　　那麼多。」

諮商師：「我聽到的是對於很多事情你還沒有特別花心思去考
　　　　慮，至於畢業之後該從事什麼工作，或是有繼續升學
　　　　的打算，也都還沒有仔細思考過。」

例四

阿光不願意這麼年輕就定下來，因為他還想去嘗試很多事情、
去外面的世界看看，但是目前的女友也是他用情很深的一個，
他也不希望失去她，只是女友希望他留在國內，兩個人可以在
國內唸研究所或是工作，阿光覺得很難做決定。

諮商師：「女友這邊你不願意放棄，畢竟是多年的感情，可是
　　　　你也希望可以在成家之前有機會去外面闖闖、拓展
　　　　視野，甚至看看自己可不可以有別的生涯選擇，只是
　　　　女友的想法不一樣，讓你處於兩難的情況，好像不能
　　　　兩邊都要，到底是去冒險闖蕩一下、讓自己比較不會
　　　　後悔？還是就這麼定下來、與女友一起奮鬥？真是好
　　　　難！」

㈢摘要與簡述的變化

Nelson-Jones（1997, pp.175-178）列舉出不同型態的摘要方式：
1.基本反應情感的摘要——是將當事人的可能感受反映出來，例如「你
不喜歡老板這樣鴨霸的態度，好像領她的薪水就要像奴隸一樣服從、不
管是非對錯。」 2.釐清的摘要——主要是將當事人所說的重點做摘錄以
確定內容，例如「妳剛才說其實不太瞭解整個上課的程序，但是又找
不到人問，所以只好自己悶著頭做下去，是不是這樣？」 3.主題的摘要

——將所談過的主題做一個收尾動作，例如「妳剛才談了許多關於想要讓別人喜歡妳的事情，是不是妳很在乎別人對妳的看法？」 4.確認問題範圍的摘要——主要是確定當事人想要聚焦的主題或問題為何，例如「你先是提到跟室友相處的問題，後來又提到家人對你的期待，也擔心自己的學業問題，目前你最迫切想要談的是哪一個？」 5.其他型態的摘要，如「晤談末摘要」、「開始新晤談時段的摘要」、「解決問題技巧的摘要」（針對學習技巧需要改進之處做的摘要）、「教育內容的摘要」（針對提供資訊部分做的摘要），以及「家庭作業的摘要」等。

摘要與簡述沒有一定的規則，每位諮商師也可能因為理論或是取向的不同，會針對不同的重點發問或簡述，而有時候諮商師也會抓不同的重點來做更深入的探索。

例一

當事人說：「反正我都試過了，作為一個兒子，我該做的都做了，但是即使我在一邊很著急、很擔心，也替我爸掛號要去看醫生，但是他不願意動，我又有什麼辦法？以前我會認為自己不孝，也有很大的無力感，但是這些年來，我開始瞭解有很多事我是無法幫上忙的，每一個人都有權利選擇自己的生活方式，我只是盡我該盡的責任，至於後果如何，我不知道，我也無法去控制。」

諮商師的反應可以有許多種：

諮商師甲：「聽起來你這些年來真是勞心勞力、盡心盡力，身為兒子，你希望可以為父親做很多事、孝順他，也希望他可以過一個健康平安沒有病痛的晚年，但是父親很固執，也有他自己的選擇，你無法讓他按照你的意思合作，的確也讓你傷透了腦筋。」

諮商師乙：「這是身為傳統中國子女的悲哀，好像子女為父母

親所考量的，父母親不一定認為是對的、或願意配
合，雖然你很擔心父親身體健康狀況，但是父親卻
不做這樣的思考，拖延讓你很擔心，甚至想到最糟
糕的情況，可是似乎又無法使力。」

諮商師丙：「你說到了一個很關鍵的問題，的確，每個人都有
選擇自己要過怎麼樣生活的權利，可是很無奈的是
——擔心父親的病痛更嚴重，但是卻無法讓他可以
去檢查，或讓醫師做診斷，一位父親不能體諒孩子
的用心善意，真的令人心力交瘁！」

諮商師丁：「孝順有時候真的還要看雙方的配合度。作子女的
會希望為父母親做最好的服務與考慮，但是也許有
認知上的差距，不免會有衝突，你是一個很盡責的
好兒子，但是也因為太盡責，自責也就因此更多。
雖然你說似乎現在已經可以接受父親有自己的決
定，但是語氣之中還是聽得出有許多的無奈、氣憤
與難過。」

諮商師戊：「真是天下子女心！孩子的擔心與害怕，父親似乎
無法體會到，你做得愈多，卻愈感到無力，不知道
該怎麼做才好？」

例二

明華希望在自己生命的最後時間裡，可以錄製一些錄音帶留給
女兒，也許是對女兒說的話，也許是唸故事給她聽，但是現在
自己躺在醫院裡，體力愈來愈差，有時候說話上氣不接下氣，
也擔心女兒如果聽到是不是會更難過？

諮商師甲：「妳想要留一些東西給女兒做紀念，目前想到錄音
的方式，只是自己體力不支，很擔心善意沒有傳達
到，反而是露出疲態，讓女兒更難過？」

諮商師乙：「想錄音給女兒是很棒的想法，雖然目前身體可以
　　　　　　負荷的有限，妳打算錄製幾捲？怎樣進行？」

諮商師丙：「妳提到給女兒的禮物，希望自己身後還可以留些
　　　　　　東西或回憶給她，是另一種形式的陪伴，只是擔心
　　　　　　自己不能如妳預期地很順利地錄音。」

諮商師丁：「相信妳女兒收到這樣的禮物一定會格外珍惜。如
　　　　　　果擔心自己體力不足，可能進行無法很順利，有沒
　　　　　　有其他可以補足或是變通的做法？」

簡述或摘要的使用型態可以有幾種：

1. 重述（echo or accent）——將當事人所說的重點，用當事人使用
的辭句重複一遍，例如：

當事人：「我也不知道該怎麼說起，可以說是很混亂吧！」
諮商師：「很混亂？」

但是如果過度使用重述的技巧，可能會讓當事人覺得無聊、感覺
諮商師很虛假、甚至有點嘲弄當事人的意味（Culley, 1991, p.42），甚
至會讓當事人覺得諮商師能力有限，或是很煩、無目標、被卡住的感覺
（Hill & O'Brien, 1999, p.104）。

2. 重複一段話——治療師將自己聽到當事人說的重點重述一次，例
　　如：

當事人：「他威脅我說要自殺，然後我就聽到他尖叫，我真是
　　　　　嚇死了！不知道發生什麼事？我那時候真的很害怕會
　　　　　發生什麼事？後來再打電話過去，他就說要我去告訴
　　　　　他母親什麼什麼，好像真的要做什麼不好的事。」
諮商師：「他威脅要傷害自己，你在電話中還聽到可怕的尖

叫，讓你擔心又害怕！」

3. 用諮商師的理解去做簡述──諮商師以自己對當事人敘述內容的
   理解，以自己的用語做簡述，如上例：

諮商師：「被他用自殺這樣的方式威脅，讓你覺得錯愕，也被
　　　　　嚇到了！」

4. 以主題命名的方式做簡述或摘要──有時當事人所敘述的內容或
   故事，可以用很簡單扼要的「標題」來概括。

例一

阿介前一陣子遭逢家庭劇變，罹癌多年的父親自殺身亡，這一
段時間母親又因身體不適進出醫院，他要工作、醫院兩邊忙，
有時候不知道自己在忙些什麼，甚至懷疑為什麼要這樣過日
子。
諮商師：「這樣忙、盲、茫的日子還要持續多久？」

例二

小欣說媽媽一直當她是長不大的小孩，連現在上了大學，還是
很不放心，三不五時叫在附近唸書的堂哥來看她，還送東西給
她，而且每天要打三通電話跟媽媽報備，如果她當時沒接電話
或是後來忘記打回去，媽媽就會問一連串「假設性」問題，好
像她去做了壞事一樣，雖然別人很羨慕她們的母女情深，但是
小欣卻覺得要窒息了！
諮商師：「讓人窒息的母愛。」

5. 請當事人做摘要──請當事人就今天所談做摘要（Egan, 2002;

Kottler & Brew, 2003），可以協助當事人做回顧、自我整理，也清楚諮商過程中的重要議題與進行結果，還可以做為上回與此次晤談的連接。通常我在一次諮商末尾，除了請當事人回顧今天所觸及的內容之外，還邀請他／她談談自己想做些什麼？有些當事人會就這一次晤談的「行動方向」做出承諾或嘗試計畫。

例一

諮商師：「上一次我們談了些什麼？」

當事人：「就是練習『破唱片法』，要我怎麼跟人家說『不』。」

例二

諮商師：「在走出諮商室之前，請妳告訴我，我們今天在這裡做了些什麼？」

當事人：「今天我們談到有很多想法不一定就是（我想的）這樣，不同的人可能因為角色或經驗不一樣，可能會有不同的想法，這也不一定就是不對。」

諮商師：「那麼，今天走出諮商室以後，妳有什麼打算？」

當事人：「做作業（笑），就是把今天說的有關發生的事件、感覺跟想法記下來，也在最後面加一項『可能的其他想法』。」

當然，摘要與簡述有時候並不必要，有經驗的諮商師不會老用這一招，而是會以其他的變通方式來表現自己「聽到了」也「瞭解」當事人所說的與其立場。有時候治療師只是用專注行為表現出他／她在認真聽就可以了，因為諮商師臉上的表情、身體的動作、口語上的一些反應等，在在給予當事人被聽見、認同或同理的訊息，因此也不必要另外增加口語上的反應就可以傳達到，但是這個前提當然是治療師豐富的肢體

語言，以及傾聽的能力。

㈣摘要與簡述的運用時機

對於多話或是說個不停的當事人，有時候治療師很難插上話，那麼偶而的「摘要」或「簡述」也可以協助當事人將方才所敘述的作一番統整，也阻斷當事人無目標的叨絮或漫談，這也可以協助治療師與當事人抓住晤談的一些重點，或是自中衍生出解決之道。當然所謂的「多話」的當事人可能是他／她自己平常說話的習慣就是一直講，或是到末了才會說出重點，甚至是測試治療師的一種方式（Pipes & Davenport, 1990, p.35），也可能反映了當事人的焦慮或人格特質，諮商師還是可以選擇在適當時機介入，而「摘要」或「簡述」就是最便捷的方式之一。使用摘要或簡述的時機為何？各家說法不一，但是也有共通點，以下篇幅會就摘要或簡述使用時機與應注意事項做說明。

❶ 使用簡述與摘要的時機

當治療師需要：⑴檢視自己對當事人所說的；⑵傳達接納與瞭解給當事人；⑶去瞭解當事人對於當事人自己的觀感與所關切議題的相關資訊；以及⑷建立信任的治療關係時，就可以使用簡述的技巧（Culley, 1991, pp.42-43）。

Kottler與 Brew（2003）提到摘要運用的時機（p.146）：

⑴在一次會談快結束之時──這是一般諮商師常常使用的時機，等於是為此次諮商做一些統整，做摘要的可以是治療師，也可以邀請當事人來做。

⑵當一個主題完成要進入新的主題時──諮商師可以藉著摘要或簡述之前所談的，讓當事人清楚已經整理的內容，順便檢視一下有沒有遺漏的，或是這樣談已經足夠？

⑶當當事人看起來很困惑或不安時──也許當事人還不瞭解方才所談的內容，或是仍有一些疑點未澄清，甚至可能是治療師誤解

了。

(4)當治療師需要時間整理、瞭解諮商情境中的情況時——摘要也給了治療師一個機會去做整理與組織，要將所談過的做一些整頓釐清時，也需要做摘要。

(5)當需要仔細思考之前所做的，以及如何談論時——諮商師在諮商進行一段時間，也在之間做了一些處置之後，可能也需要思考一下，這些處理對於當事人的影響與效果如何？方向與方式需不需要修正？接下來應該怎麼走才可以提升當事人的福祉？

(6)當把範圍很廣的主題的對話做整理與重新架構是有幫助的時候——有時候當事人談了許多，主題林林總總，優先次序還沒有排定，或是問題牽扯太多面向，需要暫停一下，讓彼此理出合理可行的方向時。

Culley（1991）認為摘要可以在以下情況中使用（pp.45-46）：

(1)釐清內容與感受。

(2)將諮商中所談的做一次回顧。

(3)可以在一次會談要結束時使用。

(4)也可以在新的會談開始時使用（如敘述一下上一次會談的情況，可以刷新當事人的記憶，讓此次諮商更順利進行）。

(5)列出優先次序與重點。

(6)讓諮商更往前一步。

摘要特別適合運用於當事人結束一個議題的時候，或是一個諮商時段近尾聲的時候，其主要是協助當事人對於所探索的議題有一種「結束」的感受（如「今天我們花了很多時間在談你前夫對待妳的方式，他的不尊重、暴力甚至轉移到孩子身上洩憤的作法，逼得妳不得不做離開他的決定。也許我們下一次可以從這裡開始繼續談，妳認為呢？」）；而將摘要用在接下來晤談開始之時，可以協助複習過去晤談或上次晤談的重點，也為即將開始的晤談焦點鋪路（如「上一次我們談到怎樣安置妳女兒的問題，現在的情況怎麼樣了？」）（Hill & O'Brien, 1999, p.100）：還可以運用在晤談卡住時，可以讓晤談重新聚焦（如「從妳剛才的敘述裡，我聽到妳是怎麼努力讓自己不被命運打倒、求生存的故事，儘管現在妳有點不確定未來的方向，但是妳已經開始了，不是嗎？」），或是使用在當事人覺得被困住時（如「我們之前談了很多關於妳一路走來的辛苦，包括孩子生病、丈夫暴力，以及離婚的打擊，讓妳必須一肩挑起生活與親職的重擔，經過了這麼多一般人都難以承受的變故，妳是怎麼熬過來的？是什麼力量在支撐妳？」），或需要新的觀點與方向時（如「妳說丈夫一直想要控制妳，甚至連妳的交友、去處都要瞭解，也許他這樣關心妳的方式妳不喜歡？」）（Egan, 2002, pp.131-134）。

❷ 使用簡述與摘要應注意事項

如之前所提的，簡述與摘要若是流於單純重複的「鸚鵡學話」，或是侷限於表面的想法（Hill & O'Brien, 1999, p.100），可能會讓當事人不知治療方向，或是治療未能更深入。簡述或摘要若只限於內容或想法的反映，也失之偏頗，即便治療師願意就這些「想法」或「觀點」做治療，也可能沒有顧慮到當事人其他層面（情緒、行為或心靈）的需求，總是不夠周全。新手治療師會擔心使用自己不熟悉，或是無自信的介入方式，可能會造成更大的失誤，因此常常會陷於「常用少數技巧」的瓶頸（像是使用簡述或摘要太多，或是「最低層次的反映使用太頻繁」，甚至是「同理心」的運用過多），惡性循環之下可能也會打擊到自己專業的信心；而有些治療師不管當事人目前的狀況如何，彷彿強迫性地「一定」要用到簡述或摘要，也會讓諮商陷入泥淖，無法伸展。

摘要的使用最好是適可而止，過多可能會讓當事人覺得無聊，因為治療師只是在重複他／她所說的，也讓諮商進行維持在表面，少了深度，而無法去更真確地同理當事人處境（Kottler & Brew, 2003, p.153）。需要使用摘要時卻沒有使用，也可能讓當事人一直講下去、不知道重點在哪裡？或是讓當事人不知道諮商師聽進去、瞭解了沒有？當事人也沒

有機會「重新聽」一下自己所說的，少了自我檢視的機會，甚至淪為一般性的談話，沒有治療的意義。此外，摘要的動作不一定非得由治療師來做才可以，也可以邀請當事人（在團體中則是請團體成員）來做，一來可以鼓勵當事人自我做統整，二來讓當事人很清楚自己今天在諮商中所談的與所獲得的，再則對於此次晤談印象深刻，會記住一些重點；Egan（2002, p.133）也提到讓當事人自己做摘要可以協助當事人瞭解，也參與協助歷程，將重點做整理，然後可以持續下去；當然諮商師不是藉用此來「考驗」當事人，卻可以經由當事人自己做摘要的方式，使其對治療過程更投入，也覺得有成就感。

❸ 簡述與同理

摘要與簡述與第六章的「擬情的瞭解」密不可分，只是我們在初步訓練時會將它們分開，這只是為了方便起見。即便許多人認為「摘要」應該只是摘錄「內容」或是當事人所敘說的「事實」，但是內容與事實也包含了當事人的情緒或感情反映，因此不能二分，這將在下一章裡的「情感反映」做進一步解釋。

Long（1996, p.208）提到「簡述」與「同理」的不同：「簡述」只是將當事人所說的覆述一遍（著重在內容），主要是讓當事人知道治療師在聽，同時檢視一下諮商師是否誤解其意；「同理」則是站在當事人立場與角度，傳達對於當事人的瞭解（著重在瞭解與感受），因此兩者之間有深度與功能的不同。

家 庭 作 業

1. 以兩人為一組，分做甲、乙，甲先敘述，乙做簡述或覆述，然後互換角色，再做一次，稍後談談感受。

2. 聽一個故事，然後將這個故事做簡短摘要（也不要忘記裡面可能有的情緒成分）。

3. 選一個新聞事件的書面報導，請同學分別做摘要（限制字數在五百字以內），然後請同學自由發表，發表之後也請同學提出大家所抓出的「共同重點」與不同處，並做討論。

Chapter 6
同理心

一　情緒與同理心

　　「同理心」所指的包括了情感、認知與行為的層面，也就是諮商師需要瞭解，且設身處地地站在當事人立場去儘量瞭解他／她的情況，然後才有可能進一步協助，一般會將同理心的重點放在情緒部分。我在這個章節會著重先將「同理心」裡的「情緒」部分先做說明，然後再逐步將「同理心」的運用做解釋。

　　採用情感介入的處置其目的有：㈠協助當事人表達情緒或情緒狀態——許多當事人也許因為幼年創痛經驗讓他／她解離或武裝了自己的情緒，或是所生長的原生家庭缺乏、甚至抑制情緒的表現，使得當事人誤以為「有」情緒或「表現」情緒是不好的，因此進入治療時得先協助當事人將實際情緒做表達，這是自我整合的一部分，也是接納自己的第一步。㈡去認定或區辨情緒或情緒狀態——有些人礙於性別或是文化期許的不同，會將某些情緒歸類為「好」或「不好」的，而在日常生活中也儘量不表現出「不好」的情緒，無法容忍或接受自己真正的情緒，甚至以可以被容許的情緒來掩飾「不被容許」的情緒；治療過程中會協助當事人「容許」自己有情緒，而情緒無所謂好或壞，甚至瞭解情緒其實是一種保護與生存的基本機制。㈢改變或接受情緒或情緒狀態——接下來就是接納自己可能出現的情緒，若是這些情緒會嚴重影響自己的生存、與人的關係、或是日常功能時，就必須做適度的管理與改變。㈣某些情況下是要維持情緒或情緒狀態——這也是協助接受情緒、瞭解情緒功能

與善用情緒，除了當事人接納情緒是自我的一部分之外，也可以自在表現情緒，必要時，維持情緒狀態可以讓自己更有行動力。

　　為什麼只是就內容的瞭解在諮商場域中是不夠的，而需要進一步去探索當事人的感受或情緒？最重要的是因為有感受，才是治療的開始。為什麼讓當事人有情緒反應、或是願意表現情緒是那麼重要？之前HBO曾經播出一段治療師與少年時期就犯下弒親罪行的囚犯進行治療的過程，由於這八名囚犯在聆聽判決與後來矯正治療過程中都沒有悔意、冷冰冰的毫無情緒，讓治療師很頭痛，因為這樣會阻礙治療的效果，甚至讓治療無效，最糟的是可能將這些人釋入正常社會中重新生活時，也許會造成更可怕的傷害！因此十多位治療師在一年多來的團體治療過程只有一個目標：就是讓這些人在敘述自己犯下的罪行時會有情緒表現，而當這些情緒表現出現時，後續的治療才有可能！因為情緒往往是抵擋「頓悟」與「療癒」的重大阻礙，沒有情緒的感受或表現，就無法深入內心去探究、去反省，更遑論做改變。我在諮商過程中的經驗也是如此：如果當事人只是很理智地與我做論述，表示他／她不認為自己有關切議題需要討論或改變，而當當事人開始有情緒反應，治療的路才開始。在心理學上的研究也顯示：當情緒部分的動機被啟動了之後，接下來才有行動的可能性。在諮商過程中，很重要的就是「瞭解」也「接受」當事人的情緒，在瞭解與接受之後，還要傳達這個瞭解給當事人知道才是完成，我曾經花了一個多小時聽當事人敘述自己自小到目前交友所碰到的困挫，當事人的表情幾乎是很理性、不帶感情的，後來我只說了「好痛！」這兩個字，當事人的涕泗宛如洪水氾濫，接下來他才慢慢有表情出現，也願意讓我進入他的世界做一個陪伴者。

　　對於成長在不善表達情緒環境的當事人而言，諮商師可以協助其在安全允許的環境下，表達自己的情緒，有些當事人可能情緒激動、不能自己，諮商師也可以協助釐清其情緒反應的情況，甚至需要協助當事人去接受自己原本忽略或是不熟悉的情緒，或進一步做改變（Hackney & Cormier, 2001, pp.141-142），此外，情緒也是提醒當事人自我狀況的一

個指標，當事人在遭遇不同情境會有情緒出現也是正常，不必要做無謂的抗拒或是切斷，尤其對於幼小的孩童來說，可能有礙於其情緒的正常發展。在同理當事人的內心世界（或內在參考架構）之前，諮商師還有一些預備工作要先準備妥當。

我們在談當事人的同時，也不要忽略治療師本身也需要具備這些條件。諮商師本身若是有未解決的情緒經驗，甚至是創痛經驗，加上原生家庭的教育與規範可能對情緒發展不利，這些也都可能會影響諮商師在治療場域的效率。

 ## 二 同理心的定義

為什麼需要「同理心」？同理心其實就是：認同當事人的感受，然後反應諮商師瞭解這些感受給當事人知道（Long, 1996, p.186）。我們在一般日常生活與人的談話中，大概很少有機會去反映給對方知道「我們的瞭解」，也許只是點個頭，或是說「我知道」。一般說來，「同理心」有兩個層次的意義：㈠諮商師必須傳達給當事人知道他／她瞭解當事人所陳述的內容；㈡諮商師必需瞭解當事人陳述事件或故事的意義（March-Smith, 2005; Welch & Gonzalez, 1999, cited in Hackney & Cormier, 2001, p.45）。而同理心不只是諮商師需要瞭解當事人的內在世界與感受而已，還需要表達出來讓當事人知道，這一點是與普通生活的對話不同的。總而言之，諮商師的同理心功力是表現在：聽懂當事人說的、瞭解當事人這麼說的背景想法與感受、還要進一步表達出來讓當事人知道諮商師瞭解；前二項是發生在諮商師內在，第三項是形諸於外。

所謂的「擬情的瞭解」（empathic understanding）就是Carl Rogers所說的「同理心」（empathy），Rogers（1956b, p.210）認為同理的瞭解是正確感受到另一個人的內在參考架構，也瞭解其情緒與意義，就彷彿自己是那個人一樣（cited in Tudor & Worrall, 2006, p.205），這裡所謂的「內在參考架構」、「情緒」與「意義」就涵括了「情緒」「認

知」與「行動」的成分；也就是諮商師站在當事人的立場與經驗裡去體會當事人處在這種情境下可能會有的情緒、感受與想法，甚至行動；一般將同理心區分為「認知上」的與「情感上」的，前者指的是可以從當事人觀點去做智性上的假設，後者則是可以反映出當事人相似的情緒（Davis, 1983, Day & Chambers, 1991, cited in Constantine, 2001, p.357）；簡而言之，同理心就是指治療師願意開放自己，去感受當事人的感覺（Kottler & Brew, 2003, p.80），如果治療師不願意將自己的經驗打開，去碰觸當事人的感受，或只是表面上同理當事人的經歷與感覺，是無法「感同身受」的，那麼當然也就很難去理解當事人的真實心境。

三　同理心的功能

同理心的兩項重大功能在於：協助當事人確定、釐清他們的經驗，也找到貼切的語言表達出來，同時可以讓當事人因為被正確瞭解而減少孤單感，與他人有所聯繫（Tudor & Worrall, 2006, p.206）。

Brems（2001）提到同理心之所以如此難於達成，主要是其結合了諮商師對於當事人情緒、認知、行為的覺察與瞭解（p.180）；而根據Rogers（1975）整理文獻所發現的同理心功能至少有：治療師用來敏銳與正確瞭解當事人內心世界的重要關鍵，協助當事人自我探索（因為被瞭解而願意更往內看自己、與他人分享自己的私人世界），肯定當事人經驗，當事人也因此解除疏離感、有被關照與重視的感覺，可以作為諮商師個人成長的一個指標等（cited in Corey, 2000，洪秀如譯，民92，p.340），Rogers（1986, p.129）甚至認為同理心本身就有自我療癒的功效，讓當事人瞭解他／她的經驗就是人類社群的共同經驗（cited in Tudor & Worrall, 2006, pp.206-207），不必單獨承受，也看到希望。Hackney與Cormier（1994, p.105）認為同理心可以讓當事人更接近自己的情緒，塑造一個親近溫暖的氣氛，也讓當事人覺得被接受，甚至有放鬆紓解的感覺。

在諮商師訓練課程與督導過程中，我也發現有準諮商師不太敢接觸到情緒的面向，連自己的情緒面都不敢去面對、檢視，何況是他人或當事人的！也許這也要將我們傳統文化對於「禮」的要求考慮在內，畢竟中國人可能認為情緒是私人的事，不太鼓勵情緒的流露與表現，在這樣的訓練與氛圍之下，許多準諮商師在受訓期間也會覺得礙手礙腳。此外，準諮商師在自己的生命過程中若是有不敢向外人道的秘密、創傷，也會阻止他／她在情緒表露與同理心的運用，其可能原因也許是因為不習慣、沒有表達技巧或缺乏訓練，也可能是怕再度受到傷害。然而萬一當事人所經歷的事件勾起治療師的舊傷口怎麼辦？諮商師可能因為自己沒有處理、未具備這樣的因應能力，可能承受太大壓力，甚至做了不當或錯誤的處置（很多時候是「不處理」），就會違反當事人的福祉。

許多初入門的準諮商師（也就是正在接受訓練的未來諮商師），常常會說：「我只是一個初學諮商的人，我什麼都不會，怎麼去體會別人的心境？」準諮商師害怕的是：自己的人生經驗不足，所接觸的人又不多，不太可能會瞭解在不同處境下的當事人心境，更遑論去擬情體驗與瞭解。其實，不管諮商師的人生閱歷多麼豐富，他／她還是無法經歷所有的生命情境，而當事人的背景如此繁複多樣，怎麼可能真正同理？但是每個人都有自己的生命經驗，除了親身經歷，也從不同與多樣的管道去學習體會（如電影、書籍、聽別人說故事等等），因此每一位諮商師都不是從零開始！這也呼應Corey（2000）所說：諮商師本身廣闊的生命經驗有助於同理心的培養（洪秀如譯，民92），可以體會到更多的人生經驗與感受，也就更可能站在對方的立場與處境來思考與感覺，多經歷一件事，多一番體驗，而這些都可以成為諮商師在諮商現場、甚至是擔任代言人時很重要的一個優勢。

同理心基本上是需要以語言方式表達出來讓當事人知道的，要這麼做的原因是：表現出諮商師想要瞭解的心意，與當事人討論什麼對他／她是很重要的，運用語言反應來指出當事人的感受，以及利用語言反應來連結或增添當事人隱微的訊息（Cormier & Cormier, 1998, p.37）。

 ## 四　同理心的先備條件

Rowan（2005, pp.155-156）提到同理心的幾個層次，分別是：

㈠同理地理解當事人的反應（Empathic understanding responses）——單純反映給當事人知道諮商師瞭解他／她的經驗；

㈡同理地肯定當事人的反應（Empathic affirmation responses）——確定也證實當事人的感受與處境，表示諮商師與當事人同在；

㈢同理地喚起當事人內在經驗（Empathic evocation）——諮商師試著具體地喚起或強調當事人經驗，讓當事人可接近自己內在，也區分自己情緒與情境之間的關係；

㈣同理地探索（Empathic exploration）——以暫時性的方式協助當事人更深入探索較不去注意的邊際經驗，讓當事人可以看見之前自己未覺察的經驗，也自不同角度來檢視這些經驗，包括一些未說出的、或是假設；

㈤同理地猜測或推論（Empathic conjecture）——測試當事人說出隱藏的一些暗示意義，也就是將個人意義灌注於當事人所關切的事件裡。

在談同理心的技巧與運用之前，還有一些先備的步驟需要注意。首先是「情感反映」的部分，同理心是一種「擬情的瞭解」，也就是站在當事人的立場與內心世界去想像他／她的感受、想法與可能行動，而「同理心」最重要的是要將這種擬情的瞭解「傳達」給當事人知道，因此還需要有明確溝通的能力。關於感受與情緒的面向，就是「過程處理」（在稍後章節會討論）其中的一部分，也可以說是「情緒處理」（emotional processing）（Berman, 1997, p.88）之一環，許多當事人進入諮商室常常因為情緒積壓已久，而現在有人願意聽，就可能會有情緒宣洩的表現，諮商師若是自己對於情緒部分不太能接受，或是覺得不自在，可能會以小化或讓當事人分心的方式作處置，這樣可能反而激化了當事人情緒（Bender & Messner, 2003, p.35），不是明智之舉，因此「情

緒處理」就很重要。

　　Ivey等人（1987, cited in Cormier & Cormier, 1998, p.36）也特別提醒諮商師，所謂的同理還需要顧及當事人的文化背景（包括溝通模式、信念、價值觀與語言使用），不能只考慮到諮商師是否理解與感同身受而已。

(一)接納當事人

　　「接納」當事人來求助的事實，也需要不以批判性的態度來進行，因此在談到同理心的幾個步驟之前，應該要在心理上先做一些釐清與建設。所謂的「接納」（acceptance）就是不批判、無條件接納，也就是接受事實就是如此，「接納」與「被動」（passivity）或「不行動」（inaction）是不一樣的，「接納自己」也不表示不長進或不願意繼續自我成長（Long, 1996, p.52）。

　　要諮商師「無條件」接納當事人，在初期可能有點不自然，或是不可能，因為治療師也有自己的喜怒哀樂愛惡欲與價值觀，偶而光是外表就可以評估自己喜不喜歡此人，何況還要進一步瞭解這個人的訴求、接下來協助他？我們一般人對於自己的家人還不能夠「無條件全部接納」，有時候還覺得自己是在「有條件」的情況下愛與被愛，因此對於當事人這樣一個沒有關係的陌生人，又怎能投入這麼多？我認為許多治療師在經過訓練之後，會展現專業的態度，「儘量接受」當事人，因為我們的目的在於協助有困擾的當事人脫困，可以過更好的人生！

(二)情感反映

　　在一般與人的對話中，我們較少依據對方感受的層面去做回應，通常比較常使用的是針對事實做回饋，像是：「對呀，要是我碰到同樣的情形也不知道怎麼去應付。」或是：「好險！幸好對方沒有跟過來！」其實這兩句話裡都隱含了情緒的反應，只是沒有明確說出來而已，如果可以更進一步說：「對呀，要是我碰到同樣的情形也不知道怎麼去應

付。嚇都嚇死了！你當時也是很害怕吧？」或是：「好險！幸好對方沒
有跟過來！你當時也擔心萬一他跟過來，情況可能就不好收拾了吧？」
情感反映是治療師傳達對於當事人的瞭解給當事人的一個重要途徑，也
藉由這樣的瞭解，與當事人建立起合作的治療關係，讓治療更具建設性
與生產性（Wilkins, 2003, p.113）。不管諮商師的治療取向如何，對於
情緒議題的重視不一，但是可以肯定的是：情緒的表達在治療與改變過
程中扮演了極爲關鍵的角色（Cade & O'Hanlon, 1993, p.45），我個人的
臨床經驗也證實：只要打開當事人情緒的窗口（或是治療師知道其門而
入），就是治療的開始。

　　情感系統在瞭解與改變人類經驗與行爲上是相當重要的，在治療場
域裡注意到當事人的情緒，不僅可以提供同理的瞭解，讓治療關係更緊
密，也可以讓當事人貼近與重整自己的情緒經驗，而這些都是有效諮商
的關鍵因素（Greenberg & Paicio, 1997, pp.1-2）。加州大學洛杉磯分校
的研究員Lieberman（6/22/2007, from *China Post*）最近發表的一篇研究
也提到：將情緒感受說出來，可以讓人好過一點，也可以有新的頓悟。
Heron（2001, pp.12-13）特別提到助人專業者必須要有「情緒能力」
（emotional competence），情緒能力有三個等級：零等級──協助者
受到隱含或扭曲的情緒污染，導致壓抑、干擾與不適當的品質；第二級
──協助者有時候情緒清楚，有時卻表現出強迫、侵犯式的情況；第三
級──雖然有時出現不小心的強迫或侵犯的行動，卻可以減少許多，並
做及時修正：也就是諮商師可以控制、表達、宣洩與改變他們自己的情
緒。

　　為什麼要反映當事人的情緒（或感受）？在諮商裡反映情緒（或感
受）的主要功能有 （Kottler & Brew, 2003, p. 138）：
㈠讓當事人知道治療師瞭解他／她內心深層的經驗。通常當諮商師可以
　正確說出當事人的深層感受時，許多當事人的反應是相當激烈的，而
　治療關係的關鍵可能就因此打開，治療師與當事人之間的一層防衛也
　會就此鬆散，這也是治療進展最明顯的時候，我常常說這就是打開當

事人「心房」的一把鑰匙。

㈡將焦點放在過去不曾知道的內心反應。有些當事人花了許多時間去隱
藏自己的真正情感，有過重大創傷的當事人甚至學會否認、疏離或忽
略自己的感受，而當諮商師可以深刻也貼切地感受到當事人的感受，
而且進一步說出來讓當事人知道，那是一股很大的震撼力，可能也會
讓當事人怯步；不過絕大部分的當事人會因此而感覺到被瞭解，願意
在治療師的協助下去面對自己的這個部分（或傷口），當然這也是檢
視治療關係的一個重要指標；而許多感受埋在心裡有時是很模糊的，
諮商師協助當事人將這些感受「挑明」，不僅可以讓當事人瞭解自己
的真確感受，也可以更清楚為什麼有這些情緒？另外，我們中國人在
口語上常說「我覺得」，其實應該是「我認為」比較正確，因為說話
的人其實是在表達一個意見，而不是真正的感受，如：「我覺得他很
奇怪。」「我覺得你應該不要這麼做。」而真正的「我覺得」就是說
出感受，如：「我覺得很難過。」「我覺得自己不受尊重。」因此讓
「感受」真正歸位、說出真正的「我覺得」也很重要。

㈢可以讓當事人去探索、開發隱藏著的情緒或感受。一般當事人很少與
人談感受，尤其是面對一位陌生的諮商師時，這可能與文化、性別、
訓練背景等有關；像是男性比較容易表現出「氣憤」，但是卻鮮少
瞭解「憤怒」底下的真正情緒（可能是「挫敗」、「懦弱」、「丟
臉」、「尷尬」、「被拋棄」或「被拒絕」等），藉由真實感受的探
索，可以讓當事人更真誠地去面對自己與所關切的議題。

㈣藉由分享自我創造出一個更私密的諮商關係。當事人在諮商場域談的
以自己的私事居多，要在一個陌生人面前說自己的私事畢竟不容易，
而在諮商師同理當事人的心境與情緒之後，當事人更會有一種被瞭
解、鬆懈壓力的感受，也因此更願意吐露關於自己的心事，與治療師
分享。

㈤讓當事人的步調放慢下來，充分去體驗已經證實或是所陳述的感受。
在諮商現場常常會碰到不敢去觸碰自己感受的當事人，有時候只是輕

輕帶過感覺，有時甚至是隻字不提，有時候諮商師就有必要協助當事人去認定、釐清或確定感受，這樣的「再經驗」（re-experience）可以讓當事人重新去感受情緒、整理思考，也開始走上療癒之路。

反映當事人的感受時最忌諱：就內容與認知部分做反映，不涉及感受部分，以一般或抽象的描述來概括，而不是以具體的方式形容（Ginott, 1965, cited in Hackney & Cormier, 1994, p.106），例如：

當事人：「我不知道該怎麼辦？她說我們之間已經沒有希望了，這一次是真的要分了，事情糟到這種程度，好像怎麼做都沒有用了！」

諮商師甲：「你說她要跟你分手了，因為沒有希望了。」

諮商師乙：「你覺得事情已經不能收拾了！自己好像束手無策了，很害怕也很徬徨，好像慌了。」

第二位諮商師所描述的就較能深入當事人情境。而協助當事人體驗情緒也是反映感受的一種方式（Teyber, 1992, cited in Hackney & Cormier, 1994, p.93），有些諮商師會邀請當事人「停留」在當時的感受上、重新去經驗，這是類似完形治療所採用的介入方式。例如：

當事人：「很難好不好？我又不知道要怎樣做。如果每個人的感覺我都要去管，我不就瘋了？」

諮商師：「現在，不要去管其他人怎麼想。我要妳去想像一下，如果是妳，當很多人的面被指責，妳會有什麼感覺？也許把妳的眼睛閉起來，想像一下自己是她。」

Teyber（2000，徐麗明譯，民92，pp.145-147）也提到治療師可以掌握當事人的隱藏情緒，可以讓當事人的情緒得到解放，而當事人最常帶入諮商場域的情緒有過去的舊創，以及近來受壓過度的無力與無助，

此外也不要忽略當事人因其個性所習慣的特殊情緒（像有些人會比較容易生氣、感到不公平、或是自我貶抑）。而Teyber（2000，徐麗明譯，民92）的人際關係治療取向也特別注重讓當事人重新經驗那些情緒經驗、接納與認可那些情緒，然後提供情緒矯正的經驗與選項；然而治療師卻常常逃避當事人的痛苦情緒而不做處理，可能認爲自己的責任應該是減輕當事人痛苦，不應該去挑釁或引發，而另一個可能的理由是：擔心自己不能處理當事人這些痛苦的情緒，也深怕自己未處理的情緒因此受到激發，因此「不願意在反移情上工作的治療師，最可能對個案有負面的影響」（Teyber，2000，徐麗明譯，民92，p.172）。

　　情感反映有時候並不需要前述的「制式公式」，而是諮商師很自然地表露出來就可以，諮商師在聆聽當事人的故事同時，也進入了當事人的世界，可以感受故事裡的悲喜陰晴與千迴百轉，而這些體驗也會自然在諮商師的動作或表情裡表現出來，當事人看見諮商師這些不做作的自然流露，也可以體會到諮商師與自己站在同一陣線的感受，這也是最佳的情緒反映。像是我們看電影、電視或（聽）故事時，一些情緒的自然出現（想哭、感動、歡喜、難過等），也表示：我就像是裡面的主人翁，因此可以感受到對方的感受。曾經在一個團體中聆聽一位團員敘述她的故事，我後來其實沒有多說什麼，可是團員轉向我道：「老師，我知道妳懂我，因爲妳眞的在聽，妳的表情寫得清楚。」有時候我處理學生事務，會向同仁做敘述，有一次邊說眼淚就不由自主地奔瀉而下，連同仁也流下淚來，可見人的情感是有其共通性的，表情就是最佳的情緒反映。

㈠情感的字眼

　　由於我們在日常溝通中，即使使用了情緒的字眼，也是類型比較粗淺的，像是「擔心」、「害怕」、「喜歡」、「討厭」、「生氣」等，然而在諮商場域中，諮商師特別需要使用一些較爲細膩的情緒描述，這樣子也比較能夠貼切形容當事人的心境，甚至讓他／她感受到諮商師

「真的瞭解我的感受」！

　　情緒的描述有時候需要不斷去增加字彙，也需要經由練習，才可以更深刻感受到這些詞句的用法。不妨查看一般的國語辭典或是成語字典，看看也研究這些字詞所傳達的意義為何？也試著在日常生活中可以加以練習與運用。我常常請同學們在日常生活中慢慢蒐集一些情緒的字彙，讓自己的感覺語庫增加，也可以在必要的時候派上用場！例如：

表6-1　形容情緒字眼示範一覽表

情緒類型	內　容	可能搭配的成語或形容方式
喜悅的情緒	快樂、高興、滿足（意）、得意、溫暖、感激（謝）、歡喜、平安、解放、輕鬆、安定、熱情、幸福、愛與關照、吸引人、有魅力、漂亮、可愛、渴望、思念、享受、美好（美麗）、過癮、很棒（棒極了）、有能力、被尊重、聰明、偉大、有價值、有創意、好笑、驚喜（奇）、意外、浪漫、興奮、頓悟、幸災樂禍、僥倖、肯定、有把握、成功、有成就感、熱情、自在（由）、有活力、有力量、有希望、被照顧、受疼愛、被相信（信任）、被倚賴、受重視（用）、被欣賞	手舞足蹈、歡天喜地、感動莫名、熱情似火、緊繃的神經突然放開、感覺自己全能、不能成眠、啼笑皆非、天外飛來、醍醐灌頂、幡然醒悟、小鹿亂撞、臉紅心跳、豁然開朗
模糊的情緒	矛盾、衝突、不知所措、天旋地轉、迷惑（不瞭解）、不舒服、嚴重、不確定、不清楚、想念、脆弱（容易受傷）、孤單、寂寞、傷感、可憐、同情、恍神、困擾、急躁、矛盾、無聊、尷尬、忌妒、無動力、無野心、沒準備好、可疑的（懷疑）、小心謹慎、大膽、膽小、猶豫（遲疑）、擔心	目瞪口呆、僵住了、呆若木雞、莫名其妙、動彈不得、手腳不聽使喚、丈二金剛摸不著頭緒、說不出來、五味雜陳、渾沌一片、無厘頭、無法承受、心慌意亂、戒慎恐懼、裹足不前

情緒類型	內　容	可能搭配的成語或形容方式
挫敗的情緒	挫折（挫敗）、失望、絕望、沮喪、鬱悶、沮喪、憂慮、焦躁（慮）、害怕、恐懼、厭惡、不安（全）、受攻擊、貶抑（貶低、不受重視、鄙視）、輕佻、罪惡感、羞愧、尷尬、沒價值、自責、無情、不滿意、不如人、低下、卑賤（鄙）、被糟蹋（被踐踏）、瞧不起（看輕）、被拒絕、被拋棄（不要）、不被喜歡	天塌下來了、晴天霹靂、世界末日、幻滅、坐也不是站也不是、曾經滄海難為水、成為箭靶、萬箭攻心、嘔心瀝血、汗流浹背、像洩了氣的氣球
不愉快的情緒	受傷、痛（苦）、悲傷（傷心）、難過、心痛（痛心）、氣憤（生氣）、痛恨（恨）、悔恨、憤怒、無力、慌亂、失落、冷漠、疏遠（疏離）、空曠、空空的、空虛、無聊、無情、忌妒、挑釁、焦慮、苦惱、緊張、愚蠢（愚笨）、討厭（厭煩）、被拋棄、孤離、忌妒、想死、孤單、被侵犯、受威脅、不甘心、不公平、緊張、疲累、無自信（信心）、不被相信、受冤枉、不自在、不舒服	痛苦難當、撕扯的痛、痛徹心扉、痛心疾首、悔恨交加、七上八下、像陌路人（老死不相往來）、很「幹」、吃醋、很機車、活死人

　　這些情緒的歸類不是排他性的，也就是即便是同一種情緒，也有可能將之同時歸為挫敗或不愉快，或是喜悅與模糊，讀者可以去搜羅更多，成為自己的情緒語庫。當然情緒的字眼有時候也可以以象徵的語言或物品來取代，因為有時候情緒太多或是太劇烈，可能會讓當事人無法承受，反而可能阻礙了治療，因此容許當事人以不同方式表達自己的情緒（如隱喻），可以讓當事人抽離到讓自己覺得安全的距離，也是不錯的方式（Greenberg & Paicio, 1997, p.5），我會在「隱喻」章節做更詳細的闡釋。那麼，治療師又該怎麼貼近與瞭解當事人的情緒狀態呢？

　　Greenberg與Paicio（1997, pp.45-46）提出五個必要條件：㈠同理當

事人的情緒，也需要想像自己進入另一人內心世界的情況；㈡從非語言裡的訊息得到線索；㈢對於人類一般情緒反應的知識；㈣知道當事人特殊的情緒與性格發展史；㈤知道不同的人格違常型態。此外，與環境或情況不符的情緒表現，避免或否認自己的情緒，未能將情緒強度做適當調節，或因創傷事件引發的特殊反應，以及失功能性的意義歸因所造成的情緒失調等，這些都是治療師在面對當事人時需要具備判斷情緒違常的能力（Greenberg & Paicio, 1997, p.55）。

㈡表層與深層情緒

我們在同理的表達之前，先要察覺與瞭解到當事人可能有的情緒為何？所謂的「表層情緒」包括諮商師觀察與看到的當事人肢體語言（如緊閉嘴唇、臉色泛白或潮紅、手握緊或交叉、抖腳、眼神不敢直視等），以及當事人所說出來的情緒字眼；所謂的「深層情緒」就是諮商師「進入」當事人內心世界，去模擬當事人可能有的情緒或感受。但是，當表層與深層情緒都可以掌握到了，還需要將諮商師對於當事人情緒的瞭解「表達」出來讓他／她接收到，才是「同理心」的完成。

為什麼將情緒又分成「表層」與「深層」？主要是因為一般人並不一定會常常表現出真實的情緒，有時候是礙於社會文化（如我國文化不贊成在公開場合開放表現一些情緒，或是有些情緒「不適合」表現出來，男性不能哭也是一種文化制約），或是基於禮貌，有時認為是「私人的事」，因此儘管我們會發現當事人表現或說出情緒，卻不一定就是這麼單純，有時候也是因為諮商師在場，保持所謂的「應有禮貌」而已！因此，「表層」情緒有時候必須要深入去體會、同理，才可能更瞭解情緒的全貌。

例如男性可能較常表現出「憤怒」，因為這是被社會所允許的情緒，「憤怒」傳達的可能是男性氣概，因為正義公理而產生的義憤，但是男性生氣就表示生氣嗎？那可不一定！底層可能隱含有：羞愧、無力、脆弱、無能、挫敗、害怕、尷尬、悔恨等等情緒，或是這些情緒的

替代，只是上述的這些情緒「不適合」男性表現出來，所以就以可以被
接受的「生氣」來涵蓋。即便是女性較被容許表現出傷心或憂鬱，但
是還是有可能是其他情緒的「轉化」反應，像是傷心可能摻雜著無望、
痛苦、失落、無把握、失控等等情緒。因此若是治療師可以將這些真確
的情緒感受出來、傳達出來讓當事人知道，那種被瞭解的震撼力是很大
的！也因此在許多臨床治療經驗中，在諮商師「打開」了當事人的「情
緒窗口」的當下，當事人常常會哭出來，只要當事人因為被瞭解而哭
泣，治療就開始展開。

　　坊間關於同理心的步驟一般分成幾個層次：簡述語意＋情感反應＝
同理心。

　　同理心的運用有時候不需要藉由這個公式才可以表現出來，主要還
是在整個傾聽過程。如果諮商師可以深入當事人的情境去瞭解問題的始
末、感受、想法以及可能的行動，很快就可以與當事人「同步」，要做
反應都很容易。有當事人因為生活中遭遇太多挫敗，即使非常努力，能
改善的都不多，我聽了她的故事後握拳說「好恨！」她就哭出來了！同
理的反應不需要多言多語，但是卻是打開當事人心防的第一把鑰匙！只
要呼應到當事人「對」（或「正確」）的感受，當事人體會到被瞭解，
就是諮商進展的第一步。

　　「表層情緒」通常是當事人以語言或是其他方式表達出來（如語
氣、肢體動作等），而讓諮商師可以很清楚觀察、接收到的。如：

例一

當事人：「說到這個我就有氣！好像是我的工作跟其他人無關！」
諮商師：「你很生氣，因為好像別人都不管，你就必須理所當
　　　　　然接手去做。」

例二

當事人：「怎麼會有這麼荒謬的事？我搞不懂？一個正常的成

年人怎麼會連這麼基本的常識都不懂？」

諮商師：「你覺得真是不可思議！一般人似乎都會知道該怎麼
　　　　　著手處理，但是他卻不會，而且做出來讓人啼笑皆
　　　　　非，無法理解！」

例三

當事人：「你說你說！（手握拳、牙齒緊咬）天底下有這麼便
　　　　　宜的事嗎？一個道歉就沒事了？」

諮商師：「你很生氣，因為事情不是簡單一個道歉就可以解
　　　　　決，根本不夠！但是對方卻這麼輕描淡寫帶過。」

例四

當事人：「我不知道，我真的不知道。」（雙手緊握、搖頭）

諮商師：「妳不知道該怎麼辦、很害怕、緊張、也很困惑。」

例五

當事人：「沒有希望了，真的，我也不想做再多的努力。」

諮商師：「努力了這麼久、做了這麼多，卻沒有看到你要的結
　　　　　果，妳真的累了，不想再繼續，覺得再下去也不會有
　　　　　結果，乾脆放棄算了。」

　　所謂的「深層情緒」就是進入當事人所處的情境，去感受他的感
受，雖然當事人沒有表達這些情緒，諮商師可以替他感受，也說出來。

例一

當事人：「我現在什麼也不敢想，因為太難了！有這麼多事情
　　　　　要處理，我不知道能夠怎麼做。」

諮商師：「現在情況這麼混亂，也不知道該從哪裡開始好，讓

你感到很煩躁，也不知所措！很怕萬一這個處理了，那邊又跑出來另一個問題，愈處理好像愈糟，乾脆就不處理會不會好一點？」

例二

當事人：「呵，妳就很難去想像我自己的母親會對孩子做出這樣的事！」

諮商師：「妳覺得不敢相信，為什麼自己的母親會這麼狠心？一般人的母親是護子心切，寧可犧牲自己，可是妳的母親不一樣，還進一步傷害自己親生的孩子，妳覺得受傷、痛苦，這是妳不能理解、也很難原諒的部分。」

例三

當事人：「我怕自己活不下去。」

諮商師：「經過了這麼多變動，妳覺得心力耗竭，又沒有其他可以信賴的支持力量，一個人好孤單，很擔心自己不能繼續下去，甚至有想要結束自己生命的念頭，是這樣子嗎？」

例四

當事人：「妳說什麼就是什麼？反正我怎麼想不重要。」

諮商師：「你認為自己的意見或想法沒有被重視過，現在又是老師叫你過來，不是你自己要來的，好像自己的很多事都是別人在掌控，很無力的感覺，也許我也是一個不願意花時間聽你說話的人？」

例五

當事人：「反正我就是不停地大叫，然後衝出去，我媽說我瘋

了！」

諮商師：「壓抑了這麼多、這麼長的時間，換作是任何人都可
　　　　能有妳這樣的舉動出現。只是，媽媽或家人似乎不能
　　　　明白妳為什麼突然有這些反應？很苦、很生氣也很悲
　　　　傷，這些複雜的情緒不是別人可以理解的。」

在這裡的情感反映不是只拘泥於語言文字上的，治療師應該還要注意觀察當事人其他非語言訊息的反應與表現，配合著語言的敘述，才可以得到更正確的訊息，因此當事人的頭部活動、臉上表情、身體位置、迅速的動作或手勢，以及音量都是可以參考的觀察點（Hackney & Cormier, 1994, p.94），不可或缺。

㈢情感反映需要注意事項

❶ 情感反映的適用性

儘管同理當事人的情緒，並表達出來，是打開當事人心防的第一步，然而在諮商過程裡也需要謹慎使用，特別是對於一些不習慣情緒表達或接受他人情緒表現的當事人來說，治療師急於反映、或是聚焦於情緒，有時候效果可能適得其反。例如：

諮商師：「你覺得很困惑，不知道到底自己是哪裡不對了？」
當事人：「還好啦！」

倘若出現這樣的反應，諮商師有時候會覺得很沮喪，因為沒有得到當事人的正向回應，甚至是拒絕，此外也有可能是因為諮商師所反映的情緒沒有抓到重點、當事人沒有共鳴，還有另一個考量就是當事人不習慣這樣的互動方式。曾經碰過一位同學說話時沒有抑揚頓挫，表情也是淡淡然，頂多是尷尬笑一下而已，於是我就詢問他在家裡與家人互動的

情形，他說家裡有五個人，但是即便是聚在一起用餐，也不會談彼此的事，氣氛很安靜，而且這樣的情況是自他有記憶以來都是如此！這位同學是生長在沒有情緒表達訓練或習慣（甚至可能是否認情緒）的家庭，因此他也將這個習慣帶到其他與人互動的場合，絲毫沒有「不適當」的感覺。另外也有自小情緒就受傷的當事人，不知道如何去回應或表現正常的情緒，所以給人的感受也是漠然，曾有一位當事人因為遭受暴力侵害，事件發生之後從此沒有明顯情緒表現，給人的感受也是冷冷的，因為她擔心一旦有情緒，自己一定會被情緒淹沒，或是歇斯底里，但是她每日的生活都是緊繃、壓力很大的，碰到這樣的案例，如果直接導引其情緒抒發，她可能會很不自在，也擔心失控，因此先用檢視表的方式，然後是日誌的書寫，慢慢從動作、表情讓她去熟悉情緒的表現。

❷ 性別文化與訓練

在諮商場上的「性別文化」也可能是一個因素需要考量。如果是男性當事人碰到女性諮商師，不免會有「自己是弱勢」的感受，畢竟「男人是要自主獨立的」，怎麼可以求助？求助是弱者的表現之類。男性對於情緒的警戒閾也比較高，可能深怕一不小心潰堤就不可收拾（失去掌控力）。在諮商現場中最常碰到男性當事人因為生涯或其他比較「安全」的問題來求助，後來發現其實還有其他的困擾纏繞，要諮商師等到適當時機（通常是當事人對諮商師的信任足夠），當事人才願意分享！

以前碰到一位大三男同學，是因為自己參加軍隊訓練（ROTC）、又打工，課業不能兼顧，所以面臨退學的危險，老師轉介過來，我們花了兩次會談就將課業與打工問題解決了，在我詢問他需不需要繼續諮商的時候，他才提到與女友的問題；最後諮商正式結束前，我很好奇他是將我當做哪一種性別？他也很坦誠說：「無性（asexual）。」因此在他向我擁抱道別時，我還開玩笑說了一句：「你現在知道我是有性別的吧？」他也會意一笑。很有趣吧？只有他將我的性別拿掉，才可以接受諮商協助，要不然可能有礙其男性氣概與自尊。還有一回一位女同學

說：「老師，我一進去發現諮商師是男的，嚇了一跳！」她也提到起初不敢提自己的問題，後來是治療師的能力甚佳，讓她相信自己可以信賴對方，才提出主訴問題。也有男性當事人很直截了當說：「老師，妳只要告訴我該做什麼就好了，其他的不用說。」

「之前你也是問其他人解決方法對不對？用了哪些方法？效果如何？」我問。

「就是不滿意呀，我才會來這裡。」他說。（注意：「滿意」就是一種感覺）

「好。告訴我怎樣的解決結果才是你要的？」

「就是至少不要一直又重來，好像沒完沒了。」

「『沒完沒了』是怎樣的感覺？」我問。

「不乾脆、拖泥帶水。」他答。（注意：「不乾脆」、「拖泥帶水」也是感覺）

「很好！就是想要一次就解決，以後不再出現。是這樣嗎？」

他點頭。

「很抱歉，」我說：「如果你可以告訴我世界上有哪些事情發生之後不再發生，那麼我就告訴你一了百了的方法。」

「老師，」他有點爲難又可笑地道：「沒有吧！」

「所以囉，我們只能盡力去解決，可能只是程度跟滿意度的問題，對不對？」

他點點頭。

❸ 多與少之間的拿捏

到底情感反映要多少才是正確或適當？相信沒有一本書或哪一位資深諮商師可以告訴我們答案。新手治療師在做諮商時，也會擔心是不是自己囿於之前的習慣，忘了加入情緒的回饋？或是想要使用情感反映，卻很笨拙尷尬？也許投入太多，反而畫蛇添足，讓當事人很不自在？這些問題都會隨著諮商師的臨床經驗增加而慢慢減少，因此不必擔心太

多。因為在諮商現場有許多變項需要考量，例如當事人習慣與個性、諮
商師對於情緒表達的接受度與訓練、所關切議題的情緒指數等等，都可
能影響情緒在治療過程的使用；像有些當事人是以「問題解決」為首
要，情緒的反映就可以少一些，也有當事人是來談感受，情緒的反映就
可以應當事人需求多一些，有的甚至是隨著諮商過程慢慢增加情緒的東
西，有的則是隨諮商過程慢慢減少，諮商師的經驗與敏銳度可以協助做
適當因應。

❹ 諮商師的自我教育與訓練

要反映情緒給當事人最重要的課題還是在諮商師本身，這又回歸
到諮商師自我覺察與專業教育的部分。如果治療師的成長背景是容許情
緒的存在，並且沒有明顯「對」或「錯」的情緒之分，也會適當適時表
達自己的真實情感，那麼治療師在從事助人工作時已擁有很好的配備。
倘若，諮商師本身有過創痛，也不敢去觸碰，甚至運用許多的防衛機轉
來壓抑或克制情緒的感受或表現，也許就要建議諮商師先行去做自我整
理或治療，因為這些「不敢」會有形或無形地影響治療師的專業表現。
另外，諮商師本身的理論與諮商取向也會影響對於情緒的看法與運用多
寡，這當然無可厚非，只是我們服務的對象是當事人，絕大部分是遭遇
到生命中重大挫敗或是挑戰的人，自然會有不同種類與程度的情緒伴隨
而來，治療師有必要去充實自己這方面的知能。

五 同理心的層次

情緒必須被認可與詮釋成可以瞭解的訊息與具體行動，而在當事
人覺察到自己的情緒、甚至有所反思之時，就是治療過程與處置開始發
揮作用的時候（Greenberg & Paicio, 1997, pp.31-32），也因此諮商師的
「同理心」就變得非常重要。

Davis（1983）更明白指出同理心包含了至少四個元素——知覺接受

（perspective-taking）、同理關切（empathic concern）、幻想（fantasy）
與個人憂苦（personal distress），也就是可以自當事人觀點感受到置身
其中的情境，會為當事人的遭遇或不幸感到同情，也有將自身投射到他
人場域與處境的替代能力，並且反映了諮商師自己在緊張的人際場合的
焦慮與不安程度（cited in Brems, 2001, pp.180-181），Carkhuff與Pierce
（1975）（cited in Cormier & Cormier, 1998, pp.37-38）發展了一個區分
不同層次同理心的量表，層次一是問問題、再保證、否認或建議；層次
二只針對內容作反應、忽略情感因素；層次三表達瞭解、但無方向，表
達出來的是當事人明白表現的內容，是最低層次的同理表現；層次四是
傳達瞭解與若干方向，指出了當事人的感受以及隱含的缺失；層次五包
含層次四的一切，還加上至少一個行動步驟，讓當事人可以掌控自己的
缺失，抵達目標。舉例來說：

當事人：「我覺得很煩，現在不知道要怎麼辦，這個分手讓我
　　　　很痛苦。」

層次一諮商師：「煩是一定的，相信你不久就不會有這樣的感
　　　　　　　覺了。」

層次二諮商師：「你很煩，不知道要如何、沒有目標。」

層次三諮商師：「你現在的處境讓你覺得很煩、很痛苦，甚至
　　　　　　　不知所措。」

層次四諮商師：「你覺得很煩燥、不知所措，與女友分手的事
　　　　　　　件讓你痛苦，這是之前所沒有過的經驗，你希
　　　　　　　望可以知道為什麼會這樣，該怎麼處理。」

層次五諮商師：「你覺得很煩、不知所措，跟女友分手讓你痛
　　　　　　　苦難當，你希望可以知道下一步該怎麼做，至
　　　　　　　少不要讓自己這麼難受。」

Brems（2001）進一步提到同理心之所以有不同層次，主要是這些

層次在整個諮商過程中都會用到，而即便是最有經驗、最有效的治療師也不可能每一回的反應都達到「出神入化」之境——也就是每一回都可以達到同理心的最高階，而這也表明了讓當事人瞭解生命的實相——一個人不可能老是藉由他人或外在資源達成自己的人際需求，自己學會去滿足自己的需要是最重要的能力。

六　同理心的養成

Davis（1983）還提到同理心的一些先備條件：同理關切、知覺接受、不過度認同、低程度的個人憂苦、接納、尊重、人際溫暖、真誠、一致、肯定技巧、將自我沉浸在他人經驗中卻不被吞沒的能力、自我覺察可能的反轉移現象、建立關係技巧、溝通催化技巧、瞭解非語文訊息與溝通、有能力將瞭解傳達給當事人、認知的彈性、創意、良好的治療時間感（ability to recognize good therapeutic timing）、將當事人的想法感受與行為概念化的能力、延宕頓悟的能力（ability to delay insight work）（cited in Brems, 2001, pp.182-183）。裡面所提的「沉浸在他人經驗中卻不被吞沒的能力」可能是許多諮商師的困惑之一，因為一般的諮商師教育會要求受訓者「進入」當事人的主觀世界之後、再「抽離」出來，才不會失去客觀性與專業性，但是說得容易、執行起來困難，因此有同學不斷問我一個問題：「到底我聽了當事人說的該不該哭？該不該生氣？」我都會回一句：「順其自然。」同學會認為我說了等於沒說，只是我會提醒同學：「我不反對同學在聽了當事人的故事同時與他／她的生命故事一起起舞，包括去切實體會裡面的各種情緒，然後給自己一點時間與空間去整理，也思考一下『身為一個諮商師，我現在可以做什麼？』」

在實際的諮商場上，我也學會與當事人同喜同悲，不需要拘泥於自己是「專業協助人」的立場，所以「不應該哭」等等禁忌，我這樣順其自然之後，反而更能貼近當事人的心境，不僅表現了我是一個有血有淚

的人類，也讓當事人知道「我瞭解」，這樣有助於我們的治療關係，也可以更容易取得當事人的合作。當事人並不因為我與他／她經歷了這些情緒，而認為我「不夠客觀」或「不夠專業」，而我也嚴重懷疑：如果一位治療師聽到悲傷的故事卻無動於衷，當事人會怎麼想？可不可能治療師把我給「物化」了，把我的問題當作「問題」來處理，完全泯除了人性？就我的個人經驗而言，因為我「痛過他／她的痛」，反而可以讓我更清楚該如何協助。

Brems（2001）認為所謂的同理心技巧應該是一個循環的過程（the cycle of empathic skillfulness），包含了五個階段（pp.186-194）：

㈠當事人以語文或非語文方式表達自我；

㈡諮商師正確地接收了當事人所傳遞的這些訊息；

㈢諮商師瞭解當事人所傳遞的訊息，也依據其理論取向來理解；

㈣諮商師將其理解以「相近經驗」（an experience-near）的方式回饋給當事人；

㈤當事人聽到諮商師所傳達的訊息，感受到被瞭解、肯定、認可。

從這個流程可以看出，諮商師先讓當事人可以自在表達自己的關切與想法，透過正確、擬情的聆聽，揣摩當事人在這種處境的心情、想法，甚至可能的行動，然後將這些理解傳達給當事人知道。其中的階段㈢涉及到諮商師本身所受的訓練與信念（理論取向），因此解讀當事人關切議題的方向可能有所不同（如精神分析取向的會將問題視為被壓抑的潛意識、童年經驗的探索，自我心理學派解讀為個人之不適應行為、可能與其生命型態與社會興趣有關，認知學派則認為是不合理的思考或自動化思考下的產物，家庭系統學派則會將當事人的社會文化脈絡做考量、認為當事人只是凸顯已存在問題的代罪羔羊而已等等）。也因為諮商師對於問題解讀的方式不同，其處理方式也會有差異，當然諮商師一以當事人福祉為宗，考量的範疇與影響面應該更周到，若是以自己習慣的方向解讀，也做了若干處理，但是效果有限，也不妨改弦更張，輔以其他可能的猜測（假設）與處置方式。而當事人是否接受諮商師的

回饋，也必須要考慮當事人當時心理與生理上的準備程度，也就是當事人可不可以理解諮商師所說，以及身體上有沒有體力或有無能力聽到？如果當事人還是處在激動的情緒狀態下，可能聽不進諮商師對其關切議題的解釋，甚至會反對這樣的解釋，換句話說，就是當事人還沒有準備好，所表現出來的可能是退縮或防衛行為，這其實就涉及到之前所提的諮商師的「延宕頓悟」（或調整步調）能力，也就是儘管諮商師已經看見問題所在，當事人卻還不一定看到，更遑論接受，因此諮商師不妨緩一緩，不要急著取得當事人的瞭解，或極力勸服當事人。

同理心的能力一向是諮商治療專業最強調的部分，自體心理學（self psychology）的Kohut更是熱衷於擬情的瞭解，諮商師簡直就成為當事人的另一個我，可以替代當事人說出他／她未說出的感受與情緒，而在人際關係取向的治療裡，治療師的「包容」（containing）也是同理心的另一種說法。既然同理心是可以訓練的一種能力，那麼準諮商師們可以怎麼開始、怎麼做呢？有幾個方向可以提供準諮商師們思考：

㈠讓自己有機會去感受他人的感受。

㈡在看新聞事件、閱讀故事或觀賞電影時，你／妳會有那些主角人物的感受嗎？可以與他們同悲同喜？有哪些經驗表現會觸動你／妳？為什麼？與你／妳的經驗有關嗎？

㈢對於自己一天所發生的事件做檢視，哪些事情帶給你／妳怎樣的感受或想法？

㈣與他人有意見不同時，你／妳的感覺為何？如果換個角度看看，對方又可能有哪些想法與感受？

㈤你／妳可以自在表達自己的感受嗎？不會因為在某些人面前就不敢表現？或是為了要維持自己的形象而不敢表現？有哪些感受你／妳很難去感受或表現？

㈥在聽別人的故事時，你／妳是不是可以與他／她同悲同喜？是不是也感受到對方的感受與想法？

㈦在日常生活中，你／妳對於自己的情緒不需要覺得愧疚或遮掩嗎？特

別是痛苦、生氣、愧疚、悲傷等強烈情緒？相對而言，看見別人有這樣的表現，你／妳不會覺得奇怪或驚訝、甚至不自在？

(八)當周遭有人遭遇到一些生活事件而有情緒時，你／妳是否能夠感同身受？甚至表達出「你／妳瞭解他／她的心情」？

(九)就你／妳在原生家庭的經驗，你／妳對家人普遍對於「人有情緒」這件事的看法如何？在與家人互動中你／妳發現哪些情緒可能是禁忌？

(十)在家人面前你／妳可以自然表現出自己的情緒嗎？會不會為擁護自己的情緒表現權利而說話？

(土)你／妳對於情緒的描述有哪些？有哪些是你／妳認為較細微、隱晦的情緒？哪些又較為深沉？你／妳對於人類情緒經驗覺得複雜嗎？

(士)你／妳在與他人有意見不同時，你／妳可以站在對方的立場思考或感受嗎？你／妳認為你／妳在為人設想方面的能力如何？

(圭)當你／妳設身處地站在他人立場時，你／妳會思考哪些情緒？會因此而產生嗎？這些情緒會不會有層層剝開、慢慢深入的可能？

(尚)你／妳可不可以儘量不帶批判意味（或立場）地去感受別人的感受？

(圭)你／妳會覺得有感覺是很沉重的負擔嗎？還是也會有滌清思考與情緒的效果？

(共)你／妳願意去拓展自己關於情緒方面的認識與語彙嗎？

(七)你／妳認為情緒是打開心結之窗嗎？當你／妳覺得情緒被瞭解了，會有哪些感受？

七　同理心案例舉隅

這些舉出的案例，讀者可以自行練習，甚至有多種不同的答案，同理心沒有對或錯，只是同理程度可能不同，而我所提供的對答也不一定是正確答案，相信你／妳也可以提出更好的回應。

例一

當事人：「我是一個弱女子，帶著三個孩子我能怎麼辦？回去那個家，也許孩子就不需要跟著我吃苦，可是我丈夫的情緒又不是我可以預測的！」

諮商師：「妳做了一個很重要的決定，終於把三個孩子帶出那個惡劣的環境，妳要自己獨立照顧孩子，可是也感受到這個責任的艱辛。好不容易熬了這麼多年、受了這麼多苦，鼓起勇氣離開暴力的丈夫身邊，而未來很茫然，擔心自己這個決定到底是對是錯？有沒有可以顧全經濟，又不需要回去原來痛苦生活的方法？」

例二

當事人：「我根本就不喜歡待在這裡，這裡學的不是我要的，可是我又不能就這樣休學，因為文憑還是很重要。」

諮商師：「好像自己被卡在這裡，壓力很大也很無力，所學的不是自己喜歡的，但是礙於學歷那張證書，就必須熬過去，怎麼樣讓自己在這個地方既然可以好好度過，同時也可以朝自己喜歡的方向發展呢？」

例三

當事人：「我不知道自己是不是孝子？我希望我爸可以多動一下，但是他卻要我幾乎什麼事都替他做，這又是我不願意的！」

諮商師：「你認為的孝順跟爸爸要求的可能不一樣，你擔心他少活動、身體會愈來愈衰退，你希望他活長一點，可是爸爸又很依賴你，他希望你可以多關心他。」

例四

當事人：「人好奇怪，有人在身邊的時候會嫌煩，可是沒有人
　　　　在旁邊又覺得孤單。」

諮商師：「好像要找一個平衡很難，需要的時候不一定有人陪
　　　　伴，不需要的時候卻又不一定可以自己獨處，有沒有
　　　　可能自己可以做比較好的決定或選擇？」

例五

當事人：「我什麼該做的都做了，可是沒有人感激，我忙得要
　　　　死，有時候好像不知道人生目標在哪裡？我到底在做
　　　　什麼？」

諮商師：「好累好累。」

八　運用同理心須注意事項

　　正確運用同理的瞭解，是打開當事人心防的第一把鑰匙。儘管在
前面章節談論到傾聽、摘要與簡述等基本諮商技巧，但是最重要的還是
要傳達給當事人「治療師瞭解」這個訊息；在諮商進行中，我會讓當事
人敘說自己的故事，會花許多時間在聆聽、提問澄清，偶而，也會讓當
事人暢所欲言、不予打斷，仔細去體會當事人在這樣處境下的感受與想
法。之前所舉的高三學生案例，他花了許多時間在談自己想要交朋友卻
屢屢挫敗的經驗，而我觀察他的表情與肢體動作，似乎與其所敘述的悲
慘遭遇有極大差距，因此在聽了一個段落之後，我很及時地道：「好
痛！」兩個字一出，同學的眼淚就撲簌簌流下來，他明白我「知道」他
的感受，接下來就容易做進一步的介入處理了。同理心的功效在於：
促進情緒的可接近性（讓當事人可以更清楚與瞭解自己對於事件或人物
的感受），創造一個親近溫暖的氣氛，也可以提升當事人的自我接受度

（Hackney & Cormier, 1994, p.105）。

當事人進入諮商室，也會有自己的經驗與評斷，他／她也會估量諮商師的喜惡，以及對自己的看法，在國外也許白人當事人會以「種族」與「腔調」來評估我這個亞洲人的專業能力，一般的當事人在進入諮商室時，也帶著一些疑問：包括「這個治療師瞭解我要談的問題嗎？」「諮商師看起來好年輕，應該沒有什麼生活經驗，他／她怎麼會懂我的情況？」「治療師像老師一樣，他／她一定是站在老師的立場，不會知道我的感受！」

我記得第一次去諮商就詢問我的治療師：「妳自己的婚姻失敗，又怎麼協助別人的婚姻？」結果諮商師回應道：「至少我走過這一段，我可以讓我的當事人不再重蹈覆轍。」是啊，並不是每個人都可以經歷所有的生命事件，但是至少「他山之石，可以攻錯」，經由他人的故事與經驗，也可以讓自己學習人生課題。諮商師儘管也與一般人一樣，沒有歷經所有的生命體驗，但是他／她卻有能力可以擬情瞭解、在當事人立場「貼近」體驗，也讓當事人覺得自己是人類社會的一份子、不孤單。

㈠協助當事人認識也表達情緒

諮商師有時候需要先瞭解當事人對於情緒的經驗與表現情況，有些當事人會將情緒區分為「正、負向」或「對或錯」，其實情緒就是情緒，有情緒是當然的，也接納自己有不同的情緒，而許多情緒是行動力的先發或促動劑。此外，諮商師在治療過程中有個很重要的任務就是協助當事人適當地表達情緒，或者是做適當的情緒宣洩，前提是情緒的宣洩是有療效、對當事人有益的（Young & Bemark, 1996, cited in Brems, 2001, p.311），當然鼓勵情緒的宣洩也需要因當事人而異，需要特別小心（Brems, 2001, p.310）。當事人對於自己的情緒也許不夠瞭解、不能覺察、或是缺乏表達的訓練，因此諮商師有必要讓當事人有適當的表達方式與管道。唯有在當事人可以覺察到自己有情緒、認知自己的情緒狀態的情況下，進一步的治療才有可能，即便是認知行為取向的治療師也

不會忽略情感層面的作用與功能。Brems（2001）也特別針對諮商場域中當事人若是情緒失控時，治療師可以做的相關處理方式做了建議，有興趣者可以參考。

　　哪些動作或作法可能會讓當事人的情緒表達遇到阻礙？Brems（2001, p.312）列出幾個可能因素：諮商師 1.害怕當事人表露情緒、或是害怕一些特定的情緒，2.太早限制了當事人情緒的表達，3.在當事人有情緒時問了關於內容的問題，4.聚焦於認知部分，5.給忠告、將事情以理智化方式處理，6.提供過早或錯誤的保證，7.太過認同當事人，8.提供同情而非同理。Hill與O'Brien（1999, pp.75-76）也特別呼應 1.與 2.，許多新手諮商師很害怕當事人表達負面或是強烈的情緒，因爲擔心自己無法處理，有時爲了讓當事人感覺好過一點而急著安撫、作保證，或是說事情沒那麼嚴重等，這樣可能會妨礙治療更深入，或是直接就把當事人給嚇跑了！治療師本身若是不習慣他人情緒的表達，或是怕自己無法應付，在諮商現場自然也會有迴避的情況發生。

　　若是治療師無法同理當事人就稱爲「同理的失誤」（empathic lapses）（Bender & Messner, 2003, pp.260 & 276），諮商師需要去接受自己有這樣的失誤，誠實面對，負起責任，也將當事人的反應做同理的處理，因爲這也許是當事人治療經驗裡一個不錯的體驗，當然也讓治療師可以有機會去面對自己內在生命需要注意的部分。

㈡調整步調（pacing）

　　在治療過程中我們很注意一個「步調」（pace）的問題，治療師也許在助人專業上有較多的訓練，因此在面對當事人時可能會較快就覺察出可能的問題或是癥結，但是還要留意當事人是否「準備好」與治療師共舞，因爲主角是當事人，不是治療師，因此治療師必須配合當事人的步調，才可以讓諮商效果更明顯，否則，就像諮商師與當事人一同登山，治療師已經到達山頂、急著告訴當事人眼前所見的美景，然而當事人卻還在山下掙扎，根本就無法體會治療師所說的。當然，有些諮商師

個性較急切，或是急著協助當事人解決問題，不免會忽略掉「調整步調」這一層，這也是需要學習的。當治療師與當事人的步調接近時，諮商師更可以體會當事人情境，也容易做擬情的瞭解，這樣就可以獲得當事人合作的意願，「合作」是治療效果的核心（Wilkins, 2003, p.113），但是要取得當事人合作的高意願，治療師也必須注意到治療的步調。

當事人在情緒激動、或是創傷影響的情況下，紓解情緒或是找人述說是首要之務，如果諮商師在此時急著要當事人處理其他事務，沒有去體會其當下的需求，可能就會導致當事人認為治療師不瞭解他／她的情況，甚至「不適任」，而萌退縮之意，這樣等於是過早放棄，治療效果就更不可期！許多新手諮商師容易在這方面失敗是因為「太急著幫忙」，所以在未真正明瞭狀況、或是沒等到當事人準備好就下處方（例如給建議、用空椅法等對當事人是新鮮的介入方式），這樣反而容易嚇壞（退）當事人！當然反過來說，也有諮商師步調比當事人慢的，當事人可能急著要知道解決問題的答案，可是卻發現治療師在做一些無謂的處理與情感反映，當事人可能就預見諮商的無效，而不願意繼續。

步調不是從頭到尾都很一致，而是隨著諮商進行，治療師與當事人的情況或疾或徐。有時候在治療初期，諮商師與當事人配合極佳，步調幾乎一致，後來可能卡在一個關節上，突然之間步調不若之前的順利，也許是治療師發現自己不知如何處理，也許是當事人卡在未解決的情緒中，此時治療過程可能陷於停頓，諮商師可能需要等一等、緩一緩，當事人也可以這麼做，不必狃於急效。

諮商師覺察與配合當事人的步調，有時與治療師本身是否可以有彈性與容忍曖昧不明的能力（McAuliffe, 2000, p.89）有關，當治療師急著要看到治療進度或結果時，常常不能忍受「不清楚」的狀況，這也是需要去培養的一種能力。當事人要改變也會經過幾個階段：「前思考期」、「思考期」、「準備期」、「行動期」、「維持期」與「結束期」（Prochaska, Norcross, & DiClemente, 1994, cited in Hill & O'Brien, 1999, pp.33-34），這也說明了治療師必須要留意當事人的準備度，不單

單是行動的改變而已，有時候一個新的解釋或看法的介入，都要視當事人當時的準備情況是否恰當，介入才可能有效果，像是當事人還在混亂的情緒之中，諮商師就分析他未來的作法，以當事人當時的情況是不太可能接受，效果自然有差異。

我覺得諮商過程對於治療師與當事人來說，就像是一起共同旅遊的過程，彼此都是生命旅途的夥伴，可以探看生命裡的悲喜陰晴、可以共同分享，雖然彼此都只能陪對方一段，但是卻可以讓生命有更佳註解、更豐富。

㈢其他注意事項

❶ 同情或同理

有同學問到：「『同情』跟『同理』的界限在哪裡？」也許這只是名詞之爭，也許有個殊的涵義。「同理」之前需要站在對方的立場與處境裡去思考、感受，體驗裡面的眞實，這是「同情」，而「同理」可以是「同情」之後做的動作，包含將方才感受到的「同情」敘說出來、讓當事人聽見。許多新手諮商師會問：「有時候我會陷在他／她的故事裡，久久不能平復。」這並不是說諮商師失職，而是必經的一個階段，慢慢地治療師會將「不能平復」的時間縮短，更貼切說出自己「在當事人立場」的感受。「同情」基本上是悲憫的成分居多（認爲對方很可憐或悲慘），不太能有建設性作爲，而同理卻有積極處理的行動跟進。

❷ 從日常生活事件開始

在訓練準諮商師情緒與同理心的工作時，我常常會以同學所遭遇的事件開始，即便只是睡過頭、被點到名，或是遭遇重大失落，都可以是很好的訓練案例。爲什麼拿同學親身經歷的事件爲例子？因爲可以在案例做完之後，直接得到驗證，也可以瞭解情緒內涵，以及同理的程度。我採用的方法是：同學提供故事架構→先以腦力激盪方式請全班同學丟

出當事人可能有的情緒（包括敘事者所說出來的，以及沒有說出來的）→請同學將這些情緒與事件以完整方式說出→敘事者做驗證。

　　此外，即便是觀賞影片，請同學將心得帶到課堂上來，然後大家一起討論劇情，以及幾個主人翁的可能心境與想法，我也發現同學們可以慢慢融入其中角色，開發不少之前沒有發現的「內在架構」。在這些影片與分享的經驗裡，同學也「過」了一個不一樣的人生，認識了另一個特殊的人類，還體會到人類社會共同的命運與驚奇。而在準諮商師教育課程裡，通常說一個故事就可以看到同學們「感同身受」的經驗與敏銳度不同，有些同學也許是因為自己曾經經歷過，因此容易引發相似的情緒，有些同學敏銳度足夠、很容易跳入故事中去感受；當然這並不是因此可以斷定準諮商師後來的「產出」結果，而是願意去感受他人感受的同學，基本上在做同理動作時較容易進入情況（或說「到位」）。

❸ 換個角度體驗人生

　　諮商師的特權之一就是可以知道、深入一個人的生命裡頭，去瞭解這個人、其生活經歷，以及生命智慧。當事人相信我們，把他們生命中的陰晴、甚至不堪向我們傾訴，我們何其榮幸可以有這樣的一個權利？又何其榮耀看到生命的堅忍與力量？與當事人的共同旅程，就像是換個角度體驗人生，也看見不同的人生風景，我們感謝當事人的信任（因為這是人生難得的體驗），也感受到不同生命的內涵與掙扎，發現我們也有共通處，激發更多的愛與影響力量！同理心可以涵養一個人對於人性的悲憫與複雜性的理解，也可以感受到更多的生命體驗與情緒，像是活過許多不同的生命，對於人生意義與處境有更廣闊的體認。

家 庭 作 業

1. 去想像自己是一個物件或動物（如一棵樹，或是在街頭流浪的狗，甚至是一條髒兮兮的抹布），有什麼樣的感受與想法？

2. 選一部讓自己感動的電影或影片，將自己化身為其中一個角色，有什麼樣的感受與想法？

3. 到傳統市場走一圈，去看看菜販或攤販們是怎樣與顧客做交易的？他們甚至可以輕易猜出某人的職業（可以請學生發表這些閱人無數的生意人是怎麼「看透」人心的？）

Chapter 7
具體化與問問題技巧

本章會就如何具體化、以及問問題技巧做一些詳細說明。為什麼需要特別將「具體化」提出來？主要是要將諮商中的溝通做到最完善，不要因為語言或是認知上的「想當然耳」，而沒有釐清的機會。語言畢竟還是很抽象的，兩個人談話有時候即使彼此認識長久，卻還不一定可以全盤瞭解或可以完整解讀對方的涵義，尤其是我國文化中的含蓄與不直接，偶而還會阻礙了溝通的善意；譬如中國人會以餐敘作為社交的方式，但是請吃飯卻需要經過幾個「社會」動作，不像西方社會「說了就算」的習慣，而有時候雖然口頭上答應了，還是需要有後續的動作跟進，才可以確定事情的「決定性」。我們在日常生活中，尤其是與親密的家人互動時，常常會「認為」對方「應該」瞭解我們的心意或是企圖，以這樣的假設出發，當得到的回應不是所預期時，就會覺得被誤解，或是感覺受傷，其實問題可能只出在表達不完全，或是曲解了意思，我在臨床工作上也經常遭遇到這樣的情況；像是我「以為」當事人聽懂了我所說的，而在諮商現場當事人也沒有表達出疑惑或疑問，結果後來卻發現當事人誤解了我的用意，因此必須要往前將前面的釐清步驟弄清楚，最好的就是將其「具體化」，以確保溝通的通暢。問問題也是具體化的方式之一，只是還可以有其他許多的功能，因此合併在一起討論。

 一　為何需要具體化

具體化（這裡指的是concreteness與specifying）就是將當事人或是

諮商師的陳述做更具體細緻的描述與說明，舉例是其中一種：一般說來要求具體的部分是在「目標設定」時使用較多，但是治療師在諮商過程中也需要做一些釐清動作，「具體化」就是很好的技巧之一；Egan（1975）（cited in Baruth & Huber, 1985, p.180）就提到「『具體』在諮商裡是相當重要的，如果沒有，諮商就失去爬梳當事人精力的張力或稠密度，並引導這些精力導往建設性行動上。」因爲語言的使用常常需要顧慮到整個環境脈絡，不是單靠語言就可以表達完整，再加上每個人所詮釋的不同，因此更需要做具體化的動作。日常生活中有些實物的描述也會因爲「應該」的假設而誤認爲彼此指的是同一件事，但是若不繼續對話下去，可能會產生一些問題；譬如相約在「中正路」見面，但是卻發現「中正路」有很多，到底是臺北市的、還是中和市的？即便是說好在「中正紀念堂」門口碰面，最好將那個大門的名稱（如「大中至正」門或「大孝門」）先說清楚，才不容易弄錯；約朋友「馬上」見面，卻遲了三十分鐘才到，原來兩人的「馬上」是不同意義。平常與人互動，偶而還是需要檢視一下是否彼此有「共識」，我曾經看見小三的外甥玩「怪獸對打機」太頻繁，於是建議他：「不要老用左手，可以換手用用，凡事要『適可而止』。」以爲這樣解釋就通了，那可未必！後來我覺得不妥，於是接著問：「『適可而止』請你造個句子。」他於是道：「阿嬤有『四個兒子』！」好玩吧？另外新新人類流行新式造句法，像是「幾乎」，傳統的造句可能是：「今天早上我起得晚，幾乎快要趕不上早修。」但是新的造句可以是：「我去姐姐家，『幾乎』（臺語『姊夫』）就請我吃披薩。」有時候同一個名詞或是說法，對不同的人來說就有不同的意義與詮釋，因此具體化還可以釐清一些誤會或迷思，讓彼此的溝通表達更清楚，容易理解。

在諮商場域裡，諮商師與當事人因爲經驗與背景不同，因此有時候即使是「認定」應該是同一件事，也可能會出差錯；例如大一學生去國小做課輔，出數學題目時寫著「披薩分成八塊，吃了三塊還剩多少？」結果小朋友就問：「披薩是什麼？」同學還很驚訝說：「怎麼會不知道

披薩是什麼？」因此這也提醒治療師：也許因為與當事人有不同的經驗與生活背景，許多事不能「視為當然」！

　　具體化可以讓諮商師更清楚當事人所要表達的是什麼，避免溝通上的誤解，甚至導致接續處理的不當；具體化可以讓諮商師的意思傳達正確、反應無誤，使當事人感受到被瞭解的自在與輕鬆，反之亦然。具體化在設定治療目標時尤其好用，因為當當事人可以「具象化」自己在經過治療之後的情形，愈清楚就表示實現程度更高！焦點解決治療所謂的「奇蹟式問句」以及「水晶球問句」也可以達到相同的效果。

二　具體化技術

(一)舉例

　　舉例是最簡單的「具體化」。有時候不清楚一個名詞或是句意，不妨舉個案例或事例作說明，像是：

諮商師：「你剛才說『很為難』是怎樣的情況？可不可以舉個
　　　　　例子說一說？」

當事人：「像我星期六也想跟我的同學一樣，可以有自己的時
　　　　　間，可是我爸會叫我去哪裡哪裡辦事，我不能夠反
　　　　　對，因為他平常也很辛苦，我應該幫他，可是我已經
　　　　　上了一星期的課，也很想休息呀！」

　　有時候治療師若是不確定自己所說的當事人是否意會到，也不妨自己做一些舉例說明，如：

　　「『界限』就像是劃一條線，表示某個範圍，比如像我們自己的房間，別人要進來必須要先敲門，或是這個位置上我擺了一些私人用品，別人不能坐這個位子。這一條線不一定是看得見的，可以具體的、也可

以是心理上的界限，像是有人要我答應我不想答應的事，我就覺得很為難、不情願，感覺自己的權利或自由受到侵犯，這就是心理的界限。」

舉例的情況常常是在諮商初期，為了釐清當事人的需要或關切議題而使用，譬如詢問當事人來做治療的目的：

> 諮商師：「妳在這張表上寫著想談『未來生涯』，可不可以請妳說清楚一點？」
>
> 當事人：「我是說我現在大三了，我的同學每個人都很忙，有的忙著補習、要考研究所或是高普考，他們好像都知道自己要什麼，可是我卻不知道自己要做什麼？」

㈡打比方

如果有時候用語言形容不夠貼切，也可以用身邊垂手可得或具體的事物做比擬之用，可以讓意思更清楚。例如：

> 諮商師：「沒關係，有時候很難說明那是一種怎樣的感覺，也許你可以用哪些東西做比喻，會比較相近。」
>
> 當事人：「那種感覺怎麼說……就像是一塊黑色硬硬的石頭壓在心上。」
>
> 諮商師（就可以根據當事人所給的譬喻做一些擬情詮釋與猜測）：「所以壓得你透不過氣來，沉澱澱地、不能動彈地，會不會有時候像窒息了一樣？」

關於打比方或是隱喻的部分，我會在稍後「語言運用」運用那一章做較詳盡敘述。

(三)水晶球問句

「水晶球」與「奇蹟式」問句都是焦點解決取向所研發出來的技巧，以這樣的問法，可以讓當事人以想像的方式，具體描繪出「問題消失」或不存在時的情景，或是相關重要他人的發現與反應。

比較正式（原版）的問法可能是：「（如果）這裡有個水晶球，可以讓妳看到未來。如果說現在問題不見了，妳會看到什麼不一樣的地方？」但是我在當事人身上使用的結果，發現將它「本土化」可能比較容易瞭解。

例一

諮商師：「如果有一天妳睡醒，發現原來擔心的問題已經解決了，妳最先會發現什麼地方不一樣？」（或是「如果妳有天眼，可以看到問題不再困擾妳的情況，妳最先會發現什麼地方不一樣？」）

當事人：「那我就不會這麼擔心、這麼緊張了。」

諮商師：「除了妳之外，有誰會先發現問題不存在了？」

當事人：「應該是我媽吧！」

諮商師：「她會發現什麼不一樣？」

當事人：「至少不會每天看到我哭，也擔心我睡不著。」（當事人可以「預見」問題不見時自己的感受改變，重要他人也發現具體不同）

(四)奇蹟式問句

原本的奇蹟式問句在年幼的當事人身上可以使用「仙女棒」之類的道具增加效果，倘若使用在一般當事人身上則可以變化為：「如果今天有奇蹟發生了，你擔心害怕的情況不在了，那麼你會發現什麼不同

嗎？」或者是「有一天妳醒來發現妳的憂鬱症好了，最先發現妳的改變的會是誰？他／她會看到什麼？」

㈤列出未來的目標與行為

光說不練假功夫，最好是有實際行動跟進，只是在諮商情境中還沒有付諸具體行動之前，要如何讓未來計畫或行動的「可行性」更具體？最便捷之道就是讓當事人臚列出想要執行的計畫與步驟，通常列得愈詳細，執行成功率愈高，同時也可以看見計畫或行動的優劣點。例如：

諮商師請當事人列出自己想要進行的讀書計畫，當事人寫著：

「每天唸書兩小時，週末假日四小時。」

諮商師問：「是連續兩小時？還是分開？」

當事人：「就是各一小時。」

諮商師：「有固定時間嗎？比如早上、晚上還是吃過飯後？」

當事人：「我希望早晚各一小時。」

諮商師：「如果今天有特別的事情，像是社團幹部開會，或是
家族聚餐，不能夠這樣執行怎麼辦？」

當事人：「也許就是只要至少滿兩個小時就可以了。」

諮商師：「所以用累積的方式比較容易執行？」

㈥想像法

之前所舉的「水晶球」與「奇蹟式」問句也運用了當事人的「想像」能力，就是讓當事人想像「萬一問題消失了會是怎樣的一種情形？」或是「如果目前所擔憂的問題解決了，那麼他／她最先會看到什麼或發現什麼不同？」這是焦點解決諮商用來設立治療目標的一種方式，可以讓當事人經由想像與具象描述「看見」未來或是「問題沒有出現」的情景。而完形學派的治療師可能也運用「與內在自我對話」的方

式（或「空椅法」），讓當事人可以針對關切的議題做「實際」對話，因爲有時候想歸想、不具體，可能也就不能發現有何實現的可能性，但是倘若可以「擬似」方式來操作，許多的空想或是擔憂會「落實」一點，不那麼虛無飄渺。因爲日常生活中我們也會與自己對話，尤其是需要做重大決定或選擇時，此時不妨在諮商場域、治療師在一旁協助的條件下，可以讓自我做眞確對談，例如：

當事人：「我應該怎麼辦才好？」

諮商師：「想像一下有兩個妳自己在對話，一個是贊成妳目前想法的，一個是反對的，她們會怎麼討論？」

當事人：「一個說我這樣是對的，因爲這是我自己眞正想要做的；另一個會擔心這樣一來別人怎麼看我？」

諮商師：「還有呢？」

當事人：「我很少去做自己想做的事，我都是太擔心別人的眼光跟評價，可是我永遠不可能討好所有的人，因爲每個人的意見都不一樣。可是，我會不會就這樣失去朋友？我也很在乎我朋友的看法啊！」

諮商師：「如果妳最在乎、最要好的朋友現在在這裡，她會怎麼說？」

當事人：「也許她會說做一次自己想做的又不會怎麼樣？眞正的朋友應該會挺我。」

㈦其他的具體化技術

問閉鎖性問題也可以讓內容或細節具體化（Hackney & Cormier, 2001），其他具體化技術可以包括：觀摩後練習、技巧演練、實地去試驗等，有些是變成「行動」的部分，而大部分都可以先在治療室內將其具象化。當然諮商師會有不同的創新點子，讓諮商過程進行更順利流

暢，準諮商師們也可以在研讀他人的理論與技術書籍或論文之後，在臨床經驗的淬鍊下，發展或改造一些新的技術協助當事人。

三　具體化應注意事項

　　諮商師在使用具體化技術時，最重要是要積極傾聽，注意當事人的語言與非語言訊息，也要瞭解當事人敘述的具體程度為何。而有些當事人在諮商師要求其形容更具體時，可能會產生焦慮，畢竟「保持模糊」也是自我保護的一種方式（Culley, 1991, p.59）。有時候反過來是治療師自以為說得很具體了，當事人卻不瞭解，也不敢明說，若是諮商師自己沒有覺察，可能就錯失時機，也可能變成雞同鴨講，讓治療陷於停滯不前，而也呈現了諮商師不瞭解當事人的情況，當事人也許就不再出現。「具體化」是要促進溝通，因為語言可能因為治療師與當事人背景、經驗不同，加上人都是主觀的動物，因而造成當事人認為說起來合理，但是諮商師卻不明究裡，反之亦然！這就更凸顯具體化技術的重要性。

四　危機處理的具體化

　　尤其是碰到危機處理的情況時，具體化的技巧更是重要。比如要確定當事人是否有自殺意圖、危險性多高？在問問題的時候就必須要更為精確、言簡意賅。在諮商師懷疑當事人可能有自殺意圖時，就需要進一步確認，因為倘若沒有及時詢問與評估，可能就錯失了挽救性命的關鍵時機，也違反了諮商專業倫理，說不定還要吃上官司！諮商師可以問的問題包括：

㈠你有傷害自己的想法或行動嗎？（可以不用「自殺」二字）　直接問，不會「引發」當事人自殺的衝動或想法，因為如果當事人有意要傷害自己的意念可能已經潛伏許久，自己的壓力也很大，而且做了這麼重大的決定卻無法與他人分享或諮詢，且自己必須隨時掩飾以免表現

（或洩漏）出來，一旦有人瞭解到這一點，而且直接詢問，通常這些
壓力會立即得到紓解。

㈡什麼時候開始有這些想法的？之前有沒有過？是在什麼情況下？多久
以前？（檢視之前的歷史，有自殺企圖或歷史者，危險性增高）

㈢想過用什麼方式來傷害自己？（確定其有無計畫，還是臨時起意）

㈣你做了哪些準備？有沒有執行時間與日期？（計畫愈細密表示執行度
愈高，危險性也愈高）

㈤可不可能緩一緩行動？（將危險性降低，如將藥品或槍械將由信任的
人保管，或由諮商師代理保管）

㈥定立「不自殺契約」（也是降低危險性的處置之一，也確保當事人願
意做一些暫時的改變），「不自殺契約」的訂立等於是諮商關係的確
定，而也因為這個契約的緣故，可以稍微約束一下當事人對自己的承
諾負責；此外也表示了諮商師重視生命的價值（表示「在乎」），當
事人之所以做了自殺的決定，其實是認為許多人都不在乎他／她了，
所以他／她沒有什麼值得留戀，諮商師的這個舉動也可以讓當事人感
受到溫暖與關愛。固然有些當事人也會認為諮商師真是太小題大作，
可是這樣的動作也是保障諮商師的一種舉動，因為當危機發生，諮商
師本就應該做適當處置，也要隨時將所做的任何處置記錄下來，萬一
當事人真的自殺成功了，家人與法律相關單位就會開始追究責任，諮
商師的處置過程紀錄就是證據之一，可以證明自己沒有違反專業，處
置得當。「不自殺契約」所定的時間是由小間距（如一個小時）到大
間距（半天、一天或一週），主要是看當事人危險性的高低做準則，
隨著危險性降低而間距加大。

　　其他相關的危機處理，像是有重大災害、當事人受到暴力或性侵
害，需要集合其他醫療、警政或消防單位的協助與支援，諮商師也在協
助的團隊裡面，當然也責無旁貸，做最適當適時的配合，以及做最完整
的紀錄是很必要的。

五　問問題技巧

　　探問（inquiring or probing）或問問題是諮商最基本的技巧，但是怎麼問問題？問對的問題？這也是諮商師訓練過程中很重要的一環。問問題的功能之一是「探究」（probing），可以蒐集關於當事人或關切問題的更多資訊，也可以引導當事人朝某個焦點議題做深入探索與思考（Culley, 1991, p.5）。在諮商情境中所問的問題，有些與一般生活中所問的問題不同，由於問問題也是諮商過程中可以協助達成許多目標的技巧，因此特別在這一章中做解說。Okun（1997, p.89）將問題分為「開放性」、「閉鎖性」、「探問」（probing）與「情感反映」（reflective）等四種；探問式是為了探討更深，例如：「妳說害怕成為別人的負擔，這怎麼說？」；「情感反映」是確認或釐清感受，例如：「你是擔心她拒絕你？讓你覺得很難堪？」在本節裡，將探問與問問題視為同意詞，因為「問問題」的功能也包含Okun所說的「探問」與「情感反映」。

　　需要探問或問問題的時機是：㈠開始進行諮商時（如：「是什麼風把你吹來的？」）；㈡鼓勵當事人針對某個主題說更多更詳細時（如：「妳剛才說不希望自己出現在他面前，我不太瞭解是怎麼樣的情況，可以說得更具體一些嗎？」）㈢協助當事人聚焦或是更完整描述他們的感受、想法與行為時（如：「那個經驗讓你很受傷？這是怎樣的一種感受？」）㈣協助當事人舉出具體事例說明所關切的議題（如：「妳說看到相似的人會害怕，也就是妳曾經碰到過，是怎樣的情形？」）㈤去發掘當事人所擁有的資源（如：「在問題還沒有惡化之前，你都是怎麼撐過來的？」）（Doyle, 1998, p.205）。在諮商中問問題，基本上是為了蒐集資料、或是引導當事人做更深層的探索，此外，敘事治療也將問問題作為「引導經驗」之用（Freeman & Combs, 1996, cited in Freeman, Epston, & Lobovis, 1997，黃孟嬌譯，民93，p.42）。Martin（2000）提到我們一般人在幾種情況下會問問題：想要知道對的反應、打破尷尬的

沉默、蒐集資訊，以及解決問題（p.79），但是在諮商過程中，會有一些特殊的考量，像是新手諮商師會較不能忍受沉默，因此只要當事人不說話了，就會急於打破沉默，反而造成治療的阻礙，因此有時候沉默在諮商中有其特殊意義與功能，不一定是「尷尬」。關於諮商中的「沉默」會在稍後章節做討論。

問問題的第一步驟應該是諮商師有能力表達清楚自己所要說的，因此諮商師本身的語言與用詞訓練是必備的條件。諮商師並不一定要口若懸河，但是會正確表現，清楚表達卻相當重要的，要不然當事人不明白諮商師所說的，會造成諮商很大的阻礙。新手治療師很容易就問問題，有時候甚至讓當事人覺得自己好像在被拷問，很不舒服，雖然蒐集一些基本資料時，問問題是很容易又便利的工具，但是也要考慮到當事人的個別殊異性，有些當事人儘管你／妳問了半天，也不太願意回答，甚至多半沉默以對，此時當然讓諮商師有很大的挫敗感，可是相對來說，對於當事人也不是好受的，有時候甚至因此「嚇跑」了前來求助的當事人。我們除了以問題來獲得對方的回應、獲取資訊、解決問題之外，也常用問題來填補令人不安的沉默（Martin, 2000, p.79），尤其是新入行的諮商師，比較不能忍受沉默，甚至以為沉默是表示自己能力不佳所造成，因此更常以問問題方式來填塞那個沉默空缺，也反映出諮商師的焦慮。問太多問題可能無形中讓當事人少負了一些責任、讓當事人更依賴、或者只得到諮商師想要的答案而已（Brammer & MacDonald, 1996, cited in Doyle, 1998, p.209），因此要謹慎使用。

問問題是最便捷蒐集當事人資料的方式之一，但是問太多問題反而可能讓當事人覺得自己是被「質問」或「詰問」的對象，有時候會受不了，反而妨礙了治療關係，因此許多臨床治療師或學者都特別提醒這一點。問問題也可以是諮商師智慧的表現，問「對」的問題就是「好」問題。

許多人會以為所謂的「問題」就是很制式的問題，包括語尾有「嗎」、「呢」等助詞，或是有明顯問句的問法，如「好不好」、「要

不要」、「可不可以」、「如何」等等，以陳述方式也可以達到同樣的目的（Culley, 1991），如：「我不太瞭解你剛才說的生氣的理由。」「聽起來好像有其他的涵義在裡面。」但是我們在做溝通或表達自己時，會發現其實語言使用裡，還伴隨著其他的元素，才整合出全部的意思，這包含了語氣、腔調、身體語言與說話人之間的關係等，也因此當我們在詢問、或是對某個議題提出質疑的時候，不一定要以很正式的說法為之。例如：「妳是說不想跟他見面？」、「我猜可能擔心自己說不出來？」這些句子雖然沒有句末語助詞，但是接收的一方一定可以明白是「問句」而非肯定句。

 # 六　問問題的陷阱

有些問題在諮商場合中使用有其陷阱，容易讓當事人感到不愉快，甚至妨礙了諮商的進行，不可以不小心謹慎，這些問題包括了（Brems, 2001, pp.129-140）：

㈠暗示性問題（suggestive questions）

表面上是以問題方式呈現，但是卻帶有強烈的暗示性，常常是這麼開頭的：「你有沒有想過？」「你可不可能？」

例如

當事人說：「我就是唸不來，當初我考上這個科系也是很幸運的，我自己也嚇了一跳，後來發現同學唸書都好容易，好像不需要準備，但是我卻很辛苦——」

諮商師說：「你有沒有想過與其他同學組讀書會什麼的？或是問一問學長姐？」

諮商師雖然是以問話方式在詢問，但是卻強烈暗示當事人「你要不

要做這些？」有些當事人會不好意思就說沒有，諮商師正好逮著這個機會又建議一番。可以變通的方法是諮商師說：「聽起來真是很辛苦的經驗，必須要付出比同學更多的時間與心力，你曾經試過哪些方法讓自己可以改善這個情形嗎？」

　　太快就進入問題解決的建議，很容易出現的問題是：1.沒有瞭解事情的始末就提出處置，容易出差錯，也讓當事人覺得沒有被聽見或不被瞭解；2.沒有去探索當事人曾經有過的解決方式與努力，彷彿將當事人視為無能；3.沿自第二項，有些方式可能當事人已經試過，但是效果不佳，或是遭遇到一些困難，諮商師提出同樣的方式，讓當事人覺得諮商師也「好」不到哪裡去；4.在治療關係尚未建立好之前，治療師的許多建議不會被當事人採納，治療師可能就會認為當事人沒有誠意要解決問題，或是感覺到自己的專業受到質疑；5.急著提供解決之道，也讓當事人強烈感受到諮商師對於自己能力與人格的不信任（「好像我都沒有為這個問題負起責任」），儘管努力過但是這些作為都沒有被看見，Freeman（1997）等人特別提醒治療師：「如果我們太快跳進去尋找解決的辦法，或太早把情況轉向光明面，當事人很可能會認為我們沒有察覺到他們努力的深度或品質。」（黃孟嬌譯，民93，p.84）

(二)假設性問題（assumptive questions）

　　諮商師問了這樣的問題之後，期待等到某個答案，常常是這麼開頭的：「你真的不要？」「你真的要？」「但是你已經？」

例如

當事人說：「反正分手是他提出的，我又沒有主動說。」

諮商師問：「你認為是他主動提分手，所以認為他應該負責任，但是妳當時已經另有交往的對象了嗎？」

可以變通的方法是諮商師說：「所以妳是在被動的立場，當時妳對

分手的想法如何？」

㈢**假問題**（pseudoquestions）

假的問題也是以問題形式出現，但是卻隱含有命令（指示）與要求，當事人感受到的是自己被操弄，雖然表面上似乎有所選擇，但事實上必須要去遵從那些指令。

> 例如
>
> 諮商師說：「你想我們該不該談上次你提的藥物問題呢？」
> 當事人道：「也許吧。」

可以變通的方法是諮商師說：「上次見面時你提到使用藥物的情況，我很想瞭解這個對你的影響是什麼？」直接就把要問的問題提出來比較清楚，而不是與當事人在玩遊戲。

㈣**批判性問題**（judgmental questions）

也就是在問句裡隱含了批評的意味，諮商師已經在話語裡表達出了他的喜惡以及對錯的判斷，常常以「為什麼」開頭。

> 例如
>
> 當事人說：「我爸是一個不能溝通的人，你說什麼他都有自己
> 　　　　　　的意見，我們根本沒辦法跟他說話。」
> 諮商師道：「你沒試過用其他方法跟他溝通嗎？」

可以變通的方法是諮商師說：「聽起來你們好像用盡了許多方式企圖要與他溝通、告訴他你們的想法，但是似乎收效不大。」

㈤**攻擊性問題**

攻擊性問題會讓當事人覺得丟臉或是自尊降低，通常會聽到：「你當初怎麼沒有告訴我？」「這個故事的重點是？」「你在聽我講話嗎？」

例如

當事人說：「那天我跟朋友出去，我這個朋友是我從國中時代
　　　　　就很好的朋友，我們去了百貨公司，也沒買什麼，
　　　　　就是看看而已，後來還去一家新開的飲茶店──」
諮商師問：「你提這件事的重點是什麼？」顯示了治療師的不
　　　　　耐煩。

可以變通的方法是諮商師說：「你說那天跟好朋友出去逛逛，聽起來兩個好朋友可以做的事很多，但是不需要有特別的理由。」接著可以引導入主題。

㈥**控制或侵犯的問題**（controlling or intrusive questions）

這些問題之所以出現可能是因為諮商師個人風格，或是諮商師刻意要打探當事人的一些隱私（如性生活），也可能是理論取向的關係（如以家庭系統來解讀當事人問題，而怪罪父母親），也可能因為諮商師個人的判斷認為是無關議題或不重要的事情，諮商師也可能因為自身的能力不足（如對自殺不熟悉）或未竟事業（包括反移情），而不願意觸及一些特定議題；當事人覺得不舒服、突兀、偶而受到驚嚇是常事，也會感覺到自己沒有被聽見、遭到誤解、沒有被關照到，甚至可能會引起更嚴重的創傷後果（Brems, 2001,pp.136-137）。

例如

當事人說：「有時候他很生氣也會動手。」

諮商師問：「妳會說一些話觸怒他，還是？」

當事人在提自己受暴經驗，但是諮商師因為擔心自己未能處理（或是自己也有過這樣的經驗而怕引發舊傷，不願意處理），所以就忽略帶過，甚至問了其他的問題。可以變通的方法是諮商師說：「動手？妳是說他會打人，還是？」而不是將責任歸咎為當事人所造成。

(七)離題的問題（tangential questions）

通常是因為諮商師沒有同理當事人的情境所提出的問題。

例如

當事人說：「我生病以後很多事情都不一樣了，別人會勸我看開一點，但是他們又怎麼知道我的心情？他們又沒有生病！我什麼事情都做不下，我不知道自己活著還要做什麼？」

諮商師說：「你說什麼事情都做不下，那麼你會想做什麼？」

可以變通的方法是諮商師道：「你發現自己對於許多事情的看法與感受有了很大的不同，特別是以往感興趣的、現在也提不起勁，整個生活變了樣！」（然後再問想做些什麼）

(八)內容多樣的多重問題（content-diverse multiple questions）

也就是一連串問了許多問題，但是這些問題可能是朝不同的方向，像是亂槍打鳥，諮商師這樣的問法也表示了自己不知道治療該往何處去？通常當事人在一連串問題的「攻擊」下會很困惑，甚至可能逃離諮

商室。

例如

當事人說：「我們家現在四分五裂，但是我爸好像又努力要把
我們都拉在一起，有人可以三、五天不回來也沒
事，但是我卻要每天報到、被追蹤，我有時候也想
要休息一下，但是要找人卻又找不到，大家一窩蜂
散了！我覺得我爸很可憐，可是有時候我又覺得他
很可恨！」

諮商師說：「你說四分五裂是什麼？大家不住在一起嗎？還是
住得很遠？你爸爸又怎麼做讓大家一起？你媽呢？
她的角色是什麼？」

變通的方法是諮商師可以說：「大家好像在拉扯，爸爸希望一家人
還是像以前一樣，但是每個人長大了有自己想要去做的事，並不一定可
以如爸爸所期待那樣。你可以瞭解爸爸的心情，雖然也盡力在做，可以
達成爸爸的期待，但是只有自己一個人，難免覺得勢單力孤，甚至超過
負荷，也希望其他手足可以分擔一些。」

七　閉鎖性與開放性問題

一般來說，問的問題類型可以分為「閉鎖性」（closed questions）
與「開放性」（open questions）問題；前者是指答覆者的選項有限的問
題，通常是「是」或「否」、「對」或「不對」，例如：「你今天心情
好嗎？」「這個問題困擾你很久了？」當然並不一定當事人就只有兩個
選項而已，也有當事人會說「不知道」，這似乎是第三個選項，但是諮
商師還是得不到想要的答案，或是會讓諮商過程陷入瓶頸或停滯狀態。
「閉鎖性」問題並不是不好，因為必要時還是需要使用到，也可以得到

較爲明確的資料，例如像是緊急情況下，就比較需要問明確、清楚的閉鎖性問題，像是懷疑當事人有被傷害的經歷時，諮商師就必得要問簡短而確定性高的問題：「你被傷害過？什麼時候發生的？」對於年齡較爲幼小的當事人，有時候閉鎖性的問題運用比較多，對當事人來說也容易回答，這也是因應當事人認知能力與有限經驗的方式。Brems（2001）將問題分爲開放性問題、（opening or open-ended questions）系統性詢問（systematic inquiry），以及釐清式問題（clarifying questions）（p.126）三種。開放性問題是協助當事人可以有更多的自我表露，協助諮商歷程裡的持續溝通；系統性詢問較常用於治療初期，主要目的是獲得當事人的一些必要資訊以協助評估、診斷與處置計畫的擬定，尤其是在處理危機時特別需要，但是可能也要顧慮到資料蒐集與建立治療關係間的平衡；而釐清式問題主要是爲當事人澄清，或是解讀關於其所關切的議題；Hackney 與Cormier（2001）認爲開放性問題可以探討過程，而閉鎖性問題則可以提供具體化的細節（p.29）。

　　儘管沒有限定何時該用開放性或閉鎖性問題，但是有效的問問題方式在治療過程裡相當重要也是不爭的事實。

(一)閉鎖性問題

　　閉鎖性問題在特殊緊急狀況時，以及蒐集必要的資訊時是相當需要的，因爲可以用最便捷的方式得到最需要、也重要的答案，但是閉鎖性問題在諮商場域中不太被鼓勵，主要是因爲：1.雖然當事人不需要提供太多資訊，但是無助於治療關係的增進；2.治療師只是問問題，當事人回答「是」或「否」，嚴格說來這不是治療；3.詢問閉鎖性問題需要諮商師滔滔不絕地詢問，感覺到治療似乎是一面倒，只看見諮商師的主動，卻不能帶動治療場域中當事人的主動性與合作，治療效果堪慮（Brems, 2001, p.140）。

　　除了在危機處理或蒐集資料時可以多用閉鎖性問題之外，也可以在以下情況時採用：1.當當事人思考很快、或是說得太多時，可以以閉

鎖性問題讓當事人速度放慢下來，也停下來思考一下自己方才所說的內容；2.讓焦慮的當事人可以紓解一下，讓當事人可以聚焦；3.對特定問題獲得清楚確定的答案；4.引導當事人談論重要的議題（Brems, 2001, p.141）。

(二)開放性問題

開放性問題讓當事人可以無限制地回答，也可以獲得更多樣、甚至更深入的資訊。通常開放性問句會以「什麼」、「哪些」、「如何」、「是誰？」等問句開頭，而不是二選一或「是」「否」的答項而已。例如：「最近你感覺如何？」「你說讓你很興奮，是怎樣的一個情形？」「哇，我真以你為榮，你是怎麼辦到的？」「有哪些方法你使用過，認為效果還不錯的？」

Martin（2000）特別提出了「同理的問題」（empathic questions），也就是治療師企圖傳達給當事人他／她瞭解當事人所說的，但是又不是十分確定，也可以容許當事人去談他／她認為很難啟齒的議題與內容如：「妳是說很擔心一說出來擔心別人會用怎樣的眼光來看妳？萬一妳不能承受又該怎麼辦？」諮商師站在當事人的立場，考量到當事人所預想的阻礙或擔心，然後以第二人稱的說法表現出來。

八　問問題案例舉隅

當事人：「我不知道該不該說。」

諮商師：「妳今天來就是為了這個嗎？只是現在有點為難該怎麼說？」（閉鎖性問題）

當事人：「我最近才明白為什麼自己一直在做相同的夢。」

諮商師：「喔——，夢與妳現實生活上所遭遇的問題有關嗎？」（閉鎖性問題）

當事人：「我好像要讓別人知道我受傷了。」

諮商師：「妳願意談談夢裡面的情況嗎？」（開放性問題）

當事人：「就是有人追殺我，很多人，我也還擊了，但是身上流著血。」

諮商師：「妳流血，是讓別人看見妳受傷？」（閉鎖性問題）

當事人：「我希望別人看見。」

諮商師：「之前妳害怕有人看到妳的傷口嗎？」（閉鎖性問題）

當事人（點頭）。

諮商師：「讓人看到傷口，對很多人來說都不是一件容易的事，也許擔心別人對我的看法（同理問題），但是也許那個傷口在妳的刻意掩飾之下，現在情況有點不一樣了？（詢問）」

當事人：「我以為自己可以處理，也可以處理得很好，可是為什麼最近我常常會因為別人無心的一句話覺得生氣，甚至會發抖。」

諮商師：「也就是妳發現到自己的一些反應是之前所沒有的，當妳發現到這些，妳的感覺是什麼？」（開放性問題）

當事人：「我害怕，是不是我不能控制了？」

諮商師：「妳擔心、害怕自己不能控制，擔心別人發現妳的傷口，而這傷口是妳不想讓其他人發現的？」（同理問題）

當事人（點頭）。

諮商師：「那麼，妳今天來到這裡是鼓足了勇氣，想要找個人來說說。如果妳願意，我會在這裡聽妳說說妳的傷口的故事。」

這位當事人要談的是童年時期遭受性侵害的故事，但是因為擔心諮商師不瞭解她的情況，所以以夢境的方式呈現（表示），而這個夢境也表示了當事人想要將這件過往創傷經驗做一個整理與處置。

問問題也可以因為使用方式不同而有不同的意義與功能，基本上可以作為「探問」的技巧，像是：「妳覺得呢？」也可以成為引導的方式，像是：「告訴我，你對此感受如何？」（Hill & O'Brien, 1999, p.109）。

(一)開放性問題型態

Hill與O'Brien（1999, pp.111-112）整理了開放性問題的一些型態，包括：

1. 鼓勵探究（Encourage exploration）——鼓勵當事人繼續說下去，像是：「最近情況如何？」「妳今天想從哪裡開始？」

2. 探究對於協助的期待（Explore expectations about helping）——瞭解當事人對於來求助的期待如何？像是：「妳對來做諮商有什麼期待？」「妳會希望離開這個諮商室時，有什麼事情發生嗎？」

3. 探究不同部分的問題（Explore different parts of problems）——針對當事人的問題提出不同面向的資訊，像是：「這一次經驗與上一次有什麼不同？」「這個經驗對你的影響是什麼？」

4. 要求探究（Request exploration）——將問題變成要求的形式，像是：「可以告訴我多一些有關這方面的想法嗎？」「告訴我你對這個問題的貢獻在哪裡？」

5. 鼓勵釐清或是聚焦（Encourage clarification or focus）——當當事人沒有說清楚或是諮商師不太瞭解的時候，可以採用開放性問題，像是：「妳可以解釋一下嗎？」「你指的是？」

6. 鼓勵想法的探究（Encourage exploration of thoughts）——由於每個人對於許多反應的想法是很複雜的，諮商師必須要去瞭解之中的脈絡，才可能更瞭解當事人的思考，像是：「妳當下做了這個

動作，有什麼想法？」「你那時想要說什麼？」

7. 鼓勵情緒的探究（Encourage exploration of feelings）——有些人不太會主動談論自己的感受，開放性問句可以讓當事人願意也深入分享他／她的感覺，像是：「妳還有哪些感覺？」「這些感受對你來說有什麼特別意義？」

8. 要求舉例（Request examples）——要求當事人提供實例，可以提供問題一些具體證據，也讓諮商師可以瞭解當事人所說的與治療師所想的是否一樣。像是：「妳說妳很白目，可不可以舉例說明？」「你擔心說錯話，是在怎麼樣的場合？可不可以舉最近發生的例子？」

(二)開放性問題使用原則

Hill與O'Brien（1999, p.114）提到運用開放性問題的原則：

1. 言簡意賅——說重點、用詞簡潔。

2. 避免一下問太多問題——問題太多總會讓當人覺得要一直回答，像是被動、被質問，也覺得受壓迫。也可能因為一下子問太多問題，忽略了重要的問題。

3. 焦點應該在當事人身上，而非其他人——雖然有時候重要他人的資料或反應會影響當事人關切的議題，但是切記主角還是當事人。

4. 焦點應放在目前，而非過去——即便是過去對目前情況影響很大，但是重點也應該放在目前的感受與影響。

5. 避免使用閉鎖性問題以免限制了當事人的探索或回應——儘量將閉鎖性問題轉為開放性問題來呈現，當然需要閉鎖性問題時也要適時運用。

6. 避免問「為什麼」的問題——因為許多情況下當事人並不清楚知道原因，治療師這樣問不一定獲得答案，以完形學派的觀點來說，也容易讓當事人「找藉口」，因此改成「什麼」或「如何」

的問題更佳。

九　危機處理——對於潛在性自殺當事人所問的問題

㈠自殺警訊

對於有可能自殺的當事人，諮商師也可以在諮商場域中觀察或是詢問到一些警訊，而這些警訊都可以協助治療師做一些專業上的判斷。這些警訊有（Shamoo & Patros, 1997, 溫淑眞譯，民86; Capuzzi & Gross, 1989）：

1. 曾經有過自殺未遂紀錄或歷史。
2. 曾經或在目前威脅採取自殺行動。
3. 情緒陷入低潮，作息與飲食上的改變。
4. 有絕望與無助感。
5. 會談論關於死亡或絕望的議題，或是有暴力與死亡的想法。
6. 焦慮緊張的情緒，情緒起伏很大。
7. 社交上的退縮，甚至不與家人親近。
8. 表現出暴力或叛逆行爲，甚至不怕受傷或疼痛。
9. 有吸毒或是酗酒習慣。
10. 將珍貴物品送人，或安排了自己的後事。
11. 行爲突然發生改變，出現與性格不同的行爲。
12. 在一段時間的情緒低潮之後，出現狂躁、亢奮或是變化如旋風的行爲。
13. 若是學生可能會有翹課、逃家的舉動。
14. 學生在學業表現上有明顯變化（如嚴重落後）。
15. 覺得生活無聊，有寂寞的感受。

16. 無法專注或集中精神。

17. 覺得自己無價值。

18. 生理上有無名的病痛。

19. 睡眠模式或飲食改變。

20. 最近有親密朋友或喜愛的偶像自殺了。

也有治療師直接指出「精神痛苦」是自殺行為的原因，所以可以讓這些痛苦停止是很重要的，但是Shneidman（2004）強調如何解決當事人拒絕協助的心理架構，應是最需要努力的；而自殺（或企圖自殺）者將焦點縮小在「自我」身上，因此會不在乎他人的感受與想法（李淑珺譯，民95）。

倘若諮商師發現或是感覺到當事人可能有自殺或是自傷的意圖與行動時，直接問問題是最好的策略。有些人可能認為：「對方可能沒有想到，這麼一問，不就是等於告訴他可以使用這個方法了嗎？」基本上，不問可能出現的後果更糟！而一位想要以自殺為解決問題的人，其醞釀自殺已經不是一天、兩天的事情，不會因為治療師的詢問而受到「提醒」。

(二)評估自殺危險性內容

對於有可能採取自殺的當事人，問問題要直接而具體，因為事出緊急，也不容許拐彎抹角，除了很重要要先取得當事人的信任之外，也要審慎評估自殺的危險性（assessment of risk），應該問的內容有（Pipes & Davenport, 1990, pp. 114-116）：

1. 之前自殺企圖的歷史如何？

2. 想要自殺的念頭是多久就會有一次？頻率多少？

3. 自殺想法的性質如何？是很清楚還是尚模糊？

4. 自殺意念已經進行或存在多久了？

5. 當事人自我強度如何？對於自己的判斷力、自信又有多少？

6. 有沒有當事人認為可以信賴的支持網路存在？

7. 當事人對於他／她自殺可能性的評估有多少？（只是想想，還是有實際行動跟進？）

8. 有沒有計畫？（即便沒有計畫，對於衝動型的當事人來說也很危險）

9. 有具體計畫嗎？

10. 所要使用的自殺方式唾手可得嗎？容不容易拿到？

11. 那個計畫的致命性多高？

12. 拯救行動的可能性如何？（有沒有人可以就近馳援？）

13. 當事人在類似情境下的因應情況如何？

14. 當事人對自殺給他人的影響有何看法？

15. 可以如何診斷或評估這位當事人的情況？

16. 這個當事人有無精神疾病？

17. 有無其他行為也可能是自殺指標？

18. 無助、無望與疲憊的程度有多少？（無助表示對情況不能控制、無望表示情況不會更好）

19. 當事人可否指出如何則可以繼續存活的理由？

㈢對潛在自殺當事人所問的問題

因此，在諮商場域理遭遇到可能有自殺企圖的當事人，治療師可以問的問題有（但不限於）：

1. 想過傷害自己嗎？

2. 有這個自殺念頭多久了？

3. 之前有過自殺企圖或行為嗎？

4. 有沒有想過以怎麼樣的方式進行？

5. （針對其想要使用的自殺方式或計畫詢問）可以從哪裡拿到這些藥（如安眠藥）？找哪一棟樓（跳下去）？

6. （評估自殺的迫近性）打算服用多少？目前已經有多少（顆藥）？（計畫愈周詳愈危險，或是使用的方式可以很快就達成

──如跳樓、撞車或上吊，危險性也增高）

7. 做了哪些告別的動作了嗎（如去見很久沒見面的好友、完成一些心願、將遺書或遺產做了交代等）？哪些人哪些事是你／妳比較放不下的？

8. 有沒有想過你／妳離開後（家裡、家人、親密的人、朋友等）的情形？

9. 有哪些人哪些事物可能留下你／妳？如果事情有轉圜，你／妳會不一樣嗎？怎樣的不一樣？

10. 死亡可以達成你／妳的什麼目標或期待嗎？有沒有其他試圖達成這些目的的方式？

新手諮商師在處理危機事件的時候，偶而會忘記應該向督導或是所屬機關負責人報告危機個案（如遭受性侵害或暴力，以及自殺），事後想起有時候會耽誤到處理效果，不僅違反了當事人福祉，也凸顯了專業上的不適宜，因此要常有警覺；此外，任何的危機處理，都必須要將所做的一切處置都詳細記錄，一來是清楚所做處置的來龍去脈與理由，二來是避免遭受同業或相關當事人的質疑，有時候萬一當事人因此受到傷害或過世了，可能會涉及治療師的處置方式，治療師當然也不能輕忽，有詳細的紀錄在，可以保障當事人與治療師的權益；另外倘若上法院打官司，諮商師也有處理過程的依據。

十 問問題的可能挑戰

Long（1996）提醒治療師一些可能因為問問題而需要留意到的挑戰（p.172）：

(一)權利與控制（Questions and rights versus control）

諮商師可能以問題為主導，控制著整個諮商場面或過程，這就牽涉了當事人權利與諮商師控制的問題。到底當事人在治療過程中可以掌控

多少？而諮商師又可以主導多少？這之間的平衡有時的確很難拿捏。例如諮商師說：「接下來你／妳會怎麼做？」「你／妳曾害怕嗎？」

㈡尊重與批判（Questions and respect versus judgmentalness）

有些問題有其他涵義在裡面，包括褒貶或批判，像是：「妳這樣是不是對她太嚴厲了一點？」「這樣做好像不太人性。」到底諮商師應該尊重當事人，還是對其人格或作為有評價？當然尊重優先，批判的東西似乎不宜在治療場域中出現。

㈢適度的責任與拯救（Questions and appropriate responsibility-taking versus rescuing）

諮商師與當事人在治療過程中都有其應負責的部分，在諮商初期可能是治療師承擔的多，然而隨著諮商的進行，當事人的責任也應有適度的分配，畢竟真正去面對生活上的問題、要去解決的也是當事人。當然許多諮商師踏入這一行是因為想要協助、甚至拯救弱勢的使命感使然，有時候就因此而用力過頭，甚至承擔了不是自己的責任，這樣的結果可能造成當事人依賴、無法發揮自己的能力，也使得治療師容易耗竭、未能充分發揮專業助人功能。像是：「妳應該不要這麼自責，因為每個人都可能碰到這樣的情況，不是嗎？」或是：「我會幫你問問，看她是不是這個意思？」

除此之外，其他有關問問題須注意事項有：

㈠語言使用符合當事人的發展與特色

治療師需要注意到當事人的一些發展任務或是現況，許多的問題可能是發展階段會遭遇的共同課題（如學齡兒童上課要專心、青少年期的自我與獨立的掙扎、父母親的愛與管教、成年期的親密關係與生涯等），而其中也有「個殊性」。治療師也許只專精於一群對象（如小學

生、青少年、成年婦女或老人），但是現在許多社區治療師要接觸的對象更多了，問題也多樣，習慣與小學生接觸的諮商師可能還會習慣性地以對待學齡兒童的方式對待青少年或成人當事人，這可能就不適當，基本上諮商是使用語言很多的治療方式（其他的沙游、藝術治療、舞蹈治療、身體治療使用語言機會較少），因此如何與當事人的語言發展能力相配對是很重要的。

(二)不要審問當事人

如果諮商師將「問問題」當成蒐集資料的唯一方法，可能會造成問問題太多，甚至將當事人變成受審訊的犯人一樣，不僅引起反感，也可能造成反效果，尤其是新手諮商師常常遭遇到這樣的情況。

(三)善用問題，也學會問問題

固然問問題是最便捷的一種獲取資訊的方式，卻不是唯一的媒介。諮商師要問有效的問題，當然應該具備有效率的問問題技巧與能力。Bobevski與Holgate（1997）曾經研究有效的電話諮商員的特色，由於電話諮商員只能針對口語做反應，因此當然也問許多問題，他們發現所謂的有效諮商員是：1.不逼當事人說出答案，而是花許多時間去開發可用的資源；2.對於社區可用資源（如家庭支持系統或司法協助資源）有廣泛的知識與瞭解；3.強調問題可以從不同的管道與方法做處理，而當事人是可以找到對其情況最好的解決方式；4.會讓當事人知道自己已經對於因應問題有較樂觀的看法。我會針對這四項做一些舉例解釋：

1. 有些諮商師就直接告訴當事人答案，甚至建議，不會好好利用問題讓當事人可以更廣思索、看到更多的可能性。會問問題的治療師說：「之前你已經用了不少方法，試圖讓這個問題得到解決，只是有時候成功程度不如你預期。接下來我們一起來看看，還有哪些方式你考慮過、卻還沒有機會去試試看的？」

2. 當治療師瞭解到許多在地可用資源，就可以自問題中去瞭解當事

人知不知道這些？有沒有使用的機會？瞭不瞭解使用方法？或是使用之後效果如何？會問問題的治療師說：「我剛才聽到你說其實你也去問過一些社福單位，只是這些協助門檻都很高，不能夠馬上解決你的問題。除了這些公家機構，私人的一些基金會呢？」

3. 當治療師與當事人工作，知道更多解決問題的途徑之後，自然可以有更多的選擇。會問問題的治療師說：「我們剛剛討論了一些可以使用的方法，也檢討了執行時會遭遇的一些問題，你也選擇了幾個想要嘗試的方向，現在你打算怎麼做？」

4. 當事人看到眼前出現許多解決問題的可能方式，然後自這些方法中去尋找較有成功機會的去執行，也因此會讓當事人對於問題因應更具信心，對於原本關切的議題有較爲樂觀的看法！會問問題的治療師說：「一般我們會認爲直線是最短的距離，可是條條大路通羅馬，不一定只能用一種方式來處理這樣的議題。如果不能用你認爲的這個方式，拐一下彎、多花一點時間呢？」

(四)傾聽比問問題更重要

諮商的第一步通常是傾聽，諮商師也要花相當多的努力在「聽懂」當事人所關切的問題，當然有些當事人可能不善言詞，因此怎麼問、問什麼的問題技巧就變得很重要，但是治療師還是要提醒自己「傾聽比問問題更重要」，因爲絕大部分的當事人是要知道諮商師聽了、聽懂，才願意繼續，尤其是對於年幼的兒童，傾聽技巧往往比問問題技巧來得更重要（Hughes & Baker, 1990, cited in Erdman & Lampe, 1996），此外也不適合問兒童太多「爲什麼」的問題，因爲這需要較爲抽象的思考，但是「巡迴式的問題」（circular questioning）是頗適合運用在兒童身上，例如「你媽媽的反應跟老師的很相像嗎？」（關係差異），「如果生氣的程度可以從一到十，你現在有多氣？」（程度差異），「通常在你覺得想傷害自己之前，發生了什麼事？」（行爲次序），「如果你不跟姊

姊吵架，情況會有什麼不一樣？」（假設／未來差異），「你現在跟剛進來的時候比，哪個時候比較難過？」（當下／當時差異）、（Benson, Schindler-Zimmerman, & Martin, 1991, cited in Erdman & Lampe, 1996, p.376）。

家 庭 作 業

1. 倘若要問一位國中可能有中輟危險的當事人「對於學校有什麼不滿意的地方」，試圖創發三種以上問法。

2. 列出十種對初次接受諮商服務的當事人可以做的「開場白」。

3. 兩個人成一組，針對「你／妳是誰」問十次，每次的回答都要不一樣。

Chapter 8
自我表露

一 治療師如何運用「自我」

在治療場域裡，諮商師就是以「自我」為出發，運用自己的專業知能，去協助當事人。諮商師運用自我的情況有很多，包括治療師的「出現」在諮商場所（與當事人同在），願意花時間與心力傾聽當事人的故事，進一步瞭解當事人的處境與心情，適當運用自己的生活經驗與資源，然後與當事人一起思考解決之方。Corey（2005, p.169）提到人文學派的治療師基本上是以自己為治療工具的，擴而言之，治療師自頭到尾都是運用自己的一切來完成他／她的工作（包括態度、自我生命哲學與經驗、專業知能等）。治療師運用自我的方式，不只說明了如何與當事人工作的面向，也與其所秉持的哲學有關——就是為什麼選擇這樣的方式（Selekman, 2005, p.50）。

(一)做當事人的一面鏡子

諮商師可以是當事人的一面鏡子，反映出人類的真實面向（包括人的力量與弱點）。以前的一位督導專長於婚姻諮商，但是也因此常遭當事人的質疑：「妳自己的婚姻都搞不好了，怎麼可能幫我？」她回答道：「就是因為這樣，所以我比較清楚哪些路或方式是不對的，可以讓你們不需要重蹈覆轍！」

諮商師在聆聽當事人的故事時，同時可以看見與欣賞當事人的生命經驗與型態，這對諮商師來說是一種難能可貴的特權與恩賜，當事人容

許我們進入他／她的私我世界（Selekman, 2005, p.54），這又表示了多大的信任與冒險？治療師每思及此，怎能不戰戰兢兢、戒愼恐懼？當事人將他／她自己交給治療師，諮商師可以誠實映照給當事人看到他／她自己，可以作爲示範，也可以認可與接受人的不完美。

我曾經在一個諮商場合中刻意去模仿當事人的肢體動作（因爲她會一直摸鼻子，而且常常自己加「對呀」兩字），當事人後來發現：「妳在做什麼？」

我說：「沒有啊，對呀！」

她笑道：「我知道妳在模仿我啦，可是有這麼誇張嗎？」

後來以完形的角度來協助她看這些非語言訊息，她承認對於自己所說的不太有信心，所以會摸鼻子希望做一些掩飾、不要讓別人發覺，而擔心自己說的不受肯定，於是就先「自我肯定」。很有趣吧？

還有一次在團體中，我彎身拿前方一份資料，團員中有人說道：「老師，我什麼都看見了！」她指的是我領口露出的身體部分，我回道：「妳有的我也有啊！」團員笑了：「是啊！」我只是一個諮商師，不是完美無缺的「神」，我的行爲也偶而失誤，但是不妨礙我做想要的自己。

㈡做爲當事人的楷模

當然，自我表露也可以成爲當事人的模仿對象，鼓勵那些沉默或不願意談論自己的當事人願意開口分享（Egan, 1994, cited in Doyle, 1998, p.246）。然而也不限於自我表露而已，諮商師也是當事人面前一個活生生的角色典範，倘若治療師有相似經驗，不管有沒有成功，也都可以提供當事人借鏡，這也是一種學習。許多的學習是需要經過觀察的，在個人諮商的場域中是如此，在團體諮商的情況下也不例外。諮商的情境雖然比較人工，是刻意塑造的一個空間，但是也因爲保護與保密功夫做得好，因此當事人可以較自在、不怕尷尬地觀摩與學習。我記得初次到美國，碰到一位相當有耐心的房東，他可以在我零碎的英文單字中瞭解

我要表達的東西，而且以正確文法重新再說一遍，讓我可以在被瞭解的同時，也學習到更正確的語法表現！學習是可以有許多面向同時進行的（至少有表面的與隱含的），其他情緒、認知、行爲等也都可以同時進行。

有位年逾半百的女性當事人，有一次在諮商晤談時對我說：「我也可以做大女人對不對？以前我把自己看得太小了，不認爲自己有價值，什麼事都是替別人打理、卻要看別人的臉色，看到老師、還有我們談的很多主題，我發現我要做自己的『大女人』。」

有一次在諮商中我提到「原諒」的議題，舉了自己的例子，因爲同事的一句話讓我很不舒服，認爲自己受傷，但是那位同事不承認自己有錯，事情擱在心裡幾天，發現自己過得很痛苦，後來決定「原諒」這位同事的無心之過，直接打電話告訴他：「我原諒你。」說了這句話之後，心上一片清朗。沒想到當事人回去也對某位家人道歉，多年來的心結可以打開，她在事後告訴我，我嘉許她的勇氣，她卻歸功於我的「良好示範」：「妳說有比面子或自尊更重要的事。」

㈢可以傳達自己或他人失敗與成功經驗

治療師擔任協助專業，聽過也處理過許多的生命困難與問題，也有自己的生命經驗，甚至是閱讀、或是聽聞許多的生命故事，這些都可以成爲自己助人的「配備」之一，在當事人敘述自己遭遇的關切議題或問題時，可以將類似或相關的故事或不同觀點提供給當事人，讓當事人可以比照自身經驗，發現共同性，也看到希望，甚至有新的領悟與改變的行動力。

一位不知道自己未來在哪裡的大學生，老是覺得自己平庸無奇、比別人也比不上，但是現在才起步又太慢了！我的治療方式就是說故事，只要她一提出疑慮或問題，我就用眞實的案例去說明，沒有加上訓誡的意味，四次諮商之後，她也慢慢在努力培養自己的嗜好，嘗試不同的事情，要結束治療關係前我問她：「妳是怎麼辦到的？」她說：「每次我

回去都會想想妳講的故事，我想妳是要讓我知道這些人都跟我差不多，他們可以的話，其實我也辦得到！」

我也曾經碰過一位吸毒犯者詢問：「妳沒吸過毒，又怎麼知道我的痛苦？」我回道：「切身之痛我也許沒有經歷過，但是我卻有榮幸知道許多過來人的痛苦經驗，也許可以跟你分享。」

(四)真誠互動，創造一個安全自在的人際空間

Carl Rogers提到在治療場域中是人與人的「會心」（encounter），就是真誠相對，這樣的治療關係與氛圍有別於生活現場的爭鬥與利益競爭，因此可以讓當事人與諮商師在很安全的環境下做最真誠、無偽的互動，這樣的一種環境是很珍貴的、也促動更深沉的人性與心靈交流。當事人在治療過程中感受到治療師的真心與誠摯，是一股相當有療癒的力量，也在這樣的人際互動中可以自在做自己，從這裡獲得能量，繼續在生活中努力。

有位在商場上叱吒風雲的行銷員，領受太多商場上的爾虞我詐，卻在身心俱疲的情況下出現在諮商室，初期他也將工作場中的禮貌、門面話帶入，卻發現不一定能得到他想要的回應，他很生氣說：「妳怎麼不怎麼高興？」我說：「在這裡你是主角，我關心的是你、你關切的議題，而不是我。所以你不需要討好我，我又不買你的車。」解除了這一層障礙，當事人接著就可以暢所欲言，不需要在乎我的喜惡，真正進入他關心的主題。

(五)生命可以彼此交會、刺激成長

諮商師是另一個人類，與當事人在諮商場域中真誠交會，人類社會的經驗可以讓彼此發現共通性，也互相提攜、促進成長，不只是治療師本身可以累積更多的臨床經驗與生命智慧，當事人又何嘗不是？在諮商場域中，當事人是因為碰到生活上的困境而來求助，諮商師看到當事人的掙扎與努力，陪伴當事人走過生命一個階段，看見生命的弱勢與強

韌，豐富了自己的生命經驗，而當事人也因爲有人陪伴、有人聆聽、甚至協助紓緩或解決問題，而讓自己的生命品質更提升！生命在交會中互相體諒、學習與成長，彼此都是贏家。

有位是團體常客的成員，她說自己自從多年前參加團體之後，就變成一種習慣，每一個團體成員不同，卻可以映照不同的生命經驗，讓她學習到很多，而且：「很多智慧我從別人的經驗中學習，省了很多試驗、受傷的機會。」這一段話讓身爲諮商師的我感同身受，因爲我也是從當事人身上學習到最豐富的生命課題與智慧，同樣地我也以相同的態度回應給當事人。

㈥自我爲治療工具

治療專業幾乎都同意：1.治療關係是最重要的療效因子，2.治療師以自己爲最重要的治療工具（therapeutic tool）。諮商師的專業知能與其自我密不可分，也因此以諮商師人性的關懷、眞誠的態度、訓練有素的技能，營造一個溫暖、正向、滿意的關係，允許當事人做自己、眞實無僞地呈現自我樣態，這就是最佳、具療效的治療工具。

也因爲諮商師以自己爲治療工具，自我的覺察功夫就特別重要，因爲一切都看在當事人眼裡，一覽無遺，治療師大意或是錯誤的看法或處置，都可能造成當事人的傷害，因此謹愼爲上。另外很重要的是誠如人本學派所深信：每個人都有自己想要成就的自己與生命任務，人就是造成改變的主角，而諮商師的工作就是讓當事人看見自己的潛能，對自我有正向信任的評估，願意去提昇自己的生活，換句話說，當事人一如治療師也有自我療癒的力量，也可以是自我治療的工具。

二　不同型態的自我表露

諮商師使用自我表露的時機與型態有很多，包括告訴當事人自己的專業背景，還有處理相關個案的經驗或專長，這是專業治療師應該提

供的基本資料；有時候，當事人可能會有一些特殊考量，像是會詢及諮商師的信仰，或是性傾向、婚姻狀況、有無小孩等，主要也是基於對治療師專業程度的考量，若當事人有這樣的疑慮，諮商師都可以提供，治療師當然也可以詢問一下當事人的動機，因為這也是建立良好治療關係的條件。我也不喜歡當事人詢及私人事務，但是還是會請問當事人的動機，如果動機可以接受，我當然也樂於提供一些事實的資訊。此外諮商師告訴當事人自己的感受（有時候用在與當事人的「立即性」治療關係上），也是自我表露的一種，不僅可以作為當事人的模仿典範，也可以傳達諮商師的「人性」，肯定當事人的人類共通經驗，讓當事人可以認可、也接受自己會有這些感受，而不會覺得有這些感覺是不應該的、或是很可怕的（Hill & O'Brien, 1999, pp.147-148），另外治療師也可以吐露自己想要進行的處置策略與原因（Hill & O'Brien, 1999, p.226），取得當事人的合作。

 ## 三　自我表露的功能

「自我表露」就是專業協助者「分享自己所學習到的領悟，希望可以鼓勵當事人對自我有更深層的思考」（Hill & O'Brien, 1999, p.223）。「自我表露」就是治療師運用自我的方式之一。在諮商中運用「自我表露」，不僅可以促進治療關係的建立，增加當事人的信賴度，協助當事人瞭解其他人也有類似的經驗或問題，鼓勵當事人分享感受與自己的想法，協助當事人自另外的角度看事情，以及他人是怎麼處理這樣的問題的（Cormier & Cormier, 1991, cited in Doyle, 1998, p.245）。而誠實地說出自己在治療中的感受，也是自我表露可以用來建立信任關係的關鍵因素之一，可以讓當事人知道在某些情境下說了什麼、其他人的可能反應或感受是如何，有助於其同理他人的情況（Martin, 2000, p.98），同時也讓當事人有「自己很正常」、不孤單或不怪異的感覺，諮商師自我表露提供了「再保證」，也有助於當事人紓解一些焦慮或癥狀（Hill &

O'Brien, 1999, p.227）。我的經驗中，通常是在諮商室裡觀察到當事人的人際模式而對此說出感想，也可以讓當事人去覺察到自己與人互動的習慣，接著願意去做增進或改善動作，相當有效果。

Nelson-Jones（2005, pp.161-162）認為自我表露有表示關切／涉入（showing involvement）與分享個人經驗（sharing personal experiences）兩種，倘若表露適當，適時可以產生正面的效果，像是提供新的領悟與觀點、展現有用的技巧、讓治療關係人性化與平權、讓當事人的困擾正常化、給予鼓勵與再保證。

一般人將「自我表露」作為與人更親近的一種表示與努力，將自己私密的想法與經驗與人分享，就是希望拉近彼此的關係，也希望對方更瞭解自己一些。倘若許多隱私或是個人的想法感受經驗不能自在對人說出，也許就是認為彼此關係還不到那個程度，或是不想要做進一步的增進。

當然每個人都有自己的一些想法不想公諸於世、或讓他人知曉，保有一些私人秘密並不是不行，這其實也是每個人保護自己尊嚴的方式之一，只是當這些秘密會影響到生活裡的許多層面，而自己又無法掌控容忍度與保密度時，有個人可以讓你／妳安全、放心地說出來，的確是一大解脫！這也是為什麼諮商或心理治療的「保密」倫理是此專業的必備理由之一。因為一般人都有秘密，但是基本上是只有自己知道，若是有一位人士可以傾聽、又不會洩密、甚至可以協助釐清與解決，基本上就協助分擔了一些壓力與焦慮，這是就當事人立場來說。而治療師也會擔心萬一自己在諮商室裡透露這些與自己相關的私人事件，豈不是曝露了自己的弱點？會不會妨礙當事人對於諮商師的專業信賴與能力（Hill & O'Brien, 1999, p.226）？因而諮商師運用自我表露的技巧也要適時、簡短、將焦點轉回當事人身上，而不是為了滿足自己的私慾（Hill & O'Brien, 1999, pp.230-231）。其實治療師聽了許多當事人自我表露的內容，也可能造成治療關係的一種不平衡（諮商師是「專家」，權力位階較高），而治療師的自我表露其實也可以讓諮商關係有一種較為平衡的

感受與功能，這也符合人本學派對於諮商師自我表露的看法——諮商師應該是坦誠、透明的（Hill & O'Brien, 1999, p.225）。

　　諮商師的自我表露有不同意義與功能，但是最先要注意到的就是：表露不是爲了自己，而是爲了當事人。自我表露的目的，Cormier 與 Cormier（1991, p.27）整理有（我在每項後面會舉例）：

(一)讓諮商氣氛更開放、有助益

　　例如當事人會擔心自己所提的問題很可能太嚴重、會成爲諮商師的負擔，諮商師說：「沒關係，我之前也會擔心你所說的我能不能處理？也許多一個人聽聽看，可以有不同的看法。」諮商師將自己的擔心說出來，反而卸下了當事人的心防，願意與諮商師一起探索自己關切的議題。

(二)可以展現諮商師的敏銳與溫暖

　　例如對一位很掛心孩子行爲的母親，對於孩子的叛逆已經用盡了方式企圖導正，但是徒勞無功，諮商師說：「父母親的心眞的是當了父母才更能深切體會，孩子現在不懂妳的用心，假以時日，也許不到我們這個年紀，他會感受到。」諮商師同理父母的立場，也敏銳覺察到家長的用心，願意輸出溫暖與關懷、給予當事人支持。

(三)縮短治療師與當事人間的（心理）距離

　　例如一位很想逃離父母不睦家庭的大學生，卻同時牽掛著家人的情況，諮商師說：「是啊，以前我也夾在父母的爭吵之間，左右不是人，後來知道自己能力有限，先讓自己出來、距離一段空間之後，比較瞭解如何處理不會受傷。」分享共有的經驗與心境，可以拉近彼此的距離。

(四)增進當事人自我表露的程度

　　例如一位有恐同症的當事人，碰到好友追求卻不知如何應付，諮商

師說：「你談到自己不喜歡同性的人追求你，特別是好友曾向你表白、被你嚴厲拒絕，我之前也曾經有類似遭遇，雖然很冷酷、很絕，卻也是我的一種害怕表現，你以為呢？」諮商師談起自己的恐同經驗，也點出拒絕對方其實也是一種擔心害怕的表現，讓當事人可以做更深入的自我覺察與檢視。

(五)讓當事人改變對自我行為的不同看法

例如我曾經對一位不滿雙親管教太嚴厲的大學生說：「以前我也認為父母親管我太多，後來長大才瞭解原來他們表現愛的方式不一樣，可以守護在孩子身邊是愛，但是放手也是愛，比較艱苦一點。」

(六)讓當事人更能表露情緒

例如對一位希望表現堅強、不讓家人或朋友擔心的當事人，諮商師說：「以前我也是很ㄍㄧㄥ的，結果什麼都不能說，也害怕自己的感覺，後來發現這種害怕更讓我害怕。」諮商師談到不敢表現情緒的壓力，讓當事人可以體會不接受自己有情緒、不表現情緒，其實是更讓人難過的處理，會妨礙其他生活層面。

(七)協助當事人發展治療目標與行動的新觀點

例如對一位不清楚自己未來目標的當事人，諮商師說：「當然並不是我們每一個人在大學畢業的時候都知道自己要做什麼、往哪裡去，像我在妳這個年紀，只是隨著大人的決定走，後來輾轉一段路之後，才慢慢找出自己的方向。」諮商師除了讓當事人看見生命現實之外，提供個人經驗與領悟，然後引導當事人可以就目前處境與資源，開發自己的未來。

使用自我表露的目的，除了前述的幾項之外，Kottler與Brew（2003, p.176）還另外補充了幾點：1.讓諮商師表現得更人性，而不是一個權威的角色；2.提供成功經驗可以讓當事人模仿或效法；3.展示給

當事人看到因應困難或挑戰的情況；4.提升自己專業的地位或潛能；5.使用立即性技巧讓親密度與信任增加；6.示範適當的感受、想法與行為；7.展現真誠，增加治療師的吸引力。而Hill與O'Brien（1999, p.225）提到：讓當事人可以從較不受威脅的角度來看自己的問題，自然也可以減少焦慮、舒緩一些生心理症狀。

 ## 四 自我表露的時機

　　諮商師做自我表露要適時、切題，而且不宜過多，因此自我表露應是有選擇性的、聚焦在所關切也談論的事件上，而且也只在治療關係建立之後使用（Doyle, 1998, p.246），因為在諮商中的主角是當事人，不是諮商師，治療師本來就不應該占用當事人的時間作為己用，這也是違反當事人福祉的行為。

　　當事人進入諮商室，基本上都會擔心自己的問題是「全世界唯一」的問題，深怕諮商師也無此經驗，或者自己是孤軍奮鬥，諮商師通常會以自己處理過的相似案例與經驗來安撫當事人的焦慮，等到治療關係建立起來，使用的自我剖白，可以讓當事人看見「過來人」或是「解決問題」的典範，這也是將問題「正常化」的一種，呼應人類社會的真實面——人類有共同的存在議題。自我表露的時機，需要考慮到治療關係進展、議題的相關性與適當與否，以及當事人的反應與接受度。新手諮商師有時會急於與當事人分享，可能會嚇壞當事人，或是沒有達到預期的效果，因此治療師即便有很相似的經驗、願意與當事人分享的善意，也要特別留意自我表露的時機。

　　異性戀治療師（或一般大眾）在碰到性傾向不同於多數人的案例（或個人）時，不免會去思考：「為什麼『出櫃』（或『現身』，coming-out）」這麼重要？原因就在於這是屬於自我的一部分，而且是不見容於大眾的一部分，然而又是特別重要，倘若要讓自己親密的家人或親朋知道這一點，進一步希望他們接納自己的這一部分，就會碰到許

多的難題。因為他們有許多擔心與害怕：萬一讓家人（或朋友）知道了我的性傾向（雙性戀或同性戀），那麼他們會怎麼看我？他們會不會因此而不愛我、不理我？那麼我該怎麼辦？未來的路要怎麼走？我可以獨立生存於這個社會上嗎？其實家人與朋友的擔心是：現在這個（異性戀）社會對於性傾向的弱勢族群的容忍度仍低，歧視與敵視待遇是最常見的，這些都會影響到同志或雙性戀者的生活，甚至是謀生的工作，家人覺得苦、而不是不願意接受。因此許多性傾向少數族群寧可隱身埋名，與家人玩一種「隔一段時空距離」、曖昧不清的遊戲，只要沒有人承認，問題就不會凸顯、也就不需要去解決；當然「現身」是一個過程，可以決定現身多少？何時現身？如何現身？這些都與時間（timing）、方式有關。在治療過程中，諮商師的自我表露也是如此，非得到治療關係可以了，自我表露的「時機」才更恰當，當然所謂的「時機」是需要考慮多方因素的。

 ## 五　自我表露的原則

在表示關切／涉入的自我表露技巧，可以對當事人某些特別的自我表露做反應（如「要談這件傷痛的事的確不容易」），視當事人為一般人（如「很多人跟你一樣也有這樣的困擾，人活在這個世界上就是要面對問題、解決問題，你以為呢？」），也對其弱勢易受傷的處境做回應（如「真的好難過，好像沒有人能夠瞭解你當時的心情」）。在分享個人經驗部分，諮商師要遵守幾個原則：談論關於自己的經驗、過往經驗分享、說重點、敏於當事人的反應、偶而做分享（Nelson-Jones）（2005, p.162）。

Long（1996, p.226）提到諮商師在決定做自我表露之前應該先思考幾個問題：

㈠是否要做自我表露？

㈡要表露多少？

㈢透露哪些部分？

㈣透露這些經驗或訊息的效果如何？

㈤當下的觀點與感受如何？

　　自我表露的原則有（Cormier & Cormier, 1991, pp.17-18; Culley, pp.85-86）：

㈠表露不宜太多，因為主角是當事人，不是諮商師；

㈡注意自我表露的時間長短；

㈢注意自我表露的深度與親密度；

㈣注意為何要做自我表露的動機；

㈤要先瞭解當事人；

㈥要直接而清楚地描述經驗；

㈦使用當事人可以瞭解的語言。

　　另外Long（1996, p.227）、Hill與O'Brien（1999, pp.230-231）則認為：

㈠有疑慮時不要使用自我表露；

㈡要相當具選擇性，而非毫無判斷地運用；

㈢要簡短，不要用太多時間；

㈣重新將焦點轉到當事人身上；

㈤觀察當事人的反應；

㈥可在自我表露之後問開放性問題；

㈦不要經常使用。

　　Kottler與Brew則是提醒諮商師隨時問自己：「我是否可以讓當事人瞭解、卻同時不會將焦點轉向我自己？」以及「我是不是太自我中心了？」（2003, p.176），也許可以減少自我表露的不當，也就是需要考慮表露是否有助於當事人（Martin, 2000, p.99）。

　　自我表露也需要留意到「界限」問題，不要以諮商師自我的需求為表露的動機，而是思考到當事人怎麼可以從諮商師的表露裡獲益？也就是要有能力去認出與區分屬於治療師或當事人的事件或議題（Long,

1996, p.206）。

 ## 六 自我表露的問題

　　自我表露通常可以讓當事人覺得：㈠和其他人有共同經驗，我不孤單；㈡有人也曾經受困於此，卻也安然度過難關，因此我也應該可以；㈢即便是治療師這樣的助人專家也會碰到這樣的問題，也許他／她可以給我一些過來人的建議，諮商師的成功經驗也是給當事人的鼓舞與希望；㈣他山之石可以攻錯，即使不是成功案例、也可以給我一些提醒；㈤諮商師願意分享他／她的個人經驗，表示與我關係更親近；㈥可以對當事人的表達有示範作用；㈦可以從另一個立場或觀點提供意見或看法、甚至感受。

　　但是若是使用太多或是不當，也可能引發不同的問題，包括（Long, 1996, p.227）：

㈠岔題的或過多的自我表露

會使諮商失焦或讓當事人透不過氣來；如：

當事人：「反正我們又吵了一架，根本沒有辦法解決問題。」
諮商師：「是啊，我自己昨天也是這樣，本來想跟我丈夫好好
　　　　　說的，卻一言不合吵了起來！」

㈡不相關的表露

　　導致當事人的重點被轉移。如上例，諮商師回道：「真的我也是，常常發現別人都不懂我的意思，好像秀才遇到兵，有理說不清。」

(三)角色反轉、焦點落在諮商師身上

也就是諮商師忘記治療主角是當事人。如上例，當事人說：「哇，不會吧，妳也是喔？到底是怎樣？妳怎麼發現的？」

Hill與O'Brien（1999, p.224）則提醒諮商與治療同業：

1. 切記自我表露不是用來滿足諮商師自己的需求，或是未解決的議題；

2. 不要將自己的事件投射在當事人身上；

3. 在自我表露之後未將焦點轉回到當事人身上；

4. 做冗長的自我表露；

5. 透露當事人覺得不舒服的內容。

當然自我表露也可能因為使用不當而產生危險（Nelson-Jones, 2005, p.162），如 1.讓治療師與當事人之間的界限模糊（諮商師讓自己的問題成為當事人的負擔，或將服務焦點轉移到治療師身上），2.諮商師可能會有意無意地利用自我表露來操縱當事人以滿足自己的需求（如性、親密關係與贊同）；也因此諮商師要特別小心不要表現太多情緒、或是表現太友善，因為有些當事人是同時需要「嚴苛」與「溫柔」的愛。

家 庭 作 業

1. 訪問資深諮商師是否曾在治療過程中做過「自我表露」？其主要目的為何？效果如何？

2. 你／妳自己在日常生活中與他人互動時自我表露的程度如何？對照與此人的交情，是否有表露多寡的差別？

3. 在什麼情況下你／妳不喜歡做自我表露？有哪些禁忌或是主題你／妳比較不願意涉及的？

Chapter 9
挑戰與面質

在諮商場域裡，雖然許多的諮商師會將諮商進行的主導權放在當事人身上，也以當事人的立場去思考其處境與感受，但是並不是被動地聆聽，或是默默支持當事人而已，當諮商師發現當事人的一些想法可能需要檢視，或是希望可以讓當事人去思考更多、甚至換個角度去看事情的時候，通常會使用「挑戰」（challenge）技巧，甚至是看到當事人前後或是言行不一致的地方，當事人卻渾然不覺、或者考慮到當事人所說的確實性，也會採用適當的「面質」（confrontation）技術，雖然有些學派（像是人本中心或是焦點解決諮商）並不贊成使用類似的技術，但是一般的諮商師還是具有這方面的知能的，只是用與不用之別而已。有些學者將「面質」涵括在「挑戰」的大傘底下，將「面質」視為挑戰的一部分，我很同意這樣的定義，因此也在本章沿用；此外，「立即性」也是挑戰治療關係一個很重要的技巧，我也會在本章做闡釋。

使用挑戰／面質是希望減少當事人經驗與溝通上的曖昧與不一致，讓他們更清楚自己也不想知道的感受、動機與渴望（Hill & O'Brien, 1999, p.191）。挑戰技巧主要是邀請當事人去檢視自己沒有充分覺察的感受、思考與溝通中的不一致，諮商師使用時必須要貼近當事人已有的觀點，也要以非威脅性的態度為之（Nelson-Jones, 2005, pp.157-158）；可以刺激當事人去重新檢視、思考他們目前的想法，可以有更多不同的觀點（Culley, 1991, p.61）。挑戰的目標在於（Egan, 2002, p.184）：㈠讓當事人可以改變想法與作法，給自己創造解決問題的機會；㈡與當事人形成夥伴關係，讓當事人可以經由自我挑戰發現問題中的可能性、尚未運用的內外在資源，營造更好未來；㈢協助當事人認清無建設性的想

法或行為，而以建設性的想法與行為來取代。

有效的挑戰是建立在信賴的治療關係上，諮商師與當事人接受、也瞭解彼此的條件下才可能有效進行（Culley, 1991, p.62）。然而，在討論「面質」與「挑戰」之前，還必須要瞭解一項事實：對大多數人來說，改變不是容易的事！甚至改變也可能造成一個人的「弱點」（Hackney & Cormier, 2001, p.38），除非改變已經是箭在弦上、不得不爾。許多諮商師看見當事人需要做的改變，甚至當事人自己更清楚，然而，要「造成」改變的確需要用心用力！

使用面質或是挑戰技巧，不免會引起當事人的抗拒，而諮商師也不能自外於抗拒的表現，因此在本節也會針對當事人與諮商師的抗拒作一些探索與說明。

一　挑戰與面質的功能

「挑戰」是提供當事人一個不同的觀點、立場或角度，可以刺激當事人去重新考量他／她的看法或立場，挑戰也可以激發更深層的探索、協助當事人看見自己之前未看見或未思考過的部分（Culley, 1991, p.6），挑戰的過程是要詢問、辯論、去引起刺激的，沒有所謂的對或錯誤的途徑來看待處境或是現實，也可以讓進一步深度的探索出現（Culley, 1991, pp.64-66）。

Brems（2001, p.256）認為「面質」不應只限於是一種策略，而應該是一個「過程」，因為它可能不是一個動作就完成，而是會持續下去。面質不是要去羞辱當事人、給當事人難堪，或是攻擊當事人，而是增加當事人的自我覺察與瞭解，最後的目的是促成改變的動力；面質的主要功能是讓當事人去面對他／她認為需要或想要逃避的事物，可以提供機會讓當事人去檢視自己的言行或想法，基本上諮商師看到當事人所說的與所做的有差異、當事人說的與他／她表現出來的有衝突，或是前後所說不一致時（Hackney & Cormier, 1994, p. 118; Kottler & Brew, 2003, pp.163-164），或是當事人價值觀與社會一般價值觀有衝突時（Evans et al., cited in Doyle, 1998, p.245），當事人忽略其本身的資源或缺點時，對於行為結果缺乏瞭解，或是發現當事人有未表達的情緒（Culley, 1991, pp.69-71），會採用面質或挑戰的技術，而要注意的是面質的對象是行為，而不是當事人本身（Kottler & Brew, 2003, p.163）。例如：

㈠「可以代表班上去參加比賽是很棒的事，可是當你提到這個的時候卻沒有高興的表情。」

㈡「你說討厭爸爸的作法，但是當你提到爸爸管教弟弟時，你卻有贊成的表情。」

㈢「就我們之前所提的，妳不喜歡別人指導妳、或是命令妳做事，但是妳又說自己不太能主動去完成一些事情，這裡讓我有點困惑。」

㈣「妳說只要妳喜歡不管別人怎麼想都要去做，上網援交是妳自己的事，可是我記得法律上有一些規範、不是屬於私人可以決定的。」

　　以前在美國曾經碰到一位十七歲的國中生，父母親因為吸毒販毒常常出入監獄，因此他是祖母撫養長大，但是祖母管不住他，而父親偶而住在家中也常常教導一些犯罪的手法，讓這個男生的價值觀受到扭曲。我問他以後想要做什麼？

　　「搶劫銀行。」他說。
　　「大概要搶多少？」我問。
　　「一千萬（美金）左右。」
　　「警察通緝你呢？」我問。
　　「傻瓜，不會逃啊？」他還笑我的無知。
　　「逃到哪裡？」我再問。
　　「當然是國外了，像是澳洲。」他好像胸有成竹。
　　「可是現在全世界有犯罪引渡的條例，可以一起抓罪犯。」
　　「我不會逃到澳洲內陸去？」
　　「你要吃什麼東西？」我問。

「打獵呀！我有了錢就可以買獵槍、火藥那些的。」

「可是，搶那麼多錢，卻不能自在地花，不是很奇怪？」我說。

當事人愣了一下。是啊！搶了錢、逃出警網，卻不能自在花錢，幹嘛要去搶？雖然在這個對話前段，我企圖告訴他他的價值觀是不被這個社會所容許的，可是他不能意會到，所以最後這樣的挑戰只能改走另一種方式：「搶錢的目的是要花錢，卻不能花」，那麼搶了值不值得？是不是自己想要的？讓當事人去思考自己可不可以有其他的生涯選擇？

二 挑戰與面質的形式

Brems（2001, p.258）特別規範出挑戰與面質的四個步驟：

㈠諮商師以同理、關愛、直接的態度指出當事人的不一致處；

㈡諮商師與當事人共同去探索不一致，協助當事人認可與接受那個不一致；

㈢諮商師協助當事人探索不一致的發展脈絡、可能原因或其影響；

㈣當事人體認到不一致的意義與影響，然後決定這個不一致是否對其生活有重要影響，或是繼續維持這樣的不一致。

挑戰與面質的形式有幾種（Culley, 1991, pp.75-79）：

㈠挑戰／面質不一致（像是當事人對自己與他人看法不同，當事人現實我與理想我的不一致，當事人語言與非語言的不一致，當事人所說的或所要的與他們所做的不一致）；

㈡挑戰優勢（例如當事人【刻意或無意】忽略自己的長處或優點、資源）；

㈢自我面質／挑戰（協助鼓勵當事人挑戰自己，像是完美主義者若不完美會如何？自責之外沒有其他變通之道嗎？）

以下會就「挑戰不一致」與「點出當事人思考或行為模式」做進一步說明。

㈠挑戰不一致

面質可以協助當事人可以更一致，讓當事人樹立一個直接與開放溝通的典範，可以刺激當事人採取行動，加以改變（Doyle, 1998, p.119）。Nelson-Jones（2005, p.158）特別舉出所謂的「不一致」包含了不同的種類，以下我會以Nelson-Jones所列的種類，輔以自己所舉的案例來做說明：

❶ 語言、聲音與身體溝通的不一致

「妳說妳已經不受這些經驗的影響，可是我卻聽到妳聲音裡的難過、無奈。」

❷ 語言與動作的不一致

「你很擔心自己的功課，但是你也說很少花時間在上面。」

❸ 負面自我形象與正面證據的不一致

「妳認為自己是一個孤單的人，但是也談到有不錯的朋友。」

❹ 目標與行動的不一致

「你想要彌補孩子，可是卻沒有實際行動與計畫。」

❺ 之前說的與目前說的不一致

「在這之前妳說自己不在乎爸爸怎麼看妳，但是現在卻說希望讓爸爸高興。」

❻ 所說與證據間的不一致

「你說太太從來就不幫忙店裡的事，可是也提到她會替你管帳。」

❼ 想法、感受與實際溝通的不一致

「妳說很擔心自己的口頭報告不好、很焦慮，但是妳卻花了很多時間去練習，甚至表現得還滿意。」

❽ 自我與他人評價的不一致

「你說自己球技不佳，但是同學每次鬥牛都會找你。」

㈡點出當事人思考或行為的模式

Brems（2001）指出一般人都會有一些固定的或是習慣性的行為或思考模式，這些模式並不是不好，有時候可以作為瞭解當事人的參考，在挑戰當事人的技巧中偶而也可以發現當事人的一些生活模式，當事人可能沒有意識到。這些模式可以包括：1.關係模式（relational patterns）——當事人在面對人際或親密關係時會出現一貫的應對方式，如「逃離」、避免紛爭等；2.僵固的認知信念（rigid cognitive beliefs）——當事人的思考模式裡會出現比如「災難化」、「自責」等；3.核心情感（core affects）——當事人也許因為之前未解的事件，或是習慣性以固定方式表現情緒，如忌妒、不公平感，在遇到相似事件時可能就出現；4.習慣性行為（habitual behavior）——如問到關鍵問題會出現退縮、身體蜷曲的姿勢，或是興奮時會毫無顧忌地大叫或大笑（Brems, 2001, pp.236-237）。而挑戰當事人去測試自己的假設，也可以協助其區分自己與他人的期待（Culley, 1991, p.96）。

即使是認知治療裡找尋核心信念的過程，也需要循序漸進，留意到當事人可能有的情緒反應，而不要很急促地做面質（James, 2001, James & Barton, 2004, cited in Sanders & Wills, 2005, p.152），這樣可能適得其反，未能達到預期的結果。

三　面質與挑戰注意事項

在使用面質或挑戰技術時，一般都會強調與當事人的治療關係已經建立之後才可以進行，Rowan（2005, p.185）也說：面質必須懷著溫柔的心、小心翼翼地進行，而且要適時，要不然是沒有治療功效的，在進行面質時要有正確的同理、尊重、且帶著「暫時性」的實驗性質，或許需要一步一步慢慢趨近、使用。

挑戰有時候可以激起當事人的鬥志，願意更進一步做努力，而面質主要是依據諮商師的觀察，發現當事人在行為與言語上的不一致或矛盾、之前陳述與之後敘述間的差異，甚至是前後立場不同時所提出的疑問，也是藉此機會協助當事人檢視自己的一些想法，可以做更深入的探究。因此，使用挑戰技巧時，需要注意（Brems, 2001, pp.259-260; Culley, 1991, pp. 71-74; Egan, 2002, pp.220-223）：

(一)使用暫時性、非抱歉式的的語言——例如「可能」、「我猜想」；
(二)要記得使用挑戰的目的與意義；
(三)要考慮到當事人是否能接受挑戰（當事人的準備度）；
(四)要讓你的觀點與當事人所傳達的接近；
(五)要具體而詳細；
(六)避免指責；
(七)鼓勵也催化當事人可以自我挑戰；
(八)也要對自我挑戰採取開放態度；
(九)營造同理、關切的環境，並以誠實、關愛、創意的態度面對當事人的防衛；
(十)注意使用的時刻；
(十一)挑戰當事人尚未運用的優勢而非缺點；
(十二)建構在當事人的成功經驗上；
(十三)尊重當事人的價值觀；

㈣不要過度使用。

雖然挑戰是邀請當事人探索更多、更深入，希望當事人可以看到不同的觀點，擴大理解，行動更有效，但是也可能會讓當事人覺得自己被貶損、輕視，甚至會引起當事人強烈抗拒，因此不建議在諮商初期使用，也沒有人希望一直被挑戰，所以不宜使用過多的挑戰技巧（Nelson-Jones, 2005, p.159）。

當然諮商師使用挑戰想要達到一些處置目標，但是並不一定就如治療師預測那樣有效，我在使用挑戰或面質技術時，也發現當事人愈相信治療師、信任諮商師的處置，同時對於自己的接受度愈高時，愈能看見挑戰或面質的效果；當當事人可以做自我挑戰的時候，通常當事人的自我覺察度也相當敏銳，而將「面對自己」當作覺察與成長的重要能力。也有一些當事人被指出不一致的地方，會開始為自己辯白，產生焦慮，甚至認為治療師在找碴，這也是臨床學者與資深治療師特別提醒留意的原因。

四 立即性

㈠「立即性」的功能

與「挑戰」跟「面質」有關的可能就是「立即性」或「此時此刻」（immediacy, here-and-now），諮商師反映給當事人目前在諮商進行過程中所發現的一些觀察，主要是治療關係與互動模式（Culley, 1991, p.7），是要注意治療關係中的動力狀況，其目的是藉由檢視隱藏的議題來增進當事人的自我瞭解，使得當事人獲得新的觀點或領悟，諮商師提供一個安全接納的環境，邀請當事人檢視其人際互動狀況（Long, 1996, pp.228-229），而檢視治療關係可以協助當事人更清楚在諮商過程中發生了些什麼事，聚焦在當事人當下的想法與感受（Culley, 1991, pp.86-87），也就是可以分別反映當事人的感受、想法與行為，以及治

療關係，目的是要讓諮商師與當事人可以一同合作得更好，可以就治療關係與互動有更多的討論與回饋，並且讓當事人自我探索更多（Cormier & Cormier, 1991, pp.31-32）。

使用「立即性」主要是希望：提升當事人的領悟或頓悟，提到妨礙治療過程的事件，以及確定與加強感受；倘若諮商師的動機是想要滿足自己的需求就是不正確的使用（Hill & O'Brien, 1999, p.237）。

治療師不想使用「立即性」技巧可能是因為：1.諮商師自己的私人事務（如反移情），阻擋其看到當事人表現出來的模式或行為；2.治療師認為這樣的說法可能太私人或情緒化了；3.諮商師對於這樣的親密、開放溝通沒有經驗；4.諮商師擔心說出來之後接下來要怎麼做；5.治療師不能確定自己的觀察是否正確，不能肯定是因為當事人真正的移情現象、還是諮商師本身的反移情表現（Brems, 2001, pp.272-273）；6.對於自我形象或親密關係議題不自在（Cormier & Cormier, 1991, p.33）；7.諮商師會害怕自己使用立即性時可能會侵犯了當事人，或讓當事人生氣；8.有時諮商師不太相信自己的感受，也害怕直接且誠實地談論治療關係（Hill & O'Brien, 1999, p.243）。因此使用立即性技巧時要注意幾個原則：治療師應該就其所觀察到的當下情況做描述；在提到自己的感受時，要負起責任，譬如使用第一人稱、而非第二或第三人稱；要注意時間的適切性（Cormier & Cormier, 1991, p.33）。

在諮商場合中檢視治療關係，還有一個重要的原因是：當事人通常會將在治療室外的人際模式帶入諮商場域中。而諮商師在治療過程，也可以清楚看到當事人與人互動的方式與習慣可能出現的問題，因此當治療關係停滯不前，或是感覺到有問題時，都可以是檢視治療關係與人際互動的好契機。此外，治療最重要的療效因子是「治療關係」，倘若諮商師故意忽略已經有問題的治療關係、而持續諮商服務，對於當事人來說並沒有好處。「關係」是雙向的管道與影響，諮商師與當事人都需要負起責任。

(二)「立即性」使用時機與限制

Culley（1991）提到使用「立即性」的時機：1.當事人對於諮商師的信任可能有疑問時；2.當當事人與諮商師陷入困境時；3.當「界限」問題出現時，也就是當事人想要改變治療關係為其他的人際關係時（p.88）。「立即性」的使用應當是在治療關係穩定時才會有較佳效果，因此在使用時應該注意到：1.要肯定、堅持——直接說出自己的感受或觀察；2.對自我開放——告訴當事人你在諮商關係中所覺察到的，而不是用來指責當事人的不是；3.很具體清楚地描述諮商師所想的；4.請當事人就諮商師方才所說的作一些回應（Culley, p.89）。

立即性可以將焦點放在（Hill & O'Brien, 1999, p.235）：1.所有的治療關係上——「我們似乎已經克服了當初的不自在，現在談話比較輕鬆了。」2.治療中的特殊事件上——「對於今天我們所談的外遇問題，你似乎有不同的看法。」以及3.當下諮商師對當事人的反應上——「我覺得有一點挫敗感，因為你會在聽我說完之後緊接著說『可是』。」Hill與O'Brien（1999, pp.235-236）也將「立即性」視為自我表露、挑戰或提供訊息的一種方式，因為諮商師是表達出「自己」對於當下或是治療關係的一種「感受」，可能也「挑戰」了當事人的感受或反應，也針對彼此在治療中的關係「提供」對照訊息；而就當事人立場來說，也是一種諮商師給予的「回饋」，讓當事人知道治療師所覺察到的人際關係。

當然對於立即性的使用也可能有潛在問題（Long, 1996, p.229）：1.忽略了當下治療關係動力情況——可能會因為聚焦重點不對（像注意當事人的親密關係，忽略其他相關人際議題）；2.具批判性——相對地可能攻擊或指責了當事人（像是告訴當事人在治療關係中都無問題，但是「為什麼妳一出諮商室就會出現這樣的情況？」）；3.解釋或下結論——諮商師以自己的認知與理解下定論，如：「你之所以有這樣的態度，是不是因為你把我當成你父親，所以用同樣的態度對我？」

五 抗拒──諮商過程中的一環

　　自從佛洛伊德提出「抗拒」（resistance）的概念，許多學派也會提到在治療過程中當事人的「抗拒行為」，唯有完形學派的Perls（1969）獨排眾議，認為所有的當事人都是抗拒的，因此治療的目標就是「克服抗拒」（cited in Kottler & Brew, 2003, p.188）。把「抗拒」擺在這一章節來做敘述，主要是因為一般會在使用挑戰技巧時遭遇到當事人較多「抗拒」的行為，當然「抗拒」也不是只有在這些情況下才出現，由於諮商是一種很特殊的人際互動關係，因此諮商師或是當事人彼此間的「動力」（dynamics）會有相當多的變化，「抗拒」不管是來自治療師或是當事人都有可能，也可能隨時發生。當諮商進行不順利或是效果不如預期，許多治療師可能就會直接歸咎為當事人不願意合作的「抗拒」所致，甚至會將當事人診斷為某類心理病症或標籤化當事人（Kottler & Brew, 2003, p.188），也許這樣做會讓諮商師自己覺得好過一點，但是仔細評估其實也不是好事，諮商師必須學會瞭解與探討自己這樣做的可能原因？倘若下一次再度發生，應該如何因應較為恰當而有效？甚至可以將「抗拒」視為治療關係更深入、穩固的契機，對諮商師與當事人雙方都是難得的學習，有些學派（如像「焦點解決諮商」）就不將「抗拒」視為「抗拒」，而是有其他的解釋（如重新思索改變的方向或方式）。

㈠當事人的抗拒

❶抗拒的可能原因

　　「挑戰」與「面質」和治療關係密切，也就是當治療關係建立穩固之後，使用這樣的處置比較不容易引起當事人的抗拒或反感。對於當事人的抗拒已經有許多的研究，「抗拒」是發生在當事人內在的一個過程（Pipes & Davenport, 1990, p.170），基本上抗拒是很正常的反應

或現象，畢竟「抗拒改變」是人情之常，除非迫不得已。Watzlawick、Weakland與Fisch（1974）將抗拒視為「當事人對改變的一種預測，或改變的另一種面向」（鄭村棋、陳文聰、夏林清譯，民94，p.220），不將「抗拒」污名化為阻礙治療的進度，感受或是發現當事人的抗拒，對於治療或是治療師的專業都有所助益。

當事人的抗拒，諮商師很容易可以想像其原因可能是：

(1)求助是自己不行，或是無能力的一種表現；

(2)文化上的因素，如在東方國家，向外求助是洩露家庭秘密或沒有這種習慣；

(3)要向陌生的諮商師吐露自己的問題，羞於啓齒；

(4)擔心治療師知道自己的私密或弱點，或許會透露出去（這也表示對治療師的不信任）；

(5)對於諮商過程與效果不清楚；

(6)害怕做改變，因為一旦改變就必須拋棄原先熟悉與習慣的事物或環境，冒險性太大，而且不知道結果是否如預期；

(7)還沒有準備好要做改變，可能是自信或能力不足，或是對於先備的條件還沒有把握。

Egan（1994, cited in Doyle, 1998, p.273）特別提醒治療師在做任何處置動作時，可能都會引起當事人的抗拒，其原因為：

(1)一般人對於新的行為或事物都有戒心，因為不熟悉，就會顯得笨拙或困難；

(2)擔心失敗，所以不敢去嘗試；

(3)有些改變要先有心理建設，可能需要重新經歷舊經驗，或是重新學習；

(4)當事人之所以維持舊行為是因為這個行為有其好處或酬賞，一旦改變，這些酬賞可能就減少或消失了；

(5)可能諮商師會發現這樣的處置還過早，或是當事人不能承諾去執行。

如果發現當事人在改變行動上有抗拒情形發生時，諮商師應該要思考到幾個可能原因（Culley, 1991, pp.109-110）：

⑴當事人沒有這項需要的技能（也就是還沒有準備好的一種——Teyber, 2000，徐麗明譯，民92，p.112）——例如要讓當事人去與人互動，但是卻沒有社交的基本技巧；

⑵有一些潛在的危機或冒險——當事人擔心自己一旦改變，事情卻變得更糟糕；

⑶有其他限制的因素——例如要當事人搬出原生家庭，但目前當事人依然依賴家人提供經濟支援；

⑷酬賞不足——想要改變的行為還不具足夠的吸引力；

⑸當事人想要有個完美的計畫之後才行動——有些當事人在認知上相當堅持，非得有個完善計畫才肯行動，因為害怕失敗。

❷ 非自願性

另外一個常與「抗拒」相提並論的觀念是「非自願性」（reluctance），指的是當事人不是自己願意出現的或願意做的，這就不是當事人「內在」的狀況，而是「人際間」的過程了（Pipes & Davenport, 1990, p.170）。諮商師最常在高中級以下的學校單位，或是懲治機構（如監獄、輔育院）遭遇到「被轉介」過來的當事人。當事人的不自願表現出來的行為有（Doyle, 1998, p.57）：

⑴逃避——遲到、早退、忘記約定；治療過程中表現出很順服、合作，但是卻沒有實際改善行動；在諮商時間講很多無關緊要的事，或是別人的事；

⑵找藉口——要有所行動時會有許多「不得已」的藉口出現，或是常常有「是啊……可是」的說法；

⑶敵意的行為——特別是在轉介個案上常常看見，在學校裡當事人將諮商師視為「潛在性」敵人，當成與學校老師與訓導主任是「一掛的」；

⑷沉默——不說話、保持緘默的權利，或是點頭搖頭、回答「不知
　道」。

❸ 抗拒的種類

當事人表現出的抗拒可以有（Pipes & Davenport, 1990, pp.
173-175）：

⑴無傷害性行為（disarming behaviors）——這些行為可能讓人覺得
　愉快、迷人、像一般人互動的情況，會讓諮商師覺得當事人似乎
　很投入，兩個人在諮商場域裡像好友一樣，當事人很幽默、有點
　煽情，會誇獎治療師，詢問諮商師的私人生活或情緒，也會做一
　些很安全的自我披露，但是諮商卻停滯在原地，沒有進展。

⑵乏味、無趣的行為（innocuous behaviors）——當事人也許表現出
　沉默、困惑、無助、被動、一直換話題的行為，甚至在敘述很聳
　動的經驗時竟然沒有適當的情緒表現，好像在提別人的故事，諮
　商師觀察到這些，很清楚當事人有許多事沒說，或是隱瞞了什麼
　重要訊息，但是不得其門而入，會有挫折的感受。

⑶挑釁的行為（provocative behaviors）——這些行為會讓治療師覺
　得自己被刺激、觸怒或是採取退縮策略。當事人可能表現出懲
　罰意味濃厚的沉默，或是就是很保留地不說話，指控諮商師不專
　業或根本沒有幫助，要求與治療師更親近，建立諮商以外的私人
　關係，表現出遲到、遺忘、懶散或是有緊急事件的行為，甚至對
　治療師有性方面的暗示與提議，而逃避、找藉口或是展現敵意
　的行為，也都是抗拒或不情願可能會出現的行為（Doyle, 1998,
　p.57）。

諮商師要注意不是因為自己「全能」或是贏得了當事人的信賴就心
滿意足，而是要隨時覺察、反省，以當事人的福利為首要目標，去瞭解
當事人為何有這些行為或表現？內在動機或需求為何？對於整個諮商歷
程有怎樣的影響與意義？也許就可以更瞭解因應之道，增進諮商關係。

Doyle（1998）提醒治療師同僚：抗拒的當事人的主要關切是自己，因此若有任何可以增進其自我瞭解技巧的介入，基本上就可以減少或降低抗拒（p.58）。Kottler與Brew（2003, p.189）則是將當事人抗拒行為分為：⑴保留溝通（withholding communication），如沉默、不太做回應或回應極少、說話沒有重點；⑵侷限內容（restricting content），如張長李短、理智化、問誇張的問題、岔題；⑶操控（being manipulative），如說話不算話、挑逗行為、外化表現、遺忘；與⑷違反原則（violating rules），如爽約、拖延付款、有不適當的要求或出現不恰當的行為等四項。

(二)治療師的抗拒

Teyber（2000）提到諮商師的抗拒包括了：不想與抗拒的當事人一起工作（認為當事人既然抗拒來作治療，功效一定打折扣），未能覺察與治療有關的決定與衝突；期待當事人喜歡自己，因此即便發現當事人的抗拒，也不敢質疑或去證實；擔心或迴避可能遭來的批判，故意忽略或隱藏當事人抗拒的感受；也就是諮商師本身的背景文化或教養經驗不鼓勵去探觸他人內心感受，認為好人不會讓人難受，想要取悅當事人、獲其認同，以及擔心當事人有激烈或自己不能處理的情緒或反應（徐麗明譯，民92，pp.69-70 & p.111），也因此治療表現出來的行為可能是：建議當事人應該怎麼做、詮釋或解釋他人動機與行為的意義、向當事人掛保證、自我表露相似的情況等（Teyber, 2000，徐麗明譯，民92，pp.111-112）；諮商師本身發覺自己有抗拒，就可以趁此做自我檢視：是不是與當事人的關係反映出了自己平常與人互動的人際模式（像是不喜歡某些特質的人，或是不喜歡被掌控）？或是當事人的議題觸動了自己沒有處理好的私人事務（如親密關係），因此容易被挑起情緒？如果抗拒的情況沒有改善，治療師就必須做其他處理，如轉介、找同事或督導商量，或是自己找諮商師，務必以當事人的福祉為最先要著。

當然治療師也是人，有自己的喜怒哀樂愛惡欲，但是在諮商場域裡

倘若發現自己的情緒受到影響、可能會妨礙當事人的福祉時，自己就要先做適當處理，不能「假裝」專業，或放任不管。

㈢如何處理抗拒

治療師也會害怕處理當事人的抗拒，因爲萬一處理不當，可能會傷害當事人、失去當事人、讓自己顯得沒有能力，以及其他的擔憂，然而抗拒問題還是需要處理，對於當事人所表現的抗拒，Teyber（2000）認爲諮商師處理當事人的抗拒時，當事人可能覺得被治療師指責或批判，就應該協助當事人重新建構這樣的批判態度，因爲抗拒的出現是當事人自我保護或適應的一種方式，不是爲了反對治療師，因此諮商師要協助其明瞭不再需要有這樣的反應；也許當事人只是重複表現了與人相處的不良模式，治療師可以進一步協助當事人爲何這麼做的原因？這麼做可能是當事人的自我保護手段，而這樣的抗拒不是針對諮商師而來，因此以「不批判」的態度去處理是最重要的（徐麗明譯，民92，pp.72-74）。Pipes與Davenport（1990）認爲：治療師必須去處理抗拒，要不然會讓當事人過於情緒賁張、脆弱，甚至有失控的感受（p.169）。諮商師的抗拒需要自己覺察與處理，治療師面對當事人的抗拒則需要有所介入的行動，一般講的抗拒主要也是針對當事人。諮商師在面對當事人的抗拒行爲或表現時，首先不要情緒化，或將其個人化（認爲當事人只是針對諮商師而來），不需要採取敵意的行爲，而是要參與當事人、提供他／她支持、企圖減低當事人的恐懼或擔心，鼓勵當事人去探索逃避的議題（Marshall, 1982, cited in Pipes & Davenport, 1990, p.175）。

當事人進入諮商，治療師當然希望他／她可以改變，但是如果當事人還沒有準備好，諮商師要當事人做一些改變行動，也可能會引起當事人的抗拒，而這也牽扯到當事人與諮商師的步調配合（pacing）問題。一般說來，諮商師可能因爲專業訓練與經驗的緣故，有時候會比當事人更早看見或發現問題的癥結，但是倘若當事人還陷在混亂情緒或思考中，根本就看不見癥結處，如果諮商師硬是指出來，甚至逼著當事人去

面對，可能會讓當事人驚慌、抵制，甚至就提早結束治療。

Bugental（1978, cited in Pipes & Davenport, 1990, pp.175-176）建議處理抗拒的方式爲：

1. 儘量將當事人的抗拒行爲轉換爲無威脅性的，如：「是不是外頭發生了有趣的事情？不然你今天還沒正眼看過我喔！」
2. 將行爲放在特殊的情境來看待，如：「剛剛你提到哥哥，好像有些情緒上來，所以轉換了話題。」
3. 邀請當事人探索抗拒過程，如：「過去兩次面談你似乎安靜很多，是不是我們之間發生了什麼事、讓你覺得不舒服？」

Kottler與Brew（2003, p.189）提醒治療師，當事人的「抗拒」不是爲了要讓諮商師難過，而治療師首先要去找出抗拒的可能源頭，另外提供了處理抗拒的方式：

1. 不要再做無效的處理，試試別的方式；
2. 設定界限，而且常常提醒；
3. 不要過度「個人化」（就是將箭頭轉向自己），而是接受自己該負責的部分；
4. 在處置方法上更有彈性。

當當事人出現「不情願」的反應時，我第一個說法是：「你／妳是一個很爲自己負責的人，你／妳認爲自己的事不需要別人插手。」我會先肯定當事人不願意來的原因，然後再想辦法讓諮商繼續。抗拒的發生不是一次而已，在治療過程中也可能會陸續出現（Teyber, 2000，徐麗明譯，民92，p.99），甚至是觸碰到當事人內心更深處的關切議題時，抗拒更常出現，這也是一般人會有的反應——因爲更深入，表示揭露得愈多，要冒的危險更大，當然就會縮回去，諮商師必須常常做處理，而通常成功處理了一個抗拒情況，也表示治療關係的更上層樓。

家 庭 作 業

1. 你／妳是一個害怕衝突的人嗎？在與人互動的經驗中，你／妳也有過這樣的經驗與表現嗎？這些會阻礙你／妳什麼？

2. 在日常生活中，你／妳怎麼因應跟你／妳意見不同的人？請列出你／妳的因應方式與其優劣處。

3. 在諮商現場你／妳曾在哪些情況或條件之下挑戰或面質當事人？結果呢？

Chapter 10

重新架構與其他
認知技巧

　　本節會著重在與認知技巧相關的技術上，包括「重新架構」、「幽默」、「改變語言」、「想像」、「認知重建」、「矛盾意向法」、「說故事」、「詮釋或解釋」、「提供資訊」與「給建議或忠告」等。認知技巧主要的目的是希望可以讓當事人有「恍然領悟」的感受，中華民族是一個重視認知的族群，也會期待他人有所領會與瞭解，但是並不表示只適用這種方式，相反地，我在諮商現場卻發現：國人太習慣以「認知」方式處理事情，卻忽略了情感與行動層面。

 一　重新架構定義與意義

　　重新架構（reframing）也可以是「語言運用」的一種表現，特別將它分離出來另成一章，主要是希望可以做更充分的說明，讀者可以將此章與「語言的使用」一章做對照。諮商師的功能之一是提供當事人另一個思考窗口，也就是可以協助當事人跳脫既定的思考模式，從另一個角度來看事情，這就是所謂的「重新架構」。為什麼諮商師提供另一個角度的看法這麼重要？因為基本上來求助或是轉介來做治療的當事人，他們面臨了或是其他相關人士認為他們面臨了一個問題，需要做較為迅速的解決或思考解決之道；而陷於問題中的當事人常常因為自己的困擾而侷限了思考，或是把問題想得太嚴重，甚至鑽牛角尖出不來（所謂的「隧道視覺」或「隧道思考」）。因此當諮商師從自己的經驗或是觀點

來看同一件事，或許會提供當事人較為正向的想法，甚至是解決之方，至少也可以讓當事人去思考自己這樣的想法的可能性有多少？是不是有其他的轉圜之道？而改變當事人的認知很重要，因為一旦原來的想法改變了，新的行為才容易產生（NiColl, 1999, p.25）。

我們在日常生活中也經常發現：一件事物並不一定是「好」或「壞」那麼單純，即便是同一件事物也會同時有好壞的特質在裡面，或是因時因地有不同的表現情況。像是一個很隨和的人，也可能被譏為「沒有原則」，而一個固執的人，也可以在某些方面是「堅守原則不退讓」的人，這也說明了事物的一體兩面。以認知學派的觀點來看，我們一般人在思考時會受到自己的背景經驗與教育文化所影響，因此思考會依照一個既定的模式，在平常情況下，這樣的思考並沒有帶給我們太多不方便，有時甚至是相當有效率，但是有時候這樣的既定思考模式也會困住我們，而讓我們陷溺其中、不可自拔，我在這裡並不是指有強迫性思考或行為的人，而是一般人思考可能遭遇的困境或阻礙。而「重新架構」便是提供不同角度與觀點，甚至是跳脫目前的角色或是情境，可以有不同的解釋與解決方式出現。

一般在日常生活上，我們也常使用到「重新架構」這個思考，朋友聊天彼此也會對一件事物提供不同的解釋或是思考方向，像是小楨認為自己真是倒楣透了，一大早起來就發生一連串不如意的事，小馬聽到了反應道：「今天所有可能的倒楣事都發生過了，也許好事剛要開始哩！」或者騎車滑倒，但是幸好傷勢無大礙，也讓自己學會騎車更謹慎小心。

焦點解決諮商很常用「重新架構」的觀點，許維素在一次工作坊中提到處理一對遭遇九二一地震失去丈夫（父親）與兒子（弟弟）的母女，女兒在前一天才過生日，擁有了屬於自己的房間，但是地震一來，當她清醒時已經是人事全非，她當時很不能諒解母親為何在第一時間自己先逃出去，後來才折回來找她？許維素老師雖然瞭解逃跑是人類應付危難的基本反應，但是卻不知道如何說服這位女兒，後來她問這位女兒

一句話：「可是爲什麼媽媽還要冒著餘震的危險回過頭去找妳？」女兒才豁然明白，與母親相擁而泣！女兒的立場是「母親應該保護子女」，而母親也的確在後來做了這樣的決定，但是女兒堅持自己的想法，所以怨懟極深，需要治療師提供另一個可能的觀點，才讓她明瞭母親的確正如她所想像！

Michael White與David Epston（1990, cited in Freeman, Epston, & Lobovis, 1997，黃孟嬌譯，民93）發展的敘事治療裡所使用的「外化問題」（externalized question），也可以說是「重新架構」的一種變形，他們將「問題」與「人」區隔開來，而不是將人視爲問題本身，彷彿是一種掙脫不掉的宿命，讓問題成爲當事人與治療師可以共同「處理」的一種情況（甚至是「敵人」），這樣的做法「可以減輕責難與防備的壓力」（p.29），例如將「大便失禁」比喻爲「黃金先生偷溜」，不僅點出了重點，也具詼諧與幽默，甚至讓當事人明白「防止黃金先生偷溜」就是所欲達的目標。

二　重新架構案例舉隅

重新架構需要諮商師可以跳脫固著思考的框框，因此諮商師也需要做適當的練習。重新架構有時候也可以從幽默感的培養開始，所謂的幽默就是從事情的另一面作思考，讓事情至少呈現兩個面向，可以有不同的解讀與感受。

一位國中男生雖然每天來學校，但是對於學業沒有興趣也不肯用心，回到家就是睡覺，讓師長極爲頭痛，而每到週末假日又去網咖混一整天。師長說這樣一無是處的孩子，眞想要放棄他。我卻看到學生的許多優點，於是一一道來：㈠他雖然對課業不感興趣，但是卻每天準時到校，沒有變成中輟生，而且他回到家也沒有出去鬼混，還直接去睡覺；每到週末假日，他還會找些休閒娛樂去網咖玩玩，上學時間一到，還馬上恢復一般生活，眞是難得的年輕人！

同樣是一位國中生被老師形容成四肢發達、頭腦簡單、前途無亮。但是當我第一次見到他，企圖在他身上發現一些優點時，我先做了猜測：「你看起來運動很行。」他馬上露出笑容很得意道：「我以前是田徑選手哩！」當話題轉到他行、有興趣的地方，他就開始侃侃而談了。後來他提到跑一百公尺需要有「爆發力」，於是我就問他如何培養爆發力？甚至將爆發力運用在學校學習可以如何？這也是另一種重新架構——從另一個角度來看當事人，看到希望，也看到期待改變的方向。

老師說要改變學生「偷竊」的習慣，我們則說：「要讓學生『學習尊重』自己與他人的財物。」一位缺乏自信的男性學生說自己要進入黑社會，諮商師不必緊張以為他真的會這麼做，或是去導正他的價值觀，可以說：「哇，你很想要做濟弱扶傾的工作！」

一位離婚、子女又罹患不同程度障礙、本身信仰基督的女性，她說自己是一個命運乖舛的人，要不然怎麼會過得這麼辛苦？我則問：「如果你的一雙子女是生長在別人家，會是怎樣一番情景？」她哭著道：「我不能想像！一定很悲慘！」接著我說：「可見妳對於自己母親這個角色盡了自己的心力，而且也引以為傲。可不可能妳的上帝也因為這樣才特別把這雙子女交在妳手上？」這位女性後來破顏而笑！對於整件事情的看法就不同了，她說：「我從來不曾這樣想過。」也真的將這項艱鉅任務視為上帝給她的「恩賜」。

㈠說謊案例

一位擔任隔代教養的阿嬤很生氣，因為孫子「說謊話」。阿嬤就舉了一個例子：「他要考試，我就叫他不要看電視、去讀書，（後來）他媽媽打電話來，他就告訴他媽媽說我不准他看電視，他媽媽就要我給他看電視！我真是難過，我叫他不要看電視是為他好，可是他媽媽很像說我不對！」

「是啊，妳平常也不是不讓他看，只是因為要考試了，所以希望他多花時間去唸書準備考試，但是他告訴他媽媽的時候，沒有談到考試這

一點，讓妳很生氣，也有點傷心，好像女兒只顧護著她的孩子，沒有看到妳的用心。」我說。

阿嬤點點頭：「就是這樣。」

「其實，」我接著說：「我們自己說話的時候常常會說對自己有利的部分。妳的孫子也是，故意沒有提到考試、擔心媽媽罵，可是如果罵他說謊，他會很生氣，好像他不是個好孩子，他只是沒有把全部的事情講出來，也許下一次可以要求他講出全部的事實。」這樣的說法，阿嬤願意接受，也明白孫子要顧面子的動機。

㈡向「錢」看齊的母親

上大三的小珊平素很乖巧，可是導師發現她悶悶不樂，擔心她可能有憂鬱癥狀，轉介她到諮商中心。小珊說自己一切都很好，不知道為什麼要來這裡，諮商師直指她的「不快樂」，小珊竟然就開始掉眼淚。

「我不應該覺得不快樂，可是我媽常常提醒我以後我會嫁人，所以要省錢，不要隨便浪費。」諮商師在小珊的敘述中發現：小珊母親自她國中開始就灌輸她這樣的觀念，還說以後她嫁人，家裡財產不會留給她。小珊覺得母親很愛錢，但是父母親也真的很辛苦，她這個做女兒的不應該抱怨。

「妳真正想對媽媽說什麼？」諮商師問。

「我希望她不要把錢看得這麼重，好像養我就是浪費錢。（養）哥哥他們就不會。」

「告訴我媽媽是怎樣的一個人？」諮商師問。

「我媽很強勢，掌控家裡的經濟。」

「妳希望成為怎樣的人？」諮商師問。

「我也要像她一樣，可以有自己的意見，不必靠別人。」

「可不可能這就是媽媽想要告訴妳的？女人要靠自己，不要靠別人；也不需要靠家裡？」諮商師說。

「可是——」

「當然，妳感受到的可能不一樣。媽媽這樣說妳，好像在拒絕與你親近，可是妳之前又說妳跟媽媽很要好，卻接收到媽媽矛盾的訊息，妳也覺得很困惑。」

(三)控制的母親

陳惠未婚懷孕，男友家境不允許她將孩子生下，所以她也聽從母親的意見拿掉了孩子，事後母親給她補養身子，由母親主動來與諮商師約談，諮商時治療師要求母女同時出席。

陳惠母親是希望女兒可以與男友分開，把注意力放在課業上。陳惠在席間提到自己因為老是覺得被母親掌控，根本就不能呼吸，而自己在學校也很孤單，若沒有男友就無法活下去。諮商師聽到這樣的陳述之後反應：「陳媽媽對陳惠的愛太周到了、太在乎了，所以才會為陳惠做這麼多決定。」

「對呀，我自己的女兒我不能這樣放著不管！但是為什麼她就是聽不懂？」陳媽媽說。

諮商師對媽媽說：「陳惠正在長大，她需要父母親的照顧，也同時需要一些自己可以作主獨立的空間。儘管媽媽替陳惠做了這麼多決定了，但是陳惠也做了一些決定，包括是不是做母親的角色？與男友的交往是否繼續？陳惠也擔心失去媽媽的愛，只是她常常在做這些選擇時沒有『做決定』的習慣，現在如果媽媽也同意，我們就一起商量彼此可以雙贏、可以感受到彼此的愛卻又讓雙方保留適當的自主空間的方法？」

當然，諮商師所做的「重新架構」不一定就能得到當事人的認同（如前頁的小珊例子），但是也無妨，因為治療師不會強迫當事人接受諮商師的說法或觀點，而是提供當事人另一個看事情的角度。

三　認知技巧的表現

　　諮商師所使用的許多技巧是屬於認知層面的，包括問問題、重新架構，此外，其他有效的認知技巧還表現在：㈠有良好學習模式——知道如何蒐集資料、排定優先次序與重要性，以及形成重要的連結；㈡正確覺知事實的能力——會選擇、組織與解釋資料，也瞭解事情的來龍去脈；㈢邏輯有根據的思考過程——從所蒐集的資料裡理出脈絡與頭緒，可以做有效的邏輯推理，達成較為可靠的結論；㈣做決定的技巧——瞭解做決定過程、定義問題所在、決定適當的目標、描述問題的相關重要因素、釐清可能的解決之道與其結果，以及選擇執行與評估這些方法；㈤以及智識上的開放——可以從不同角度思索問題，形成新的行為與測試行為（Doyle, 1998, pp.34-35）。第五項與「重新架構」的觀念若合符節，其他的相關技巧將分別作陳述。認知技巧的介入主要目的是：藉由改變或修正思考、知覺與信念的謬誤，而達到減少低落情緒與相隨而來的不適應行為；當然這種方式不一定適合某些當事人，甚至會引起當事人的防衛之心（Hackney & Cormier, 2001, p.173）。

　　我記得以前處理過的一個大三學生愛戀一位已婚女性的案例，後來我發現與他談道理無法說服，因為這位學生是學哲學的，邏輯思路相當強，於是我就採用音樂媒體來試試，因為會擔心歌詞的干擾，我還特別選了一首Kenny G以薩克斯風演奏的「雨夜花」，但是殊不知當事人也學會吹奏薩克斯風，他在後來告訴我：「我只聽到指法。」連聽音樂都可以變成「指法」的呈現，這樣的諮商效果當然沒有達到我所預期的，我不得不再改變策略，後來請他用隱喻的方式就可以了。也有一些當事人特別喜歡使用「是啊……但是」的說法，運用認知的策略有時也不盡理想，除非諮商師有相當的經驗與駁斥證據，要不然最好嘗試其他的取向。

(一)良好的學習模式

　　諮商師也需要不斷做專業上的精進,同時自我成長也極為重要,因為唯有不斷求進步的諮商師對於當事人的福祉增進是更能把握的。諮商師本身除了需要進修之外,也可以將這些學習心得在諮商過程中提供給需要的當事人。例如有學生想要在大學畢業之後到國外去求學,諮商師可以提供自身的經驗與相關資訊,讓當事人可以將夢想以較為現實、切實的方式去進行瞭解;曾經有位即將畢業的大四生,想要跟著同學去美國留學,於是我詢問她關於在學校學習的情形,她說她很不喜歡唸書。

　　「可是唸研究所本身就是想要更進一步進修的不是嗎?」我問。
　　「我只是不知道以後要走哪一條路,既然有人要出國,我也覺得去看看也好。」

　　接下來我請她去請教該系的研究生,以及研究生生活實際情況,後來這位當事人還是決定要去留學。於是我就以留美的相關資訊,包括考托福、GRE(或其他研究所入學考試)、美國大學與研究所的學習型態等等,與她交換意見,諮商進行到最後,當事人對於留學美國一事也較清楚,對於自己未來的準備工作也有譜了。

　　有當事人對於目前工作極不滿意,認為自己是被限制住,接下來又要去服兵役,更覺得浪費時間。針對這一點,可以同他談論關於工作、生活與學習的議題,就如同大學教育不是職業教育一樣,誰也不能預測目前所學將來一定用得上,但是至少生命就是體驗學習的過程,不管未來可不可以運用在實際的維生之上,但是也可以從這些經驗中獲得許多智慧!

　　當然許多的學習都需要經歷過一段時間的練習與修正,諮商師協助當事人培養新的學習習慣,或是修正較無效率的習慣或處事方式,除了認知上的修正與練習之外,還需要搭配實際的操作或行為演練,甚至是

在不斷的犯錯與修正中學習。即便是很好的學習模式或策略，也需要一段時間的嘗試與練習，不可能一蹴而成，因此提醒當事人給自己一段時間去練習、再做決定是很重要的。

㈡正確覺知事實的能力

　　諮商師對於相關主題資料與當事人背景的蒐集是相當重要的工夫，也經由這些詳實的資料可以更明瞭當事人與其處境、可能的思考脈絡與處理方式。諮商師在聆聽當事人所提供的問題或背景資料的同時，也在運用自己的直覺與思考邏輯，將所有的資料做統整、前後脈絡的貫連，希望可以獲得更為全面的事實。有時候在做配偶或是伴侶諮商，每位當事人都會站在對自己最為有利的角度看或解釋事情，治療師就必須將前後所蒐集的資料做比照整理，也瞭解每位當事人考慮的因素，然後很統整地呈現在當事人面前。例如：

　　當事人（女）：「他就是很會吃醋，我只要出去跟朋友一起，
　　　　　　　　　他就會問東問西，好像我很不守婦道、要外遇
　　　　　　　　　這樣。」

　　諮商師：「妳認為丈夫愛吃醋，但是妳真正的感受卻是被監
　　　　　　控、不被信任。先生你的感受呢？」

　　當事人（男）：「我是擔心她啊，現在社會這麼亂，我沒有懷
　　　　　　　　　疑她啊！」

　　諮商師：「你表現關心的方式讓她以為是控制、不信任，要怎
　　　　　　麼做才可以不被誤解？」

㈢邏輯思考的過程

　　諮商師呈現的是經過訓練後的深思熟慮，包括如何將所知道的一些事實或研究作邏輯整理，並有次序地傳達給當事人瞭解。例如認知行為

學派治療師在與當事人做辯駁時,學理的訓練紮實,也懂得運用技巧,思路必須非常清楚,也要有豐富的經驗與知識背景,才可能與當事人有系統且細密的討論,還可以適時舉出證據加以說明。例如:

> 當事人說:「反正那件事發生之後,全世界都知道了,妳叫我
> 　　　　　怎麼有臉出去?」
> 諮商師道:「『全世界的人』包括哪些人?他們是從哪些管道
> 　　　　　知道的?廣播、網路、還是心電感應?」

(四)做決定的技巧

諮商師決定要說什麼?做什麼選擇?如何介入?也都需要做決定的工夫。再則,治療師協助當事人做改變行動之前,通常都會有「協助做決定」的步驟。這也是問題解決的一環,會在那一章節做詳述。

(五)智識上的開放

治療師不拘泥於一些特定的行為或思考模式,而是可以廣納觀點、從不同角度做思考,因此可以有更多的參照架構或資源作為背景,也因此可以創發出許多的變通之道,或是新的技巧。「重新架構」就是其中之一,提供當事人至少一個不同的角度去思考,例如:

> 當事人:「反正我就是不喜歡學校。」
> 諮商師:「妳說妳不喜歡學校,但是妳也沒有讓自己成為中輟
> 　　　　生,是不是有其他什麼因素讓妳可以堅持下來?」

四　其他認知技巧

(一)幽默

❶ 幽默的功效

幽默就是從不同的角度看事情，或是以誇張方式表現出不協調與滑稽，除了博君一笑之外，還可以用更寬容、開放的心去看同一件事。幽默要先從看見與接受自己的缺點或限制開始，因此許多人的幽默是開始於「自我解嘲」，也唯有自己可以看開，才可以期望他人也看開。幽默通常需要兩個巴掌才拍得響，也就是彼此要有共識，萬一其中一方認為是挖苦或挑釁，結果就不幽默了！

即便是治療，也可以將幽默與好玩放在其中（Selekman, 2005, p.37），阿德勒（或自我）學派（Adlerian）的治療師相信幽默在諮商中的功能可以：建立合作關係、診斷、解釋、以及重新修正當事人目標、為自己創造更美好的未來（Mosak, 1987, p.76）。人生的任務除了工作、友情、親密關係之外，就是玩耍，因此玩耍是人的天性，也是創意的表現，不可以忽略，只是隨著年齡增長，社會與文化對於角色的期待與約束，讓許多人忘記了自己有玩耍的本能。像是日常生活中會聽見老師與家長們抱怨：「怎麼現在的年輕人都做一些無厘頭的事？」言下之意表示這些年輕人不夠穩重成熟，但是年輕人的無厘頭可以有幾層意義：⑴生活無聊，所以發明一些有趣的事來排遣無聊；⑵生活無趣，是因為我們把事情看得太嚴重，所以幽默一下又何妨？⑶創意的表現，也是解除或因應無聊或無趣而產生。幽默其實是一種創意的表現，不僅可以自不同角度看同一件事情，也可以提供不一樣的思考與解決方式。幽默是與當事人連結的有效方式之一，因為它傳達了無批判的瞭解（non-judgmental understanding），可以分享歡笑基本上就消除或減低了責難、

對立的氣氛，這些當然有助於治療關係，此外，幽默所展現的創意想像與正向的精力，是相當有助於問題解決與目標設定的（Sharry, 2004, pp.27-28）。

我記得有一回暨南大學研究幽默諮商有得的蕭文老師擔任研討會的主持人，我坐在發表席上，等待與臺下的聽眾互動，其中有一位蕭老師也認識的「某」老師提問，但是把我的姓搞錯了，而我在回答問題的時候也因為不確定而稱呼對方錯誤的姓氏，結果蕭文老師就這麼道：「邱老師真是厲害，剛剛陳老師叫錯，她馬上就以其人之道，將她一軍！」蕭老師可以觀察到這些細微的變化，而將一個尷尬的場合做適度化解，的確是一個幽默的人！幽默也需要情境，以及適當條件的前提下才能產生，在諮商現場，通常氣氛嚴肅或凝重，要營造幽默氣氛還真的需要努力與人時地的配合，當然在諮商過程裡很重要的是當事人也可以理解、做適當回應。

❷ 幽默在諮商中的功能

Mosak（1987）提到一般的幽默有三種類屬——與釋放相關的、貶低意味的、以及不適合或不相稱的（p.13），幽默是人際互動所產生的，所以必須要有「意會」（認知的條件）的聽眾才可能演奏出來，因此它本身具有社會（或人際）的面向，其功能可以允許我們嘲笑自己、與他人有聯繫、也較能忍受所面對的問題，因此是具有療效的（Mosak, 1987, pp.16-17），Witmer與Sweeney（1995, p.27）整理一些研究結果認為幽默可以為問題解決打開彈性空間、減少防衛，也在壓力減低時促進溝通。將幽默運用在治療中，也可以凸顯治療師與當事人人性的一面（Mosak, 1987, p.23），幽默可以用在建立或鞏固治療關係，診斷當事人的基本信念與生活型態，甚至是作為治療結束的指標，而有幽默感的人基本上是有「社會興趣」的人，有研究指出幽默與智商、頓悟、創意同理，與現實接觸、內控能力等因素相關（Mosak, 1987, p.49）。

治療過程中的幽默，的確可以發揮許多的作用，一來舒緩緊張的

氣氛，如看到當事人汗流浹背趕到：「剛跑完百米？沒關係，先放輕鬆。」治療師與當事人間也有所謂的「內部笑話」（in-joke），也就是屬於治療師與當事人的「私密笑話」或是稱呼（Mosak, 1987, p.68），只有治療師與當事人瞭解、別人都不知道，像是曾有當事人對於前男友的行徑很不能原諒，但是也氣自己為什麼還要為這樣的「人渣」傷心流淚，後來只要提到前男友，治療師與當事人就會用「人渣」來取代，當事人最後也說：「我很聰明，擺脫了人渣的騷擾，我往後的生活可以不必受到汙染。」

蕭文教授（民95）提到幽默在諮商中的運用可以在以下情境中出現：治療關係陷於停頓或困住時，當事人陷在情緒瓶頸、跳不出來時，當事人有不合理的信念、或是僵化思考，當事人不斷找藉口、拒絕改變，或是當事人表現出很焦慮的情況（pp.7-8），而幽默在諮商中的作用有：將當事人與問題分開（如同「外化問題」），造成反思，挑戰當事人，建立治療關係，讓當事人頓悟等（pp.8-9）。

Haig（1988）提到兒童與青少年最容易接受幽默，兒童喜愛的遊戲中也蘊含了趣味與幽默，而幽默也是一種社會活動，可以是人際互動的潤滑劑。幽默可以減低焦慮與緊張，或是讓當事人暫時分心、不會陷在情緒的漩渦中，甚至鬆動認知信念，也是個人自我實現的表現（因為瞭解也欣賞人類現況的矛盾之處），而在團體中運用也可以促進團體的融合力，甚至有意想不到的頓悟出現。倘若將幽默運用在治療中，可以(1)有助於治療關係的建立；(2)打破抗拒的情況，特別是那些很理性、智識化的當事人；(3)減輕焦慮或攻擊性；(4)提供當事人敵意的可行管道；(5)作為情緒紓解之用；(6)可以發展不同的觀點與看法；(7)協助診斷或評估治療進步情形；(8)可以指出諮商師的反移情，特別是不能體會當事人的幽默時；(9)讓轉換話題或討論範疇更可行，讓治療師可以運用適當處置策略，如讓當事人想像自己返回童年時期；(10)建立自我強度，可以自我解嘲或是懂得幽默的人基本上有較為寬容的心胸，也對自己較有信心；(11)幽默可以是一種溝通模式，尤其是在與青少年族群做諮商時；(12)鼓勵

自由聯想、發揮創意；⒀打破偶像或迷信的功能，有些當事人會不好意思談到一些禁忌的話題，幽默可以讓當事人不必忌諱這些；⒁可以促使諮商師的詮釋較容易被當事人接受；⒂協助諮商師處理專業上的一些疲乏或情緒負擔（Haig, 1988, pp.169-173）。

❸ 幽默的使用方式

使用幽默在諮商情境中可以是（蕭文，民95，pp.9-10）：
⑴出其不意的方式，超出當事人所預期
讓當事人防不勝防，甚至去思考有沒有其他的解決方式。

例一

高三學生因為沒交週記被記警告，在畢業前要銷過，以免留下不良紀錄，我看到銷過單上已經有不少「相關單位」蓋過章了，可見這位學生已經吃了不少排頭，該罵的也應該被罵了，現在換我這一關要蓋章，我於是問：「請舉出寫週記的三個好處，我就蓋章。」他想了一下說：「第一，可以練習作文能力。」

「嗯，你的作文進步了？」

他點頭：「第二，可以說出自己的心事。」

「喔？」

「就像我現在距離聯考只有四十幾天，可是每個禮拜我還是要回臺中去，因為我爸會打我媽媽。」

「所以你回去保護她？」我問。一個簡單的銷過事件，卻讓我明白學生心理的壓力與擔心，意外知道了學生的心事，也順便教他如何處理這樣的危機。

例二

當事人說：「我死了算了，就不必擔心這麼多。」（當事人可

　　　　　能期待諮商師勸阻她這樣的想法）

諮商師：「也對，很多人用了這樣的方式想解決問題，在自殺
　　　　　的人看來問題好像全解決了，因為看不到了。可是為
　　　　　什麼大多數人沒有選擇這種乾脆的方法？」

⑵不一致（矛盾）、倒轉

可以讓當事人因為錯愕而去思考自己之前所說、所認為的，甚至產生新的思考。

例如

當事人說：「我應該乖乖地聽我爸媽的話，好好唸書。」

諮商師：「我不認為應該這樣。現在的年輕人喜歡因為反對而
　　　　　反對，做出跟父母不同的期待，他們也許認為這樣才
　　　　　算是有勇氣。」

⑶誇大、可笑的

讓當事人在啼笑之餘產生新的思考。

例如

當事人說：「我為什麼要待在家裡？我的同學有人都離家出走
　　　　　不知道多少次了！」

諮商師：「對，妳的確沒有理由待在家裡吃父母的、用父母
　　　　　的，你是一個有能力的人，自立當然不成問題，吃、
　　　　　住、用、交通雖然都需要錢，但是應該都不困難，我
　　　　　想妳那些離家出走的同學都沒有回家了？」

⑷打破禁忌

挑戰當事人所害怕或忌諱的，讓當事人有新的頓悟或瞭解。

例如

當事人說：「我不要去學校，全校都知道我那件（丟臉的）
　　　　　事！」

諮商師：「喔？只有全校知道？這樣大膽的事應該讓全國全世
　　　　界都知道，也許還會上金氏紀錄。可是，（頓了一
　　　　下）光是你所說的這樣，也許還搆不上檯面，也許要
　　　　做更大、比這更糗的才夠格。」

(5)自貶

治療師以貶損自己的方式來讓當事人接納，也消除或降低當事人之
疑慮。

例如

當事人說：「我是一個很笨的人，做什麼事都不會成功，妳不
　　　　　要被我傳染。」

諮商師：「恐怕來不及了，不過在我見到妳之前我已經是一個
　　　　夠笨的人，應該不會再笨到哪裡去，以前我爸也說我
　　　　不夠聰明，所以我只好來做諮商師。」

(6)黑色幽默

以諷刺方式讓當事人體會到新的意涵或領悟。

以前我在國外，也發現美國人的幽默與英國人的不同，美國人的
幽默很即興、開放、容易瞭解，英國人的就屬於「黑色」系列，在笑的
同時會有點痛；有一回與一位英國來的紳士去日本料理店用餐，結果等
了很久仍未有人來服務，於是這位紳士就把經理叫過來，問他：「你們
的廚師死啦？」我當場覺得好笑，但是那位經理可不以為然，板著一張
臉還不能體會這樣的幽默。我剛來這個系，有一天正在同一位大四同學
開玩笑，說他用太多心思從事校外活動，結果系裡某位老師突然走出來

問：「妳在罵我嗎？」我道：「你聽了以後有沒有『痛快』的感覺？如果有，那就是了！因為罵對了所以痛，但是又正中要害所以還有愉快的感受！」

> **例如**
>
> 當事人說：「不用費心了，治療根本沒有用。」
>
> 諮商師：「我沒有費心，是你家人在花錢，你可以現在就走出去，五百元諮商費就這樣輕易進我口袋，或者你可以待久一點，好好花掉這筆錢。」

當然幽默並不一定指的是諮商師在使用而已，許多的當事人也有幽默的能力，這表示當事人已經知道重點，也會以不同的角度來重新看待自己的問題。我記得有一回叫一位沒戴安全帽、被教官訓斥的男同學來談話，他一進門就說：「老師我知道，一定要戴安全帽，因為至少可以在身首異處之後，還很清楚自己是怎麼出事的。」我回道：「你既然知道這麼清楚，就不需要我多嘴了，謝謝你讓我省了很多口水。」

❹ 使用幽默應注意事項

當然將幽默置入治療當中也會有不妥或危險，包括治療師與當事人利用幽默做煙幕彈，否認自己的感受與想法（Mosak, 1987, pp.73&76），但是無礙於其使用。諮商師當然需要瞭解當事人是否可以接受，或是能瞭解哪些行為或說法是幽默而不是傷害。幽默的使用當然也有一些限制，因為使用不當可能會破壞了治療關係或效果，因此Haig（1988, pp.173-174）提醒治療師一些需要留意的情況：(1)當幽默是用來作為否認、壓抑或退縮的藉口時；(2)幽默是一種挑逗或敵意的表示；(3)治療師以嘲諷方式運用幽默傷害當事人；(4)自戀型諮商師用來炫耀自己的能力或聰明；(5)讓當事人覺得諮商師不重視自己的問題。

(二)改變語言

所謂的「改變語言」，也可以說是「重新命名」（renaming）或是「重新標籤」（relabeling），甚至是「重述」（rephrasing），對許多人來說，使用的語句或是語詞改變之後，意義就完全不同，聽起來也比較不那麼刺耳。改變語言不是改變意義，但是卻可以傳達同樣的訊息，不會「惡化」或讓他人誤解所陳述的內涵；改變語言也可以提供當事人另一個角度的思考。

例一

當事人：「我媽就是碎碎唸，每件事都要唸，反正她就是看我不順眼。」

諮商師：「你說你媽不說話不行，不說話就表示沒有盡到她管教督導的責任，沒有盡到她作母親的責任，她會受不了！」

也可以說：「你說你媽媽對你的教育相當嚴格，總是希望你可以做對、做到最好，所以一直提醒你。」

例二

當事人：「我覺得我很倒楣，想要的都得不到，考大學是尾巴學校，當兵抽到陸戰隊，連現在升等也是掛車尾。」

諮商師：「你真好運！有很多人撈不到的，你還是撈到了，好處都沒有少你一份！」

(三)想像

想像對個人來說可能是找出意義相當有力量的途徑之一（Hackmam, 1997, 2004, cited in Sanders & Wills, 2005, p.140）。想像也

可以用在放鬆訓練裡，甚至是在練習熟成之後，可以立即使用、有時間上的優勢；譬如讓當事人想像一幅讓他／她自己可以放鬆的圖片或影像，沉澱一下心情，也可以達到情緒紓解或是穩定的功效。而焦點解決學派也利用所謂的「水晶球問句」或是「奇蹟問句」（或「未來導向」的問句，如「如果有一天這些問題都解決了，你會看到什麼？」）來讓當事人可以想像沒有這些困擾的情況，也是很好的一種方式。對於語言使用較為限制、或是不熟悉的當事人來說，引導其想像可以是方便的替代方式，當然有時候還需要靠諮商師的理解去詮釋。

㈣認知重建（cognitive reconstruction）

「認知重建」是理情行為治療學派常採用的一種介入方式。首先要探討當事人在問題情境時的思考，這些思考可能是理性的、或是非理性的，然後試圖去瞭解當事人在問題情境時所做的內在對話（inner dialogue）為何？然後協助當事人去區辨這樣的內在對話是否合理，有無更適切、合理的想法（Hackney & Cormier, 2001, p.186）？例如Ellis（1962, cited in Okun, 1997, p.165）就舉出了許多我們一般人較容易陷溺的非理性思考，像是「要讓所有的人喜歡或贊成自己才有價值」、「有些行為是錯的、邪惡的，而表現這些行為的人都應該受到嚴厲處罰」之類的迷思，這些都可以經過認知重建的方式做一些修正，或找出其他可以選擇之道。

㈤矛盾意向法（或「悖論」）介入

「矛盾意向法」（或「悖論」）（paradox）是用來改變當事人的態度或行為，採用不尋常的方式去鼓勵問題行為，結果是削減問題行為的產生；其使用過程一般是：1.確定不適應行為→2.說服當事人表現出不適應行為的極至→3.在當事人表現那個行為時，將幽默嵌入其中→4.重複2.3.的步驟一直到不適應行為消失為止（Doyle, 1998, pp.142-143）；「矛盾意向法」在自我心理學派Adler（1956）的說法裡就是「反建議」

（antisuggestion, cited in Carlson, Watts, & Maniacci, 2006, p.142），而 Haig（1988）、Weeks L'Abate （1982，陳信昭等譯，民90）也認為「矛盾意向法」可以是一種幽默的表現。

　　所謂的「矛盾意向法」的介入（paradoxical interventions）包含了「重新架構」、癥狀處方（symptom prescription）、抗拒治療性的改變（resisting therapeutic change）以及與當事人站在一邊（positioning）等。「癥狀處方」是讓當事人去故意、努力表現出所關切的問題行為，甚至要其更誇大那個行為，漸漸地當事人就會發現其實自己是可以「控制」那個行為的；例如我曾經要求一位失眠的學生利用週末時間「儘量不要去睡覺」，經過一夜兩天的折騰，他可以在週日安然入睡。「抗拒治療性的改變」是提醒當事人不要改變太快，或進步太神速，以免萬一失敗時，或是進度不如預期的失望；當當事人因為自己問題的改善而沾沾自喜時，我就告訴他：「嘿，這樣子太快了，不應該這麼早就有效，所以你今天如果還是睡不著是自然的。」因此減少當事人失眠的焦慮，反而可以達到預期的目標。「與當事人站在一邊」是誇大當事人對於自己的負面評價，引起當事人對這樣評價的反彈，而改進了行為，對於以負面評價作為掌控工具的當事人最為有效，例如諮商師隨著妻子罵丈夫：「是啊，老是賺錢，夜不歸營，賺再多錢也買不到親情。」結果妻子卻因此而靠到丈夫那一邊：「沒有啦，他還是很愛家的。」（Dowd & Milne, 1986, cited in Hackney & Cormier, 2001, pp.188-191）。

　　Fisher等人（1981）提到矛盾意向法的介入方式，除了之前提到過的「重新架構」——給予症狀新定義之外，還有「擴大或危機誘發」（包括「開立症狀處方」、「關於增加危機情境的頻率與強度」）與「重新定向」（cited in Weeks & L'Abate, 1982，陳信昭等譯，民90，p.64），每一種方式都有較適合運用的情況。對矛盾意向法的使用時機、方式與技巧有興趣者可以參閱《悖論心理治療》這本書或是家庭治療師Jay Haley的相關著作，應可以得到更多的啓發。

　　理情行為治療學派所使用的「羞愧攻擊」（shame attack）也可以視

為矛盾意向法介入的一種形式，諮商師讓當事人以行動去嘗試自己「想像」很可怕的情況，然後會在行動中看見自己當初的焦慮是太過頭、不實際的，也因此減輕了焦慮、建立了信心。

㈥說故事

有些當事人對於自己的一些問題不清楚，可能也害怕因為改變而喪失了原本安適自在的生活，因此有時候扣緊當事人關切的議題，藉由說故事的方式來呈現，也可以達到一些預期的效果。諮商師提供的故事可以是自己接過的案例，或是曾經研討過的案例，也可以是歷史或傳奇人物與一般生活上的小人物的故事，如果可以愈接近當事人的生活或問題，其效果愈佳！當然也可以是諮商師自己的經歷，這些可以激勵當事人去思考自己目前的處境與可能的作法。

以前曾經碰到一位對自己未來生涯依然迷惑的大學生，儘管還有不到一年時間就要面臨畢業，但是卻認為自己什麼本事也沒有，出去怎麼跟別人競爭？看到同儕各個摩拳擦掌、對將來要走的路似乎很清楚，他對自己的信心更低了！在三次諮商過程中，只要他提到自己不行、無能量行動時，我就會舉一個相似的故事、甚至是寓言，娓娓道來，而每一次諮商結束，他似乎都可以簡要摘述故事主人翁的想法，以及他在故事中感受到的意義，最後一次碰面，他說：「我聽了很多故事，我現在懂了，原來妳要藉這些故事鼓勵我，反正不管我認為自己的能力如何，我如果現在不開始動，我就永遠趕不上。」其實，我每一回只是很單純地說一些信手拈來的故事，沒有特別意涵，也不期待當事人有什麼頓悟出現，然而當事人不僅僅聽了故事，也內化故事可能蘊含的主觀意義，而且達到了治療目標。

㈦詮釋（interpretation）或解釋（explanation）

雖然說詮釋的技巧最早出現在精神分析學派，但是當治療師蒐集到足夠的資訊時，也可以做適度的詮釋，這也是認知技巧的一項，雖然

治療師可能因爲理論取向的不同，對於當事人關切議題或表現的詮釋不一，但是追溯到當事人生命意義的一致性則是相同的（Brems, 2001, p.277）。Bender與Messner（2003, p.247）就精神分析的立場，將詮釋解釋爲「連結當事人過去經驗與現在的評論」，Weiss等人（1993）提到運用詮釋可以達到的目的是讓當事人：1.自我覺察更多、更深入；2.學習更正確、更正面看自己；3.開始瞭解他／她當下的感受、想法與行爲；4.在開始瞭解自身經驗與反應的發展後慢慢學習接受目前的情況；5.減輕焦慮；6.減少羞愧；7.開始放棄病態的信念；8.減少無助無望感（cited in Brems, 2001, pp.278-279），9.要讓當事人對於意義的創造更負起責任來（Kottler & Brew, 2003, p.168），也就是在治療師詮釋當事人的某些行爲或是話語時，詢及其對於當事人的眞實意義爲何；然而因爲治療師通常會比當事人更早看見一些關鍵與跡象，但是提出詮釋的時間點很重要，要不然如果當事人準備度不足，可能引起當事人的防衛與不安，因此「適時」與「同理的傳遞」是良好詮釋的必備條件（Brems, 2001, p.279）。

關於詮釋需要注意的一些原則，包括：1.詮釋要在治療關係穩固之後才做；2.要在運用一些認知策略成功之後才使用；3.要以尊重、溫和的方式詮釋，不必暗示或指出當事人的對錯；4.要減輕當事人可能的防衛或抗拒；5.詮釋應該針對不同當事人量身打造；6.應針對當事人的整個人做相關與尊重的詮釋，而不是部分；7.只做部分的詮釋可能會失焦，也造成當事人對於治療本身或諮商師的誤解；8.不要用一些專有名詞，要使用當事人可以理解的方式說明；9.詮釋時要注意具體與直接的原則；10.倘若當事人在認知彈性與客觀程度上，或是抽象思考方面尚未具備適當的能力時，使用詮釋可能事倍功半（Brems, 2001, pp.282-283），此外，詮釋的使用最好是以「暫時性」的方式來做，而不是做一個總結或非常確定的結論，例如「好像」、「似乎」（Rowan, 2005, p.61），也要考慮「適時」（well-timed）的因素，這當然也包含了當事人的準備度，以及「由淺入深」的原則（Corey, 2005, p.71）。倘

若詮釋太多自然也有問題產生，包括當事人可能還沒有準備好接受這些解釋，因此這樣的詮釋當事人還不能領會；也可能造成當事人依賴的情況，仰賴權威人物為其解決問題；可能表示當事人的界限脆弱、喜歡討好他人，而這樣的詮釋無效（Kottler & Brew, 2003, pp.180-181）。

> 例如

當事人：「我不知道為什麼自己會這麼害怕跟人衝突？但是當他發脾氣、甚至說要自殺的時候，我就會不知道該怎麼辦？反正我就會妥協，他要怎樣就怎樣，我都必須要順從，可是我心裡就是有一種不甘願的感覺。」

諮商師：「很多人都害怕衝突，我們也常說『與人為善』、不想破壞人際關係，你的情況有一點不同，因為你是處在被威脅的情況，你一提分手、或是不順他的意，他就以死威脅，這真的讓你很為難，也很懷疑如果繼續待在這樣的關係裡值不值得？這是不是你要的？但是你又擔心萬一出事了該怎麼辦？你要負責嗎？」

當事人：「我們都知道我爸會走，只是時間遲早的問題，好像心理準備都夠了，可是事情一發生，我還來不及悲傷，就要去照顧媽媽，因為我發現媽媽自己比我更不能處理這件事，她幾乎無法做些什麼，我只好硬著頭皮去做，我覺得好累！」

諮商師：「要接受永遠的失去，何況是自己的親人，任何認知上的準備都不夠，猝不及防是最常見的反應，但是時間會慢慢過去，這一段時間你才明白媽媽依賴你這麼深，自己的擔子好重，儘管如此，你還是撐過來了，只是身心上的疲累也希望有人分擔，有個肩膀可以靠靠！」

㈧提供資訊

　　提供資訊是一個基本的認知技巧，也是一般諮商師常用的，特別是在當事人有不正確或無相關資訊時，當然諮商師必須先瞭解當事人知道與不知道的資訊是什麼（Brems, 2001, p.227）。資訊的提供可以有三種類型（Brems, 2001, pp.229-230）：1.教育心理的資訊，客觀公正而不含批判或私人意見的，像是人類發展階段的任務與危機，或是青少年衝動的可能原因；2.提供一般、普遍的正確資訊，像是一般人接受陌生人，即便是專業人員的協助，還是會有擔心與害怕，或是受到性侵害的人身心靈的影響（或謂之「正常化」normalization）；3.重新標籤的運用，可以協助當事人從不同角度思考、體會。

　　諮商師針對某些議題可能有較為充足的資料，或是針對某些問題有較多的涉獵，因此可以提供給當事人相關的資料去瞭解事情全面，例如針對剛上大學的新鮮人提供大學經驗、大學學習方式或教學情況、如何做較佳的時間管理、以及如何蒐集資料做報告等，可以讓初入學的新鮮人清楚自己未來幾年的準備與努力方向。也可以就學習策略與方式，提供給需要的學子，讓他們嘗試一些新的學習一段時間，然後才決定可以怎麼讓自己的學習更有效率。「知識就是力量」這也可以運用在諮商場域裡，許多的焦慮與害怕是因為無知，或是知道不夠，因此提供適當與足夠的資訊或管道，也是讓當事人解憂與增能的方式之一。

　　有一回碰到一位懷疑兒子是同志的母親，她原本希望經由我的協助可以讓兒子轉性，我坦白告訴她我做不到，順便提供她一些研究上的數據，以及許多同志父母親、同志本身的掙扎與生命經驗，後來這位母親可以與丈夫詳談，給兒子一些時間去做調適，不強迫兒子立刻做答覆，而最大的收穫在於這位母親不像當初的時候那樣罪己（以為自己是缺德或前世造孽才會有這樣的「報應」），情緒上輕鬆許多，也願意就這些她不熟悉的同志議題做更進一步的瞭解，也因此她可以更明瞭兒子的可能心情與困惑，這些都是促成她與丈夫溝通的好籌碼。

Culley（1991, p.82）提醒治療師在提供資訊時，需要注意幾個原則：1.要注意資訊是否相關，2.不要讓當事人覺得太詳細、太多，3.確定當事人瞭解諮商師所說的，4.協助當事人去運用這些資訊，5.不要將資訊與忠告混淆了。

諮商師基本上是提供客觀、事實的一些資訊（Okun, 1997, p.76），它的另外一個作用是「教育」，讓當事人可以獲取某方面的確實資料或證據，也順便教育當事人。例如在面對孩子是同志的父母親，我會針對家長部分做教育，也提供相關資訊與統計數據，先將其「正常化」、減輕家長可能的罪惡感或自責，然後再就同志或性傾向議題做釐清與交換意見。

㈨給建議與忠告

當事人常常來尋求諮商師的意見，也會直接要求諮商師給予建議，有時候治療師當然也可以給一些建設性的意見，但是建議只是建議，當事人還是有選擇的權利，倘若當事人依照諮商師的建議去做了，卻沒有得到想要的結果，可能會回過頭來找諮商師，甚至會怪罪諮商師所給的建議，因此治療師不僅要注意建議該如何給？何時給？誰應該負怎麼樣的責任？有些諮商師會擔心當事人因此而產生依賴，但是也要看諮商師本身所建議的、以及當事人成功的比率如何？給予當事人建議並不會因此而減少了當事人應負的責任。

給予建議當然是很直接的介入方式，另外忠告也是。Benjamin（1987）等人提到使用忠告的一些限制：1.如果忠告來得太早，或是阻斷了重要的對話，可能會阻礙與當事人有效的溝通；2.忠告妨礙當事人學習重要的資訊，可能會讓當事人依賴治療師，而逃避了自己的責任；3.當當事人拒絕或抗拒忠告時，可能會讓當事人的防衛心更重；4.如果治療師在某個領域並非專家、卻提供忠告，或是將問題想得太簡單，所提供的忠告也許就是不適當或是無關緊要的；5.當事人可能會錯誤解讀諮商師提供的忠告；6.當事人可能因為自己本身或是其他因素，不能遵

循治療師的忠告； 7.也許當事人不能瞭解治療師給建議的意義，或是所給的忠告不符合當事人的信念（cited in Doyle, 1998, p.231），因此當諮商師感受到有壓力要給予建議或忠告時，最好就是以真誠、開放的態度去面對當事人（Doyle, 1998, p.232），不需要假扮專家。

家 庭 作 業

1. 請蒐集腦筋急轉彎三則。

2. 將最近遭遇的幾件比較不愉快的事，以另一個角度來解釋自己可能有的收穫。

3. 為自己去年的成長命名，如比較會體諒別人了，就命名為「懂得體諒的人」，以此類推。

Chapter 11
鼓勵與催化

　　在諮商情境中很需要鼓勵與催化的技術，包括當事人願意進入諮商室、尋求協助，在我們這個傳統文化中就展現了勇氣，然後又要將關於自己不堪、不敢向外人道的私事全盤托出給一位陌生人聽，更是勇氣可嘉！我們的文化裡有太多的責全與要求完美（像我們比較常聽到「你怎麼不行」而不是「你好棒」），這些反映在教育與親子關係中更是如此，讓置身其中的我們倍感壓力！有經驗的諮商師不是將自己視為至高無上的「專家」，而是可以讓當事人與自己「同感有力」（或賦能）的人類，因此我特別在這一章裡將「鼓勵」與「催化」技術做介紹。

一　鼓勵（encouraging）的用處

　　諮商進行中，由於當事人通常是處於困擾與為難之中，許多的境遇讓他／她覺得無力、無望，因此諮商師在治療過程中，給予當事人適時的鼓勵是很需要的。自我心理學派的Adler認為當事人不是生病，而通常是因為「沒有受到鼓勵」（discouraged），這其實也是「重新架構」的一種方式。Adler也強調人是需要被認可的，也就是需要被看到自己不錯的部分，讓自己有信心，在別人面前抬得起頭來，也因為受到讚揚與肯定，會更朝這個方向努力（「社會有益」的方向）；相反地，倘若個人沒有被看到這個部分，可能就會朝向另一個方向走（「社會無益」的方向）（Adler, 1956, pp.254-255），會做出讓人討厭、不喜歡的行為；舉例來說，曉華很喜歡幫助別人，也得到別人的稱讚，認為她很體貼，因此她也表現更多體貼的行為；韻芬常常被拿來跟哥哥比較，哥哥總是表

現得很好,當韻芬看到哥哥幫媽媽掃地,媽媽誇獎哥哥,所以她也需要像哥哥一樣,但是當她掃完地,媽媽卻沒有發現,韻芬覺得很難過,所以就很生氣亂丟東西,媽媽看到罵她「只會搗亂」,韻芬後來就不掃地了,相反地,她還很會把地弄髒,讓哥哥去掃,因為只有這樣,媽媽才會理她、跟她說話!

若以「溝通交流分析」的觀點來說,每個人都需要「認可」(stroke),認可分正負兩種,正面的會讓人覺得滿足、欣慰,負面的則帶來不快、痛苦,然而當得不到正面的「認可」時,就可能朝負面的「認可」去努力,因為總是比沒被看到要好(Stewart & Joines, 1987, p.77)!

也因此Adler學派的治療師認為鼓勵是「一種態度與治療處遇過程」。而運用在治療裡面的鼓勵可以包括:同理傾聽、無批判地接受、傳達尊重給當事人、發展平等的關係、對當事人有信心同時也表達這些訊息給當事人、將當事人視為做決定的主人、一起協調目標、聚焦在當事人的優勢與資源、找出當事人沮喪的信念並激發不同觀點的其他可行之道、將焦點放在努力與過程中所完成的成就等(Watts, 1999, p.7),鼓勵也是「態度與對待當事人的方式」(Carlson, Watts, & Maniacci, 2006, p.39),而最重要的鼓勵應該是來自傳達樂觀的訊息,以及相信人的潛能的信念(Nystul, 1999, p.35)。

二　鼓勵的方式

Adler學派的治療師認為在諮商過程中,以鼓勵為焦點的過程可以協助建立當事人的希望與成功期待,而諮商師可以做、傳達鼓勵的技術包含了:表示關切、積極傾聽、同理、傳達對當事人的信心與尊重,聚焦在當事人的優勢與資源、努力與過程,協助當事人開發出觀點與行為的其他選項,協助當事人看見生命經驗中的幽默等(Carlson, Watts, & Maniacci, 2006, p.39)。以下會針對具體的鼓勵方式作舉例與說明:

㈠增強方式

鼓勵的方式有很多，在心理學上有所謂的「增強原則」，「增強」又以增強物的不同分爲「原始性增強」與「次級增強」，「原始性增強」通常與食物或是獎勵品有關，「次級增強」基本上以「社會性增強」爲主，包括鼓勵、讚許、拍肩、給予微笑、豎大拇指等，可以讓當事人接收到肯定、喜愛的意思，當然給予特權（如可以玩一種遊戲、自行決定活動方式等）也是一種次級增強。另外有「負增強」，就是把讓人討厭的東西（或刺激）拿走，如把「暫停」（time-out）取消，讓他／她恢復原有的權利（或特權），在家族治療裡有一項是「折磨治療」（ordeal therapy），讓當事人忍受一段時間的不方便或不自在（像是要買菸必須走到五百公尺外才買到，或是把睡著的小孩在固定時間叫起來上廁所、治療其尿床習慣），當事人（與家人）可能要忍受一段時間的辛苦，可是之後將此規範除掉，恢復當事人自由，癥狀可能就減輕了，將「折磨治療」去掉，也是一種「負增強」。丈夫嫌太太嘮叨，爲了讓太太不嘮叨，就去做太太要求的事，這也是「負增強」的表現。

㈡給予書寫的鼓勵或卡片

有些當事人可能因爲年紀幼小，或是語言表達能力不佳，或者是生性害羞，可能對於諮商師的語言回饋或鼓勵不太有回應，或是不知道如何回應，因此以書寫方式的卡片替代，也許會有不錯的效果，不管是在市面上購買，或是自製的卡片，因爲有圖畫及文字，基本上很吸引人，當事人拿到也會歡喜。自製卡片有時候更能表達出諮商師對當事人眞正想說的話，或是相當具體的讚許，當事人會覺得很受用。我很喜歡使用卡片做些小提醒，或是小小鼓勵，對於只出現一次就銷聲匿跡的當事人，我會給一張卡片或書信，表明我的關切之意，也祝福他／她可以有好的生活，而加上我在諮商室裡所看見的優勢（點），收效更佳！對於在求學階段的學生，卡片的使用更是事半功倍，對於學校機構裡常常只

能有短期接觸的當事人來說，卡片或書信可以發揮追蹤、關切與鼓勵的功能；有一回，我寫給一位只來過一次的網路上癮學生一封信，告訴他我對於他不被網路完全掌控的力量相當感佩（至少他不是全天候都在電腦前），因為他證明了自己才是生活的主人！結果不久他「路過」諮商中心，也給我一張卡片，上面說：「我現在去打工，作業也開始少了遲交的現象，我只是讓妳知道——我是我自己生活的主人！」

敘事治療以及焦點解決諮商也會採用獎狀或是證書的形式，給予當事人鼓勵，可以達到不錯的效果！雖然藉由網路諮商或是電子郵件的方式，同樣也可以給予當事人鼓勵，而書寫的方式在目前訊息「即時通」的現代，還是有一些優勢，包括：1.書寫通常是經過較多的考慮才下筆，因此可以表達得較為周全而婉轉；2.書寫也可以讓諮商師透過一些思慮的整理之後才下筆，對於當事人情況與該說的話可以較有條理呈現；3.書寫是一種較費時、傳統的方式，對於願意花費心思與時間來寫的治療師，當事人會有不同的感受；4.如果是配合卡片圖文、加上一些諮商師自己的話，更會讓當事人看到諮商師的用心；5.若是諮商師還親筆寫下字句，可以傳達的心意更多。

我們學生輔導中心有一年特別要輔導老師「認養」一些需要特別照顧、關心的學生（通常是曠課時數過多），打電話或手機，常常無法與同學直接接觸到（不是不在、就是關機），因此也以電子郵件與信件補充，而且確認對方收得到信，連續一個學期我每週都寫一封電子郵件與信給同學，也沒有收到任何回音，但是我還是按照自己的計畫每週持續做下去，我會在信件中敘述一件生活心得，或是看過的故事，或者只是簡短的幾句話，期末時學生竟然回信給我，他說：「雖然我不知道老師為什麼寫信給我的原因，但是只要我碰到什麼問題，我第一個想法就是找老師談談，雖然我還是沒有找您談，可是我也慢慢學會處理我自己的事，謝謝老師一直陪我。」所謂「滴水穿石」，諮商也是需要不放棄的精神，自然可能會有一些改變發生。

㈢支持與肯定（或保證）

通常對於一般的成人當事人，諮商師使用「支持性」的介入比較多，因為「保證」不一定有其效果，然而在我的經驗裡，對於處在危機狀況、或是對年幼的當事人來說，保證的效果較佳！例如一位學生受到排擠，很擔心自己撐不下去，我就告訴他：「我都會在你身邊。」對於年紀較小的當事人，可能會擔心害怕，此時成人（或諮商師）的保證可以減低他／她的焦慮，讓他／她可以有信心面對問題，像是：「不用擔心，我隨時都在這裡，我保證，來打勾勾。」當然治療師提供的保證自己要信守，要不然治療關係就受損了！支持與保證是諮商師肯定當事人的一種作法，相信當事人有能力去解決問題，也瞭解人性的脆弱，並且尊重當事人的自尊與價值，因此在做支持與保證時，不要與他人做比較，將焦點放在當事人本身與其所採取的行動上面（Doyle, 1998, pp.177-178）。

Doyle（1998）將支持與再保證的反應分為（p.178）：1.個人價值的反應（a person-of-value response）；例如：「有你在媽媽身邊，相信媽媽一定感覺到很有力量。」 2.贊成的反應（a approval response）；例如：「你這樣處理真是恰到好處！」 3.安慰的反應（a consolation response）；例如「你現在面對的情況不是一般人常常會碰到的，你已經盡力了。」 4.鬆懈的反應（a relaxation response）；例如：「深吸一口氣，不要太緊張。」

㈣看見當事人的優勢或賦能（empowering）

一般人都希望被看到自己表現好的部分，也因為人生活在社群之中，對於他人的評價與看法很重視，這也是自尊的來源之一。即便是一個行為很差、屢屢犯錯的人，甚至是遭遇艱辛、不受上天寵渥的人，都有一些優勢，不管是優點、特色或是奮鬥的意志，這些都可以是當事人表現的優勢，也許當事人本身並不認同，但是諮商師就可以提供確切的

證據（及他人的觀點），來支持當事人的優點。

有時候可以故意忽略當事人表現欠佳的部分，而選擇性地將其優點擴大。像是忽略常常欺負妹妹的行為，而在哥哥協助妹妹的動作上做渲染、誇大，也讓哥哥看見自己的優勢，而哥哥也會朝這個「可欲行為」（desirable behavior）的方向持續發展，慢慢地他也會瞭解自己真的很不錯。一位在校表現不佳、又頻頻與校外人士有往來的國中生，學校擔心他會加入幫派，甚至變成中輟生，但是當我發現他竟然不喜歡學校、卻還是每天準時來上學，於是道：「我知道很多同學會因為不喜歡學校，就選擇在外面遊蕩，甚至後來就中輟，你的方法跟他們很不一樣，即使不喜歡學校，還是每天來上學，這種毅力是怎麼來的？你怎麼可以做到？」當事人當下眼睛一亮，還有點靦腆地道：「我乾姊就告訴我說，國中至少要唸畢業，要不然根本就比不上人家，工作更難找！」接下來，我還把校方「認為」的「不良校外影響」轉變成支持學生繼續下去的支持力量：「我想你的乾姊是一個過來人，而且相當有智慧，對你的用心與期許也很高，她不希望你重新踏上她走過的路，希望你可以有更好的人生！」

一個在惡劣環境下努力存活的當事人，治療師看見她的韌力與能力，也可以這麼說：「即使環境對妳這麼不友善、不公平，妳還是撐過來了，而且活得這麼有自信，我看了好心疼，也非常佩服！」或是：「一個單親媽媽帶三個孩子，很多人可能會選擇放棄，因為自身都難保了，但是妳卻依然堅持過來，我相信很多人都感到驚訝吧！」

三 鼓勵的原則

Alfred Adler（1870-1937）是最善於使用鼓勵的治療師之一，Sweeney（1989, pp.109-110）歸納了幾個鼓勵原則：

㈠把重點放在「做了什麼」而不是「怎麼做」，也不要用比較的方式來凸顯其優點。如：「我認為你願意坦白說出來，真的需要很大的勇

氣！」而不需要說：「哇，你比一般同年齡的人要勇敢咧！」

㈡著重「當下」而非「過去」或「未來」。如：「你眞的看到了自己想要努力的方向。」而不是：「你以前怎麼沒有想到？」

㈢「行爲」比「人」重要。如：「你願意每天做一點點，雖然並不能馬上看到進步的結果，但是至少不是停在原地！」而不是：「你眞是一個痛改前非的人！」

㈣強調「努力」而不是「結果」。如：「看你這麼賣力，眞的好感動！」而不是：「好棒！你得了第二名！」

㈤著重「內在動機」，也就是可以看到行動的善意。如：「你是想要多盡自己做子女的一份責任。」而不是：「你這是幫忙還是幫倒忙？」

㈥「學到什麼」比「沒學到什麼」更重要。如：「即使是很令人難過的分手，你還可以從這一次經驗中看到珍惜，眞是很棒的學習。」而不是：「眞是賠了夫人又折兵，划不來！」

㈦「做對的」比「做錯的」更要緊。如：「你願意道歉，這一點很值得欽佩。」而不是：「同樣的錯誤，沒讓你學到什麼嗎？」

　　將當事人所呈現的癥狀視爲當事人解決問題的方式而不是待解決的問題，肯定當事人對問題的出現也採取了因應的解決措施（Nicoll, 1999），也可以避免治療陷入「問題」的泥淖裡。一般傳統的諮商會將當事人所出現或是敘述的問題當作主要處置對象，卻忽略了這個出現的行爲癥狀可能是當事人企圖對事情做解決的處理。例如我們看見平常很乖的小男孩突然之間行爲變得很怪異、搞破壞，媽媽帶他來做治療，說自己正忙著辦離婚，兒子卻又出現問題，簡直是蠟燭兩頭燒！治療師進一步可能會發現：原來小男生只是擔心母親爲了離婚的事煩惱太多，因此希望可以轉移母親的注意力，所以才有不尋常的行爲出現！這樣的觀點在家庭治療裡也有相同的說法：就是家庭成員也希望盡一己之力爲家庭問題效力，只是他能力有限，或使用了無效的方法，讓問題更形嚴重。

四　看見當事人的優勢

　　許多諮商師不將來求助的人視爲「病人」（patient），因此採用了「當事人」（client）這個稱謂，就是避免將當事人「病態化」或「標籤化」。催眠大師Miltom Erickson 也強調一個人的個性應該有其他面向可以用來作爲當事人的優勢（O'Hanlon, 1987, p.18），有時候指出或是觀察到當事人的優勢也是很好的鼓勵方式。另外很重要的一點是：儘管在治療當中相關人物的行爲在初次乍看之下，似乎沒有善意，甚至是錯誤的，然而只要能夠指出行爲背後的動機與善意，不嘗爲一個有利的鼓勵方式。像小朋友協助做家事（善意），但是卻打破碗（行爲後果），家長倘若可以看見這個動機，整個處置方式就可能不一樣；同樣的，原本乖巧的青少年突然之間很喜歡回嘴，甚至做出雙親不期待的行爲（如打架滋事），治療師若是看見其在發展階段急於表現自我的動機，也可以解釋讓雙親不會對當事人的行爲感到不解或憤怒，接下來就可以讓親子協調出一個較爲滿意的衝突解決方式。

五　催化與其效用

　　在團體中所謂的「催化」（facilitating）指的是諮商師爲了要增進團體經驗、達成團體目標所做的一些動作（Corey, 2000，洪秀如譯，民92，p.52），而在一般個別諮商裡，諮商師也可以做一些動作或處理，讓當事人願意繼續說下去，或是探討更深入一些。催化的主要作用在於讓當事人可以繼續說下去，讓諮商過程可以順利進行。催化其實就是治療過程中的一個主要技巧，只是沒有特別標示出哪些是「催化」行爲，也可以說協助本身就是一個「催化」的過程（Egan, 1999, p.5），包括催化情緒與意見的表達、溝通的通暢、行爲改變的發生，也就是說，催化可以產生具體可見的行爲出現。

一般說來，「催化」可以運用的技巧有很多，包括積極與同理傾聽、問適當的問題、協助當事人認識與接受及表現情緒、可以讓當事人願意在諮商場域裡表現自己的想法等等，都可以歸納在「催化」的大傘底下。

若是將「催化」視為一個特殊技巧，我卻比較同意將其當做一個「協助過程」，因為催化不是單一或若干技術就可以完成。我在美國曾經接觸過一個寡言少語的國中生，在餐廳用餐或在課堂上，甚至在家裡都很少說話，於是我邀請她進入我的諮商室，開始與她為期一個多月的治療工作，因為她不善言詞，加上我是外國人，因此我使用語言之外的其他方式來協助，一個月過後有一天我去學校，督導找我，說是家長來找，我當時還嚇了一跳，以為自己闖了什麼禍，後來督導解釋說是這位女同學的母親特地來感謝我，她說女兒的沉默已經在他們家人之間築起一道難以踰越的牆，卻沒想到女兒今天一早在父母習慣的口角之後說話了，表示自己受夠了，不希望父母這樣爭吵！作母親的很訝異，父親也一樣震驚，於是雙親坐下來好好商量該怎麼相處？也詢問女兒怎麼會有這個突然的舉動？女兒說她在見一位諮商師，因此母親特地前來表達感謝之意。我其實在此之前已經有點信心動搖了，因為每週費工夫協助、卻還看不到效果，但是這位母親的一席話，讓我重拾了對協助專業的信心！

在諮商領域裡，許多的回饋或效果是看不見的，因為當事人會離開，很少還會登門道謝，我們見到比較多的可能是「失敗」的個案，包括當事人突然不出現了，或草草結束治療，甚至給予不佳的評語。偶而碰到當事人願意給回饋，甚至有感謝的動作，對諮商師而言都是莫大的鼓舞。只是以上一個案例來說，我到底做了些什麼？哪些策略發揮效果了？我也不清楚，也許一個最「安全」的說法就是：我的努力有了好的結果。我「努力」什麼？催化當事人願意敞開心胸，也將其化為「可見的行動」，因此才讓她周遭的家人感受到她的改變與進步！

之前的「同理心」章節所提到的美國心理師「催化」犯罪青少年

的「情緒表達」也是一個例子。有時候「陪伴」也可以有「催化」的效果，陪伴當事人度過人生難堪或困挫之境，讓他／她慢慢有足夠的力氣或自我強度去應付生命給予他／她的課題。以下舉一些例子做說明，但是催化並不限於此，而且全文雖以「諮商師說」做說明，只是為了便利的緣故，讀者不要誤以為都是以「談話」方式進行催化動作或進行催化過程。

㈠催化情緒表現與表達

諮商師在治療過程裡第一要務就是同理傾聽，如果當事人不表露情緒、隱藏情緒、甚至抗拒情緒，其實就是治療最大的阻礙。因此，採用不同的方式讓當事人去認識情緒、接納情緒為自我的一部分，認清情緒的種類與可能因素，最後還要能適當表現與表達情緒，這可以視為「情緒過程」或是「情緒催化」。

例一

諮商師說：「沒關係，我們在這個社會裡常常得到的訊息是不要相信我們的情緒，因為情緒不可靠，可是情緒是我們求生本能之一，是協助我們認出危險、採取自我保護動作的重要指標，少了情緒，我們可能少了許多警示前兆與情趣。」（認識情緒功能）

例二

諮商師說：「現在，把眼睛閉起來，手腳輕鬆放在身體兩側。先做一次深呼吸，感覺到氣流從鼻腔進入、緩緩進入到肺裡，然後隨著血液到我們身體各部分。剛剛你說的緊張感覺在胸口是不是？現在還感覺它的存在嗎？有僵硬的感受嗎？」（認清情緒）

例三

諮商師說：「生氣是一股很大很大的力量，有時候就像火山
　　　　　爆發一樣、破壞力驚人，傷了自己也傷了周遭的
　　　　　人。」（情緒的力量）

例四

諮商師說：「妳的忌妒有沒有溫度？如果是攝氏一到一百度，
　　　　　妳現在的忌妒是幾度？好，九十，摸起來，哇！
　　　　　不行，會燙傷！怎麼樣才可以讓它降溫？因為它夾
　　　　　在妳與男友之間，會傷害你們兩個人。」（情緒處
　　　　　理）

㈡催化溝通管道與維持暢通

　　治療師在個人諮商、配偶治療或團體諮商中，也都可以使用到催化溝通與維持其暢通的技巧。可以讓不開口的人有空間與時間表示意見，可以讓弱勢有機會在公平的情況下發聲，可以讓說太多的人真正說出重點。

例一

諮商師說：「我剛剛聽媽媽說你在家裡的表現，現在請媽媽出
　　　　　去休息一下，我想要聽聽你的故事。」（讓弱勢有
　　　　　機會說出自己的意見或感受）

例二

諮商師說：「先請爸爸不要說話，我們先聽聽孩子們對這件事
　　　　　的看法，因為你們雖然沒說，並不表示沒話說。」
　　　　　（讓彼此都有機會就某議題提出想法或感受）

例三

諮商師說：「現在我要請妳想像一下老闆就在妳面前，不要擔
心，他不能說話，那麼妳會想對他說些什麼？」
（訓練說話技巧）

例四

諮商師說：「我們對於親密的人反而很嚴苛，不太願意花時間
去聽對方說什麼，或是先入為主認為自己知道對方
會說什麼，現在我要你們大家想一下自己從來沒有
告訴家人的一件事，不需要很聳動，只是一件小事
就可以。」（教育與訓練分享與自我表露）

(三)催化採取行動或改變

治療的最終目標通常就是希望當事人可以改變，或採取改變行動，
來改善目前的問題或處境。因此治療師可以做的「行動催化」就很明顯
了。除了之後章節會提到許多的「問題解決」策略與技巧外，諮商師不
必自限於此，任何可以促發行動、改變行為的都可以在不違反專業倫理
的情況下使用。

例一

諮商師說：「你很想要做一些改變，但是又擔心不知道該怎麼
做、怎麼開始？我們是不是接下來就這個問題好好
討論？」（催化可能的行動）

例二

諮商師說：「許多人不是因為不想做改變，而是不知道該怎麼
做？像學生上大學被要求要做報告、要發問，之前

都沒有過這些經驗，該怎麼辦？這些都是慢慢學習
養成的能力。」（催化新技巧的獲得）

例三

諮商師說：「妳說萬事俱備、只欠東風。對於妳目前的情況來
說，這個東風是什麼？是去嘗試的勇氣嗎？」（催
化嘗試新的行為或活動）

例四

諮商師說：「到目前為止，妳已經進步很多，至少之前不曾試
過的、也都有機會試驗了，感覺呢？還不錯？好。
接著妳會期待怎樣的結果？」（催化問題解決的行
動）

㈣催化自我探索與改進

諮商過程中很重要的是讓當事人可以深入探索，不讓治療流於表面
或膚淺的狀態，要不然治療效果就有限。雖然諮商不像是人格改造的心
理治療，但是還是可以協助當事人仔細與深入探究生活中或生命中的重
要議題。

例一

諮商師說：「沒關係、慢慢來，不是每一個人都像○○一樣，
可以馬上投入團體中開口發表意見，每個人有自己
的步調，我們也都應該尊重。」（催化自我表露）

例二

諮商師說：「要擔任助人專業這一行，我們必須要先對自己有

更多瞭解，這樣在實際碰觸當事人時，才不容易因為自己的事情而影響到我們的助人工作，也因為有反省、對照，我們才有改進的方向。」（催化反省）

例三

諮商師說：「光是認知上的知道，還不一定造成改變，所謂的『知行合一』，才可能有真正的改善出現。」（催化反省後的行動）

例四

諮商師說：「沒有人希望自己不如人，但是每個人也都像我們的手指一樣，有長有短，長短不一卻各有用處，不是嗎？」（催化接納自我的優勢與限制）

㈤催化人際智慧與互動

例一

諮商師說：「我們在這裡不要以『第三人稱』的『他／她』來稱呼彼此，而是用名字或你／妳，這樣做的原因是縮短彼此的距離，比較不生疏。」（催化與人做互動）

例二

諮商師說：「請不要用『我們』，如果你／妳所說的代表妳自己，那麼就請明確地表示出來。」（催化一對一的互動）

例三

諮商師說：「經過了這幾個禮拜，大家有沒有發現團員中的誰
　　　　　是你 / 妳認爲進步最多的？或是與你 / 妳當初的印
　　　　　象是相當不同的？」（催化彼此的學習）

例四

諮商師說：「妳發現自己在外面比較願意聽別人說話了？不像
　　　　　之前會覺得不耐煩？你 / 妳這個發現有多久了？」
　　　　　　　　（催化將團體或在諮商室內的學習遷移到團體外）

㈥催化生命體驗與智慧

例一

諮商師說：「每個人都不一樣，即使是同卵雙胞胎也一樣，有
　　　　　個殊性，不能因爲不同就認爲有高下之分。」（催
　　　　　化對不同生命的尊重）

例二

諮商師說：「是啊，我們不可能經歷生命中所有的事件，每個
　　　　　人的人生路不一樣，命運不同，可是如果有機會去
　　　　　體驗新鮮、不一樣的經驗，也許對自己的事業或經
　　　　　濟改善沒有多大幫助，但是生命的豐富性又豈止是
　　　　　那些可以算計的東西？」（催化生命體驗的經驗）

例三

諮商師說：「我們看到有些故事或是人物會感動，因爲我們會
　　　　　投身在對方的立場去感覺，像小朋友看到別人跌倒

會哭一樣，人類有共同的命運，讓我們有相似的感
覺。」（催化同理的心境）

例四

諮商師說：「妳不孤單！妳絕對不孤單！妳看妳說妳的故事的
時候，在場有多少人哭紅了眼？我們之中即便不
是每一個人都跟妳有同樣的遭遇，但是我們有些經
驗還是相似的、互通的，至少在現場每個人都有痛
過，也帶著舊傷或新傷。」（催化連結共同的生命
經驗）

家 庭 作 業

1. 舉出自己需要改進的地方，然後以反向思考，將其變成自
己的優勢。
2. 請將以下幾個情形「重新架構」：想加入幫派的青少年、
叛逆的女兒、逃家的孩子、囉嗦的母親。
3. 就以下的敘述，描述舉出三句鼓勵的話：「我只考了
五十六分！」

Chapter 12

過程處理與統整

　　諮商師在諮商過程裡的工作之一就是將當事人所說的做統整功夫，這個整理的目的是讓諮商師可以更清楚當事人陳述的問題脈絡與始末，也給當事人機會重新回顧這一節（或治療）所涉及的議題，統整的工夫很重要的是精簡與邏輯；此外，諮商師也可以給當事人回饋，雖然說回饋可以在諮商進行中不時反映給當事人，而在一節晤談快要結束前也可以給當事人回饋，讚許當事人的表現、表達諮商師看到當事人的努力與困頓，以及希望彼此在下一節晤談中可以討論的議題，也可以在治療結束時將所有過程做一個完整的整理與回饋；當然當事人也可以給諮商師或是當日的晤談與過程回饋。本章將重點放在統整與回饋的議題上，在談論兩個議題之前，有必要將諮商師過程處理的技術順便做介紹與整理，因為這是諮商師相當重要的工作，也與稍後提的「連結」、「統整」與「回饋」息息相關。

 一　過程處理

㈠過程處理方式

　　諮商師的一個主要工作是在傾聽與瞭解當事人的主訴問題之後，作一番統整，而統整的工作也可以經由「過程處理」（processing）來進行，Martin（2000）的一句話特別指出了：諮商師也許並不是當事人生命的專家，「祇要成為過程的專家即可」（p.84）。一般提到「過程處理」通常會將其與團體工作（或團體諮商）連結在一起，但是只要是諮

商或是治療本身過程通常也是相當關鍵的，需要治療師做適當的處理；就團體領導來說，很重要的工作就是兼顧內容與過程，「內容」指的是團體的任務或目標，而「過程」指的是團員之間的關係、互動情形，以及如何參與團體的（Gladding, 1995, cited in Jacobs, Masson, & Harvill, 1998）。Long（1996, p.230）提及過程處理就是諮商師與當事人在治療關係中的溝通與互動。Conyne（1999）在提到團體領導很重要的一項工作是「過程處理」，所謂的處理包含了：1.置換（transpose）──客觀記錄團體過程中所發生的事件，2.反省（reflect）──將主觀感受與想法對照客觀資料記錄下來，3.發現（discover）──從過程中衍生意義或學習，4.運用（apply）──設計一些策略做實地執行或測試，5.創發（evolve）──找出共通的個人或專業上的原則，以為下一次團體的依據（pp.14-15），而所謂的「處理過程」基本上可以是領導者自己在每一次團體之後，以及與共同領導之間的討論。雖然是運用在團體領導的理念，但是當諮商師完成一次晤談之後，其實也要給自己時間去反思一下方才在諮商過程中所發生的一切，有沒有什麼地方需要留意、該問的或該處理的沒有處理等等，也是諮商師去處理個人諮商的「過程」。有時候在晤談之後寫個案紀錄時，也是很好讓諮商師可以重新去「處理過程」的一種方式，當然若與督導或是同事有這樣的交流時間，當然更能集思廣益。「過程處理」是建立在諮商關係的重要關鍵，指的是談論問題、尋找不同的觀點，以獲得更好的理解與釐清，因此過程處理也是協助的一環（Long, 1996, p.79）。所謂的「過程處理」可以包括幾個方式：

❶ 在晤談或團體進行時處理

在團體或是晤談進行時，治療師不免也會在傾聽之時，根據當事人給予的資料或是其他相關訊息（如肢體語言、表達方式、前後連貫性、或是觀察發現等），腦袋裡會出現瞬間的邏輯與思維，這些都是屬於晤談進行時的處理。雖然說諮商師在晤談過程中要十分專注聆聽，要

不然可能會漏失掉一些重要訊息，但是這並不妨礙諮商師在處理過程的流暢性。我在治療過程中也會記錄當下所想到的一些線索或想法，有助於處置策略的規劃。例如有一回當事人提到自己有「羞愧感」，因為自己是第三者，犯了道德上的錯誤，因為當事人正在敘述，為了不打斷她的思路，我當時未做處理，當我聽到這個訊息時，就草草寫下「女性與男性」這幾個字，提醒自己在做處置時有必要針對社會對男女刻板角色的規範，以及當事人習慣性責己的議題做探索，結果後來這樣的介入處理，也協助當事人釐清了自己長久以來的一些迷思。

❷ 在晤談接近尾聲時做處理

有一些治療師喜歡在晤談結束之前預留一些時間，做此回晤談的摘要，或是請當事人談談今日的心得，當治療師做摘要也是一種「統整」動作，將這一節談話重點做摘錄與回顧，可以協助諮商師與當事人瞭解今天晤談重點與進度，甚至進一步瞭解當事人的感受，可以補強或增加的不同處理，也是評估的一種方式。

「焦點解決短期治療」其中有一種模式是在晤談結束之前「休息」五分鐘，諮商師可以將今日晤談的重點做一些整理，也就接下來要對當事人所說的話（包括家庭作業）作思考，也可以是另一種過程處理方式。

❸ 在做個案紀錄時處理

個案紀錄固然是諮商師專業上需要做的，但是也有其他附加的優點與功能，「過程處理」就是其一。治療師對於每一次的晤談都需要記錄，記錄或有長短、規格不一，但是功能則一：協助諮商師處理晤談過程。諮商師將晤談過程裡討論的重點與處置方式作簡要記錄或描述，有無任何疑問？或是處理較為不妥的地方？下一次的目標與介入方式又如何？有沒有給當事人家庭作業（其目的）？若是在實習階段的新手諮商師，還可以與督導做紙上對話。

　　像是存在大師Yalom（1980, cited in Falco & Bauman, 2004, p.185）就鼓勵團體領導人記下「過程筆記」（process notes），固然這項工作耗力費時，一般在學的研究生也覺得痛苦難熬，但是老師也不能強迫，只是做一些建議。通常諮商師會在一次諮商時段結束後做「個案紀錄」，主要是記下與當事人的互動重點、處置動作，或加上未來計畫；團體治療師當然也會這麼做，但是所謂的「過程筆記」可以包括治療師對每一次諮商的主觀敘說，或是沒有說出來的觀察、直覺、問題或評論（Yalom, Brown, & Bloch, 1975, cited in Falco & Bauman, 2004, p.185）。過程筆記的功能有：(1)對團體來說──提供團體架構與持續性，可以刷新團體成員的記憶，繼續上一次的主題，允許團體成員從之前的團體經驗看到重要主題並談論，也讓團員可以有機會做自我反省；(2)對團體領導來說，額外的收穫是──可以提供團體領導新的觀察、釐清與處置方向，瞭解與反思團體成員彼此間以及個人內在的過程、有無特別模式出現需要注意（Falco & Bauman, 2004, p.186）。Cummings（2001）也提到運用過程筆記在準諮商師的訓練課程裡，可以讓學生更深入瞭解團體的發展階段與動力，也讓他們在團體過程的思考更具分析性（cited in Falco & Bauman, 2004, p.186）。

　　當然也有一些治療師會鼓勵團體成員做一些類似「覺察週誌」的作業，Zieman、Romano、Blanco與Linnell（1981, cited in Falco & Bauman, 2004, pp.186-187）提到讓團體成員作過程筆記，不僅可以減低焦慮，讓大家聚焦在重要議題上，還可以讓團體持續性增加，也讓治療過程更順暢，甚至還可以增加團員彼此互動的品質。我在諮商師訓練過程中也要求學生做「覺察週誌」或「團體週誌」，發現可以鼓勵團體成員披露不敢在團體時間說出來的話，或是沒來得及說出來的感受與心得，甚至會鼓勵其他成員、看到成員的優勢，這些可以公開的「週誌」對於促進團體凝聚力與治療效果相當好！

❹ 在與同僚或督導一同討論時、或在個案研討時處理

與同業同事或是督導討論個案是很不錯的一種過程處理，大家都屬於同一領域的專業，所使用的語言相同、溝通較無障礙，雖然處置取向或訓練背景有所不同，最棒的是可以激發不同的想法，是學習最便捷之道！有時候可以一邊看著錄影帶、一邊也就諮商過程做交換與討論，也是可以互相學習的不錯方式。

❺ 在治療師自己反省或檢視一日工作時做處理

對於資深或是新手諮商師，自我反省的工作都相當有助於專業與個人成長，日誌或是簡要的專業摘記，甚至口述錄音，或只是花一點時間去想一下，都是很好的覺察管道，當然這些紀錄都是屬於私人的，不應該將當事人姓名或是私人資料列入。諮商師將一日晤談的一些心得記錄下來有許多優點，除了有接下來所列舉的處理功能之外，還可以讓諮商師本身看到自己長久在助人路途上一路走來的痕跡。

二　過程處理功能（或方向）

過程處理的方向或功能一般有：

㈠檢視自己處置的優窳、可以改進之處

治療師在諮商過程中所做的處置，基本上是很直覺的，但是諮商師也應當相信自己當下的處理是有其理由、也是當時能夠想到最好的方式，在諮商時段過後，有機會去檢視一下自己方才的作為，大部分的治療師會想到更多的處置方式與可行之道，甚至想到效果更好的介入，「事後諸葛」也可以作為學習的經驗。

㈡檢視諮商關係、發現有無移情或反移情現象

諮商過程中最重要的是諮商師與當事人之間的互動與動力，對於移情或反移情的情況，可能當下不易察覺，需要在事後做更仔細的檢視與思索，當然治療師隨著自己經驗或是覺察敏銳度的增加，也會在諮商進行時更容易覺察到治療關係的流動，與自己的感受，這些都是很好的檢視方向，可以讓諮商師更清楚當事人的情況，以及自己在諮商進行時的身體行為與心理動態。

㈢檢視當事人的反應與對當事人的觀察

治療師在諮商過程中雖然很注重當事人的行為反應、可能想法與思考，但是有時候並不能很全面地兼顧到，特別是諮商師在團體中的時候，因為要注意到許多成員，因此只能大概留意若干當事人的動態或是行為，有觀察員、共同領導協助觀察檢視當然更好，倘若只是自己一人擔任領導工作，可以在團體後做更深入的反省，或是觀看錄影帶做回顧，都是不錯的選擇。

㈣檢視與觀察當事人與人互動的模式、以及在諮商過程中的表現

諮商師的服務對象是當事人（或配偶、團體成員），因此在過程處理中很重要的是觀察與發現當事人在諮商過程裡的表現，通常治療師很快就會發現當事人（或團體成員）在諮商室外與人互動的固定模式，也偶而會注意到當事人思考的一些脈絡或價值觀，這些都有助於諮商師在實際諮商現場的協助與處置。

㈤檢視自己的諮商型態與進步情況

過程處理還有個附帶功能就是讓諮商師看見自己的進步，畢竟若治療師願意花時間去檢討自己曾有過的處置，發展更適當的處置方式，

自然會連帶讓自己的知能更上層樓；另外，諮商師還可以從自己處理不同個案、帶領不同團體的經驗中看見自己獨特的諮商型態，像是有些治療師會看到自己注意當事人的互動與非語言訊息，有人會反映當事人情緒，有些則是客觀分析情況等，也有諮商師會看到自己習慣使用的問句與處置方式。

㈥發展或實驗新的處置與其效果、危險性

諮商師在新手階段，較不敢採用創新的介入方式，通常會沿襲前輩或是老師的處置方式，有時候不免制式化，但是隨著自己臨床經驗增加，也閱讀一些嶄新的處置方式，甚至自己在使用傳統的處置技巧中做了一些變化，發現效果更好，這就是諮商師發展自己嶄新獨創的技術。當然開發新的方式很值得鼓勵，然而也有一些風險，如果有潛伏的危險性、或是尚未得到證實的成功率，治療師應當先告知當事人，當事人也可以做選擇要不要參與。我曾要求當事人畫一幅「全家福」的照片，從中去揣測這個家庭氛圍（傳統或是較民主）、家中權力位階、最受寵的小孩或家庭星座、當事人與家中誰較親或較疏遠等，這是我在使用自我心理學派的問卷之後衍生的一種創新方式，當然還需要一些實際的研究來證實。

Fontaine與Hammond（1994）提出了關於諮商師「監控個人過程」（monitoring personal process）、「當事人過程」（client process）與「讓治療往前進」（moving the therapy process forward）三個區塊的過程處理，可以作為諮商人的臨床運作指南：

㈠關於諮商師監控自己個人過程部分

1. 相信自己——你的反應只是表現出其他人與當事人的經驗，請善用這個資源。
2. 不必要去保護當事人，他們不是你想像那般脆弱。
3. 不要擔心當事人是否喜歡你。

4. 要冒險嘗試一些新鮮的經驗或方式，走出自己的舒適空間。

5. 解決當事人的問題不是你的責任。

6. 對於所有資料來源開放，也要主動挑戰自己的刻板印象。

7. 比較——運用你的「正常」參考架構去評估當事人的行為。

8. 要將當事人的利益永遠放在心中，問自己如果你說了或做了什麼，誰會獲益？

9. 小心監控自己對當事人的反應，特別是對當事人與自己有強烈的情緒反應時。

㈡當事人過程

1. 行動比語言影響力更大。

2. 當事人感到不舒服或不自在是可以的。

3. 不要讓當事人藏在其他人背後，要當事人談自己與他／她的反應。

4. 對某位當事人有好處的、可能不一定對另一位當事人也是如此，即便他們可能問題相似。

5. 對於前任諮商師的評論與關係，通常暗示了當事人與你的關係。

㈢讓治療往前進的部分

1. 通常當事人清楚自己的問題卻避免談論它們，不要與當事人共謀。

2. 在談論到治療裡的相關話題時，要記得三個C：要知道事情具體的詳細描述（Be Concrete）、詢及事件的脈絡（Ask about the Context of the event），以及找尋當事人生活中的觀念主題（Look for Conceptual themes in the client's stories）。

3. 注意諮商過程中的建構部分（包括適時、找尋機會討論重要議題、連結過去與現在以及相關主題）。

4. 持續不斷問自己「為什麼」。為什麼這件事現在發生？為什麼是

這樣？爲什麼我問了這個主題、而不是其他的？

5. 把自己對當事人的觀點與領悟與當事人分享，這是很有價值的資訊。

6. 你不需要談到所有的事情、或是你看到的不一致的地方，可以留在稍後使用。

三　統整

　　統整的工作是諮商師常常需要做的，只是並不是相當明顯，或是出現在諮商技巧上。因爲統整可以是心理上的運作，也可以表現在可觀察的行爲上。與統整最相關的技巧有摘要／簡述、連結、回饋。人的腦袋在接收新資訊的同時也在處理新資訊，包括與舊有資訊的對照或連結，有無相同或相異？資料蒐集得愈多，統整的功夫愈重要。從最初的第一次晤談開始，諮商師就已經開始做資料統整的工作，先是問題與當事人背景資料的統籌，然後據此去定義問題、排定優先次序（或輕重緩急），然後隨著資訊蒐集愈完備，諮商師對於問題的相關脈絡也就更清楚，不會將問題鎖定在當事人身上，而是會從不同的線索、環境、當事人與周遭世界的互動、信念（價值觀）與傳統、甚至宗教與生命哲學等都涵括在內，看到更廣大的圖片，這就如同生態學者的觀點一樣，個人是在不同大小的系統網路之下互動的產物，受其影響也可以造成影響。因此，統整的工作可以是以時間爲縱向，或是以整個生存環境爲橫向的方式來進行。

　　精神分析學者喜歡以成長史的方式來做統整，女性主義諮商師則是以環境壓力及權力位階觀點來做統整，家族治療以家庭內外的因素作互動統整，認知行爲學派則是以思考脈絡與可能的理性非理性來思考。

　　統整最後會出現一個類似個案報告的結果，每一個取向可能因爲立基點不同、對問題的歸因與解釋不同，所以也會影響其最後的綜合結果。統整也許會出現因果關係，但是在諮商界比較不會獨斷地以這種方

式化約問題。

四　一般常用統整的時機

(一)蒐集資料後的檢視與統整

通常諮商師可能花了幾次晤談的時間，才有可能將當事人主訴問題與相關資料蒐集較完整，但是資料的蒐集是可以一直持續下去的，也加上治療關係的漸形穩固，當事人願意吐露的就更多，同時可能因為第一個急迫的問題獲得改善或紓緩，接下來有不同關切的議題需要處理，也重新修正資料蒐集的方向。在資料蒐集告一段落之後，諮商師也要開始針對所蒐集到的資訊做整理與分析，接著才可以順利進行個案概念化與擬定處遇計畫，這就需要治療師檢視、組織、整理、去除不重要或不相干的材料，統整出一個縝密的暫行計畫。

(二)觀察、測驗與做診斷之後的統整

有時候諮商師必須要對當事人做仔細觀察、施行一些必要測驗，然後決定是否轉介，或是配合其他心理衛生領域的專業人員（如社工、醫師、護理人員等）或警政司法人員（如警察、律師），同步協助當事人。譬如諮商師觀察當事人外觀、精神狀態，也聆聽當事人敘述，瞭解當事人最近有兩個多月的情緒失控、難拿捏，懷疑其可能有輕微憂鬱症，於是讓當事人做了貝克憂鬱量表與自殺量表，諮商師將這些資料整理、推敲之後，發現當事人情況較嚴重，可能需要精神醫師的介入，於是陪同當事人去門診掛號，做進一步確認，醫師也開立處方協助當事人減輕沮喪與睡眠問題，但也要諮商師同時進行心理方面的協助。

(三)每次晤談後的統整工作

治療師在每次晤談或治療之後，都會將此次治療主要內容與進展，

甚至可能有的疑問、下回的處理策略，都會記載在個案紀錄裡，這個個案紀錄的動作就是「統整」的一種處理。

㈣結案報告

當事人結束治療或者不繼續接受諮商服務，治療師也都會將個案情況做個結案或暫時結案的動作，而這個結案報告裡也會將當事人主訴問題、處理策略與結果，甚至評估結果，都做詳實記錄。

㈤諮商過程的摘要

諮商過程中常常會運用摘要的技術，將當事人長長的敘述摘錄重點或主題，以及伴隨的情緒做個整理，讓當事人也清楚自己方才敘說的脈絡、始末，也讓當事人知道治療師的用心。

諮商師的統整工作是一直在進行的，也許不一定出現在可見的行為上，卻也在腦海裡持續進行。新手諮商師在晤談進行中較難抓握住重點，或是統整功夫顯得不夠，其實不要焦慮，只要願意按捺住緊張情緒，專注傾聽慢慢就會抓到竅門。當然我也碰過組織能力特別差、經過努力依然進步有限的準諮商師，也許就需要一番練習，去整理一些可能會妨礙其專業發展上的個人議題。

五　連結

㈠連結的功能

「連結」（bridge or link）就是讓目前所談論的主題可以將過去與現在做串連，像是過去的生命事件與目前的關係，當事人會因為這樣的連結動作，瞭解自己以前不明白的關鍵或意義（頓悟），有時候也提供機會讓當事人可以處理過去的傷痛（backwards bridge－「往後連結」）、知道自己目前不適應行為的可能原因（forward bridge－「往前

連結」）（Fontaine & Hammond, 1994, p.225）。「連結」的基本作用是讓過程連續下去、不中斷，像是諮商師為了證明自己在聽、不讓諮商過程中斷，常常使用最低程度的回應（minimum responses），如「嗯」、「喔」等一些語助詞（Okun, 1997, p.89），然而如果使用太多也會讓人受不了。諮商師對於當事人所說的先前經驗、呼應到目前的經驗，或是在團體中將某位成員所提的與另一位成員所提的共通性或差異性找出來，都是屬於「連結」的技巧。

㈡連結的方式

❶ 連結偶像與當事人特質

焦點解決運用偶像或是敬佩人物的特點來與當事人的特質或希望做連結，也是另一種運用。譬如：

諮商師：「你說你喜歡籃球，哪位籃球員是你的偶像？」

當事人：「Alberston。」

諮商師：「喔，Alberston的哪些地方讓你欣賞？」

當事人：「他的速度，還有運球、帶領隊員的能力。」

諮商師：「如果你的偶像Alberston在這裡，你想他會對你說些什麼話？」

當事人：「也許他會要我堅持下去，不要被這些人輕易打倒！」

此外，還有一種作連結的方式就是：

諮商師：「你說Alberston的速度、運球、還有帶領隊員的能力很棒，值得你學習。那麼，平常要怎樣運用這些能力呢？」

當事人：「像做功課就不要拖拖拉拉，可以儘量找時間把它完
　　　　成，運球是需要靈活度的，需要每天練習，我想我做
　　　　數學也是要這樣才有用吧。」

❷ 連結有過的（成功）經驗或能力

連結的另一項功能是可以用來提醒當事人曾經有過的有效（或成功）經驗，讓當事人「憶起」自己曾有過的能力，而目前只需要將它重新拿出來用而已，會讓當事人有勇氣與自信。

❸ 連結過去與目前

當事人在諮商中敘說一些經驗或想法，有時候是可以與過去相連結的，也許當時也曾經這樣發生過（如分手），現在又再度出現，那麼過去與目前處理的方式與感受是很相像？還是不一樣？為什麼會有這樣的結果？如果相同，是因為自己舊創未癒？或是受了詛咒？還是因應方式不知變通？如果處理得不一樣，那麼是為什麼？已經學到了因應之道？還是自我調整較佳？或是做了錯誤的處理？當事人會不會從中得到一些啟示或領悟？有時候當事人是「找到」原因，而願意做解決的努力（像是以前很怕權威人物，現在自己長大了、有力量了，不想再像以往一樣）。

❹ 連結相同或不同的經驗

通常在團體諮商中諮商師比較會注意到連結的問題，有時候需要讓其他成員瞭解某位成員所說的，將其經驗與其他人的做串連，有時候是讓某成員重新與其他成員做接觸或聯繫。可以將成員間相似的經驗做連結，讓彼此產生「同為人類」的「普同感」；也可以連結不同的經驗（像是處理家暴不同的方式），讓彼此可以互相學習成功的處理方式，獲得鼓舞，也願意嘗試看看新的處理方式。

連結不一定是指經驗而已，感受也是連結的重點（Rowan, 2005, p.60）。我們一般在諮商現場會希望當事人不只是談論（talk about）自己的經驗或感受而已，有時候會希望他／她用直接說（speak to）的方式，讓當事人與其經驗或感受做連結，這樣也比較容易看到當事人所表現出來的情緒（Rowan, 2005, p.67），相關的技巧運用就可以完形學派的「空椅法」、或是與諮商師以角色扮演的方式進行。而在團體中，也容易看到團員間的「利他」行為與人際學習，這當然也包括情感表達與宣洩、還有同理與支持。

❺ 連結書中或電影人物

一般人在閱讀故事或是看他人生命經驗（與電影）裡，常常容易「感同身受」，是因為假想自己站在當事人立場或處境裡的感受。對兒童或是其他族群做繪本、或閱讀為媒介的治療，常常就是運用書中人物與當事人之間的「連結」，讓當事人可以投射自己的感受與想法在書中人物身上，不只可以讓情緒得以抒發，也達到教育與治療的效果。「如果你／妳是他／她，你／妳會怎麼想／做？或有什麼感覺？」這就是讓當事人與書（電影、故事）中人物作連結。

六　回饋

㈠回饋的功能

回饋是治療時合作與開放的重要部分，讓諮商師可以聚焦在工作上，也去努力協助當事人達成其需求，而連續的回饋也可以協助讓治療更切合當事人的需求（Sanders & Wills, 2005, p.95），回饋也是協助的一種方式（Long, 1996, p.152），可以讓當事人瞭解在諮商過程中治療師的觀察（包括當事人的特點，或是優勢、挑戰等），以及當事人進步的情況，這些都可以讓當事人增進對自我的瞭解。Egan（2002, p.302）也

特別提到回饋有助於增進當事人的自我效能感（self-efficacy），也將回饋區分為「肯定性」（confirmatory feedback）與「矯正性」（corrective feedback）兩種（p.361），前者是在當事人做對了，或是方向正確時所給予的；後者則是在當事人做錯了，或走偏時所給予的。

㈡回饋案例舉隅

例一

諮商師對當事人所做努力表示嘉許：「你好棒！即使不太確定勝算有多少，但是還是願意一試，這種不放棄的精神讓我好感動！」

例二

諮商師對當事人方才練習的表現給予回饋：「使用『我訊息』還是有點不習慣，慢慢來，我當初學的時候也是如此，總是要花時間練習，才會熟悉。」

例三

諮商師對當事人所表現出來的行為給予糾正與示範：「很好，說話的語氣可以強硬一點、不要害怕，聲音加大一些，表現出決心。嗯，好，現在我再示範一次，然後請妳再做一次！」

例四

諮商師鼓勵當事人與其就方才的回饋交換意見：「這是我看到的部分，你呢？」
當事人：「我想妳是對的。」
諮商師：「你自己看到什麼？」
當事人：「我覺得好難，因為要顧慮到口氣、語調、用詞，我

一下子很難兼顧。」

諮商師：「謝謝你很坦誠說出來。可不可以我們接下來分開
　　　　做？然後再合併？你認為可行嗎？」

㈢給回饋需注意事項

好的回饋必須要注意：誠實、具體化、清楚，以敏銳關切的方式進行（Kottler & Brew, 2003, pp.171-175）。Egan（2002, p.302）對「矯正性」回饋著墨較多，也提供了一些原則，可以與Kottler和Brew的建議對照著看：1.給回饋時要懷著關切的善意；2.要記得犯錯是給成長機會；3.要將肯定性與矯正性回饋混合使用；4.具體、簡短、且切中重點；5.聚焦在當事人的行為上，而非當事人的人格特質；6.著重在目的導向的行為；7.探索行為的影響與隱含意味；8.避免標籤或謾罵；9.中肯且適量地提供回饋，不要轟炸當事人，也毀了練習的目的；10.與當事人作對話，不僅邀請當事人就回饋做評論，也可以試著拓展這些回饋範疇；11.協助當事人去開發其他可能性；12.探討改變與不改變的可能意涵。

而Long（1996, p.152）提到諮商師給予回饋時需要注意幾個重點：1.重描述、非評價；2.重具體、非一般；3.在雙方都需要回饋的情況下進行，而不是為了諮商師本身的需求；4.重在當事人可以做一些改變或動作的行為；5.是促發的，而非強迫；必須是當事人本身已經有一些想法了，諮商師才給予回饋；6.是合時宜的；回饋給予的時間很重要，在行為出現之後最佳，而不是在過早、或是延遲許久之後才出現；7.是要檢視也確認清楚的溝通，可以要求當事人將給予的回饋再做瞭解或回應。

總括來說，諮商師在進行回饋動作時，需要針對當事人朝向渴望目標的行為做回饋，抱持具體而不具批判性的關切態度，也要在過程中給予肯定，並邀請當事人做真誠平等的對話，維持通暢無礙的溝通管道，也就是回饋意味著「支持」、「挑戰」與「提供學習機會」的意義

（Egan, 2002, pp.360-361）。Nelson-Jones （2005, p.160）還特別強調：治療師給予口頭回饋時，最好使用「我訊息」（I message）而不是「你訊息」（you message），這樣可以減少責備或攻擊的意味。

　　當然回饋除了言語上所表現的之外，還包括一些行動上的回饋，給予增強與處罰也是回饋的種類，或是肢體上的獎勵或制止動作，此外如果是諮商師協助當事人演練一些技巧，諮商師的正確行為示範就是很好的回饋。

家 庭 作 業

1. 你／妳注意到自己在（個人或團體）諮商過程中的過程處理方式嗎？哪一些做法對你/妳來說收穫最多？

2. 你／妳在諮商學習過程中，最受用的回饋是怎樣的？可否仔細描述？

3. 在諮商過程中，你／妳常常做哪些的連結？目的為何？

Chapter 13
問題解決

　　諮商或是治療其實都是問題解決的過程（Martin, 2000, p.69），或者是說「改變」的歷程之一（包含協助問題解決、改變想法或溝通技巧）（Nelson-Jones, 2005, p.181）。當事人找諮商師求助，本身就帶著待解決的問題來，因此治療師的責任基本上就是協助問題的解決。一般所謂的「問題解決」多半指的是解決問題的策略，或是行動，然而在治療場域裡，治療師常常會碰到同一當事人在不同時段因為同一性質的問題而來求助，或者是一個問題出現了依然有再出現的可能性，甚至是問題並沒有獲得「徹底」的解決，但是這些都無損於當事人或是諮商師的能力。因為人間的實相就是如此，許多事件的出現是常態（如挫折、失落、不滿意），必須要不斷去面對、挑戰、因應、解決，至少治療可以讓當事人知道如何去處理這樣的問題、在處理時較有能力與方向，或者會有不同的處理方式。也有人說人生就是面對問題與解決問題的過程，因此「問題」的存在是人間實相，而諮商是協助人們將問題做更好的處理、過更好的生活。

　　新手諮商師的基本焦慮之一就是「急著為當事人解決問題」（Kottler & Brew, 2003, p.150），雖然協助當事人釐清，也處理面臨的問題，諮商師責無旁貸，但是必須要考慮到：時機成熟了嗎？當事人準備好了嗎？處理問題的能力或技巧具備了嗎？相關的資源可以支援嗎？諮商師是為了當事人的福祉還是自己的自尊或招牌？何況當事人的問題可能已經歷史悠久，不是短時間或是藉著一次諮商就可以搞定，倘若一次或短時間內就可以處理好，可能漠視了當事人的能力，也造成當事人對治療師的依賴。本章重點在於諮商過程中如何做介入與處置，讓當事人

的問題可以獲得舒緩或解決，也因為問題解決有不同的方式，有些是安撫情緒，有些是需要做一些認知方面的改變，或是協助做決定、對問題開始做改變行動，此外還有讓當事人可以具備解決問題需要的技術（包括練習、技巧獲得），因此在本章中也會撥一些篇幅放在「角色示範與演練」上。

當然也有些事件或是問題是無法「完全」解決的，只能暫時舒緩、或是讓情況不惡化或讓其可以掌控，像是與親密的人相處、事業上或遭遇到的人際，以及生理上的病痛，治療可以協助的有時候是面對的態度與想法的改變，有時是減少其疼痛、痛苦或焦慮，有時是忽視、不看見、協助當事人做有效的因應與對待。其中的改變態度與想法，有時候是一般所稱的「頓悟」、「信念改變」，此時治療可以達到的目標，Doyle（1998, p.116）提出了四點，本書作者在每一點後面會加上自己的解釋：

(一)協助當事人瞭解其對世界所持的價值觀與信仰

有時候當事人受困於自己的價值觀與他／她所在乎、親近的人不同，如處理青少年吸菸或集體作弊，有些人迫於同儕壓力，但是這些壓力又與自身的價值有差誤，治療師在這些案件的處理上，可以讓當事人瞭解到自己所堅持的，以及他人所持有的觀念不同，但並不表示自己不對或不行，進一步才去協助該如何處理同儕壓力與相關事宜。處理親子關係時也一樣，有時候父母親的愛是展現在管教監控上，但是孩子就會認為沒有自我與自尊，如果經過諮商師的協調與闡述，讓親子雙方可以清楚彼此的善意與動機，可能中間斡旋的空間就出現了較大的彈性。

(二)對於不愉快、痛苦的經驗更能接受

許多的不舒服或難受，不管是生理上或是心理層面的，經過了第一次，其接受度與容忍度基本上都會增加，人們對於疼痛其實也有其適應性，初發時可能覺得痛苦難當，但是漸漸地可以調適疼痛對自己的

影響，甚至與之俱存，這些情況在罹患慢性疾病或有些癌症臨終病人身上可以看見。當事人也許因為之前積累了太多，導致後來無法忍受，或是因為沒有做適當的處理而讓痛苦增加，這些也都可以在治療師的協助下，有相對應的處理，可以讓當事人即便不能解決苦痛，也可以接受它的存在，甚至與之相處。處理情感議題時，我發現當事人對於分手或是得不到自己想要的，在經歷情感的經驗、適當的情緒抒發以後，晤談時將焦點放在自我的學習與成長上，他們的生命韌力都增強許多，對於事物的看法也較為寬廣、容忍。

(三)瞭解人類情境的限制

人類的生存環境有其限制，人的能力也是如此，儘管生命中所遭遇的問題有時可以獲得解決，但是也有不能解決的，接受自己的限制，然後盡力而為，所謂「盡人事、聽天命」，比較不會有過多與無理的壓力，而人在接受這個限制時，也可以發展出較為正向的生活哲學。在諮商場域中最常碰到「志不得伸」的當事人，不是時不我予、就是放棄努力，此時引導當事人去看到自己在這些情境中的學習與優勢，或是其他人光彩成功背後付出的血汗，讓他／她清楚看到自己的限制與條件、可以做的努力方向，鼓勵當事人繼續戮力或改弦易轍的可能；另外就是面對有「完美主義」的當事人，讓他／她可以瞭解人的有限性或是不完美並無損於人生意義的豐富與實現。

(四)努力開展自己的經驗與存在的現實

雖然人類的境遇與能力有限，但是還是有發揮潛能、展現創意的機會，對於許多生命事實的瞭解與接納，也可以激勵當事人朝向自己可以發揮擅長的方向努力。當事人往往在未嘗試之前想太多，結果限制了自己的動機與行動，例如擔心找不到工作的社會新鮮人，因為害怕、反而連第一步寫、投履歷的動作都不敢做，更遑論面試機會；讓當事人在日常生活中先嘗試一些行動，獲得成功經驗以後，再針對與職業相關的

行為做觀察、模擬、擬定計畫與執行，可以讓當事人在經驗許多事物之後，雄厚自己的能力與見識。

有時候提供當事人所需要的資訊也是一種協助問題解決的方式，像有當事人擔心自己是不是罹患了憂鬱症，治療師可以提供他／她口頭（包括網站）或書面上的資料，甚至做一些簡單測驗，也就可以了！有媽媽擔心自己兒子的性傾向，也可以介紹這位母親去瞭解有關於性傾向與同志的一些研究與報導，通常我會讓有興趣或困惑的父母親看一些統計資料，讓他們不會因為自己孩子的情況而自責；學生不知道該如何準備大學的期中考，提供他／她相關的讀書策略、願意分享經驗的學長姐名單也是常用的方法。

一　問題解決與做決定

與問題解決有同樣功能的是「做決定」，而且兩者的步驟幾乎是相同的。當事人在做決定之前也是醞釀解決問題的先兆，只是許多的因素可能會造成不同的結果，因此他／她就必須先做決定，看到哪些決定的優劣點，然後做選擇，最後採取行動。而這個「做決定」的過程，通常涵括在問題解決的步驟裡——也就是「思考可能的解決方式與阻礙」的部分。在諮商場域裡，最常碰到當事人來詢問「如何做決定」的問題，此時諮商師就必須要：㈠瞭解當事人關切的議題；㈡曾經試過的解決方式為何？成功率怎樣？所遭受的困難是什麼？㈢有沒有其他的途徑可以試圖解決？或是有哪些資源可以協助解決？㈣選擇可行之方，並評估其可能的障礙或問題；㈤採取行動；㈥評估此行動的成功程度與遭遇問題；㈦修改行動，讓成功率更提升。而Okun（1997, p.162）將做決定的步驟細擬為：㈠清楚陳述問題，㈡認清與接受問題的擁有人是誰（如果問題是當事人必須負起責任、但是卻不願意承擔，那麼對於問題解決是無用的），㈢提出解決問題的可能方案，㈣評估每個方案的執行可能性與預想結果，㈤重新評估這些可行方案、可能結果與危險因子，㈥決定

執行其中一個方案，㈦決定執行方案的時間與步驟，㈧（也許）將執行結果推演到其他情境中，㈨評估執行結果。

　　舉例來說，有位大三男同學因為課業與社團不能兼顧，想要辭掉職務㈠，所以來找諮商師商量。諮商師瞭解其因為投注太多時間在社團裡，主要是因為職務是社長，許多事事必躬親，結果就剝奪了做功課的時間，有時候連睡眠也不夠。他試過告訴其他擔任職務的幹部，希望大家不要讓他出席所有的會議，或是凡事都必須諮詢他的意見，他希望可以真正做到負責與職務分擔，但是說過幾次還是一樣，最後都還是要自己去承擔、去斡旋，自己還是累得要死；他認為許多幹部都是人情幫忙，實際要工作卻不一定有能力，有時候也叫不動其他社員協助；他想要辭掉社長職務，因為已經大三下，很快就大四，也擔心自己的未來；他認為自己時間上的分配一直有問題，因為社務工作幾乎是隨時要兼顧，有時候為了辦活動，事前的會議很多，偶而還要開到半夜，自己回到宿舍根本沒有體力做功課，時間管理的部分根本不可能履行，因為有太多意外或是需要處理的臨時事務，他已經不知道還有哪些方法可以試㈡。諮商師與他將他在社團的收穫與感受列出來，他認為自己喜歡社團所以才一直停留，自大二開始就擔任重要幹部職務，後來被前任社長「欽點」為接任人選，只是自己在個性上不像前任社長那麼有人脈、隨和，因此幹部幾乎都是人情請託、掛名意味居多，他在社團裡學會許多人際智慧、處理事情的方法，也喜歡大家是一家人的感覺；不喜歡的部分是占據自己太多的時間，連跟女友約會都受到影響，功課的問題更不在話下，現在還要擔心大四更重的課業負擔，還有下一任社長如何遴選的問題。諮商師協助他看到其他解決問題的可能選項，如：放手讓幹部去做，也協助幹部找到可能的幫手；如何讓會議開得有效、次數不用太多？事前會議的準備要怎麼做更好？幹部遴選有無制度？是不是就根據制度來做？若不能，下一屆要按照前任社長那樣的方式蕭規曹隨嗎？可不可以擬定一個可行的遴選制度？讓自己待在社團的時間有一定限制（如十點以前），課業的繳交可否提前做準備？怎樣利用時間來唸書、

做報告？自己除了社團之外的人際關係要如何維持與經營？有沒有自己擔任社長、負責社務之後可以開拓或是發展能力的嘗試與空間㈢？在談論到的選項裡，有哪一項想要先試試看？他決定從「開有效率的會議」開始（擬定議程與時間、要求出席幹部先行做準備等），同時也改變一下自己的讀書策略（下課後先不要去社團，而是先去圖書館找報告資料），然後可以約女友一起共用晚餐（在靠近學校附近的地方用餐，假日才選擇較好的或較遠的地方約會）。㈣接著幾週，都是計畫執行的時間，沒有進行晤談㈤；幾週之後，與當事人一起檢視行動的結果、所遭遇的困難，當事人發現讀書策略的方面進行較順利，他可以在圖書館裡將必要做的課業按照自己進度進行，不會像以往那樣慌亂；但是與女友相約吃飯的計畫卻常常受阻，因為女友不一定能配合他，於是檢討不需要每天約會吃飯，而是商議有無其他選項可以達到同樣的效果？關於開會議程方面，雖然有些幹部還是不準備就來，但是他已經不會像以往那樣一肩承攬下來，而是給幹部時間補上，雖然初時還有衝動想要協助，可是忍一忍就過去了，問他怎麼辦到的？他笑著說：「妳說要給別人展現能力與責任的機會。」㈥；關於與女友重拾親密關係的計畫，也該在幾週之內檢視其成果㈦，只是後來當事人沒有再來晤談，只用電話追蹤其目前的情況，他說可以做的有很多，不一定要吃飯，有時候即使是散散步、晚上約在校園碰面都是不錯的創意，其他社團與日常生活都過得還不錯。

也因此治療師可能要協助當事人做改變的計畫：協助當事人選擇完成目標的方式，鼓勵當事人就目標如何進行形成具體概念，研擬執行計畫的步驟與順序，並有時間架構；計畫成形之後探討當事人執行的承諾（包括如何處理預見的困難或障礙）；鼓勵當事人將計畫寫下、容易記憶；倘若當事人會繼續出現來晤談，可以協助他們監控自己計劃的進度，必要時修改計畫（Nelson-Jones, 2005, p.186）。

二 問題解決步驟與策略

　　諮商所處理的大部分是我們在日常生活經常發生或是遭遇到的困擾，比較不涉及人格重整的深入治療，因此許多的諮商目標就是協助當事人解決困擾，也因此問題解決是諮商師很重要的一個技巧，諮商師如何協助當事人思考出不同的解決問題策略？如何進行解決策略以及評估執行成果？諮商目標一經設定，接著諮商師的工作就是讓當事人可以朝向目標往前推進，即便是小小一步也很重要（Kottler & Brew, 2003, p.196）。我自己在臨床經驗中常常會在一次晤談快要結束時，撥一點時間要當事人去思考一下：「走出諮商室之後，你／妳要做什麼？」在經過晤談要結束前的「摘要」或「回顧」過程之後，當事人對於解決自己問題的下一步通常會有一些較為明確清楚的概念，因此引導當事人說出來，也可以促使他／她接下來的行動，對於問題解決的目標更向前邁進一步。而對於「想」太多的當事人，不妨請他／她將所思考的內容寫出來，讓他／她可以具體看見，這樣也可以是行動之前的先發動作，容易促使下一步的「實踐行動」出現，例如讓當事人列出「三十件三十歲以前想做的事」。當然，若是當事人尚未準備好做改變，或是應具備的能力尚待加強，可能會引起抗拒的感受，甚至會認為諮商師在逼迫他／她做任何事，治療師也要謹慎、留心。

　　問題解決通常就涉及到諮商過程裡的「行動」部分（action stage），因為要「造成改變」。問題解決通常的步驟是（Hill & O'Brien, 1999, pp.306-315）：㈠探索行動（看當事人是否有動機做改變），㈡評估當事人曾經嘗試過的方式，㈢設立具體目標，㈣腦力激盪出達成目標的一些可能方法，㈤探討不同選擇的優劣，㈥決定行動計畫，㈦執行行動，㈧從經驗中修正行動，㈨給予回饋，而在整個行動階段過程中，諮商師從頭到尾都要提供支持。Martin（2000）認為諮商或治療本身就是問題解決的過程（p.69），但是解決問題的關鍵依然是當事人自己，因

為他們才是真正的行動者,而我也相信當事人出現在諮商室其目的就是希望可以緩和痛苦以及解決問題。

問題解決之前當然要涉及對於問題的診斷、評估,同樣一個問題可以從不同的角度去看,所定義的問題也可能不一樣。不同理論取向的治療師對於同一問題也自然有不同的切入點,造成後續的解決策略與方式的差異。以下我以一個案例來做說明。

 ## 三 案例

一位國二學生李正寧(化名)是學校老師頭痛的人物,這一次班級導師又罰他抄作業,也打電話來對家長說「請嚴加管教」,在大陸做生意的父親回家,詢及孩子近況,大發雷霆,責怪妻子「連個孩子都管不好」,後來經由熟識的人介紹,叫妻子帶著兒子來見諮商師。諮商師第一次與這對母子見面,就觀察到母親的抑鬱寡歡,似乎對於孩子常出事也沒有辦法,細問一下家庭背景,發現這對夫婦有一雙兒子,老大很聽話,雖然功課不是頂尖,但是還是很認命,跟隨母親出現的是老二,一向較為頑皮,但是沒有想到會變成頭痛人物;丈夫在大陸工作多年,每三個月左右才回國一趟,但是一回國就會與妻子爭吵,主要還是孩子的功課與管教問題,母親本身也受過輔導的一些訓練,但是卻無法運用在孩子身上。當母親提到孩子是師長心目中的「搗蛋鬼」時,我於是請教那位兒子:「可不可以舉一個最近發生的『搗蛋』例子?」他提到學校營養午餐很難吃,有一天他就帶了一個罐頭去學校,結果一打開,好多同學都手相要食用,老師於是說他故意擾亂班上秩序,又罰他抄寫。我聽了回應給這位兒子說:「聽起來不像一個搗蛋鬼的故事,而是一個問題解決者的故事。」他露出了詫異但是欣慰的笑容。是啊,這個孩子在針對他的困境做解決啊,只是解決的當時引起的騷動是他沒有預期的,就因此成為師長責難的對象。

每一位來尋求諮商的當事人基本上都試圖解決過自身所遭遇的問

題，只是解決的程度不一定讓自己滿意，甚至讓他／她覺得無力了，才會上門找諮商師協助解決。

以上面案例來看不同的諮商取向可能有的解決策略有哪些呢？

㈠精神分析學派的可能診斷與解決策略

母親本身與配偶的關係可能與原生家庭經驗有關，對於管教孩子的無力無能感也可能其來有自，李正寧與母親之間的依附關係很深，但是目睹母親的不快樂、以及父親的威權，反而因此無法以父親為學習楷模（父親是一個要求自己很多、也很努力上進的成功商人），反而是反其道而行。母親的憂鬱、父親的疏離，加上自己的無足夠能力協助解決，讓他有力不從心的無奈、無力感。他對於父親威權形象的抗拒，就轉移到導師身上，凡是導師看不順眼的，他都會努力去做，希望可以激起老師或父親這些權威人物對其的懲罰動作，至少讓他可以感受到父親還在乎，而也因此他發現平日極為疏遠的雙親會以他的「問題」做交集，也似乎達成了安慰母親、拉近雙親距離的一些功能。只是出現問題行為、父母親共同商議解決，家人因此有聯繫，平靜一段時間之後，又需要新的問題出現，反而是一種惡性循環！

正寧與母親之間的依附關係，讓他很難不受母親情緒的影響，因此他會儘量讓母親快樂，擔任一個小丑的角色，也因此較難有自我分化、長出自我。父親的「太過盡責」（努力養家）同時又太不負責（沒有盡到親職責任），也影響了正寧對自己身為男性的期許，他或許不想當一個「投注太多心力在工作上的男人」，卻也無法成為「良好父親」的典範，此外父母互動的惡劣品質也讓他的異性關係與人際互動缺乏良好示範角色。

治療師可以針對：1.正寧與母親的依附關係上，以「再親職」（reparenting）的方式，讓正寧看到正確的模範，也學習成為自己的父母、照護自己；2.與母親之間的關係也可以開始「正常化」，維持適當的界限，不將母親分裂為單一的「好」或「不好」，也慢慢接受父親亦如

是： 3.正寧潛意識中對於父親的敵意，可以採用其他方式來表示或紓解，而不是用攻擊（向外與向內）的方式，其採用的防禦機轉可以更多樣，而不是僵化在其中一種上。對於男性的焦慮，身為一個兒子的「應如何」，有更清楚的定義與適當因應方式。

㈡自我心理學派的可能診斷與解決策略

自我心理學派諮商師處理李正寧的案例可能的思考是： 1.他是想要獲得他人（師長與同學）的正面認同，但是他的努力沒有被看見，於是就朝向「負面認同」來進行，至少比不被看見要好。 2.他的社會興趣原本是希望朝有益的方向進行（可以有人緣、與朋友有很好的互動），但是沒有達成，於是就以搞笑或是破壞人際關係的方式（也就是「無益」的方向）凸顯自己。 3.仔細思考正寧的生命目標，可能他認為討好他人很重要（Kefir, 1981, cited in Corey, 2005, p.108），這樣自己的存在才被看見，討好同儕又比討好老師要更容易，所以敢冒觸犯權威的險，只是這樣的目標可能讓他要付出更大的代價。 4.正寧排行老二，但是因為大哥寡言少語、似乎活在自己的世界裡，於是正寧認為自己應該承擔起老大的責任，分擔母親的一些憂慮，而正寧的性格也與兄長大相逕庭，怎麼樣運用他想要掌控的性格來朝社會興趣有益的方向發展？以及恢復他對自己的信心、培養自我強度？可以是治療的重點。 5.家庭氛圍的營造，雙親也要聽孩子的想法，而不是一味「從上至下」的單線溝通，才可能有較為民主的溫暖氣氛，這裡也要家長加入重新教育的行列。

㈢溝通分析學派的可能診斷與解決策略

李正寧的父親與母親之間的關係產生問題，孩子的議題只是浮出檯面、看得到的而已，他們夫妻二人的溝通型態需要做詳細的檢視，也許是曖昧部分很多，造成彼此之間「彷彿」是傳達到了意思，事實上卻沒有接收到，治療師會著力在讓夫妻彼此與家庭成員都可以說出自己想說的，而也受到尊重與傾聽。正寧從父母親長期的關係與互動中看到什

麼？是不是發現有許多「不能說」？有許多矛盾的訊息不能理解？甚至母親可能會告訴他「爸爸都是爲了你們好」，可是爲什麼父親採用的方式卻是責難、絲毫感受不到父親關愛的成分？早期經驗決定了他目前的生命腳本，可以協助正寧改寫「自己的」生命腳本。這個家庭裡的每個成員彼此間的溝通模式當然需要徹底檢視，父母之間曖昧、衝突、雙重訊息很多、不清楚，也因此有太多的「內射」影響，子女也是如此，彷彿「直接而眞誠」是不被容許的，親密家人之間的關係如此虛僞，裡面生活的人又該如何自處？治療方向可以有：1.協助家人釐清要傳達的訊息；2.瞭解家人原本互動溝通的模式，以及眞正想要表達的意涵，3.互動與溝通方式不一而足，可以傳達正式重要的訊息，也可以增進彼此的情感、互相成長；4.李姓夫婦自原生家庭所承襲的許多內化訊息又如何影響他們現在的價值觀與家人關係？5.如何重新拿回選擇權與著作權，重寫自己的生命腳本？也將家人重新歸位。

(四)現實治療學派的可能診斷與解決策略

現實治療學派諮商師看到的是：(1)李正寧看見生活中存在的一些問題，希望可以透過自己的努力與方法來解決；(2)李正寧用了無效的方法來解決問題、或滿足自己的需求（被看重、有掌控感、有所歸屬）；(3)正寧對自己的能力與看法沒有信心，所以他對自己有無力感與無價值感，對父親來說他是不被認可、贊許的，也未能讓母親因他的成就而感榮耀，因此他只好以自己出差錯的方式贏得關心，也就是他沒有「成功的認同感」；(4)正寧因爲無法有效控制問題，因此也無法爲自己的行爲擔負起責任，這是他的選擇，他其實還有其他選項。諮商師可以協助的方向有：協助其採用更有效率與滿足需求的方式（不搗蛋也可獲得歸屬感、不出差錯也可以對環境更有掌控）；協助正寧發展「正向上癮」（positive addiction）行爲、增加自我強度、得到成功的自我認同；讓家人可以支持正寧的正向改變，給予鼓勵；協助正寧爲自己的感受與選擇負起責任，而不是怪罪他人或推諉。

㈤理情與認知行為學派的可能診斷與解決策略

理情或認知治療學派將扭曲或不適用的想法視為行為與情緒失調的主因，要對人僵硬固著的想法重新修正，並強調彈性與合理。在這個案例中，每個家庭成員都帶著自己認為的許多引導自己行為與生活的「應該」來到諮商現場。像是作父親的可能認為他「應該」以養家為首務，因為他是一家之主，要負責全家人物質生活的溫飽與舒適，而家人也因此「應該」感謝他所做的犧牲與努力，即便因此而少與家人相聚機會，也是逼不得已！妻子在享受這些優渥生活同時，「應該」全力協助家務，除了一雙兒子的教養，也要任勞任怨；而兒子「應該」以好成績來報答他的犧牲奉獻，至少行為上不應出任何差錯。作母親的認為丈夫「應該」協助親職工作，賺錢不是主要，重要的是一家人在一起過日子，男人即使在生意場上逢場作戲，也是傷害夫妻的行為，同時破壞了家庭關係，兒子不是她一個人的，為什麼出事就是她的責任？作兒子的認為，家人就「應該」要好好相處，家庭「應該」是甜蜜和諧的，不「應該」像路人，父親不「應該」讓母親難過，父母「應該」要相愛，不是寇仇，作兒子的也要讓父母歡喜，但是要同時讓兩個人都高興滿意真的好難。

理情與認知治療學派可能有幾個處置方向：1.釐清與辯駁這些「應該」的合理性，2.發展出其他可能想法與變通之道，3.採用其他說法，減緩壓力，如用「喜愛」替代「應該」，「最好」取代「一定」或「絕對」等，4.讓這一家人學會辨識「合理」與「不合理」的想法，並會做自我檢視；5.以行動試驗一些信念，確定其真實與適用性。

㈥焦點解決學派的可能診斷與解決策略

焦點解決學派的諮商師看到了：1.正寧試圖在解決問題的優勢——一個問題解決者；2.從另一個角度來看同一個問題（搗蛋），可以引發出不同的解決方式——正寧的創意與能力；3.孩子本身是有資源、有能

力的，他可以從無聊的生活中發酵一些樂趣，讓自己的生活更舒服，因此不一定要朝病態或「有問題」的方向去定義這個情況；4.若是發現或觀察到某些特定的行為模式（像是媽媽與父親吵過之後就會罵罵孩子、或呈現憂鬱況態，正寧的任何舉動都被老師解釋為「搗蛋」或「故意跟老師作對」），或者是相關人物（如媽媽、正寧父親或母親）總是用相同的方式企圖解決問題卻不得其果，那麼就可以思考：有沒有其他的解決方法？既然同樣的方法無效，就應該停止使用。5.正寧生活周遭有沒有可以運用的資源（像是他喜歡或尊敬的老師、看到正寧優點或是懂得欣賞正寧的老師或親友、交情不錯的同學或同儕、正寧喜歡從事的活動等），讓正寧可以從活動中，或是這些人的支持鼓勵中獲得增（賦）能的感受；6.把「問題」與「正寧」這個人做切割，相關人士可以一起合作於「問題」的解決。

母親這方面的優勢也需要指出來，包括即使不滿意婚姻關係，卻還努力待下來，是怎麼辦到的？孩子在學校問題不斷，但是與孩子的感情卻這麼緊密，做為一個母親是怎麼讓自己對孩子付出無條件的愛？雖然丈夫動輒指責、批判，但是她卻將孩子保護的這麼好，沒有怠忽職責。父親方面的優勢也不少，只是要如何才能讓大家目標一致、合作空間更大？

(七)家庭治療學派的可能診斷與解決策略

家庭治療學派的系統觀將家庭視為一統整系統，牽一髮而動全身，李正寧的行為問題其實凸顯了家庭功能的失常，他充其量只是一個「代罪羔羊」而已，或是將家庭問題的徵象「凸顯」出檯面而已。正寧感受到母親的憂鬱，但是卻無能為力，他看到父母親關係的疏遠、不和，也很想盡一個家庭成員的責任，所以就某方面來說，他試圖以自己的問題來轉移母親憂慮的焦點，甚至讓雙親可以因為他的「問題」而共同合作，表現得像一家人，所以才鬧出一堆事情要母親出面解決，但是這樣的作法反而讓母親更覺有壓力。

家裡父親的權力太大，逼使母親必須要「聯合」兒子來做一種權力平衡，形成了所謂的「三角關係」，治療師也可以積極介入，讓父親這方的權力可以有個制衡。另外由於母親較少開口，幾乎都是父親在主導，因此諮商師可以適時介入，讓一家三口都有機會表達自己的想法與感受。我也在第二次治療（父親也出席那一次）時，要每個人就「留在這個家」打個分數（總分是一百），本來母親是四十、兒子八十、父親一百，但是我接著說：「可是媽媽不及格。」兒子就自動要求給媽媽加分，他於是分給媽媽二十分（因為也不想要「不及格」），爸爸說要讓出一百分，我說：「那你就不要待在家裡了？」父親於是改口：「我也給二十分。」接下來與全家談：要怎樣讓每個人都可以增加留在家裡的分數？這所採用的就是策略與溝通取向的技巧。

㈧女性主義治療的可能診斷與解決策略

女性主義看這個案例會提出：1.家庭中權力結構不公平，丈夫高高在上、妻子與兒子權位薄弱，所以是丈夫「叫」妻子帶著兒子來見諮商師；2.女性（妻子）被侷限在家裡這個私領域，男性（丈夫）卻可以在外面廣大的世界自在遊走，即便是為了養家也是一個充分理由；3.女性「應該」承擔較大的親職責任，因為女性是「母親」，也因此管教之責落在妻子肩上有較重的份量，「孩子出問題」就變成「母親」的責任，丈夫置身其外。因此其解決策略是：1.平衡夫妻權力關係；2.讓雙親都可以適當分攤親職責任；3.提升孩子的地位與聲音，並可經由正當管道表達、溝通其意見，脫離「受害者」角色。

女性主義治療師會採取的行動：1.請丈夫也同時出席，因為親職工作是父母雙方的責任，不會因為丈夫養家就可以輕卸其責，妻子在家持家也是責任繁重；2.妻子可以同時做個別諮商，釐清現存父權社會裡的性別不平等及其對不同角色的期待與壓力，女性並不因沒有負擔家計而減少其重要性與價值，並增加其對自我之肯定與因應技巧；3.夫妻之間的對待方式是一種「權力失衡」狀態，等於是權力大者壓迫權力小者的

情勢，在這個家庭中，父親最大，母親與兒子次之，這不是民主社會的
正常狀態，訓練家中成員有固定、暢通的管道或方式，傳達彼此的關心
與想法，並有全家共同努力的目標。

　　問題解決可以是諮商最主要的目標，但是掌握問題解決之鑰的還
是當事人本身，因此倘若當事人沒有動力去做問題解決的嘗試，甚至不
願意「行動」，問題依然還是問題，因此Bohart與Tallman（1997）曾說
過：治療師所採用的任何介入方式都是無效的，除非當事人主動投注他
們的精力，並使其有效（cited in Martin, 2000, p.70）。這說明了諮商師
最終的目標是讓當事人有意願去做一些動作，讓已存的困擾可以獲得改
善。

四　問題解決須注意事項

　　治療師協助當事人面對問題、思考問題、解決問題時，也必須要注
意幾個重點：

㈠當事人是有能力的，因此在見治療師之前也試過解決問題的方式，只
　是成功或滿意度不夠而已。當事人是有能力有資源的，通常都會試著
　去讓問題有出路，只是也許使用的方法效果不佳，或是卡在某個關口
　不敢行動，這些都無礙於當事人的價值與能力，基於此，諮商師要特
　別注意：不要以當事人無知的態度來對待，而是可以仔細詢問當事人
　之前所用過的解決之道如何？碰到怎樣的瓶頸？希望處理的具體結果
　如何？更何況，如果當事人也參與了整個問題的解決過程，不僅增強
　了他／她的能力，也因為有參與，所以也增加了對自己的自信。

㈡改變需要極大的勇氣，當問題解決需要改變目前的生活作息或是習
　慣，也一樣需要勇氣，因此當當事人有些許遲疑是很正常的，治療師
　不要太急躁，甚至就斷定當事人無心於問題的解決，這會讓當事人更
　焦慮。

㈢要注意責任與界限的釐清。治療師是站在協助當事人的立場，而不是

「替代」當事人,當事人面對生活中的挑戰的同時也會增長其能力,因此諮商師的角色要清楚,不是代替當事人去解決問題,因為要繼續面對生活的也是當事人本身。當然在有些特殊的情況下(尤其是協助弱勢當事人時),治療師有時是必須要為當事人挺身而出,甚至為他/她出手出力的,這不是一般的情況。

㈣要仔細斟酌問題解決或改變的程度與步調。一下子做出太大的動作,或是將目標訂得太遠,有時候反而埋下了失敗的種子,讓當事人卻步,因此諮商師在協助當事人解決問題時,要注意每位當事人不同的步調與進程,不要躐等以求,或欲速不達!尤其是有些問題已經存之有年,要在極短的時間內獲得解決,並不太可能,何況有時候當事人儘管很賣力,但是效果卻不被重要他人認同,反而可能造成更大的阻礙,甚至讓情況更糟糕。例如:一位很依賴母親的孩子,希望自由,但是其本身能力又尚未齊備,讓他在極短時間內出去自立門戶,卻沒有滿足先備的條件,可能遭受更大的困挫,而母親也可能受不了突然的大改變,對孩子管束更嚴厲。

㈤要相信問題都可以獲得某種程度的解決,因為我們嘗試過。治療師所展現的信心也是很有力的療效因子(Martin, 2000, p.71),當事人從治療師身上看到希望,也比較不容易放棄,願意有所行動,這就更增加了問題解決的可能性。

㈥必要時先培養或訓練當事人問題解決所需要的技巧與能力。畢竟最好的治療不是發生在諮商場域而已,而是能讓當事人回歸日常生活之後,可以有效生活,有更多的自我瞭解與認識,願意探索更多,也採取行動(Martin, 2000, p.73)。當諮商師發覺當事人在處理問題之前需要有一些先備知能、才可以有效解決問題時,就需要讓當事人先有這些準備,所謂「不教而成謂之虐」就是這個道理!例如,一位煩惱自己沒有朋友的小學生,治療師也許發現是因為其自小都是過著獨子的生活,家人也很少讓他與同齡的小朋友玩耍,因此判斷可能是因為社交技巧缺乏的緣故,所以在治療過程中協助當事人習得若干可以運

用的人際技巧與知識，然後才慢慢放手讓當事人去與同儕互動。關於技巧的學習也可以採用角色扮演、觀摩、練習與修正等等不同的途徑熟練，而治療師一般也會擔任楷模、教練與評鑑者的角色，讓當事人對這些技巧的學習更具信心，許多時候可能是在諮商室裡做練習，但有時候諮商師也可以陪同當事人出現在實際現場去檢視練習成果（像是陪害羞的當事人去超市買東西、學習與人對應）。

㈦需要諮商師與當事人的密切合作，解決才有可能。之前提到問題解決似乎重點或責任是落在治療師身上，但是這個過程應該是諮商師與當事人兩造合作的成果，因此「治療情境應該是雙向創造（mutual creation）」（Rowan, 2005, p.37）。

㈧要注意當事人之外的其他大環境與社會脈絡與資源。問題有時候不是出在當事人身上，而是受到許多外在變項的影響，當事人只是因應問題，卻效果不佳，因此諮商師也要協助當事人看到問題解決的可能阻礙因素與可用資源，而不是以當事人為唯一解決問題所在，有時反而會忽略真正問題，誤失解決之道。

此外，為了讓當事人的進步或是解決問題的知能繼續維持，諮商師不僅在諮商室裡可以以遊戲方式協助當事人，也可以在諮商現場讓當事人演練之後，運用在日常生活中，或是在每次晤談之間規定一些相關作業或練習讓當事人做，讓當事人可以更熟悉；還要讓當事人即便是諮商師不在身邊的時候，也會做自我回饋與增強，讓他／她有成就感，可以有動力繼續下去；如果當事人所處的環境有許多阻礙，也必須要協助，不能單靠當事人的努力而已，也要讓當事人周邊一些主客觀障礙可以減少（也包含家人或重要他人的支持）（Nelson-Jones, 1997, pp.410-414）。「行為改變技術」就是運用當事人資源最好的一個方式，我會在稍後做說明。

五　示範與角色扮演

在治療過程中，諮商師是當事人的一面鏡子、學習楷模、心事傾訴對象，也可以是當事人解決問題的諮詢者，甚至是教師或訓練師，尤其是在認知行為學派裡，諮商師也擔任當事人一些技巧（像是社交、肯定訓練、溝通或表達、體驗作業等）的教育或訓練師。因此在本節會著墨在諮商中的示範、角色扮演技巧上與協助當事人監控自己進步的情況。

㈠什麼是示範（modeling or demonstration）

「示範」就是做給當事人觀看，讓當事人有模仿的對象與學習依據，這是人類行為最先的學習方式，也最直接。為什麼需要示範？因為「光說不練假功夫」，治療師不能光靠一張嘴吃飯，還要在教別人刮鬍子之前，自己要先知道怎麼刮？有時候諮商師的示範動作也可以有取信當事人、維護專業形象的意味。

所謂的「示範」還有不同形式，包括「現場示範」（live modeling）與「象徵性示範」（symbolic modeling）（Hackney & Cormier, 1994, p.150），「現場示範」顧名思義就是可以讓當事人看到活生生的例子，例如表演給當事人看見；而「象徵性示範」則可以有不同的媒介呈現，例如影音的呈現，或是傳記敘事的記載等（像是電影、紀錄片、文章、口述歷史或是傳記類）。

示範通常是先「教」後「學」，諮商師的角色就像老師或訓練師，而當事人是一個「學習者」。在教導當事人學習新的技巧時，一般是用「教導」（coaching）一詞，也包含了示範與角色扮演的方式。Nelson-Jones（2005, p.190）提出「諮商師中心」（counselor-centered coaching）與「當事人中心」（client-centered coaching）的教導技巧，主要區隔就在於主動權在誰身上，諮商師在「當事人中心」的教導上就較處於諮詢者立場。

諮商師在做示範時，常常會先做說明，然後再輔以動作，或是做動作的同時也一併說明，接著會讓當事人試著做做看，給予回饋或修正，接下來就是讓當事人練習到技術純熟爲止，這是指一般的動作技能。治療師在諮商場域中可以做許多的示範與教導動作，最常見的有呼吸與放鬆練習、社交技巧與口語表達等。如果是社交技巧，其中就包括許多，端賴當事人需要協助的部分，是發音、或是措辭遣字、或是運用「我訊息」、還是學習傾聽、說「不」，甚至是肢體語言的表達（像是眼光接觸、或是注意臉部表情），在練習之後，可能會讓當事人去實際練習，有時候也會陪伴當事人去實際情境中做演練，培養當事人的信心。如果是讓當事人學習放鬆動作，也有不同的放鬆方式可以運用（如瑜珈、想像法、深沉呼吸等），也運用其他媒介（如錄影帶、音樂或圖片）配合使用，在教導放鬆訓練時，諮商師會以口述或音樂播放的方式進行，甚至先教導當事人做一些動作，這些也都可以藉助示範的功能。

Nelson-Jones（1997, pp.322-323）列出教導需要注意的事項，包括了：1.教訓與催化之間的平衡——不要一味求好或要求；2.給予清楚指示；3.將項目分段（或做「任務分析」，task analysis）或動作分解，也注意嘗試次數；4.運用行爲預演（rehearsal）與角色扮演；5.運用回饋技巧。

而平常在諮商場域裡，治療師的許多示範可能隱而不顯，卻也發揮了示範的功效，像是讓當事人看見諮商師與人互動的方式、待人接物、或是克服生命中所遭遇的一些問題等，這些都會影響到當事人，也促其產生學習或效法的動力。

(二)什麼是角色扮演（role playing）

光是示範有時候略嫌單薄，比較沒有機會去檢視示範的效果如何，何況在實際生活中並不像是諮商示範現場那樣單純、不變，所以諮商師有時候也必須要將當事人包括進來，一起進行，可以將所學的脈絡作適當延伸，效果可能更好！

由於也讓當事人上場，可以達到互動的目的，而在人際互動中可以學習到技巧之外的許多事物，而不僅僅是技巧的演練而已。「角色扮演」就是以模擬情境或人物的方式進行演練，讓情況更逼真，也使得學習遷移更容易！

(三)什麼情況下需要使用到示範與角色扮演

示範角色或是楷模，最好是與當事人的一些特質相當，會讓當事人更有學習的動機，因此在選擇示範對象時最好注意到楷模與當事人的相似性（Hackney & Cormier, 1994, p.150）。示範與角色扮演通常是需要在治療關係較為平穩之後進行，因為只有在諮商關係建立之後，當事人對於諮商師的信賴才足夠，也才會較容易考慮諮商師所提的建議，或嘗試做改變，但是許多的情況之下，諮商師是要讓當事人「準備好」之後，才可以到諮商場域外的環境去實行或做試驗，因此為了確保當事人可以有更多成功的機會，諮商師有時必須要先在諮商場域與過程中先讓當事人練習，等到諮商師認為當事人準備好了，才可以讓當事人去嘗試。

諮商師本身如何呈現在當事人眼前，是一個很重要的條件。倘若諮商師本身無自信、焦慮、或是面無表情，當然也會影響到當事人的情緒，也因此許多諮商學者與臨床治療師也強調諮商師的「自我知識」的重要性，其中很重要的包括專業知能與成長、自我覺察與自我照護（Corey, 2005; Doyle, 1998）。諮商師的自我知識，瞭解自己是誰？為何從事這項工作？知道自己的能與不能，也因此可以更清楚也欣賞自己的知、情、意，進而可以以真誠一致的態度面對當事人（Doyle, 1998, p.7）。而諮商師的示範或楷模作用意義尤大！在女性主義治療裡，諮商師就是一個學習的楷模，所展現的是女性的自信與經驗，甚至是經過掙扎而蛻變出的美麗生命！諮商師以自己的實際經驗來說服當事人：你也可以辦得到！「示範」與角色扮演其實就是一種觀察或替代學習，可以讓當事人看到成功結果，也願意試試看，而人際之間是互相交會影響的，在諮商場域的正向交會，無形中也讓當事人看見了另一個可能的生

命型態或選擇。

㈣角色扮演的運用時機

諮商不只是所謂的「談話治療」而已，而是藉由諮商管道，可以造成當事人的改變（包括以不同角度看問題、問題解決的能力等），而在當事人未具備這些因應問題的能力時，諮商師也有必要協助當事人獲得適當的處理技巧，這就是所謂的「技巧訓練」（skill training）的部分，Hackney與Cormier（1994, p.153）提到技巧訓練必備的三個要件為示範、預演與回饋。除了諮商師可以先做示範行為，讓當事人可以觀察學習，但要讓技巧更自動化與純熟，就必須要經過練習、預演，讓當事人有機會將這些技能加以使用，不僅可以讓技巧更臻圓熟，還可以減少焦慮，當然當事人也會看到自己的技巧呈現與結果，可以做適當修正，諮商師也可以提供當事人具體的回饋，節省當事人的時間與力氣。

角色扮演還可以與當事人就實際現場可能出現的問題或困擾先行預備，這也是減輕焦慮的方式，當然練習除了增進熟練度，也會增加自信，何況還有諮商師陪伴在當事人身邊，隨時給予支持與鼓勵，讓當事人在做錯時不需要擔心，也更有勇氣去嘗試與運用新技巧。

㈤角色扮演的限制

角色扮演不同於心理劇的演出，但是二者有一些重疊之處。雖然一般在諮商師訓練課程裡，大部分是以角色扮演的方式來做技巧演練，不是以實際案例來進行，然而也正因為如此，有時會有「失真」的現象，對於當事人與治療師都可能如此，也就是當事人無法真正進入狀況，因此也無法真實表現出許多的真實感受與想法，另外治療師也許也未能真正進入狀況，是因為不是真實案例，在處理上不免會有不真實感所引發的尷尬。此外，有些遭受重大創傷的當事人，若要迅速進入類似實景的演練，也要特別注意當事人意願與準備情況是否允許，千萬不能太急躁，反而會再度引發創傷經驗，造成二度傷害，這就是「反治療」了！

譬如有些新手諮商師喜歡用完形學派的「空椅法」，這個介入方式對許多當事人是非常新穎的，若是治療師尚未取得當事人相當的信任，或是沒有說明清楚，在實際運用時就不會那麼順手，或是達成諮商師當初想要的治療目標。

㈥監控與記錄

另外將自己的想法記錄下來，可以看到不同向度的觀點，重新評估與挑戰，甚至發展出更有幫助的轉圜之道；而記下自己的感受，讓自己暫時與情境脫離，可以更有效處理自己的情緒（Sanders & Wills, 2005, pp.102-103）。自我監控的作業很適合運用在一些情緒、想法、衝動等不被諮商師或重要他人容易發覺的當事人身上，而僅僅是觀察的工作就可以讓當事人可以增加對自己的想法、行為或感受的覺察，不需要去做反應，也因此就減少了一些癥狀（Tompkins, 2004, p.66）。

自我監控可以觀察情緒、想法或行動的類型、頻率、時間長短與強度，以及在癥狀發生時的周遭環境與條件（Tompkins, 2004, pp.68-73）。對於一些可能有幻聽或是困擾想法的當事人，讓他／她記錄聽到或想到的時間、地點與內容，也可以作為治療過程的一個紀錄與參考。我曾經讓一位當事人記錄她「認為」別人說她的一些「壞話」，因為這些想法影響到她的人際互動，後來發現這位當事人只是自信甚低、又想要討好所有人，沒有所謂的幻覺（病理因素），因此她在還沒有與某人有更多的接觸之前就已經「判定」沒有希望，當然也不會有行動跟進。

如果當事人要做的改變計畫是較為長期的，像是減重或戒菸，除了接受醫師的指導協助外，若是諮商師也在一旁支持，效果更佳！就像是有憂鬱傾向的當事人，除了按照醫師指示服藥，還需要同時將心上的結打開、做處理，因此諮商師的協助也是必要的，諮商師也可以補足醫師不在身邊時的功能（包括監控其服藥情形、觀察其精神狀態上的變化、有無自殺傾向或危險等）。一般的諮商治療過程中，諮商師也常教導當

事人記錄、監控等方式，這雖然屬於認知行為學派常使用的技巧，但是只要達到想要的效果，許多諮商師都樂於採用。

監控方式包括：1.寫下觀察紀錄（描述性的，可以時間【如下課、吃飯時段】或動作【如挺胸、挖鼻孔】為觀察重點）；2.記錄次數或發生頻率；3.請他人協助記錄（如請學生記下老師皺眉次數）；4.錄影；5.以其他物品（如橡皮筋）提醒（有悲觀想法時，拉一下手背上的橡皮筋）等，不一而足。

 # 六　行為改變技術

行為學派諮商師常用的「行為改變技術」，我們在教育場域仍然常見。行為改變技術也是一門系統的學門，主要是運用增強原則所做的處理。在此因為篇幅所限，不贅述太多，只是就「計列」與「注意事項」的部分做說明。

可以用「行為改變技術」達成的目的有很多。我在這裡會以實例的介紹方式做說明。舉凡太晚睡、準備大考的讀書計畫、或是改善與家人溝通、甚至是自己不良生活習慣，都可以做一些簡單的「改變行動」計畫。我記得每一年上親職教育的課，也都會要求同學們就「增進或改善與家人關係」做個「行為改變技術」的實際執行計畫（我稱之為「親密計畫大作戰」），並且在學期末檢視成果。做一個「行為改變計畫」可以運用到許多資源，譬如曾有一位女老師要進行減重計畫，因為一個人做成效有限，於是就邀請唸國中的女兒一起行動，彼此互相支持、監控、鼓勵，連酬賞的行動都可以一起，最後將全家納入計畫之中（如以「全家出遊」或是「出去逛街」為酬賞），計畫結束之後，不僅母女減重有成、母女感情加溫，全家人之間的關係更緊密了！另一位家長因為常常板著一張臉，讓子女都不太敢親近，於是還請孩子在看到他沒有微笑時做提醒，結果效果很好，孩子也發現了他的幽默面。

㈠行爲改變計畫步驟

進行「行爲改變計畫」的步驟如下：

1. 最先要知道要改變的「具體行爲」爲何？如「減少抽菸量」就較具體，「增加自信」就較抽象，不如改成「讓自己微笑多一些」。

2. 想要達到的具體目標爲何？必須是可以觀察或量化的目標（減少或增加某個行爲）。

3. 接下來先做觀察記錄，畫出基準線。如一天抽二十支菸、一週中週一、五兩天抽較多、什麼情況下造成（如工作壓力、或是有特殊事件發生）？

4. 然後擬定可以採用的幾種改進方式。以免只有一種方式，若是失敗就容易放棄。如請人提醒少抽、抽菸限量、抽幾口就丟掉、有抽菸慾望就嚼口香糖或喝水、學會拒絕別人的敬菸等。

5. 接著就構想酬賞或增強方式。如一天少於基準線就可以吃一碗蜜豆冰，三天達到目標就去看一場電影或約會。

6. 切實執行計畫，同時詳實做記錄。如果有一些臨時發生的事務影響計畫執行或記錄（如出差無法做瑜珈、孩子生病不能去跑步），也要記下。

7. 每週做一個平均數據，可以以曲線或長條圖表示，看看進步情形。檢討增強使用與效果，或是執行計畫需修正之處，做改善與修補。

8. 形成一個正向回饋圈：進行計畫→回饋、檢視與修正計畫→持續進行、養成習慣。

㈡使用行爲改變技術應注意事項

使用增強時需要注意增強物，不要讓這些增強後果（如吃太多炸雞就體重直線上升），成爲下一個需要改變的目標！另外，「原始」增

強方式對年紀較小的當事人可能較有效，而增強方式也因人而異，「尊重當事人」最重要；有些當事人不清楚自己喜歡什麼，或是無特別喜愛的活動或事物，也會在擬定行為改變計畫時產生問題。多鼓勵運用當事人身邊可以使用的資源（如家人、朋友或是可用的硬體資源），將其納入計畫中，改變動力會更強且持久！增強方式可能因為使用過多，沒有了吸引力，要注意替換。最好是養成固定習慣，而不是「三天曬網、兩天捕魚」的方式，才容易持久，有些當事人為了給諮商師交代，做了一天，因故不能每天繼續，就在週末一次做完，這就有違當事人的執行動機，收效不大。行為改變需要時間，就像新習慣的養成一樣，要給當事人足夠的改變時間，同時維持其改變的動力！

家 庭 作 業

1. 想一下你／妳曾經協助當事人做怎樣的決定流程？效果如何？當事人的反應呢？請具體描述。

2. 在你／妳自己的生活中，曾經有哪一次遭遇到較嚴重的問題？而你／妳是怎麼獲得解決或改善的？請與同儕分享。

3. 在諮商場域中，你／妳曾經做過怎樣的示範或演練？同學或當事人的反應如何？

Chapter 14
家庭作業的使用

　　家庭作業（between-session work, homework or assignments）是許多學派諮商師會使用的一種技巧，其主要目的是讓當事人積極介入諮商治療過程；「延伸」諮商的效果。Bohart與Tallman（1996）（cited in Rowan, 2005, p.26）就說過：治療最成功的因素是當事人要改變的準備度，只有當事人主動參與治療，治療的成功率才會增加，而家庭作業也是讓當事人的準備度更佳、使改變更有可能的一個重要媒介。

　　「光說不練」是不夠的（Kottler & Brew, 2003, p.17），還必須要有後續的動作或行為跟進，例如完形學派會鼓勵當事人與自己的經驗接觸，體驗自己身體的界限與感受；而人文學派的治療師也會鼓勵自我發現與探索，學習信任自己、感受與想法（Dryden & Feltham, 1993, p.55）。畢竟治療再長再久，也不過是日常生活的一小環而已，治療師與當事人的見面接觸也只占了當事人所有生活極小的一部分，因此若是能讓當事人在日常生活中去嘗試、運作治療中所學，整合到生活上，自然可以讓當事人較為得心應手，也可以直接對生活有所改善；此外，對於依賴性較重的當事人，治療師也可以藉由家庭作業的運用，讓當事人去培養更多獨立發揮功能的機會（Dryden & Feltham, 1993）。我們與當事人晤談，最後卻也必須放手讓他回到自己的生活中去面對與處理，趁著治療進行間，可以讓當事人在諮商室外面的環境做一些體驗與實踐，然後將所得的效果或是阻礙帶來治療室，做進一步磋商或修正，有諮商師的陪伴與擔任諮詢，當事人也會比較願意親身嘗試或做適度冒險；而改變通常是發生在諮商次數之間，而非諮商晤談當時（Nicoll, 1999, p.19）。

 一　家庭作業的功能

　　家庭作業的功能通常是可以「串聯」或「聯繫」以及增加諮商的效果，讓當事人即便在沒有諮商約定的時刻也可以延續其在治療中的療效，而諮商效果最佳的是將治療中所學與獲得和日常生活結合在一起，也可以從實際的運作中讓當事人肯定自己才是改變的主體，也有能力造成改變（Dryden & Feltham, 1993）；家庭作業除了可以讓諮商與日常生活有所聯繫、不脫軌外，還可以增進諮商目標的達成，讓當事人有機會在有諮商師的督導與協助下，將在諮商場域裡所習得的技術或知能先做練習，然後慢慢將其運用在諮商室外的日常作息中。家庭作業也可以讓當事人在實作之後瞭解其實並不難，突破其心防或是認知上的障礙，家庭作業也可以是進行問題解決的一小步驟，讓當事人以一定的進度、達成（或看見）一定的效果，然後才願意採取更大的步驟去進行，這就是「焦點解決」中的「小改變造成大改變」。

　　家庭作業的介入方式可說由來已久，像是理情行為治療學派的Albert Ellis就常常使用家庭作業，讓當事人檢視自己的合理與不合理想法，當然也發明了如「羞愧攻擊」（shame attack）等實作作業，讓當事人在實際生活中去觀察或嘗試，企圖驗證或打破自己的迷思；曾經有一位認為他人都很成功順遂的當事人，相對地看自己是很無能又不長進，於是我請她去訪問五位在校老師，去印證一下她的想法是否為真？結果這些老師們中有兩位也是辛辛苦苦一路走來，與她分享自己的心路歷程，當事人才恍然：「原來，只看到別人目前的風光，沒有瞭解一路掙扎的辛苦。」另外認知治療的Aaron Beck也發明了「貝克三欄」的檢視表，要當事人去檢視發生事件、當時的想法感受、以及變通的想法等，通常家庭作業對諮商的效果是加成的。

　　做家庭作業首先要取得當事人願意合作，諮商師就必須先要讓當事人瞭解作業的理念與意義，要讓作業與治療目標做有意義的連結，與

治療的焦點有關，可以讓諮商師與當事人都能接受，還要配合當事人所處的社會文化環境（Tompkins, 2004, pp.11-12）。並不是每位諮商師都會同意「家庭作業」的功效，有時與諮商取向有關，但是也有愈來愈多的治療師希望可以讓當事人在諮商場域之外「連結」諮商的功效，因此「家庭作業」的創意也應運而生。理情行為治療的創始人Albert Ellis善用「家庭作業」，常常讓當事人帶錄音、錄影帶或書籍回去，讓當事人在平常日子也可以多練習理情行為治療的一些理念，甚至成為自己生活哲學的一部分，當然也有治療師看準了「閱讀」的功效，也會分派當事人做一些閱讀功課，諮商與家庭作業雙管齊下，可以相得益彰！家庭作業可以分為動態與靜態的，像「體驗性」與「活動性」的作業，主要是讓當事人親身力行，真正去做，從行動中學習、歷練，也可以破除自己認知上的障礙或迷思；靜態的也許是觀察、閱讀、省思、冥想，甚至將自己放空，有不同的作法，也展現了諮商師的創意。

二　家庭作業項目

　　家庭作業可以包括的範疇很廣，也不限於單一項的作業，不一定給當事人而已，諮商師有時候也可以做，那麼在晤談或治療時段就可以與當事人從共同話題入手。像國內有諮商師陪著當事人履行其減重計畫，每天除了協助監督其進食之外，還陪伴一起做晨間運動，效果卓著！

　　Dryden與Feltham（1993, pp.111-113）提到家庭作業可以有：閱讀、寫作、填寫問卷、監控、行為作業與想像等，以下篇幅除了採用Dryden與Feltham（1993）的分類（(一)到(六)）之外，也增加一般可以使用的家庭作業項目做說明。

(一)閱讀

　　「閱讀」可以增加想像空間，也有較詳細的描述與說明，不少是關於前人經驗的故事，或是相似經驗，可以與自身經驗相對照；對於一些

較拙於言辭、但是可以接受閱讀材料的當事人來說，相關的閱讀也可以協助其看見楷模，更具動力去做改變。認知行爲學派以閱讀方式讓當事人更清楚認知對行爲與情緒的影響，協助當事人分辨合理與不合理的信念，以及思考其他可能的變通之道（Ellis, 2005）；對許多年齡層的人來說，閱讀通常是最便捷的學習之道，也就是透過對於他人經驗的瞭解，可以增加自己面對問題的策略或方式，也可以感受到原來經驗是有共通性的，既然前人成功過，自己也應該有機會！甚至他人的生命故事，讓我們反省自己的幸運或不足，也會有頓悟。對於年紀較小的當事人，繪本或是故事的閱讀，可以讓他們將書中主角的問題或是因應方式做投射與模仿學習，也可以抒發情緒、導引出當事人的一些想法與感受，像是最近很流行的一些關於生命教育的繪本或是故事，都可以協助當事人去面對與處理相類似的情境與遭遇，而也由於家庭結構的變動，坊間不少書籍也會針對這些族群做一些自助式的描繪與協助。

（二）寫作或記錄

寫作可以記錄自己的一些想法與感受，當然也是反省最好的一個工具，如寫日記。在做個人諮商時，也可以要求當事人寫下自己的一些想法與感受，也因爲每個人的口語表達能力不同，採用寫作可以補足這方面，當然寫作也可以有不同的變通，除了作文，還有詩詞的表達也可以；對於年紀小的、或是不擅書寫的當事人，鼓勵以圖畫方式爲之也是不錯。在做團體諮商時，我也習慣讓團員將對此次團體的所思所感記錄下來，可以的話，印給所有團員（包括領導），這有幾個功能：1.讓團員可以將在團體進行之時的「未盡之意」做個表達，補充團體過程中的不足；2.協助團體做另一次的「過程檢視」；3.讓領導有機會瞭解團體進行中沒有處理的一些事務，也在未來作補救或說明；4.增進團員之間的情誼，有些不是善於發言的團員，藉用團體週誌的書寫，不僅表達了自己原本在團體中想說的，也會針對其他團員的發言內容與感受做回饋，使得彼此更親近。而我也發現：當領導者也參與記錄與分享，不僅

可以更清楚每位團員的成長；當然也要考慮到有些成員可能因此不敢寫出自己心裡真正所想或感受、或是作爲攻擊他人之媒介，反而是一個阻礙。在接受督導訓練的諮商學習者，將每次接案的心得記錄下來，不僅可以作爲自我覺察的紀錄，也可以作爲督導時間的依據，一舉兩得！

另外，一般情況下我們都會有思考，但是卻不一定將它記載下來，倘若將這些想法記下來，不僅可以將一些想法做釐清，也會比較清楚自己的思考脈絡，與單純的「想」還是會有差異。

如果要當事人做寫作的作業，也可以商議針對不同的重點來寫，像是記下今天最好的記憶（或是事件）、說別人好話或鼓勵的字眼、聽到不錯或有意義的故事等等。認知學派常常使用「貝克三欄」的方式讓當事人記載「事件發生」、「當時感受與想法」以及「替代的感受與想法」，用來檢視當事人可能的自動思考與其他變通之道，這樣的記錄方式也常常可以當作諮商作業，例如請當事人記下自己有生之年想做的三十件事；獨自走一回校園、去呼吸、去體會周遭的人事物，然後將感受記錄下來；將離開學校與工作分開兩邊，以腦力激盪的方式寫下雙邊的優點與缺點等。Riordan與Soet（2000, pp.108-109）認爲書寫可以協助當事人將所思考的實際記錄下來，若是可以作互動式的寫作也可以促進溝通品質，其優點是：1.省時也省功；2.作爲面對面諮商的補充，可以鼓勵當事人在諮商室外的時段持續努力，延續治療效果；3.讓當事人表達他們的想法，並爲治療提出具體證據。當然書寫也可能產生些問題，包括：1.以書寫替代適當的口語溝通或行動；2.可能造成過度考慮特殊議題或事件而躊躇不前。

㈢填寫問卷

有些問卷可以給當事人使用，用來瞭解他／她的情形，像是思考、情緒、經濟或行爲等現狀，例如憂鬱量表、或是生活或學習量表，可以在極短時間內瞭解當事人的大概情況。當然，問卷的使用要有正當理由，而許多的問卷基本上是「參考用」，而不是做決定之用，也就是不

可以「一試（卷）定終身」，相關訊息可以參閱心理測驗的原則。問卷也可以用來評估作業執行成功的情況（Tompkins, 2004），有時候一些很簡單的檢查表（checklist），也可以派上用場，像是對於憂鬱症患者，將其既定的行事曆上打勾或做記號，表示完成，不僅可以讓當事人去動、去做、減少胡思亂想的時間，也讓他／她在看到自己完成的事項時有一種成就感，增加自信。

㈣監控（monitoring）

也就是做一些觀察或檢視紀錄，可以較清楚自己的生活現狀或習慣。像是「貝克三欄」的紀錄，讓當事人可以將事情發生經過、當時的感受與想法，以及稍後的想法記錄下來，檢視自己習慣性的思考模式為何？是否有助於行事與目標達成？觀察與監控是認知學派很喜歡使用的技巧（Beck & Weishaar, 2005），自我觀察自己的可能自動化思考與信念，出現次數與習慣的因應之道，將這些行為做初步的觀察與檢視的同時，其實也是改變的開始。諮商場域中也常碰到當事人時間管理的問題，請當事人將自己「典型的一天」（a typical day）時間運用詳細記錄下來（或繪製成「時間大餅」），可以協助他／她清楚自己的時間運用與分配、效率程度，以及希望改善的方向。監控通常就是行為改善的第一關，許多當事人在實際觀察記錄自己的情況之後，其實也就會進一步做約束與改良的動作了。關於「監控與紀錄」請參閱上一章「問題解決」。

㈤行為作業

行為作業的項目就更多樣了，主要是看諮商的目標而定，許多的作業是漸進式的，在最終目標與目前的情況之間設立了許多小步驟，目的是希望可以讓當事人有成功經驗，增加自信，慢慢朝向欲達成的目標前進！對於要大考但是擔心自己時間不夠、唸不完的學生而言，可以先要求他／她第一週先早起五分鐘，然後再慢慢增加早起的時間；會做杞人

憂天的焦慮者，要求他／她將自己的焦慮記錄下來；輕度憂鬱症患者，可以請他／她做小小義工，協助他人；想要建立更佳人際關係的當事人，可以先從看見別人的優點，並讚許他人開始；常常擔心自己不夠完美的人，不妨讓他／她故意做錯一件小事，看看結果與感受如何等等。

行為作業可以讓當事人在實際執行中，體會到成就感以及進步的可能性，更重要的是：可以打破認知上的阻礙，不再認為某些事情是不可能做到的。催眠大師Milton Erickson就常常使用一些行為作業，包括讓當事人改變一下原本的作息或動作，就可以達到相當好的效果，如要求一位過胖卻菸癮很重的當事人，捨棄原本在樓下商店買菸、而步行到一哩外的商店買菸來替代，結果菸癮減少了，也減重了；或是一位讓父母頭痛的青少年「做一些讓父母親出其不意的事」，改變了雙親對孩子的不信任與親子關係；這樣的行為策略叫做「模式介入」（pattern intervention）（Cade & O'Hanlon, 1993, pp.128-129）。我曾經要求一位自稱「受電腦控制」的大學生，不要一上完課就回宿舍，而是改變一下路徑，先去圖書館待上十分鐘，然後才回去，這樣可以讓他原本習慣的作息方式有一點點改變，不會像以往一樣一回宿舍就有開機動作，然後就浸淫在網路世界裡。

㈥想像（imagery）

在實際執行某些動作計畫之前，可以用角色扮演或是想像的方式先「預演」一下，看看可能會出現什麼狀況，或是遭遇困難可以如何應對；在行為治療裡的放鬆作業上，可以以「引導想像」（guided imagery）的技巧，諮商師以口述引導或是錄音帶的方式，引領當事人去想像一處幽靜、讓自己可以放鬆的場所或是風景，細細描繪每個細節，讓當事人在經過幾次的訓練之後，可以在適當時間很快進入想像的世界或圖景，達到放鬆的效果。我在訓練諮商師的課程中，也曾經要求同學就日常生活所見，去想像自己是一個物體、動物或人物，在不同處境的「可能」感受，這可以訓練同學的同理心與不同情緒。焦點解決取向也

會使用「奇蹟問題」或是「水晶球問題」，引導當事人去想像問題不存在時的（或未來）情況，想像有時候也可以讓當事人看到目標與希望，促進改變動能。

(七)體驗作業

所謂「光說不練假功夫」，不少當事人的問題是卡在沒有或不敢行動，因此採取體驗的作業，可以試驗自己的想法或信念，甚至感受是否真確，然後造成改變（Sanders & Wills, 2005, p.122）。Martin（2000, p.178）甚至強調所有造成有意義的改變的學習，都需要經過體驗的方式，不管是發生在個人內在或是環境中均是如此。認知行為學派提到認知影響行為感受，反過來說，行為也可以影響認知與感受，因此三者的關係應該是一個圓形，彼此間的互動應該是：認知↔行為↔感受↔認知（以下圖表示）。

通常諮商過程中，諮商師採用實驗或體驗作業，主要是要促使當事人開始有些改變行動，而不光只是在腦內運作而已，實地去做做看，不只可以讓當事人嘗試一下執行的感覺與結果、獲得成就感，也會打破他／她一些懼怕的迷思。在認知行為治療上常常運用家庭作業，以便測試當事人的負面思考的可行性，以及新的信念的產生（Sanders & Wills, 2005, p.124）。理情治療學派所發展出來的「探險治療」（adventure-based therapy），與體驗作業很相像，就是讓當事人可以在安全受保護的前

提下，去嘗試習慣之外所不熟悉的活動，藉由這樣的作業可以讓當事人提升其自信、成就感與能力，用在團體治療也可增進團體的凝聚力（Leeds, 1999, p.194）。

體驗也需要一些實驗的精神，實驗就是去嘗試不同的東西或方式，讓當事人拋掉安全的行為，去做一些適度的冒險（Sanders & Wills, 2005），藉此當事人可以體會行動並不難，而有些想法可能不是如此。許多事物我們沒有經歷過、體會過，有時候就不免會有一些迷思出現，體驗作業可以讓當事人有新鮮感，增加生活的豐富性，可以去做不同的事，看不同的人，嘗試不同的經驗，也去除莫名的恐懼與擔心，甚至可以培養當事人去繼續探索的興趣，拓展更廣的視野，也可以接納不同事物與思考，或是用來做自我檢視與反省。體驗學派的治療師不僅僅是鼓勵當事人聚焦在問題上，也同時可以注意其治療過程（Wilkins, 2003, p.12），因此體驗作業可以讓當事人「從做中體驗」，得到領悟，然後可以學習。以前曾有一位大四同學認為別人都很有才能，自己什麼都不會，很擔心自己畢業之後無「頭路」（臺語「工作」），於是請她去訪問兩位她認為「有才能」的人，探究他們才能如何養成？需要做怎樣的準備？她也自中獲得一些答案、鼓勵，也看到自己其實可以努力的部分。

㈧觀察作業或蒐集資料

觀察以及蒐集資料也可以是很適當的家庭作業，可以歸在「自我監控」裡面，只是自我監控有時候較將重點聚焦在當事人自己身上，而觀察作業的對象就不僅限於當事人而已，像是請當事人去觀察一位很有人緣的人的表現，然後與他／她談論他／她所觀察到的有人緣的「可具備條件」，比用說服的方式強多了。此外，觀賞影片或電影（包括記錄片），也可以藉由影片中故事，或是人物的表現，讓當事人感同身受，進一步得到啟發，有改變行動產生，有時在觀賞影片之後，可以與當事人討論、探索影片中可能蘊含的意義，也是治療介入的一種。請當事人

看一部「愛在屋簷下」（Life as a house），與他談論影片中那位罹癌末期父親的心境，讓他也體會到自己認為「無能」的父親其實也有其功能與關愛的表現。

三　家庭作業注意事項

　　許多當事人誤以為諮商就是談話治療，也許這是對於精神分析學派的刻板印象，其實也無可厚非，然而要規定一些家庭作業，首先當然要取得當事人的瞭解與同意，因此說明家庭作業的功能與目的是必要的，儘量去思考多樣作業的可能性，確定作業從諮商晤談中衍生而來，不是憑空捏造；而每位當事人的個性、情況或是環境不同，也要考慮到作業執行的彈性，因此稍作修正是可以的，作業也要「因人制宜」、為不同人「量身打造」；作業要富有挑戰性，但不是讓當事人吃不消，也需要注意到執行作業可能遭遇到的問題或阻礙；設定成功的標準，也做適時適度的修正，在必要時給予協助，針對當事人的努力過程與行為給予讚許或鼓勵（Dryden & Feltham,1993, pp.133-134）。

　　諮商師本身在給作業時，應該注意哪些情況（Dryden& Feltham, 1993, pp.114-134）？㈠花時間去協調作業的可能性，㈡解釋特殊作業的理由，㈢「協調」而不是「規定」，不然會讓當事人覺得被壓迫，治療師在使用權力，㈣確定作業是自談話焦點而來，不是憑空捏造，或毫不相關，㈤在協調作業內容時必須考慮當事人的能力、所處情境與條件、學習型態，以及過去作業的情況，㈥要確定當事人瞭解作業內容與目的，㈦設定需要何時完成，或在何地完成，㈧分辨出當事人是要「試著做」還是真的去做，㈨要找出作業完成可能會遭遇的阻礙，㈩以心象（或想像）方式將作業做排演，可以預見可能阻礙，減少當事人的焦慮，㈩㈠可以設定成功的標準為何，㈩㈡解釋給當事人聽，做作業不會有什麼損失，㈩㈢要記得檢視作業，不要訂了又忘記，也要看看當事人做作業的成功率如何，㈩㈣檢討作業失敗原因，㈩㈤若是當事人連嘗試都不願意，

也要去明瞭其中可能原因，㈥鼓勵當事人增加在設定作業的責任，或是
與當事人一起參與作業設計（Tompkins, 2004），㈦治療師也讓自己做
作業，可以更同理當事人、提供更有效的協助。

家庭作業的實際執行者是當事人（與其相關人），因此最先要取
得當事人合作的意願，因此：㈠治療師與當事人的合作，㈡家庭作業的
前提是「沒有損失」的，㈢讓作業具體明確，㈣回顧作業的設計理念，
確保當事人會去執行，㈤從小的、容易完成的作業開始，㈥同意將作業
執行情況記錄下來以供評估或檢視進度或進步情形，㈦預計可能會出現
的障礙，準備備胎計畫，㈧發展一個籌賞的計畫，讓當事人完成時可
以有成就感，㈨寫下作業的指導語（Tompkins, 2004, p.26）。Tompkins
（2004, p.50）建議治療師要維持一致性、保持好奇心、要懂得誇讚當
事人、要謹慎小心、在瞭解作業的問題或障礙之後重新考慮規定下一個
作業等原則，可以讓作業執行率更佳。此外，如果有些當事人忘了做作
業，不需要指責，可以的話當場做一次也可以，或有替代方案。

四　家庭作業可能遭遇的困境

㈠對於不同族群的當事人

家庭作業可以運用在個人諮商、團體諮商、婚姻與家庭諮商等不同
場域，也可以運用在不同年齡層與族群身上，只是要注意當事人不同發
展階段的需求與限制（像是兒童、有智力障礙者或是老人）（Tompkins,
2004）。

㈡家庭作業進行遭遇的挑戰

此外，治療師也要注意當事人在做家庭作業時可能遭遇的困境，包
括：目標太高或太低，讓當事人覺得不可能完成或是無挑戰性，而因此
失去動機去做；沒有先去檢視可能遭遇的困難或疑惑，使得當事人彷彿

是被迫去進行；當事人小心翼翼去執行，深怕犯錯，但卻看不出執行成果如何；當事人預測的實現了，而這個預測是與作業目標相反的，如希望當事人去問問別人對自己的看法，結果蒐集來的資訊更肯定了當事人對自己的負面看法；可能危及當事人人身或心理安全的，例如讓有電梯幽閉恐懼症的當事人去搭電梯，沒有做任何可能的預防措施（Sanders & Wills, 2005, pp.167-168）。

(三)當事人的準備度

另外當事人的準備度或者是否具備執行能力？信念與期待為何？之前有無不遵守的歷史或紀錄？環境中有干擾因素或限制嗎？也是考量重點（Tompkins, 2004, p.156）。有時候當事人忘了做作業也是會發生的，諮商師要記得不必要生氣，或是認為當事人不願意配合，如果當事人只是單純忘記，而諮商師認為作業有助於療效，可以在晤談時段請當事人補做，或者治療師可以使用另一個替代方案，有時候諮商師也可以與當事人一起做作業。有時候如果治療師認為做作業對接下來的一些重點有幫助，也可以在諮商時段讓當事人做（Tompkins, 2004, p.173），不僅可以瞭解當事人的準備程度，也可以減少作業失敗的可能性。

倘若當事人不願意配合做作業、或是執行有困難時，諮商師也要能瞭解當事人的難處，而不是一味責全，要不然結果可能適得其反，也讓當事人遭受到專家權威的壓力。Dryden（1990）提到當事人可能誤解了作業的意思、找藉口、將自己不做作業合理化、或是客觀條件上的限制、忘記了、心情不佳、認為作業不適當等（cited in Dryden & Feltham,1993, p.131），或是不認為作業對其問題有幫助、作業太難（Tompkins, 2004, p.166）。

(四)當事人其他資源的配合情況

由於家庭作業的設計也要考量當事人的社會文化環境，因此如果當事人願意做，可是他／她的家人或伴侶不同意，也會增加作業完成的困

難（Tompkins, 2004），有時候作業還需要其他相關人士的配合時，這一點更需要仔細評估可行性如何、相關的資源夠不夠等。例如有位諮商師要當事人（一位小學原住民男生）去訪問一家連鎖速食店麥當勞，卻發現這位當事人所居住的地方根本沒有分店，而他也沒吃過漢堡，所以這個作業對當事人來說沒有意義。

㈤當事人對做作業的看法

當事人對於家庭作業的反應與結果如何，也需要做檢視（Sanders & Wills, 2005），可以詢問當事人從作業中學到了什麼、遭遇到什麼困難，以及商量可能的解決方式（Tompkins, 2004）？有些當事人不情願配合，有些則是遭遇挫折，提出來與當事人一起作檢討，不僅可以增進治療關係，更有助於諮商效果，而家庭作業的原則是「愈簡單愈好」（Sanders & Wills, 2005, p.94）。在尚未取得當事人同意或合作意願之前，或者是作業的意義不明確、沒有做說明，治療師規定的家庭作業意義就變小，而且失敗的成分很高，若是沒有機會將作業作檢視、評估，也只會讓當事人覺得治療師只是不斷提出作業而已，他們也會懷疑治療師到底有沒有聽懂他們關切的問題（Tompkins, 2004）。在臨床經驗中，當事人偶而也會忘記做作業，不必花時間去詢問為什麼、追究理由，我若是認為這個作業有其必要性，會讓當事人在此次治療時補做，或者改做較為簡單、適時適地的另一項作業，然後與當事人討論做作業的心得或感想。

㈥治療師本身因素

在此之前有關作業遭遇的障礙似乎都集中在當事人身上，其實也有治療師不相信作業，也鮮少使用，可能與諮商師的一些信念有關，例如，認為作業會妨礙治療關係（如果逼迫當事人做的話），對一些臨床問題無法達到療效，作業對某些當事人來說是減分的、甚至有傷害的，當事人本身困擾已經很多、不可能做作業，或是認為如果當事人不願意

做作業就根本無意義（Tompkins, 2004, pp.180-185）。也有治療師喜歡規定作業，這也不一定有助於諮商效果，主要還是得看作業與治療目的的關係。

五　改變行為模式

有時候治療師要求當事人所做的作業只是稍加改變而已，但是卻可以慢慢打破治療需要修正的行為，並讓當事人朝向可欲的方向改變，而這些也可以成為家庭作業的一部分，當然首要條件是取得當事人願意合作，至少嘗試一下。如O'Hanlon（1987）曾經提出幾個改變行為模式（或病徵）的介入策略，其目的就是希望可以利用現存行為模式來促成改變，改變或阻擋目前行為模式，或建立新的適應行為模式（1987, p23）：例如改變頻率或次數（如每天洗一百次手改為一百零一次）、改變持續時間（如每天常常煩憂自己的病痛，改為晚上十點開始集中煩惱一小時）、改變時間（如晚上吃飯前吵架改為白天上班前吵）、改變地點（如常在飯桌上爭論，改為去附近公園）、改變病癥發生時的環境或品質（如不在教室罵髒話，改到校園內）、改變先後次序（如先上床再尿床，改為先上廁所再上床睡覺）、讓次序縮短（如不讓當事人做完完整的動作，而是從「開始」就跳到「結束」）、打斷或防止病癥出現（如在當事人出現自傷行為先兆時就讓其無法做出自傷動作）等（O'Hanlon, 1987, pp.36-52），而當當事人願意接受治療師的說服同意一些小要求或建議時，接下來更大的動作或建議他／她也較願意配合（Cade & O'Hanlon, 1993, p.61）。

六　家庭作業舉隅

我喜歡讓當事人或是團員做一些體驗的作業，而且不需要耗費太多時間與精神就可以完成。下面篇幅介紹幾種我常使用的：

㊀請觀察他人在交談時的表情與動作（溝通的非語言行為）。

㊁觀察自己不再抱怨之後，家人誰的改變最明顯？怎樣的改變？（自己的「刺激」改變所引發的連漪效果）

㊂工作三十分鐘之後看一下窗外，心思放空，然後以全部感官去體會大自然的聲音（找回輕鬆與感覺）。

㊃訪問父母曾有過的夢想、現在的夢想為何（讓孩子瞭解家長為家庭所做犧牲）？

㊄寫一封信給一位貴人，表示你／妳的感謝、與對方對你／妳生命或價值觀的影響（活在當下、及時表達）。

㊅寫下你／妳有生之年想做的三十件事（鼓勵當事人去做計劃與行動）。

㊆寫下你／妳的「預立」遺言，要指名道姓，並在一段時間內將這些「遺言」說（表達）出來（真正對某人說心裡話，不要拖沓）。

㊇在接下來一週內，為每個家人做一件好事或美事，要在對方不覺察的情況下做（體貼的心意、小小動作就可以完成，家人之間不需要身段）。

家 庭 作 業

1. 請教諮商／治療師曾經使用過的有效家庭作業為何？有其獨創的嗎？

2. 你／妳印象中最有趣的家庭作業是哪些？完成之後有什麼體會或想法？

3. 請你／妳設計一個可以讓家人做的家庭作業，需要列出目的、作法、希望達成的效果等。

Chapter 15
語言運用與其他

一　諮商中的語言使用

　　諮商常常被喻爲「談話治療」，這說明了一部分的事實，因爲在諮商治療中，許多情況下是以語言爲溝通的工具，甚至使用技巧的方式，因此諮商師需要具備語言使用的基本技巧是理所當然的，尤其是著重在溝通與表達方面。諮商師需要將自己的意思明白清楚地表達給當事人知道，也要能夠理解，甚至正確摘述當事人所說的意思；而語言的使用也需要配合當事人的發展階段（Freeman, Epston, & Lobovis, 1997，黃孟嬌譯，民93）。Siegelman（1990, p.109）也強調諮商師對於語言的敏銳度是相當重要的，不只是對於當事人所使用的語言，也包括自身運用語言的能力。

　　我們在日常生活中也常常碰到有些人的措辭常常會無意中傷害了別人或是折損了原先的善意。譬如有一回我到一家連鎖超市買完東西結帳時，結帳員叫我抽一張彩券，我抽了之後問她：「可以現在拆開嗎？」這位七年級的結帳員回道：「隨便妳！」雖然沒有惡意，但是聽起來就好像我多問一樣，很不舒服，其實她可以說：「都可以。」就回答了我的問題，也讓顧客覺得受到尊重與善待。都是三個字的回答，但是結果卻有天壤之別！當然語言也需要搭配其他的非語言訊息，才有可能正確地瞭解眞正要傳達的意義，但是本章只就語言表達部分作主題。

(一)語言與當事人發展階段

語言發展是人類智性與認知發展的一環，從嬰兒時期的不知人事，到牙牙學語期，最後可以與人溝通，經歷的是一般人類的共同成熟階段，當然對於語言的使用情況與成長環境、後來使用的頻繁與精緻化有關，但是還是有一般的通則與現象可循。當然如果當事人有特別的語言發展遲滯或是障礙，例如自閉傾向者其語言表現方式或有不同，也是諮商師需要考量的，不可以單以成熟發展階段為唯一考量標準。

(二)尊重性別與權力的語言使用

語言是文化的產物，而語言的使用也反映出該文化的不同思考模式（paradigm）（Kottler & Brew, 2003, p.34），像日本人在語言上常常使用「敬語」，可能表現的是人與人之間的禮貌、壓抑的情緒表達、及人人際間的位階關係。在諮商過程中使用語言為主要媒介，因此語言所傳達的許多意涵就需要特別注意。女性主義治療注意到治療關係中的「權力」議題，其中很重要的就是語言的使用。包括對當事人應該稱呼其為「小姐」還是「太太」，後者有「附屬」的意味，在做暴力或是受害女性困境的治療時，有時候稱當事人原本的名字或是姓氏（如「黃小姐」而非「林太太」），就可以稍稍象徵性地紓解一下當事人對於己身處境的緊張與壓力，也表明了諮商師對於當事人「自我性」的尊重。

此外，倘若當事人提及親密關係，諮商師較為明智的做法是沒有預設立場，最明顯的就是「異性戀」的假設，治療師很容易稱女性當事人的親密伴侶為「男友」或「丈夫」，稱男性當事人的親密伴侶為「女友」或「妻子」，這就是刻意排除了「同性戀」或「雙性戀」的可能。當事人若是因為性取向問題而來求助，在聽到諮商師這樣的稱呼之後，可能也不免預設諮商師「不可能瞭解」他／她的處境與問題。

成人與孩童之間本來就有生理、成熟與其他威權的階層存在，因此孩童對於成人敬畏的成分居多，而孩子也因此較不被信任。當事人為孩

童或青少年、或是有其他障礙者，治療師本身會不會也有一些刻板印象在諮商過程中運作？會不會因此妨礙了諮商的進行與效果？的確也需要進一步做檢視與探討。對於年幼的孩童或青少年，一般是以名字或「同學」稱之，有時不妨以「先生」、「小姐」稱謂相稱，或是當事人喜歡的小名或綽號，也可減少一些位階、權力意味。

此外，諮商師偶而會不小心，在治療過程中使用了「我們」、「你們」或「他們」的區分，有時候也要謹慎。在遭遇青少年族群時，當事人偶而會用「你們」與「我們」來區隔他們的族群與師長（或成人）的對立或不同，在一般的使用下通常沒有多大問題，也可以猜測當事人是以怎樣的立場或位置在發聲。曾經有一位男同志不時在會談中出現「你們」、「我們」的用語，在澄清之後瞭解他所謂的「你們」是指異（雙）性戀者，而「我們」則是指同志族群，這是當事人的情況，諮商師若有疑慮就可以做必要的澄清，像是如果當事人也將治療師當作是「壓迫」或「加害」族群的一員，諮商師除了去理解與同理這樣的使用背後的意義之外，有必要是可以做釐清與解釋的動作的，這也是女性主義治療裡會注意到的技巧。

例一

㈠當事人：「你們大人都這樣，不聽我們小孩子說的。」

　諮商師：「聽起來好像你以前碰到不少這樣的情況，覺得自己不被瞭解？」

㈡當事人：「我就是不知道該怎麼辦，所以才來這裡啊！我們兩個就是衝突不斷，無法溝通。」

　諮商師：「是碰到了情感問題？」

㈢當事人：「我四十多了還沒有結婚，也沒有女朋友，我家人會有意無意探問我是不是gay？」

　諮商師：「好像『正常人』在『適婚年齡』就『應該』結婚，或是有交往對象，要不然就是『不正常』？」

㈢社經地位與成長背景

有些當事人與諮商師教育背景與階段不同，不免有時會出現治療師使用的語言或用語與當事人所熟悉或使用的有差異，像是有治療師用了當事人不瞭解的成語、或是較艱澀的字眼，好像在展示諮商師的學問與飽學，這就是一種不尊重、甚至是歧視。諮商師最好使用當事人習慣或是可以瞭解的語言來溝通，像有時候發現當事人的母語是臺語，治療師也可以使用臺語與當事人晤談，不僅讓晤談流暢、少誤解，也表現了諮商師對當事人文化與個人的尊重。

二　隱喻的使用

在日常生活中，我們也常常使用比喻（或打比方）的方式表達自己的一些想法，而這些比喻與所描述的東西或情境是有相似或共通性的（Tompkins, 2004, p.13），像是戀愛了會說「我掉下去了」，被上司訓一頓形容是「被刮了鬍子，三個月不必理了」，描述嚴厲的管教就說「我被暴君管制」，忌妒就是「酸葡萄心理」，兩個人在親密關係中的情況是「你追我跑，好像在兜圈子」等等，隱喻（metaphors）通常都與我們自身的生活經驗有關，許多日常生活的概念系統也都是隱喻性的，隱喻的建構通常是局部性的、可以超出一般思考與言語的框框（Lakoff & Johnson, 1980，周世箴譯注，民95）。「隱喻」是象徵性的東西，以一個元素的意義來替代另一個，其表現方式可以是用語、故事、笑話、雙關語、想像等（Carich & Metzger, 1999, p. 45），Santostefano也將「行動」加入（1988, cited in Siegelman, 1990, p.8）（我在「非語言」一節有描述），因此其不只是語言的一種型態，也是思考的初級建構（Siegelman, 1990, p.3）。

㈠隱喻可協助記憶

隱喻用在治療情境裡，主要是因為它們像一些小故事，容易讓人記得，也可以用在家庭作業裡面以達成治療目標，尤其是當當事人較為焦慮或沮喪時，可以用隱喻方式提醒他們家庭作業的進行（Tompkins, 2004），像是「我們打擊犯罪的行動要持之以恆！」

㈡隱喻協助表達

儘管諮商師會使用語言來進行治療，然而對於一些較拙於（或不習慣於）語言表達、或是語言能力不足（如孩童、或是有認知障礙的）的當事人，又該如何？除了像之前所說的，可以運用其他媒體或是工具作為媒介之外，還可以運用我們語言所賦予的特殊意義與使用方式來進行，「隱喻」就是其中一種。「隱喻」可以用不同的媒介來表示，當然也可以用圖示方式表示，我之前曾經讓同學就自己家庭的樣子描繪出圖樣，有同學畫出「缺了一塊的披薩」（因為家裡缺了父親這個角色）；有一回問一位高三不願意回家的同學，對他來說家就是一個「冰窖」（因為家裡每個人都各忙自己的，彼此之間彷彿沒有關聯），聽了真是令人怵目驚心！而在團體進行時，我也請團員以抱枕來象徵自己與家人間的關係，可以從團員安排抱枕的位置、彼此間的距離，猜測出其家人互動的關係。

Selekman（2005）曾經治療一個被家人認為無可救藥的青少年，家人最後都認為沒有希望了，也不想來輔育院探望他，而當治療師說服家人與青少年一起面談時，就用了「好像少年正在走很高的鋼索，企圖保持平衡，但是底下卻沒有人在保護他」（p.60），這個譬喻深刻也生動地描繪了少年的心境與處境，而家人也因此願意再給他一次機會！

㈢隱喻協助打破僵局

偶而在無法打破當事人的心防、或是治療碰到阻礙的時候，使用

隱喻是很值得建議的一種方式，加上有些當事人較不善於言詞，請他以打比方、或是畫象徵圖的方式來表示，通常可以打開晤談之路。我曾經請同學將對家的感受以圖畫方式表示：「家對你來說像什麼？請以圖畫表示。」結果在後來看到許多的意涵，有人將家畫成一艘在驚濤駭浪中的船，原來家裡目前面臨一些危機，但是一家人還是相守在一起；有人畫一棵大樹，每個人代表不同部分（樹幹、樹根、果實等），司不同功能。諮商師從日常生活中衍生的隱喻，可以擴展當事人的視野，也讓其在自己關切議題與隱喻之間找到連結。

㈣隱喻減少威脅性

藉由「隱喻」的使用，可以用較為間接的方式表達，不用直接的方式，也少了一些威脅，可以讓當事人（或團員）更自由地表示自己的想法。例如，有一位廣播人提到有一天二女兒跟她抱怨說：「媽媽，妳都對姐姐好，姐姐什麼都是對的，用的東西都是貴的，我什麼都沒有。」母親體認到孩子是在爭父母親的愛，他們要公平，但是公平又是那麼主觀，所以她問二女兒：「我們都有兩隻手對不對？如果妳的左手受傷了，妳會常常看哪一隻手？」女兒回道：「受傷的那一隻啊！」「這就對了！」母親說：「因為妳一切都很好，表現得那麼傑出，所以我就可以很放心地去照顧姐姐啊！妳是那一隻好手！」這樣的比喻我也用在諮商場上，發現對當事人來說很受用，因為他／她可以從這個故事中去體會出一些道理。

曾經遇到一位唸哲學與美國文學的大二學生，因為正同一位已婚婦女交往，他自己知道這樣的戀情是社會禁忌，也瞭解可能沒有好結果，因為對方不會放棄婚姻與家庭，所以跑來求助。當我詢及他與女友的關係時，他卻無法明確用語言表達，於是我改問「你與她的關係像什麼？」他說：「就像是兩個人攜手走入一座森林，但是途中她發現一條小徑，於是就掙脫我的掌握自行去探險了，留我一個人呆呆在原地等待。」從這個譬喻開始，我可以慢慢瞭解當事人矛盾的心情，以及他的

擔心，因此接下來的治療過程就很順利了。

㈤隱喻協助評估當事人治療進展

　　我也曾經在治療將近尾聲時，請當事人描述一下自己目前的狀況，由於當事人遭受父親性侵害長達十二年，因此在治療初期她想像的圖畫是自己是個無助的小女孩，而當治療近半年之後，當事人有顯著的進步，請她想像自己目前的模樣，她說：「我看到那個小女孩，還是很害怕地蹲在角落，我走過去、擁抱她，告訴她不必傷心難過，有我在，我會保護她。」從這裡也可以看出當事人療癒的進度，她已經可以保護自己那個受傷脆弱的內在小孩。

　　隱喻或是譬喻的方式可以減少直接詢問與表達的尷尬或衝突，是一種間接溝通的方式，它的曖昧、不直接可以減低直接溝通的焦慮、與可能引發的強烈情緒，保持一種安全的距離（Siegelman, 1990, pp.82 & 87）。有些譬喻可以有共通性（如黑色表示堅硬、恐怖，藍色是自由輕鬆，紅色是熱情有活力，紫色是深度隱晦等等），當然也有個別性；而治療師若是能在很短的時間內同理當事人的譬喻，當然就能夠在很快的時間內傳達給當事人知道諮商師「瞭解」，其震撼力是很大的，而當治療師可以將當事人的心情或處境作一個絕佳、切身的比擬，也會感動到當事人，感覺到自己被瞭解不孤單，接下來與諮商師的合作就比較容易進行。

 ## 三　隱喻的象徵意涵

　　短期取向的治療師將病癥（symptom）視為當事人企圖傳達重要問題的一種隱喻溝通方式（metaphorical communication），也表示對於問題處理的無效方式（Cade & O'Hanlon, 1993, p.7）。也就是當當事人無法明確表達問題癥結所在時，會將問題投射在身體或其他的失常功能行為上，當然這樣的方式沒有將問題做順利有效的解決，反而營造了另一個

問題，但是至少他／她讓家人或重要他人瞭解他／她需要協助了。我們在家庭或配偶的治療裡面常常會看到這樣的情況，在家庭系統裡，呈現病癥或問題的當事人可能只是「代罪羔羊」，他／她將家庭問題顯現在自己身上；倘若是配偶之一出現病癥，或是一些不正常行為，就是表示有問題了，只是問題並不一定就是他／她所表現出來的那樣。我知道的一個案例是：一位醫師妻子因為常常去商店順手牽羊，後來情況嚴重被送到療養院治療。其實當初她只是因為協助丈夫開設診所之後，發現生活不是自己想要的，而丈夫事業的成功卻沒有帶給她幸福感，反而是孤單寂寞，因為診所生意太好了！結果有一回她不小心去附近商店購物、沒有結帳就走出來，店員報警處理，警局打電話叫她丈夫來接人，自此之後，她就常常去商店買東西沒結帳，後來是次數太多，丈夫也受不了，才送到療養院來。其實如果當初有治療師發現她的順手牽羊只是想要引起丈夫的注意與關愛，情形可能不會那麼嚴重，醫師娘的「順手牽羊」（病癥），只是傳達她沒有受到關愛的一種隱喻，真正的問題當然不在她「順手牽羊」的壞習慣，而是婚姻關係出現問題。

以前碰到一位目睹父親性侵害四個月大妹妹的小男孩，只要是輪到要去父親家的時間（父母輪流監護孩子），他就會肚子痛（病癥），而且還很嚴重，但是醫師都無法診斷出任何生理上的原因。由此看來，隱喻可以是語言表現的，也可以是動作或身體行為，甚至是圖像表徵。隱喻不一定是用文字、語言的方式表示，身體、故事或其他象徵性事物都可以作為隱喻之用，都是溝通媒介之一。

四 隱喻與文化的關係

隱喻與文化是有相關聯的，Liu（2002）曾就隱喻與文化差異做了一些探討與比較，她發現美國文化中使用「運動」的隱喻較多，可以擴及貿易、教育與政治，而中國人則是習慣用「吃」的相關譬喻，而隱喻不只反映、也塑造了我們的觀念系統，特別是一些抽象的觀念

（pp.3-4）。中國人以「吃」爲主要的隱喻，其實可以從日常生活中明顯看出來，像我們問候或招呼語常常用：「吃飽了嗎？」或是商場、社交活動也常以「一起吃飯」的方式爲媒介可見一斑；當然這需要考慮到中國傳統的生命哲學以及社經歷史（Liu, 2002, p.64），中國人說「吃飯皇帝大」、「飽暖思淫慾」、「藥補不如食補」、「吃腦補腦」等，將食物當作最重要的事項，許多的生活哲學也應運而生。雖然在諮商場域裡，治療師與當事人之間的對話多半是中文，少數爲臺語或其他語言，但是都與我們的傳統文化息息相關，治療師對於當事人的原生文化（如不同原住民族、新移民）與其隱喻也可以做適當認識與瞭解，更有助於治療關係與溝通。

　　當然，並不是說文化背景不同就不可以用不同文化的隱喻，只要運用得當，其實對於治療過程與效果都有加分功效，例如原住民同學告訴我祖先口傳的一些神話與故事，可以讓他對自己的族群有更多的認識與認同，也間接促使他爲自己的傳承貢獻一份心力。在諮商理論裡，也有不少的隱喻，如「內在的小孩」、「黑盒子」、溝通分析所謂的「父母、成人、小孩」三態，也是以生活世界裡的「可接近事物」來表示一些觀念，更可以讓人清楚明瞭所要傳達的意涵。

五　治療中常用的隱喻

　　一般日常生活中我們使用的隱喻眞的不少，而在談論嚴肅話題時也不免常常採用譬喻。在課堂上或是諮商過程裡，我最常讓同學做的功課是：「家對你／妳來說像什麼？」「生命是……」「談戀愛像？」「失戀是？」這種像開放式問句或是自由聯想的方式，不侷限當事人的回答，可以得到相當多樣的回應。

　　Siegelman（1990）提到隱喻有精煉（condensation）與連結（combination）的功能，不僅將想法與情緒以濃縮的方式描述（p.21），隱喻也代表壓抑的內在情緒需要表達出來，隱喻不只反應過

去的經驗，也可以作爲我們對自己目前情況與未來的篩選機制，成爲內心世界與外在世界的一種連結與轉換現象，因此若運用在治療中是相當震撼、有功效的。在諮商過程中有哪些常見的隱喻呢？

㈠諮商中對家庭的相關隱喻舉隅

有一位因父母不和、飽受矛盾與忠誠壓力的同學說：「我覺得自己就像夾心餅乾，爸爸媽媽都一直在擠壓，我誰都不能靠。」另外一位同學也有相似的比擬：「夾殺！」治療師在其中體會到的是：「被夾殺的滋味很難受，但是你兩邊都不想放，因爲都是至親的人，自己再怎麼辛苦，也要把家拉在一塊，不能分散，要你放手，還眞的不容易。」

隨著母親嫁入繼父家的一位國中生說：「好像我一下子就隱形了，我媽看不見我，因爲她要去照顧阿伯（繼父）的小孩，我好像變成了孤兒。」諮商師得到的訊息是：「媽媽也急著要去適應新的環境，不像以前那樣把你照顧得很周全，也許她認爲你在她的教養下，已經有了可以照顧自己的能力。」

家人因爲意見不同又散居各地的一位女性說：「（家）四分五裂。」諮商師的理解可以是：「雖然散居各地，至少希望大家的心還是在一起，就像是環繞太陽的行星一樣。」

一位與家人不和的男生說：「家像旅館，可是我家又不太像，至少旅館還有check-in、check-out，我連這些都沒有。」他的陳述裡有許多的孤單與寂寞，諮商師也可以看見其中的優勢：「家跟房子還是有很大的區別，不是提供衣食就可以，還要有其他的條件。」

一位認爲家人都不關心、理會他的青少年說：「我就像一個游離電子，就是在外圍的那個，其他人好像都知道自己的位置。」「游離電子」的比喻很無奈，有點像是被動放在那個位置，但是接下來的處置卻可以好好利用這一點：「把你自己比喻做『游離電子』，其實你不想要這樣是不是？希望可以被包括進去？像一家人？『游離電子』雖然自由，卻也要有所歸屬。」

對於早年失怙經驗的一位女性來說：「就像是披薩少了一塊，你知道本來應該是一個圓形的，就是少了一塊。」這個譬喻可以是當事人對於「完整家庭」的想望，或是對於早年失去的一種心理失落感受。

㈡諮商中對於治療目標的隱喻

有時候當事人無法明確說出諮商欲達效果，或是治療想要達到的目標，諮商師可以詢問：「想一想，如果這些問題已經不再困擾你／妳的時候，你／妳的生活會有不同嗎？」

當事人：「會感覺可以呼吸了吧。」

諮商師：「可以請你／妳仔細描述一下怎樣的呼吸方式嗎？」

當事人：「就是不會感到窒息，隨時都有壓力的感覺，也不用
　　　　害怕。」

有些當事人對於治療目標的期許是：

「我希望可以輕輕鬆鬆，不要心理上老是感覺有一塊石頭壓
著。」（有壓力的當事人）

「就是不要被追著跑，好像不能夠停止。」（對於時間管理困
擾的當事人）

「我希望知道自己一個人的時候也可以生活，至少可以動，而
不是像一棵植物一樣！」（擔心沒有人愛的當事人）

㈢諮商中對於關係的隱喻

如果當事人是來處理親密關係或人際關係，可能也會有「目標」的隱喻，或是對於目前不滿意關係的描述，甚至是對於目前諮商關係的感受，像是：

「我們兩個就像是刺蝟，分開怕冷，在一起又互相傷害。」
（對於關係中的衝突難過的當事人）

「妳知道菟絲花嗎？就是一定要依附著樹或其他更堅強的物體
才可以生存。」（當事人形容自己依賴親密關係）

「我們三個人就像是沿著那種運動場裡的百公尺線在賽跑，三
個人就是在追趕彼此，他追她，我追他，她又追另外一個不知
道的目標，沒完沒了！」（當事人形容自己目前的情感狀況）

「我就像是空氣一樣，看不見也摸不著，可是空氣至少還可以
呼吸到，因為很重要，可是我不是！」（描述自己被父親忽視
的男同學）

「我覺得我們在繞圈子，你不知道我要什麼，我也不知道自己
要什麼？」（當事人形容治療關係）

㈣諮商中對於諮商效果的隱喻

治療師也可以從當事人所敘述的比喻裡知道當事人在治療過程中
的進度或是進步，這些比喻的方式有時候比評量表更生動、描述更詳
盡，也更可以看見當事人對於自己的看法，也比當事人單純描述：「很
好」、「有改善」等要具體、深刻多了。像是對於自己努力終於有成的
當事人說：「就好像一直在踢（足球）門，終於進去一球了！哇！」

經過一段時間治療一位原本對自己沒有信心的當事人說：「好像自
己終於可以抬頭看人了，以前我只看到自己的鞋尖。」

「我第一次知道人生是彩色的，以前看到的東西都是灰灰的，沒有
什麼色彩。」

㈤其他隱喻

隱喻也可以表示當事人的一種防衛機制,將其當成藉口或是不願意做承諾,諮商師碰到這樣的情形,最好是尊重當事人之所以有這樣的防衛情況,等到當事人準備好要面對這樣的問題(或解除防衛了)(Siegelman, 1990, pp.79-81)。當然有些比喻也很容易瞭解,像是一位見到前任男友的女生說:「反正就是突然間發現自己好像手腳不聽使喚,整個人僵在那裡。」

「被挖空了!」(當事人形容自己的疲累狀態)

「被人狠狠刺上一刀,雖然看不見血,但是內心在淌血。」(當事人形容伴侶劈腿)

「我就像是一個局外人,大家在熱烈討論,我站在那裡卻沒有人理會,就好像不存在一樣。」(當事人形容自己交友的挫敗)Siegelman(1990, p.60)提到當事人的隱喻指的是與自我(self)相當的象徵,對於治療深度或是當事人的心理深度而言,是相當具有震撼力的!

「轟!突然很巨大的聲響(雙手在耳邊、碰了頭一下)!爆炸了!」(當事人形容自己接獲父親過世消息時的反應)

㈥諮商師使用的隱喻

若是當事人不知道如何表達時,治療師也可以用示範、或是鼓勵的方式,讓當事人可以正確表現自己的感受或想法。諮商師使用的隱喻可能依據當事人訴求的問題或是情況而有不同,另外也要注意到當事人的文化背景、以及傳統或信仰。以下舉一些例子說明諮商師可以怎麼運用隱喻:

> 「如果把這些抱枕當作是家人,你會怎麼排列?就是可以表現
> 家人之間的關係。」(我用抱枕為媒介,讓當事人在諮商室裡
> 做象徵性排列,可以看出當事人家中的動力狀態)

「朋友如果像一本書,是一本怎樣的書?」(當事人無法描述他要自友誼中得到什麼?)

「如果我是如妳所說的醫生,妳想要在我這裡知道什麼?」(當事人初次晤談,將自己比喻為「求診」的病人,我詢問其目的為何)

「在學校什麼時候需要有你說的這個『爆發力』?」(當事人專長田徑運動,但是卻是中輟的危險群,請他將所謂的「爆發力」與學校生活做連結)

「妳有沒有聽過被刮傷的CD,會跳針一樣、重複同樣的部分?也許下一次同學來找妳,拜託妳什麼事,妳又不知道怎麼拒絕的時候,就用這個『破唱片法』試試看。接下來,我們在這裡先練習一下。」(教導當事人「肯定訓練」)

隱喻是語言使用與溝通的一種管道或方式,並不限於治療師的運用而已,有時諮商師可以鼓勵當事人做表達,也可以從當中獲得許多有用的訊息,這也是我在治療中時常運用的。對當事人來說,採用其他方式或物品來比喻自己目前的情況,也可以讓當事人有一種頓悟,瞭解自己置身的情況與隱喻的類比關係,藉此更清楚自己的處境,有時候甚至可以找出解決之道。例如,當事人不知道自己的溝通模式其實就是複製在原生家庭的互動情況,一旦看到這個點的時候、有豁然開朗的感覺:「我媽就像一直咕咕叫的母雞,可是我爸的態度就像是紋風不動的石頭,我後來想是不是我爸也煩了,才採用這樣的方式應付我媽?我要求我男友有反應是不是害怕他像我爸一樣?我覺得不理睬其實就是一種拒絕。」

隱喻雖然是較屬於認知的部分,但是也有頓悟功能,也會觸動感受

與改變動機，接下來就可以有行動跟進。如上例：「我不想要再這樣，表示我跟我爸媽沒有兩樣，而且我可以預見不好的後果，這也不是我要的，所以我想要做一些改變，至少不要老是要求我男友做回應，這一點應該是可以溝通的。」

六　諮商師對於隱喻的處理

　　治療師對於當事人使用隱喻的態度以開放、容許最佳，由於隱喻包含情感與頓悟的成分，諮商師可做的不多，也許就擔任觀察與參與者的角色，將這些隱喻視為當事人心理狀態與治療過程之一部分（Siegelman, 1990, p.57 & p.78）。治療師除了瞭解當事人的隱喻以及可能內涵，還可以用解釋（或詮釋）隱喻的方式協助當事人瞭解其自我、內在世界、治療進度或效果，也可以用隱喻方式來解說、教導當事人一些心理困擾或其他可行的解決之道（Siegelman, 1990, pp. 101 & p.107）。諮商師如何有效運用隱喻？基本上要注意幾點：㈠不要常用，會削弱其「驚喜價值」（surprise value）；㈡要依據當事人可以忍受的引導程度或適當時間做調整；㈢是提綱挈領式的，可以包容衝動與防衛二者；㈣是無時間性的，將過去與當下在無威脅的情況下做連結（Siegelman, 1990, p. 106）。

　　當然，若是諮商師知道如何在治療中善用隱喻，對於治療效果自然是加分。諮商師可以聽懂當事人的隱喻，或是在適當時機引導當事人用隱喻方式表達或表現，也可以分享當事人的狀況在治療師腦中形成的隱喻為何（Siegelman, 1990, p.108）？像是諮商師看到當事人的成長而將其譬喻成「破繭而出」，聽到當事人在短時間內歷經幾度嚴重失落，諮商師可能想像當事人是在「生命旅途中──失去旅伴」的孤單，這些也都可以與當事人做適當、適時的分享，而這也可以傳達諮商師對於當事人同理的瞭解。

 # 七 使用不同形式的隱喻

隱喻可以用不同形式或樣貌表現,因為它的不直接,可以讓當事人較自在去表達或接受。像是對於年幼的小朋友來說,適當的繪本或是故事的運用,可以讓他們輕易將自己投射在故事裡的角色中,也學習到一些知識或技巧,教師、家長或是治療師也喜歡使用故事來教導孩子。Burns(2005, pp.3-4)提到說故事可以達成有效溝通,包括:故事是互動的,故事會吸引人,可以避開抗拒,涉及也滋養想像力,發展問題解決技巧,創造了不同結果的可能性,以及可以讓觀(聽)眾做一些獨立的決定。「想像」也是一種隱喻的形式,當當事人以監獄、囚禁、落入陷阱或感到拘束的影像形容自我,表示自我狀態受到拘束或不自由,相反地,若是以空間擴大、彈性來形容自己,則表示成長或獨立自主性增加(Siegelman, 1990, p.78)。

㈠繪本、閱讀作業或其他媒介(材)的使用

使用繪本、故事書、玩偶、卡通或是電影等媒介,可以很輕易讓年幼的當事人與故事或玩偶結合,將自身的處境投射在故事人物中,這是一種學習遷移,也是潛在學習的一種方式。使用閱讀或是繪本的方式,可以增加當事人反應能力,增進自我瞭解、對於人際的覺察以及現實感,而閱讀故事可以讓當事人因為認同故事中的人物,情感獲得宣洩,有頓悟與普同感而產生改變(Ginns-Gruenberg & Zacks, 1999, pp.456 & 458)。年紀較小的當事人,有時候並不能很清楚或是完整表達自己的意思或想法,甚至在跟諮商師這些「成人」說話時會感到威脅,但是採用玩偶與之對話,就少了那一層威脅與權力位階的東西,當事人比較願意表達,使用玩偶在治療中也可以讓當事人在無威脅的情況下表達強烈情緒或創傷相關事件(Sweeney & Rocha, 2000, p.43)。

電影、故事或是勵志的人物有教育意味,是因為藉著故事或是人

物的遭遇，可以讓當事人輕易將自己的情緒或是處境投射在這些故事或人物身上，讓他／她感同身受，有所啓發；繪本不一定只適合年幼的當事人，也適合一般民眾。「遊戲」也可以是一種隱喻行爲，特別是對於年紀幼小的孩子，遊戲是他們生活的主要部分，也是藉以瞭解周遭世界的一種方式（Sweeney & Rocha, 2000），孩子們將自己的經驗與感受「玩出來」，是最自然、也是自我療癒的過程（Landreth, 1991, cited in Sweeney & Rocha, 2000, p.35）。利用繪圖方式也可以達成許多診斷與治療的效果，像Dattillo（2000）就提出讓配偶或伴侶以繪圖（畫圈圈）方式表示彼此間的關係與對於伴侶的看法，治療師與當事人都可以看到伴侶間的互動情況，也可以就當事人所畫的圖樣做深入討論。另外音樂也可以是諮商師運用的媒介之一，有不少治療師運用音樂治療協助自閉症兒童（如Wimpory & Nash, 1999），如果不是專攻音樂治療的諮商師也可以在治療過程適當運用音樂的媒介，例如用來做放鬆運動或幻遊的引導，甚至以歌詞來教育當事人，我也曾經讓當事人聽「孩子」（The child）或「有生之年」（In the living years），讓他們從音樂與歌詞中去體會父母親與孩子間的關係，也曾讓當事人聽「惡水大橋」（Bridge over troubled water），仔細體會友誼的滋味與期待，都收到相當不錯的效果。

㈡身體動作與其他方式的使用

身體動作也可以是治療的技巧，包括打坐、冥想、舞蹈、運動（如瑜珈）、按摩等等不一而足，即便只是生活上的一些技巧或是動作，也可以放入治療當中，其他像是運用繪畫、說故事、沙遊、辦家家酒、幻遊、歌唱、聽音樂，在治療過程也是不同的介入方式，只要可以達到治療目標，許多我們身邊或是一般生活裡的活動與物品，都可以善加利用，而許多的治療搭配不同的方式（如沙遊、藝術治療、舞蹈治療），都已經發展成有理論依據的治療模式，而一般治療師儘管不是某一媒介或學派的忠誠信徒，還是可以好好利用這些媒材，例如Rowan（2005,

p.69）提到許多藝術媒介的使用，像是將夢畫出來，然後與當事人討論其中細節，也可以使用在諮商過程裡。戲劇除了語言，最重要的是肢體動作的表現，去除語言成為「默劇」也一樣可以感動人，主要是因為肢體是人的一部分，也是表現人類情緒與想法的媒介，當然也是隱喻表徵的一種形式（Siegelman, 1990），如Satire所創發的「家庭雕塑」，讓參與者以代表不同意義的肢體與角色出現，也可以引發參與者的許多深沉情緒與蟄伏的想法，而舞蹈治療主要是依據身體與情緒的連結，讓當事人可以探索與熟悉動作、伸展與平衡，進而更有能力去因應周遭環境（Payne, 1999）。

(三)夢與隱喻

精神分析學派治療者對於夢的重視可能勝於其他取向的治療師，而「夢」的呈現也可以是一種隱喻形式。佛洛伊德將夢裡許多的譬喻方式做了詳細解說，雖然有人不認同，認為他將人「性慾化」，但是這是他的理論，也可以偶做參照之用；自我心理學派的始祖阿德勒認為夢有不同的功能，主要是「日有所思，夜有所夢」，而「夢」可能出現問題解決的思考，而心理社會排行不同的人，也會出現不同夢境，如老大常做被追趕的夢，老二則是追趕人的夢。

 ## 八　使用隱喻的可能問題

運用隱喻當然也有限制（Siegelman, 1990, pp.117-127），一是過度重視，一是不重視。前者的問題出現在諮商師過度使用，使得當事人也不得不配合演出，結果兩人卻在諮商場域玩起遊戲來，治療無法深入；此外可能會逼得還沒準備好，或是無足夠想像力的當事人使用隱喻，效果可能適得其反。不重視的原因第一個當然是諮商師本身不相信隱喻的功用，再則是諮商師沒有想像力，當然也很難善用。

家 庭 作 業

1. 請用比喻的方式形容身體上的痛（如像燒的、感覺好像要斷了等等）。

2. 以打比方的方式形容被誤會的感覺。

3. 請以圖畫方式畫出你認為一個家庭中男、女主人的關係。

Chapter 16
結束技巧

一　結束是反映生命的現實

　　結束是生命的一個必然與現實，每個人都逃不過，在諮商治療中也是如此，有開始就有結束，有聚就有散。即使像古典的精神分析學派，通常是一週五次、連續好幾十年，但是不管多長還是會結束。諮商治療中也要反應生命的現實，這也是Yalom（1994）所稱的「存在因子」（existential factors），其中最顯著的就是生命有開始就有結束，聚會有聚就有散，儘管治療關係很久，但是即便是再親密的人也只能陪我們人生一段，人生路還是要自己獨自行走。諮商關係的開始與結束反映的就是「生」與「死」、「聚」與「散」的生命實相，而且諮商師在治療剛開始就會告知治療次數，這也是一種提醒，接著在每一次治療中也會提醒「還有幾次就結束」的事實，而不是在剩下一次或兩次治療時間了，才突然知會當事人快要結束了，這麼做的目的有幾個：㈠讓當事人清楚把握每一次晤談時間；㈡讓當事人心理、生理上對於結束都有準備；㈢避免突然的結束治療關係，增加治療可能的困擾，或是當事人的抗拒。

　　當然這裡所謂的「結束」不只是治療關係的結束，而是每一次治療也都需要注意到這樣的課題，Pipes與Davenport（1990）也認為結束應該是很清楚明顯的，不單是在治療結束時提出，而是要在治療初期就開始（p.180），或是在與當事人擬定契約時就提及（Wills, 1997, cited in Sanders & Wills, 2005）。治療師在諮商進行時間差不多時，就有義務要告知或提醒當事人（如「今天我們還有五分鐘時間。」），此外要就今

日所談的議題做個適當結尾或摘要，也不宜再啟新的議題，因為時間已經不夠，也許留待下一次晤談時再談。每一次諮商時間有限制（也許是五十分鐘、或一小時），也是基於「生命始終」的理念，當然在有特別事故時不在此限；諮商時間的限制的另一個考量是：擔心當事人過度依賴，甚至破壞了治療的「界限」；此外，諮商師不要培養當事人倚賴的主要意涵也在於「生命大部分是自己單獨過」的存在現實。

結束只是諮商過程中的一個階段，也因此可以視為穩固正向改變以及自我依賴完成的轉型（Prochaska et al., 1999, cited in Hackney & Cormier, 2001, p.285; Sanders & Wills, 2005），當然也就可以作為成功諮商的關鍵，也看到處置的成果如何（Hackney & Cormier, 2001, p.285）。當然這是指「完滿」的結束而言，因為在許多的情況下，結束並不是那麼盡如人意。

當一次晤談將近尾聲的時候，諮商師通常不會另啟話題，因為時間不夠，不能做較充分的處理，徒留一些「未竟事務」，讓治療師與當事人都留有一些遺憾與牽掛。但是當然也有例外，如果是緊急事件就必須要做適當處置，而且要儘量完善，要不然遺憾更多！

二 什麼情況下做結束

什麼樣的情況或是標準可以將諮商做結束？主要的提出人還是當事人本身，因為諮商賦予當事人相當大的自主權，當事人認為自己情況好多了、可以結束了，就可以提出，當然當事人認為諮商師不夠專業、或是已經不符其目前需求，也可以結束諮商關係；諮商師是站在較為被動的立場，因為一切以當事人的福祉為優先，但是也有一些特殊情況必須由諮商師作出決定：包括當諮商師發現自己能力不足（需要做轉介）、或不能協助處理當事人的困擾時（包括諮商師自己正在遭遇與當事人同樣的問題，可能會有失客觀立場，或發現與當事人之間是有害的雙重關係），或是諮商師要離開此地（如結束營業）或是此機關時，都可以事

先告知當事人，結束目前存在的治療關係。當然當事人在整個諮商過程中，可能隨著治療的進展而有不同的治療目標出現，因此有學者說當事人的治療目標像是移動式的標靶（Sorenson, Gorsuch, & Mintz, 1985, cited in Martin, 2000, p.90），就這個觀點來說，當事人可能因此會繼續做諮商，但是還是無礙於每一段治療關係結束的事實，而在治療師的立場也希望當事人可以早日離開治療場域，回到日常生活中正常運作。

諮商關係並不是立刻就做結束，有些治療師會就當事人的情況，將諮商頻率或是間隔做調整，也可以讓當事人更能適應最後的結束，因此當當事人的情況有了改善，治療師可能會建議將每週二次的晤談改為每週一次，或是將每週一次的晤談改為兩週一次，然後視當事人實際的進展再做更動，像是由每週一次改為兩週一次，然後是一個月一次，或是兩個月一次，也因為把時間拉長，讓當事人慢慢去適應最終的分離。諮商最好的結束方式當然是結果有效，治療師該放手讓當事人繼續過生活，因此Teyber（2000, cited in Hackney & Cormier, 2001, p.271）說：發現當事人的持續報告自己的正向改變，或是有更適應的關係模式出現，以及當事人的重要他人也感受到了當事人的進步時，就應該可以終止治療關係。

「結束」不是個容易做的動作，但是每個人都有自己可以做的結束動作。我記得以前教過的學生偶而在教師節或是重要節日會來個卡片或電話問候，告知目前的近況，我也會很高興回電或回卡片，但是一位朋友說：「也許，這也是他們說再見的方式。」也就是說，可能對方也不期待將這條線再拉起來，也不期待會收到我的回應，而是以另一種方式說再見。有幾堂課在最後一節時，我會請同學想一個說再見的方式跟大夥兒告別，當然擁抱、揮手、說拜拜、講感念詞的所在多有，而我只是將書包一揹就走人，有同學還不知道，緊緊跟隨，我只好解釋道：「這就是我說再見的方式。」原來，我也怕說再見。而結束一段關係對於許多人來說都不是容易的，包括當事人與治療師對於分離經驗可能會有一些情緒需要處理，而自身的一些失落經驗可能也會被重新啟動（Kottler

& Brew, 2003, p.237）。

　　對於當事人與治療師而言，說再見都不是容易的事，何況彼此在治療中建立的親密關係，會讓當事人覺得此去不知道是否還有人這麼瞭解我、關心我、接納我？而諮商師也會感受到一種關係的失去，擔心當事人是否此去無恙？倘若是在沒有期待情況下的結束，對於當事人與諮商師的衝擊都會很大！我記得當我第一次知道當事人過世的訊息時，還不知道如何反應，當天繼續將既定的行程跑完，後來一回家情緒就都出現了，不斷回想當事人昨日的身影與話語（她在前一天才敲我的辦公室門提醒我今天的見面時間），後來督導很關切我的情況、來電詢問，我才提出請假的要求；接下來就是我的療傷過程，除了去瞭解當事人為何突然死亡的原因、有誰協助處理善後事宜、案子要怎麼結束等等，當事人的姐姐在處理當事人的身後事之後，特地來拜訪我，告訴我她妹妹在諮商中的表現與一些關切議題，而我也會將我在治療中發現當事人的特質與小故事與之分享，這樣的對話有助於彼此的哀悼歷程。

㈠諮商師主動提出結束諮商關係

　　諮商關係結束，可能由治療師或是當事人做出結束決定或動作。「終止」表示治療告一段落，也許是治療有效，也許是治療無效，或是另有原因。諮商師主動提出可能是因為缺乏適當協助技巧，或是治療關係無建設性，為了當事人的福祉著想，諮商師可能需要做轉介的動作，當然這也需要當事人的同意才可以做。

　　治療師也可能因為自己個人原因，如畢業、搬家等而必須終止治療關係，這些在解釋上比較不會困難。許多新手諮商師因為接觸案例不多，有時候碰到較生疏、不熟悉的案例，也會束手無策，就會考慮將個案做轉介，讓更能勝任的治療師來做處理。也有治療師發現自己的價值觀或是信仰與當事人的有較大衝突，為了當事人的福利著想，也可以做轉介的動作；像是一位基督徒擔心自己原生家庭希望他還是可以拜祖先，然而教義卻要他不能舉香，只有上帝是唯一真神，這樣的案例也許

諮商師可以先找熟悉基督教義的人或牧師協助，也可以轉介給有基督教信仰的諮商師。

(二)當事人提出終止諮商

若是感覺治療不如預期的效果，當事人也會主動提出結束諮商，這樣通常會讓治療師很難受，有時候當事人就不出現了，也聯絡不上，當然還有一種終止關係是因為當事人搬家了、畢業、財務上無法繼續負擔，或是其他個人原因（例如死亡）。在這樣情況下，諮商師不一定有機會瞭解當事人終止諮商的原因，但是若是有機會，我會鼓勵諮商師打個電話或是聯絡上當事人做一下說明，這樣會讓治療師在專業上更精進！我自己在美國受訓期間曾經碰過一位女研究生，來做諮商一次就不再出現，而她也很瞭解自己的權益，直接向我的督導報告，我的督導也試圖去瞭解原因，女研究生說：「諮商師太小看我的問題了！」我自己反省檢討的結果也發現：原來當事人與其高中女同學比較之下，到了二十六歲還沒有結婚算是少數，加上研究生生活不順利，所以就會像強迫症一樣，老是去看男同學手上有沒有戴婚戒；而我的處理方式卻失焦了，我把重點放在她如何增加自己的社交生活與範疇，可以去認識異性，沒有去深入瞭解她的心態，對當事人來說，我就是一個不稱職的治療師，不僅沒有傾聽當事人的心情與想法，也沒有表現出尊重她。

當然有些當事人是提早就結束諮商關係，當事人主動結束諮商也可能認為諮商效果不如預期，甚至更糟，或者是治療關係惡化（包括諮商師沒有注意到當事人的準備度而亂了步調）。我們會碰到學生為了課業（如輔導或諮商相關訓練）來做諮商，他們只求達到課程要求的標準就好，不在乎自己是否達到諮商目標；此外也有當事人還沒有準備好做一些改變或承諾（Hackney & Cormier, 2001, p.273），或是主觀認為諮商師不能提供他／她所需要的，也可能會提早結束治療。曾經有學生「發現」諮商師「竟然」是男的，與她期待的不同，就匆匆結束諮商，當然也需要考慮到諮商師與當事人的「速配」程度，有些會要求性別、治療

取向，或是有不同經驗（如種族、性傾向、墮胎、離婚或有分手經驗等）的諮商師，當然有時候新手諮商師也會遭遇到當事人認為他／她太「年輕」，經驗不足，所以早早終止治療。我也曾經在臨床工作上碰到一位當事人結束治療關係是因為他的妻子不喜歡他來接受諮商，甚至懷疑他與我這位治療師有違反倫理的關係（婚外情），我當然也聲明我所恪守的專業倫理，以及我的處理方式，但是也尊重當事人的決定，也在徵得他的同意之後做了轉介動作；後來這位當事人還突然打電話給我，向我說抱歉，希望可以恢復治療關係，然而由於我已經離開那家診所，又面臨畢業，也不擔任實習了，無法再接受他為當事人，但是我還是提供他一些緊急電話與諮詢專線。另外我碰到的一椿事件是因為當事人死亡，不得不結束治療關係，這也是被迫做的決定，後來當事人的姐姐還親自登門道謝，我也告訴這位姐姐我與當事人相處的一些故事，因為我相信她想要知道，至少希望留住妹妹的一些好回憶，這個「結束」動作是為了這位姐姐，也是為我自己。

三　結束的技術

「結束」可以是預期或計畫中的，也可能是突發的。通常一些治療機構或心理中心為了經費與效率的緣故，會限制當事人晤談或是團體的次數（如六到十二次），讓當事人瞭解治療是會結束的，也可以間接鼓勵當事人善用有限的時間與晤談，積極參與改變與行動，當然規定並不是這麼嚴苛，有時候還是會有例外，做適當的次數延長，只是機構與諮商師本身也不希望養成當事人依賴的習慣，因此以遵守規定的居多。當然私人執業的治療師也不能因為自我的利益因素（包括金錢收入與名聲）之故，而故意延長或是不結束治療關係，這當然就違反了治療倫理第一條「提升當事人福祉與權益」。

關於當事人的「依賴」，許多學派會強調、也認為違反專業倫理，但是一般的情況下，當事人接受諮商的附加效果是「慢慢學會獨立自

主」，除非治療師別有用心（希望留住當事人，顯示自己的重要性，或是滿足個人需求，或是自己獨立營業需要當事人的經濟考量），要不然絕大多數的諮商師是不會刻意養成當事人的「依賴」。

(一)每一次治療的結束動作

每一次晤談也都需要做結束動作，這些可以包括：1.總結、摘要今天所進行的議題——可以由諮商師或當事人來做；2.詢問當事人對於今天的議題有沒有需要補充或添加的？3.詢問當事人對於今天所談的有什麼想法或思考，這也可以協助當事人回顧一下今天晤談內容；4.詢問當事人下一次想要談的主題；5.給當事人家庭作業（包括閱讀）作爲諮商的連續；6.提醒當事人還有幾次的晤談；7.詢問當事人對於今天晤談的感受或想法，做一個短暫的諮商效果評估。

Hackney與Cormier（1994, p.71）提到每一次諮商（包括初次晤談）結束時可以採用的策略有：

1. 直接點到該結束了。如：「那麼，現在時間也差不多了，在離開之前，有沒有什麼想要補充的？」

2. 運用摘要。摘要可以由治療師或當事人來做都可以，倘若讓當事人來做，也可以檢視他／她對於此次諮商的重點拿捏與瞭解如何。如諮商師對當事人說：「今天我們在這裡談了些什麼？你可不可以說說看？」也可以由治療師就此次談話主題或重點簡述給當事人聽。

3. 互相回饋。諮商師與當事人彼此分享今天談話內容與所得。如當事人說：「今天我們談到要如何處理我自己的感情問題，也許是因爲我太一廂情願了，所以一直在做給的動作，卻沒有顧慮到對方的感受。」諮商師補充道：「嗯，你原先以爲是因爲自己不夠好……。」當事人：「現在我知道了，兩個人祇是合不合、配不配的問題，即使是大家眼中的金童玉女，湊在一起也不見得就是完美的一對。」

4. 詢問下一次的主題。諮商師也可以詢問當事人下一次想要談的主題，如果當事人是在這一次諮商將近結束時有了新的議題，不妨拿到下一次諮商時來做充分討論，如：「時間差不多了，下一次你／妳有沒有特別想要談的東西？」

此外，治療師也可以針對當事人這一次晤談內容，發現有些主題需要去探討，也可以在此次晤談結束時提出，詢問當事人的意願，像是：「我們今天談了許多你關切的生涯問題，但是我發現其中一個很重要的東西是——你希望按照父親給你的路走，你自己呢？有沒有其他的想法？我們下一次可不可以談談？」當然，每位治療師有自己習慣結束諮商會談的方式，不一而足。在每一次諮商結束前，我習慣問當事人：「走出諮商室之後，你／妳要做什麼？」當事人也許回答我他／她將要去做的事（如吃飯、去圖書館、接孩子），或許會回答他／她要記得做的家庭作業，也會提到他／她對於自己所關切議題的行動方案。對我來說，這些都是我要的答案，也就是「行動」，有了行動，改變才有可能。

在每一次晤談結束時間靠近時，也不宜另啟新的關切議題，若是真的很重要，晤談當然可以做適度延長，或是另外加一次，但是基本上會將議題移到下一次晤談時處理；有些當事人也會在晤談屆臨終了時突然另啟新的議題，這時也可以給治療師一個很好的反省與覺察機會，看看為什麼會出現這樣的情況？是因為當初沒有意識到這個問題？或是沒有處理周詳完善？還是當事人別有所圖？而治療師本身對於這樣的情況又是存著怎樣的心情與想法？會沾沾自喜自己這麼重要？還是自己忽略了重要的關鍵或觀察？通常每一次晤談快要結束前五分鐘，我就會提醒當事人：「我們還有五分鐘就結束了。」這也可以讓當事人有所準備。Baird（2005, p.134）提到：「治療工作很少是在一次諮商結束時就『完成』。」因為許多的問題不可能在短短一次面談之後就獲得解決，而治療師最常有的惋惜就是「發現有些應該做的沒有做」或是「還有一些可以做的動作」。

㈡治療關係結束動作

何時需要考慮結束諮商關係？Hackney與Cormier（1994）提到幾點（p.74）：

1. 當諮商達到預期的目標時；
2. 當治療師認為已達治療目標時；
3. 當治療關係對當事人沒有幫助時；
4. 當客觀環境產生變化時（如當事人或諮商師搬家或離開）。

而Teyber（2000，徐麗明譯，民92，p.348）認為當治療師蒐集到以下這些資訊之一就可以預備結案：當事人說情況不錯、或是以新的適應方式回應諮商師、或者當事人生命中的重要他人有正面的回饋。雖然有大部分諮商師認為應該要在諮商關係開始時就提醒當事人還有幾次諮商就結束，有些是因為機構財務或是設立目標不同有規定（六次或八次），而Kottler與Brew（2003, p.236）建議是至少在治療結束前三次就要提出，這也是見仁見智的觀點。

即將結束治療關係，諮商師可以做哪些動作？

1. 讓當事人就進行這些晤談後自己的想法或是行動有沒有改變，或是不變的地方作檢討；
2. 諮商師可以回饋給當事人自己在接觸當事人之後所學習到的是什麼；
3. 讓當事人在需要時還是可以尋求諮商（中心）之協助，雖然諮商師會希望當事人走出治療室之後，可以更勇敢、有能力面對未來或是生命挑戰，但是也會為當事人留一條後路；倘若當事人在進行個諮之後，仍希望對自己或所關切的議題有更多的參與與瞭解，也可以轉介當事人參與相關諮商團體或自助團體；
4. 讓當事人填寫諮商評估表——這可能是一些機構會要求的，主要是看諮商效果以及未來追蹤之用；
5. 關於追蹤的事宜——若諮商師想要瞭解當事人在治療結束後的生

活情況，可以與當事人約定是否可以在某段時間（如一個月或三個月）之後，由諮商師（或中心人員）打電話做一些追蹤調查，或是郵寄問卷等；

6. 互相祝福——有些治療師會在最後一次晤談時與當事人互勉，或是留一些祝福的話，也就是給彼此說再見的機會；也不要忘記嘉許當事人在整個治療過程中的努力與進步，這些獲得也會讓當事人對自己更有信心（Pipes & Davenport, 1990, p.186）。

Kottler與Brew（2003, pp.225-232）建議有效的結束治療動作必須要涵蓋幾個主題：

1. 不管是當事人或諮商師提出治療可以結束的議題時，第一步先要協調結束事宜；

2. 摘要所談論過的主題，回顧一下所談論的內容；

3. 確認一些未完成的議題，以及可以如何處理，包括做一個特別的計畫；

4. 說再見；

5. 計畫或擬定追蹤評估事宜；

6. 處理可能的復發情況等。

即使下一次當事人還是找上了同一位治療師，或是在其他諮商場合（如配偶或團體治療）碰到同樣的諮商師，每一段落的結束工作還是需要做。

誠如Martin（2000）所言：「好的治療沒有所謂的『最後一次晤談』，當然治療師與當事人已經停止見面，然而整個治療重心在於開始一個有效生活的持續歷程，而有效生活包含了自我探索、嶄新的自我瞭解以及行動。」（p.73）

四 結束動作需注意事項

㈠結束時就結束，不要另外發展成友情關係

治療關係在正式做結束之後就中止，儘管治療師與當事人的治療關係維持了幾年（如精神分析學派治療），但是一旦停止，就不能另外發展其他社交的關係（Pipes & Davenport, 1990, p.181），這是爲了保障當事人權益，以及維護治療師的專業。然而女性主義治療師可能有不同的看法，因爲治療師與當事人可能同時在一社區，也投入義工或代言工作（如拯救雛妓等基金會），勢必會有機會再碰頭，這時專業關係的拿捏就要特別注意。

㈡該結束時做結束，以當事人的意願與福祉爲考量

治療師有時候是自己開業，當然會有業績的壓力，多一位顧客對自己的事業更好，但是也不應該這樣多留當事人，當事人也是我們生命的過客，總是只能停留一段。有時候治療師在機構中工作，該機構可能也會給治療師業務上的壓力（比如做測驗、或是以其他商業手法增加當事人數），甚至是延長晤談次數，此時諮商師就更需要遵守專業道德與倫理。

㈢不要寄望當事人會再回籠，而是將結束當作終了治療關係

諮商師一旦與當事人結束治療關係，就不要存有未來可能會繼續治療的念頭（Pipes & Davenport, 1990, p.181），固然有些當事人在過一段時間、碰到生活上的瓶頸時，又可能來找諮商師治療，這也是未來、不可預期的事，最好留到屆時再作考慮。

㈣做結束前評估動作

　　Hackney與Cormier（2001, pp.274-276）提到結束前可以做一些評估動作，也可以讓當事人看到在治療過程中的進展，評估包含了：進度評估、進度摘要、將治療所造成的改變更擴大延展，以及為追蹤計畫作準備。即便當事人只來一次，也可以在諮商結束之前，由諮商師或當事人做一些簡單的摘要，談談這一節中談了些什麼？有什麼感受與獲得？甚至對於第一次接受諮商服務的當事人，也可以詢問其對於諮商的感受或看法。而我習慣在每一次晤談或最後一次晤談的最後幾分鐘，會邀請當事人談談今天所涉及的內容摘要，他／她來晤談的目標有沒有達成？程度多少？走出諮商室之後會有哪些行動？每位治療師可以有不同的結束動作，有時視諮商師或當事人的不同情況而定。

　　Quintana（1993）也提到在終止治療關係時必須要述及一些議題，包括當事人的進步情形、未來的方向，以及對於終止治療關係的反應，主要是協助當事人可以內化治療過程所學，因應未來的危機（cited in Baird, 2005, pp.161-162），Horton（2006, cited in Sanders & Wills, 2005, p.182）將結束時的任務歸納為：尋求終止治療相關議題之解決，探討結合學習與改變的方式，找出維持改變可能遭遇的困難，以及評估治療結果、治療關係與過程的效果。因此除了正向的回饋之外，也需要提到在諮商過程中未達到的目標或需要改進之處，特別是針對那些也許需要繼續諮商協助的當事人（Gavazzi & Anderson, 1987, cited in Baird, 2005, p.162）。另外，一般的治療師比較容易忽略的是：將每一次諮商都當成最後一次。許多諮商師在初次見到當事人，可能心中會預期這次諮商「應該」只是第一次，後續應該還有，然而這也不是治療師可以預測的，因為有些當事人就此不再出現，尤其是在學校單位，許多轉介過來的當事人有極大可能不會出現第二次，因此我會建議將每一次諮商治療都當成最後或唯一一次來做，也就是將治療做得儘量完善，每一次諮商都要將結束的動作做出來。這其實也呼應了之前㈢所提（Pipes &

Davenport, 1990）的看法。

㈤諮商師與當事人對於治療結束的抗拒

　　治療師與當事人在治療關係結束時，都可能會有一些抗拒情況出現，尤其是諮商關係良好，彼此間晤談有期待的進展時。即使諮商師再有能力，最後還是必須讓當事人離開，繼續生活，而當事人在某個程度上習慣了諮商師的存在，也在這裡得到支持與安慰，現在要面臨失去，也不好受，就像是父母親將孩子撫養成人，還是要放手讓孩子們去開創自己的人生一樣。

　　當事人抗拒治療關係的結束，有時候會很明白表示，但是大部分不是很明顯。許多當事人來做諮商，基本上拿了他／她要的東西就走人，毫不留戀，也是很正常的，治療師其實不必太過傷感，而治療師抗拒治療關係的結束也正好給自己一個很好的機會檢視與當事人間的互動，或是自己的一些私人事務。治療師對於結束諮商的抗拒可能是因為：結束表示一個重要關係的結束，結束會引起諮商師不能有效協助當事人的焦慮，結束也會引發諮商師不能有效協助當事人的罪惡感，諮商師的自我概念受到當事人憤而離開所威脅，結束意味著一個學習經驗的結束，結束也表示諮商師的一個有趣冒險的終止（諮商師可以隨著當事人經驗另一種不同的生命故事或經驗），結束意味著諮商師生命中有過的分離景象的重現，以及結束也可能引起諮商師對於自我個體存在的衝突（像是存在的現實，例如人總歸是自己一個人，別人總是會離去）（Goodyear, 1981, cited in Hackney & Cormier, 2001, pp.280-281）。而治療師也需要注意到一些抗拒終止關係的可能因素，像是由於機構本身的諮商次數限定、認為自己做得不夠好、結束時間早於預期，或是有一些未解決的治療關係議題（Sanders & Wills, 2005, p.182）。

　　當事人抗拒治療關係結束，也可能是因此失去了一個重要關係、支持網路，擔心自己是否有能力可以獨立應付問題？因此也可能出現一些抗拒治療關係終止的行為，包括對諮商師態度丕變、沒有出現或是遲

到、突然要求需要更多的協助，或是否認需要繼續諮商的協助（Penn, 1990, cited in Baird, 2005, p.162）。而結束治療關係對於諮商師與當事人都可能引起先前經驗（或感受）的重現，包括被拋棄、失落、說再見等，這也是彼此可以檢視的議題（Safran & Segal, 1990, cited in Sanders & Wills, 2005, p.184）。多年前我也遭遇過一位當事人，在一通緊急電話中要求繼續諮商關係，這樣的訴求很容易讓諮商師以為自己很重要、當事人不能沒有我的支持，後來還是需要按捺住這種自戀的情緒衝動，把自己的界限再次重伸。

倘若只是治療師單方面想要中止治療（包括不喜歡當事人，或想做轉介），諮商師也許就需要特別檢視一下自己做這個決定的合理性，要不然可能也犯了錯誤，違反當事人福祉與專業倫理。

㈥治療關係結束對於治療師與當事人的意義

一段諮商關係的結束（或暫時結束），對於當事人與諮商師兩造都是極富意義的。也許象徵著一段成功的治療關係終告一段落，彼此各自往前、繼續自己的生活，也可能是複製生命中的許多分手經驗（Hansen, Stevic, & Warner, 1982, cited in Hackney & Cormier, 1994, p.73），或是象徵著生命歷程的一個轉換（Hackney & Cormier, 1994, p.74），對當事人與治療師而言，在生命經驗中遇見彼此，有了交會與影響，生命可能變得不一樣。

而諮商師與當事人過去與人說再見、或是結束關係的經驗也可能會影響目前的關係終止情況，也因此可以讓治療師與當事人有機會去檢視自己的過去與目前；倘若治療師故意閃躲結束治療關係的議題，諮商師本身也需要就這個問題做檢視；此外，終止諮商關係也要視諮商師性格與當事人關係的情況而定（Baird, 2005, p.159）。Quintana（1993）也提醒諮商師在做結束動作時，不要僅僅聚焦在失落或失去，而是也可以注意到結束是發展與轉換的機會（cited in Baird, 2005, p.159），這樣的平衡是較具建設性的。

(七)轉介給新的治療師

如果當事人需要繼續治療，而諮商師卻要離開，或是治療師認為當事人需要轉介給更適當的治療師或精神醫師較恰當，治療關係是因此而需要終止，就有一些特別的考量，包括：要說明為何做轉介動作，要取得當事人的同意才做轉介動作，要設法讓當事人有機會與未來的治療師做接觸與瞭解，建立新的治療關係；轉介的動作不是短時間交換一些資訊，或是作簡短的個案報告就好，這樣容易失之草率，也忽略了當事人可能有的情緒反應與抗拒（Gavazzi & Anderson, 1987, cited in Baird, 2005, p.163）。而且一般的當事人如果找了一位治療師、與治療師工作關係還不錯的，通常不會期待更換諮商師，而且他們會認為又要將自己的故事重複一遍，很浪費時間與精力，好像一切都要重頭開始，況且還要重新建立治療關係與信任！另外很重要的是，如果當事人是被迫終止諮商關係（如諮商師要離開了），可能會擔心下一位治療師是不是也是如此？也因此要避免轉介給另一位可能會讓當事人又重新經歷這樣終止關係的諮商師（Penn, 1990, cited in Baird, 2005, p.160），然而就實際層面來說，誰又可能完全知道哪位諮商師待不久呢？

(八)非預期的提早結束

倘若是非預期的提早結束治療，例如當事人突然就不出現了，或是諮商師結束了實習工作，當然也需要處理，不過若是諮商師自己提早結束了治療關係，Kottler與Brew（2003, pp.234-235）特別提醒諮商師要撿視一下：自己是否特別「不」關切某位當事人，或是認為他／她很「難搞」？或是發現當事人會促動諮商師的一些反移情經驗？或是認為當事人與自己的價值觀相差十萬八千里而不願意繼續與其工作？

家 庭 作 業

1. 一般來說，你／妳習慣怎麼跟人說再見？會因為親疏遠近
   而有不同的方式嗎？

2. 對於當事人非預期地自行結束治療，你／妳有什麼樣的想
   法在蘊釀？

3. 你／妳對諮商有假設性的次數限定嗎？若是不符你／妳的
   預期，你／妳會怎麼想？

Chapter 17

結語與前瞻

在本章將作為全書的結束，我會提到目前諮商師教育的困境；而在「前瞻」的部分則是提出準諮商師可以精進技能的「宅急便」。

一　目前諮商師訓練的困境

McAuliffe（2000, p.89）提到準諮商師的訓練與特質養成中有幾個條件非常重要：㈠自我覺察程度；㈡自我反省能力；㈢對他人與覺察他人的興趣；㈣人際、因應與學習型態；㈤與課程目標相左的潛在偏見；㈥明顯的歧視；㈦覺察到自己與對他人的影響；㈧適當程度的自我剖白；㈨對於多元文化與族群的真實承諾；㈩可以自團體導向的活動中獲益也有能力貢獻給團體；㈪幽默感，特別是對自己的幽默感；㈫願意在人際關係中冒險；㈬彈性與容忍曖昧不明的情況。McLeod（1996, p.44）提到諮商師本身的的個性與特質，加上個人治療與體驗團體的訓練，對於一些準諮商師的專業養成是最有幫助的。而我在諮商師訓練與督導過程中，發現最根本的問題在於：諮商師本身的生活哲學觀。雖然學生進入研究所課程，希望是自己生涯的一個晉升之階，所以許多的諮商研究所也將許多技術層面的課程納入，主要也希望學生畢業之後在職場上可以具備更多的優勢與競爭條件。但是就如同負責教學工作的老師，他／她所面對的是活躍跳脫的生命，不可能單以「教書匠」的方式來勝任教學工作，而是需要面對人類、生活、價值觀等許多面向的錯綜複雜實況，因此其本身對於生命任務與意義的定義與實踐，才是真正的教學者所必備的！一位只知道如何教學、傳授教科書上知識、讓學生可

以得到好成績的老師不算是「真正」的老師,而是他／她的正面影響可以擴及學生的許多生活層面以及時間,也因此一位教師的專業與對生命的熱誠,甚至可以持續更新其知能,才是理想教師的典範。

同樣的,一位助人專業的治療師也應該有自己的生命哲學引導其專業,而不是將此專業當成職業來做,這就會少了熱情與承諾。雖然許多諮商研究所已經廣納不同領域的學生參與,但是通過初步的學科測驗之後,需要努力的路程才開始,儘管研究所的課程擬定者有宏遠的理想,希望讓學生可以先接觸較為基礎的人文課程,然後再慢慢進階將技術層面的課程引入,但是不僅開設課程空間有限,時間上不允許,學生的反應也十分激烈——要求可以「有用」、「能用」的技術。

諮商師證照制雖然已經在執行,然而諮商師的訓練卻也遭逢許多的困境,許多諮商師訓練機構(一般研究所),缺乏足夠容納準諮商師訓練的實習師資與機構,必須要讓這些準諮商師到學校之外的機構進行實務培育,間接造成訓練的不連貫與缺乏系統性。此外還發現諸多阻礙與挑戰:

(一)實習機構督導資格

碩三學生申請實習機構,通常比較沒有問題,因為學生多半會注意到合格的機構(衛生署公布),以及相關合格督導。以前實習處所限於大專院校,目前已經有不少社區或學校心理衛生機構加入,增加了許多選項與特色。唯南部或其他資源較稀少地區,在校的碩一或碩二研究生有時候較難找到合格的駐地督導,而有些學校又據地為王,不允許其他諮商師訓練學校參與資源共享。

現在的諮商師養成教育可以分為課程、在校實習、機構實習(碩三)三階段,準諮商師在兩個不同實習階段會遭遇不同型態的督導,雖然督導與學生的「速配」(matchness)很重要,但是換個角度想:可以經驗不同型態的督導、透過不同的典範來學習,可以讓自己的眼界更寬廣!

㈡臨床經驗可遇不可求

課程儘管已經加入了「見習」學分，但是學生可以親自目睹諮商師的臨床工作畢竟還是少數，實務經驗欠缺「現場性」（vivo exposure），也是訓練可以改進之處。許多學生也礙於自己經驗與資格不足，不能夠接案，只是在學校，老師們或許還可以提供現場的演練與觀摩機會，但是若在校外機構，可以提供觀摩學習的就更有限，除非是在設備完善的訓練機構（如若干大學），設有單面鏡與錄影監控設備，可以讓見習或實習學生觀摩更多！有些督導也因為當事人隱私或意願問題，不願意讓見習或實習生在一旁做現場觀摩，這也情有可原。

㈢基本課程的準備度

此外關於準諮商師方面，許多學校都是以考試或是甄試方式錄取研究生，當然有些課程較強，學校也慢慢傾向於錄取有實務經驗者，加強其學術訓練；但是多半研究所是以筆試成績做為錄取圭臬，許多也不限大學科系。然而，儘管入學時非本科系學生，所方也會要求非本科系學生下修大學部課程，以增強其基本知能，然而這些都還屬於外環的功能，主要還是學生本身願意多讀、多學，充實自己的知能，要不然研究所充其量也只是另一個學位培養所而已！

研究生進入課程之後，理應是以自己的興趣動機為推動學習的主要關鍵，但是若不改以往的被動學習態度，要在短短三年之內學成，也有程度之別。有些學生還因此被實習機構「退貨」，也是其本身專業知能不足所導致。

㈣學生素質與學習動機

我在近幾年的發現是學生的素質與對自我看法，是阻擋其走諮商路最大的關鍵。每個人都有傷，進入諮商這一行需要早一點面對自己的這些傷口（所謂的自我覺察），才可能在未來擔任更稱職的專業協助者，

但是許多學生不願意面對這一些，習慣以否認、逃避方式處理，首先就在學業修習上遭遇重大挑戰，接著是在臨床上碰痛自己傷口，不能夠協助當事人！學習諮商若是能夠先使用在自己身上，自己會先獲益，也會對於協助專業較有信心，而這股信心會支持我們邁向更圓熟的諮商路。最怕的是：所學的與生活脫節，不能夠做進一步統整，這樣學習諮商也是很痛苦的一件事。許多學習都是自我挑戰的一種，需要檢視自己的許多面向，也甘冒不熟悉的危險，但是可以藉此更瞭解自己，增添自己生命色彩與豐富，還可以成為貢獻社會的一個資源，何樂不為？

我在多年前發現這一點，於是將「諮商員自我覺察與專業成長」列入大學部課程，雖然課程內容經過許多的變動與更新，但是許多主題幾乎一致，課程希望可以連結諮商學習者的自我修護與成長，作為一個「預備課程」，我不敢說這個課程「點醒」了多少人，或是對於準諮商師有何具體助益，但是至少將諮商師專業需要接觸的生活事件與面向，以及要準備的一些基本條件做了探索，而「師父領進門，修行在個人」，學生的進步與領悟還是因人而異。

(五)論文臨床兩邊忙

研究生進入課程，第一年忙著適應，第二年忙著論文計畫，第三年忙實習與論文，若加上有些研究生還想「一魚三吃」加修國中、小學課程學分，更是忙得不可開交！導致學術課程與臨床訓練方面不足，學術也需要經過浸淫、沉思，才可以有深入與領悟，但是限於修業年限也莫可奈何，因為學生要畢業，而且有些學生根本不太理會自己的論文品質，到底該不該讓他／她畢業？有些實習生在自己準備不足的情況下就開始接案，可能有違專業倫理之虞，即便有督導在協助，但是督導並不能全面監督，也就留下了一些漏洞。雖然諮商輔導所的研究生畢業後第一要務是考取證照、找到工作，但是不少研究所在時勢所趨下，也必須訓練學生的研究能力，而不只是「完成論文」的能力而已，也因此在研究與臨床專業的雙重壓力下，學生忙得不得喘息！

㈥第三年實習的重要性

碩士班第三年的全職實習是學生收穫最多的，諮商師的養成最偉大的教師就是當事人。之前在學術殿堂所學習的，只有在實務現場才可以獲得印證，而最重要的是：當事人是真的，而基本上準諮商師也必須獨力承擔自己治療的後果，因此就就業業，全力以赴。

㈦在校督導的進修

駐地督導通常是以實務經驗取勝，而在校督導（即擔任準諮商師課程的「諮商師教育者」－counselor educator）卻因為忙於學術與教學工作，不太可能兼顧臨床實務，除非自己本身很努力擔任一些義工諮商工作，要不然臨床的敏銳度很容易遺忘，這樣一來對於受訓中的準諮商師來說是較不利的，也因此在校督導的進修，與實務的持續連結也是極重要的。

㈧諮商技巧本土與在地化

這裡提到的就是諮商的文化適應性。一般初入門的新手諮商師可能會認為學習諮商的基本技巧要運用在臨床工作上就已經有點困難，何況還要注意到諮商方式或取向需因應文化不同而做適當修正或改善？當然這也是治療師需要去突破的地方。

諮商在臺灣的迅速發展也是近十多年的現象，然而求助專家的普羅化依然嚴重不足！不僅是因為一般大眾還是會認為自己（或家庭）的事應該保有私密性，說出去很丟臉，而且是破壞家庭和諧的表象，再則擔心自己的私事外洩，這些都是人情之常，但是也顯示了諮商需要多努力的方向。

㈨多元文化的落實與研究

雖然臺灣的族群文化存在的事實已經是眾所認定，但是在諮商師

的養成課程中卻極少納入，頂多只是一個入門「多元文化諮商」的課程，使用的依然是美國或是西方諮商訓練用的教科書，談論的是原則性的東西，對於本國諮商師的用處不大。儘管諮商師接觸的當事人有許多文化背景的不同，但是在諮商現場諮商師可不能是「文化色盲」，忽略既存的現實，舉凡閩南、客家、外省、原住民，甚至新移民（越南、緬甸、印尼、大陸或歐美等）的文化元素，都應該多所涉獵，可以讓協助工作更順利進行。觸碰到當事人的文化議題至少就包含了：家庭價值、個人或團體取向（如歐美是較崇尚「個人主義」，東方則是「集體主義」）、性別刻板印象、宗教、社會建構（制度、地位、語言使用）、與情緒表達（壓抑或開放）（Kottler & Brew, 2003, p.33）。

文化可以包括宗教、階級、性別、性傾向、身心障礙、生活型態或發展階段（如青少年）（Ivey & Ivey, 2003, p.21），當然種族、語言、成長環境、生命經驗、身心狀況也可以是文化背景的一環。治療師接觸不同背景的當事人，理應培養對於不同文化的敏銳度，教科書上的知識通常只是一般的描述，而當諮商師面對當事人的時候就會發現當事人即便有許多背景經驗相似，但是還是有其個殊性，也可以說每個人就代表一個不同的個體或文化，因此也要提醒諮商師看到這些不同，不能一以論之。就如同在美國看到的白人好像都一樣，但是白人本身卻可以分辨出某人是來自哪一國度（如愛爾蘭或德國）或種族（日爾曼或猶太），就如同我們在美國可以分辨出來自韓國、日本、泰國，甚至中國大陸的人，但是美國白人卻分不清。以前我在美國上課，那時老師詢及每個人的背景，大部分同學的回答是「德國－愛爾蘭」或「瑞典－英國」，老師走到我面前時、在我還沒有回答之前，老師就一語斷定：「喔，妳是中國人－中國人。」他不知道即便是中國人也有地域（如中國大陸、新加坡）或語言（華語、客語、閩南語）的不同。

McLellan（1995, cited in Rowan, 2005, p.79）說得好：我們通常會受異性戀的思考主導，也因此常常對於性傾向不同於我族類者有隱含的歧視與偏見。日常生活中我們可能會聽到有人說：「我沒有排斥同性戀者

啊，每個人有不同的生活方式與選擇，也都應該受到尊重。」但是如果我們問：「如果你／妳的朋友告訴你／妳他／她是同志呢？」這個人可能就說：「可以接受啊，只要不找上我就可以了！」後面這一句話「只要不找上我」就含有害怕、恐同的成分。因此 Laungani（1999）特別提醒西方治療師在面對非西方當事人時要挑戰自己一些「理所當然」的假設：個人化相對於社區化，認知相對於情緒，自由意志相對於決定論，物質主義相對於精神導向（cited in Rowan, 2005, pp.137-138）。

㈩知汝自己

近年來的觀察，我發現所招募的研究生有一個較明顯的特色——自信心較缺乏，甚至不明白自己為什麼進來？原本以為在研究所分組（教育心理與諮商）是要讓課程更專業，在課程設計與要求上比較縝密、有理可循，然而卻發現學生的自我配備不足，我認為最重要的一項是「對自我的知識」（self-knowledge）缺乏。

也許是因為被標籤為「草莓」或「水蜜桃」族，缺少生命經驗的歷練與因應挑戰的能力，甚或是被保護得太周全，一跨到外面現實世界，突然就發現變天了！但是即便普遍如此，我還是相信能力是可以培養的，許多的生命智慧亦如是！何況諮商治療這一行日新月異，所要面對與處理的當事人與生命樣態也會不同，諮商師本身若不知成長，又怎能協助當事人的成長（Long, 1996, p.87）？

㈠將諮商理論與技術運用在自己身上

理論是從日常生活中淬鍊而來，諮商理論也不例外。在學習成為諮商師的過程，準諮商師常常抱怨的就是自己「技術不行」，或是在臨場需要運用時左支右絀，發揮不出來，而許多諮商師教育者基於此也經常在課堂上與學生做角色扮演，希望可以落實理論與技術，然而僅僅靠課堂上的訓練還是太少，最好的方式就是將諮商運用在自己的生活中，甚至成為自己的一部分（Kottler & Brew, 2003），一來是熟練技術，二來

是印證其有效性，再來若是面對真正的當事人就較能運用自如。許多進入諮商訓練課程的「門外漢」或同學，都會有一種迷思：反正能進入這個科系的人「應該」都會輔導人！但是這些只是「準」諮商師啊，還沒有學成哩！外人對他／她的不正確期許，加上自我期許的壓力，讓這些準諮商師只想到「如何協助他人」，忘了先將自己的配備準備充分！

(三)諮商現場與研究的結合

許多準諮商師的目標就是考上證照、執業，彷彿研究所畢業就是一個生涯保障，以為以後再也不需要觸碰研究與文獻。許多進入諮商治療現場的治療師很少進行研究，而學術領域的治療師又耽於研究，在臨床實務上漸漸生疏，造成理論與實務之間的鴻溝。在諮商這一行，實務與研究是一體兩面，可以相輔相成，因此如何將臨床治療師納入研究行列，讓治療理論可以更扎實更新，讓學術研究人員不脫離臨床界，使理論可以與實務做相互檢驗改進，也可以讓新理論有所開展與試驗，這是我們可以努力的目標。

(三)勿將諮商對象鎖定在當事人本身而已

雖然在諮商場域中，對象或有個人、親密伴侶（配偶或夫妻）、家庭、或團體之分，但是現在的治療觀是鉅觀的生態取向，也就是會考慮到整個環境文化脈絡對於置身其中的個人的影響，何況當事人最終還是要回到自己的生活圈內，光是改變當事人，會發現一木難支大廈，效果不大，甚至讓當事人更陷苦境，因此治療師的治療眼光必須要遠大，要看到未來，也看到可以利用的資源。讓治療團體慢慢轉化為無領導的自助團體（self-help group）是一種，也不要忘記在治療過程中慎用這些已存的資源（像家人、好友、師長、親族、偶像等）（Selekman, 2005, p.15）。我在國中擔任諮商工作義工時，就善用了當事人學校裡的老師、同學，甚至邀請家長參與協助，這也可以讓學校本身祛除「專家才能助人」的迷思，而將力量回歸到學校與當事人本身，也是一種「賦

能」（empowerment）。

一般的心理治療常常被批評的就是未將更廣的社會、環境與文化的脈絡作足夠考慮（Hays, 1995, cited in Sanders & Wills, 2005, p.38），隨著時代與科技進步，地球村已經將天涯化爲咫尺，個人受到周遭因素的影響已經是不爭的事實，像是經濟衰退會影響到人們的生活、自殺率與犯罪升高，就是一個顯例。這些脈絡包括了性別、性傾向、種族、社會支持度、社經情況、適應與就業狀況等（Sanders & Wills, 2005, p.39），將診斷放在一個較爲寬廣的脈絡裡來看，體驗當事人所處的特殊環境，提供對他們最有益的資訊，讓他們可以更瞭解其情況或是理解其所追尋的意義（Sharry, 2004, p.89），這樣不僅可以讓當事人更有動力來解決困境，也讓自己更感覺有力。

㈭時時自我檢視

在治療場域中「眞誠」很重要，不僅是在建立與當事人的治療關係是如此，對於諮商師的專業也很重要，反思或自我反省（reflexivity）是表現「眞誠」的重要指標（Rowan, 2005, p.144）。Ekstein與Wallerstein（1972）特別提到新手諮商師的一些忽略的地方，分別是「盲點」（blind spot）、「聾點」（deaf spots）與「笨點」（dumb spots），「盲點」像是自身的一些經驗或是傷口阻礙了與當事人的互動或溝通，容易產生所謂的「反移情」情況；「聾點」就是未能好好傾聽，因此會有一些防衛的動作出現；「笨點」比較容易發生在諮商師基本知識與技巧不足的情況下，像是遭遇到諮商師所不熟悉的族群（貧窮、性傾向弱勢、或受壓迫族群）時（cited in Rowan, p.187）。

諮商師的自我覺察功夫不是用在治療情境而已，還需要運用在自己的日常生活與思考中，自我覺察愈多，可以選擇做最好反應的機會就愈多（Sharry, 2004, p.29）。Sanders與Wills（2005, p.65）提到治療師的一些信念也會影響到治療過程與結果，包括缺少架構、擔心誤失許多重要資訊、擔心自己表現出不關心、害怕情緒表露而被當事人看扁、擔

心破壞治療關係、怕表現出無能或能力不夠等。Kottler與Brew（2003）也特別提到：諮商這一專業是需要常常做反省工夫的（p.18），除了要瞭解當事人的內在架構外，也要清楚此架構與諮商師自身的關聯與影響為何（Murdin & Errington, 2005, p.137），倘若治療師本身忽略這個，可能就會有「反移情」的情況產生，諮商師當然必須處理自己的這個部分，其理由有三（Maroda, 1991, cited in Murdin & Errington, 2005, pp.144-145）：1.可以讓當事人知道治療師的感受，諮商師否認或是限制對當事人的反應時，治療師本身是很困惑、痛苦的；2.當事人在覺察到治療師的拒絕時，有機會去描述、瞭解與負起屬於自己的責任；3.反移情不一定會在治療關係中處理完成，可能會造成治療師不斷重複過往經驗，主導治療的進行。

　　然而在諮商師訓練過程中，我發現最大的問題在於學習者——將諮商當成是一種專業（更明確的說是「職業」）的訓練，與自身毫不相干。諮商師本身若是只將諮商當成自己的工作而非志業，就容易流於「匠師」，以技術為首；諮商師從事諮商助人這一行，是因為自己本身相信，也執行諮商與治療，倘若自己不相信，又怎麼說服當事人或其他普羅大眾？

　　Long（1996, p.89）提到諮商師的工作裡「界限」是很重要的，需要有自我覺察、負責、認出諮商師與當事人關係事件裡的潛能。瞭解當事人還不夠，還必須要瞭解自己的假設、信念、價值觀、標準、技巧、優勢與弱點等等（Eagan, 1990, cited in Long, 1996, p. 90）。

　　提到「界限」，其中有「吸引」的感受，可能是諮商師教育中比較忽略的一環，雖然受到當事人吸引，或是喜歡當事人可能是有效治療關係的表現，但是也可能引發後續的一些違反專業界限與倫理的問題（Murdin & Errington, 2005, pp.136-137），不得不謹慎。在諮商情境中偶而治療師可能與當事人有身體的碰觸，這些也要謹慎，譬如當事人曾經遭受暴力或性侵，對於自己身體的界限相當敏感，諮商師若有必要碰觸當事人也必須要在當事人許可的情況下為之，而有些當事人拒絕身體

的觸碰可能也反映出對父母的拒絕或是情感上的缺失（Hunter & Struve, 1998, cited in Murdin & Errington, 2005, p.137）。諮商師若讓當事人有依賴的傾向，也可以說是諮商師藉著治療關係來滿足自己私人的需求，且傷害了當事人的福祉（Long, 1996, p.91），而在協助過程中以「行動」來協助當事人要比「協助他們為自己學習」要容易多了（Long, 1996, p.139），即便是諮商師協助也促進當事人的成長與改變，也需要當事人本身願意成長與改變才可行（Long, 1996, p.121）。治療師的責任包括：對自我成長負責，將私人與當事人事務做區分，行為合乎專業倫理的責任，主動促進當事人的成長（Long, 1996, p.136）。

諮商師也應該檢視治療關係中的「權力位階」，如果相信當事人的能力與抉擇，諮商師就不應當以「專家」自居，甚至企圖「控制」當事人的生活（Long, 1996, p.117）。諮商師的自我覺察愈足夠，也可以做更好的臨場反應（Sharry, 2004, p.29）。

(圭)諮商師也需要治療

既然治療師也是人，當然也有身為人的困擾或困境，而當同僚或是督導無法給我們做諮商或是諮詢協助時，自己就應該去找治療師；雖然同僚之間的支持與協助很重要、受益許多，然而諮商師本身也可以尋求其他專業人士的協助，這不僅說明了自己對於自身專業的信任，也肯定求助的必要性。現在許多的諮商訓練課程裡，都要求準諮商師可以自行去做一些（個人或團體）諮商，主要目的是希望他們可以去體驗一下諮商的功能與滋味，不但是學習擔任當事人可以更同理當事人的需求與感受，也可以進一步瞭解治療師所做的。簡單地說，我們自己學習這一行倘若連自己的專業都不能相信，那麼以什麼條件或信心來從事這一行？有些研究生甚至說：「老師，很多事不是靠諮商就可以解決的。」我當然同意這一點，然而接受治療也是解決途徑之一不是嗎？個人治療可以提供準諮商師很好的學習機會，包括專業上與個人的反省，可以瞭解治療師的角色與治療過程，也對自己的事務有更多的瞭解與領悟；如果治

療師本身鍾情於某一學派或取向，去體驗一下此取向的治療，或是將知能運用在自己身上，更是不可多得的學習（Sanders & Wills, 2005）。很重要的一點是：倘若諮商師本身就不相信諮商專業，怎麼讓當事人信服？諮商師不願意尋求諮商治療，可能是因為懷疑治療的效果或價值，覺得做當事人很丟臉，擔心秘密外洩，或是之前的諮商經驗不良（Mahoney, 1997, cited in Brems, 2001, p.72）。在衡量做個人智商的優缺點之後，許多的諮商師都會願意將這個列為選項之一，畢竟在許多自己關切的議題上，即便是同僚也不一定持續給予諮詢或安慰的機會，有自己的治療師可以商量、聆聽，也應該是諮商師在自我與專業成長上的一項助力。

Macran Shapiro（1998, cited in Sharry, 2004, p.100）提到治療師自己接受治療可以：1.讓自己身心健康，2.知道治療師本身的問題與衝突所在，3.瞭解身為當事人的感受，4.接受比自己更有經驗的諮商師治療的個人經驗，可以讓自己在面對當事人時在專業上的表現更有效能，5.個人治療經驗可以讓諮商師感受到治療是有希望的，而Sharry認為「治療是一趟精神之旅」（p.104），他也提供了自己的意見（2004, pp.101-102）：1.增加對自我與當事人的頓悟，2.減少自己面對當事人時的盲點，3.減少諮商師因為個人問題而對當事人有宣洩行為出現的危險，4.減少諮商師對當事人的投射行為，5.讓自己瞭解身為當事人的情況，6.增加自己與當事人合作與擔任典範的機會，7.給自己第一手治療經驗，以及問題是怎麼發生與解決的？8.真正經驗到所謂的「同理」與「同情」的差異，而不是讀到或聽到而已，9.學習如何自在地表達情緒、而非逃避，10.讓你／妳在擔任治療師時更有復原力與資源，11.讓你／妳更有自覺與自我瞭解，至少比當事人領先一步，12.可以從治療處理過程裡的經驗來印證理論或實驗，13.發現更多你／妳對自己家庭、童年與自己不知道的所有事物，14.讓你／妳在與當事人工作時可以踏出自己當初抗拒與誤解的限制。總括來說，諮商師去接受治療可以增加對自己與當事人的瞭解，更清楚治療實務的情況與限制，增進自我健康與效

能，促進自我成長與專業精進，而最重要的是「接受自己的專業領域，相信自己的諮商專業，也在生活中力行實踐」。

㈥發展自己的諮商型態

治療師有自己喜愛的諮商型態，也會在臨床工作中慢慢琢磨出自己獨特的治療模式。諮商的理論基礎可以讓治療師瞭解自己在做什麼，提供一個有組織的架構來做為診斷或治療的基礎，以及協助治療師瞭解當事人對求助與改變的價值觀為何（Kottler & Brew, 2003, p.47）。

治療師在經過許多的臨床經驗與刻意經營之後，會慢慢發展出屬於自己的諮商型態，這個諮商型態不僅提供了治療師在諮商進行中的建構與方向（Hackney & Cormier, 1994），也讓諮商師較為篤定自己是從哪些角度看問題、如何解釋一些呈現的現象，以及如何研擬下一步的處置計畫與執行。隨著治療師本身的臨床經驗與專業增長，慢慢會開發出屬於自己的特殊諮商型態，而諮商型態也會一直改變與成長（Ivey & Ivey, 2003, p.18）。

有些諮商師教育者也要求準諮商師選好一個自己想要學習的學派，然後將這個取向運用在治療實務中，我雖然不反對這樣的訓練，但是也提醒準諮商師要注意此一取向是否適合不同當事人？有沒有其他取向策略可以作為輔助？

二　諮商知能宅急便

就我個人的觀點來說，要精進諮商技術的不二法門只有「實務經驗」，也就是可以讓我的技術與專業知識更進步的是我的當事人，就是因為他們願意讓我來做「實驗」，我才會在這些累積的經驗中去練習與運用自己在課堂上或閱讀上所獲得的知識，如果要我對於新手治療師增進技術的建議，我也只能說：「努力增加實務經驗！」當然這也可能有一些專業倫理的議題需要考量，包括：我是否在合格的督導底下做這些

實務工作？我有沒有相當的經歷與資格從事協助人的臨床工作？

　　諮商技巧的書籍或是論文基本上是實驗或說明的居多，許多諮商師訓練者也只能自行研發一些他們認為有效的方式（包括閱讀、演說、角色扮演、對書寫案例作反應、或是影片觀賞等）（Higgins & Dermer, 2001, p.183）；或是經由「閱讀—討論／演說—觀看教師或專家示範—練習或嘗試—批判—再練習或嘗試」這樣的順序在進行（Eriksen & McAuliffe, 2003, p.121）。有前人將諮商技巧區分為「知覺的」（perceptual）、「觀點的」（conceptual）、與「執行的」（executive）技巧三類，資料蒐集與觀察屬於第一種，將所蒐集的資料做統整與瞭解屬第二種，將相關內容加以瞭解之後去影響當事人則是第三種技巧（Cleghorn & Levin, 1973, cited in Higgins & Dermer, 2001, p.183）。由於目前國內的諮商師市場隨著證照制度的推行，使得研究生自研究所畢業之後就面臨激烈的競爭與挑戰，因此也迫使許多諮商研究所必須要以研究生的「就業準備能力」作課程設計的考量，這就包含了考試的能力與臨床運用的能力。固然許多研究已經顯示：治療師的養成主要是因為體驗與人際技巧、直接的實習經驗、督導與個人治療（Grant, 2006, pp.219-220）等因素，但是臨床上的技巧與知能還是得靠諮商師本身經驗的累積與用心學習。諮商技巧其實與諮商專業知識並行，但是許多初學者還是會在言談之間「在意」自己是「技不如人」，有一點本末倒置，當然天底下沒有白吃的午餐，即便是許多客、主觀條件都很好的情況下，諮商技能與知識也是需要長時間用心經營與改進。就一位仍然在學習諮商的我來說，可以提供的學習方式僅供參酌，畢竟每個人可以開發的管道不一而足：

(一)在正式訓練場域裡

❶ 觀察學習

除了可以觀看有經驗的諮商師現場諮商實況或錄影之外，許多坊間

訓練或教育用的媒材也可以善加利用，其中不乏一些大師級人物擔任工作坊的實錄。Hill與O'Brien（1999, pp.77-78）也提到可以看到資深治療師的實際案例演示是最好的學習，也是可以直接將理論與實際做統整的好機會，現在有不少工作坊也會有大師級的治療師現場演練，讓許多諮商學習者大開眼界。

❷ 角色扮演

課堂上較常使用的就是「角色扮演」，可能是教師與學生、學生之間互為諮商師與當事人的模擬情境，偶而也可以將實際案例或情況搬上檯面（此時要注意的是保密原則、諮商現場的觀眾壓力與張力），同學之間也許應教師作業要求、或是私底下做的演練均屬之。

❸ 督導指導

可以有一位督導觀看（或聆聽）準諮商師的實務錄影（音）帶，甚至在諮商現場做「live」或延後的指導，都是相當好的一種學習機會。只是現在的督導較不可能有時間做現場督導，設備上（如單面鏡、錄影設備）的不足也是原因之一。

❹ 逐字稿閱讀

許多諮商界大師或是資深治療師也會出版或發行一些實際案例的逐字稿（如Ellis與Rogers），仔細閱讀案例處理的始末，也可以很快瞭解該取向的「味道」與使用的方式，對照理論與技巧的相關書籍就會比較容易瞭解，或進入狀況。

❺ 重複聽取或觀看自身諮商的錄音或錄影

觀察或聽取自己諮商時的錄音或錄影帶，也是讓自己諮商更精進的方式之一，這也是一般擔任個人諮商或團體領導之後可以做的「過程處理」部分（processing），讓準諮商師清楚自己在諮商過程所做的為何？

哪些應該注意？下一回可以做怎樣的改善等。一般人會擔心自己的諮商錄影（音）帶經過老師或是督導的檢視讓自己難堪，因此如果自己可以重複去看、去聽，不僅免除了尷尬，也是很好監控與改進自己諮商過程與技巧的方式之一。

❻ 與學習同儕的練習、觀摩諮商現場錄音或錄影並做回饋

與同業或是同儕相互做練習或是角色扮演，然後互相給彼此回饋，甚至可以重新演練一次，若是有新的技巧也可以如法炮製，此外也將其運用在諮商實際裡。同儕間的學習可以較為自在（因為權力較平等），也可以刺激、督促彼此，並且形成一個支持網路。

❼ 閱讀閱讀再閱讀

諮商理論與技術的書籍，或有重點或取向不同，但是許多的理論或是書籍，通常是經過幾次閱讀之後，會有不同的領悟與思考，甚至看到當初沒有注意，或是瞭解了不懂的部分。有時候甚至與同僚討論之後，也會有不同的收穫與心得。對於自己較不熟悉的族群、技巧、或是問題，也都可以藉由前人的論文或研究臨床資料，獲得一手資訊；加上諮商師在許多情況下是單人作業，因此若是發現問題、臨時找不到同業可以討論，找書或資料是最便捷之道。

❽ 體驗再體驗

體驗式的學習也是目前諮商師訓練的重要取向之一，讓準諮商師可以從實際經驗裡面去學習與運用，是最便捷、有效的學習方式。不管是經由體驗活動、示範與案例描述，將所學融入生活中，並將經驗與抽象概念作結合等（McAuliffe, 2000, p.49），都是可以善加利用的途徑，這與準諮商師的覺察工作可以並行。

❾ 實務經驗愈多愈好

誠如Baird（2006）所言：「真實經驗是無法取代的」（p.1），許多的實務經驗是我們學習的第一要件與途徑，可以在愈真實的場域裡學習，則轉換成實際運用的機率更高，也更容易上手！

㈡在非正式訓練場域裡

❶ 自我覺察與週誌

諮商師必須能夠欣賞多樣的人生型態與思考，包括對不同文化的容忍與尊重，要成為一位有效率的諮商師，最佳起點是自我檢視與探索的「健康程度」（healthy degree），包括瞭解自己的需求、想要協助人的動機、自我的感受、個人的優勢與挑戰，以及個人因應方式（Hackney & Cormier, 2001, p.14）。

自我覺察用在準諮商師訓練課程中，發現在自我瞭解、與人關係、學習態度與行動方面都有刺激與增進，也較能在他人經驗中瞭解到另一向度思考的接納性與可能性（邱珍琬，民95），對於準諮商師對人、對己、對世界與周遭環境的感受與脈動更敏銳、深刻，也才可能有進一步行動思以改進。覺察的範疇很廣，個人內在思考、感受、生理反應，以及個人對於環境與人際的感受與欣賞（Doyle, 1998, p.106）。為什麼自我覺察的工夫這麼重要？自我覺察的重要性在於：協助自我可以更客觀地看事情，避免盲點出現，也可以協助諮商師與當事人覺得更安全、有保障，諮商師對自我的瞭解可以減少在人際互動時的負面投射出現，也不會有過度或錯誤反應（Hackney & Cormier, 2001, p.14），甚至可以選擇最佳反應（Sharry, 2004, p.29）。

除了消極面上避免遭遇到當事人有相同困擾時的「反移情」、損害當事人福祉或專業倫理的考量之外，積極方面可以讓諮商師更瞭解自己的優勢與限制，讓自我與專業上都獲得成長；個人可以與自己的存

在和現實做接觸，對自己的態度、行為與感受負起責任，也可以讓個人的自我控制更佳（Doyle, 1998, p.106）。Teyber（2000，徐麗明譯，民92，p.186）提到許多治療師原本就是原生家庭中的「親職化小孩」（parentification of children），在家庭裡就擔任了親職的工作或角色，因此不免也在諮商場域中表現出照護或太過負責的行為，這些就是需要去處理的「反移情」。

White與Franzoni（1990）作過的研究發現從事心理治療的專業人士較之普羅大眾有更高比率的心理困擾，包括憂鬱、焦慮與關係上的問題（cited in Hackney & Cormier, 2001, p.15），這是不是暗示著心理健康維護人員吸收了太多負面的情緒或能量，知曉太多人間的悲劇，甚至自己無法將公私事務做釐清所造成？還是大多數從事心理健康專業的人員本身在進入這一行的動機，就是希望可以解決自身面臨的困擾或問題？但是卻帶著太多的未竟事業在身上，沒有去解決，而造成了惡性循環的結果？固然「生病」可以是通往自我知識與統整性的道路之一，但是也隱含著諸多危險（March-Smith, 2005, p.55），而通常當個人發現病癥時，疾病已經跟著此人有好一段時間了。

諮商師在諮商現場會遭遇到不同類型的情形或問題，倘若自身沒有經驗倒還好，因為可以學習去瞭解與熟悉，然而萬一是觸碰到自己的傷口卻渾然不知，甚至運用了錯誤的方式做處理，損及當事人的福祉事小，怕的是會傷害到當事人！例如一位正在打離婚官司的女性諮商師，碰到一位因為外遇、想要與妻子離異的男性當事人，可不可能就將自己對於丈夫的不忠與怨懟投射在當事人身上？甚至將自己的情緒發洩在當事人身上，認為天下男人都是一樣的？假如諮商師接下來的處置是要當事人「拿出良心」、「好好面對自己的問題」、「補償妻子的辛苦」，這樣的處置也許可以對症下藥，但也可能反映出諮商師自己深切的痛。一位對於威權父親存有怨恨的諮商師，碰到男性當事人想要為了自己的前途與現任女友分手，諮商師非常生氣，責怪當事人「自私」、「不為別人設想」，後來督導問她是怎麼得出這項結論的？諮商師才警覺到原

來自己一直不滿父親的自私與權威，但是卻沒有意識到自己將這股不滿帶到諮商場域，將男性當事人「類化」為與父親同一國！

　　我自己因為早年失去母親在身邊呵護，因此對於稍有年紀的女性會特別關注，後來瞭解是自己將未滿足的對母親的思慕投射在當事人身上，這些可能會妨礙了我的專業行為與判斷，因此會常常提醒自己。

　　自我覺察的工夫可以經由幾個途徑來努力（但不限於這些）：

(1)養成寫日誌的習慣──可以用來反省檢討自己一天的生活與想法感受，也反思在諮商過程中自己內心的過程與可以改進的一些做法（Hazler & Kottler, 1994），是一種絕佳的自我督導（Baird, 2006）；

(2)培養自己細膩敏銳的觀察力──也將注意力聚焦在生活經驗與觀察上，時時提醒與覺察；

(3)與同業或同僚互相觀照──彼此可以很誠摯地做生活經驗與思考的交換，並不忘記給予彼此督促與勉勵，讓彼此成為對方最好的鏡子；

(4)與督導或是資深諮商師有個案研討或是參與相關會議──可以互相學習、批判，也取得新資訊或不同觀點；

(5)反省功夫──即便無法將每天的所思所感記錄下來，也需要做自我反省的工夫，所謂「吾日三省吾身」，至少在每次做完治療、或是與當事人晤談之後，也要找個時間將整個進行晤談過程做回顧與檢討；

(6)追求身心靈的安適與健康──諮商師也是人，也有不能解決的問題，而在盡了人事之後，也要相信有更高的力量可以協助或替手，諮商師自己的身心靈健康需要時時勤拂拭，唯有健康、自信、知道改善的治療師，才能帶給當事人最大的福祉。

❷ 參加相關的演說或工作坊

參與相關的研習或是訓練，也是磨練與學習的好途徑。工作坊的內

容經常是「理論講解」與「實務演練」兩部分的結合，最能一氣呵成，也讓參與者對於理論與實務有立即的連結與瞭解。演說則是在有限時間內可以得知某些重要議題的關鍵或觀點，在時間上是較為節省的，只是不一定會有機會做「答客問」，讓參與者的問題獲得解答。但是多參與，即便是同一學派或是主題，也可以因為演說者或主持人不同，每個人切入與領略的有異，反而可以做更全面的學習。現在許多諮商所也都要求研究生多去參與相關的研習，這也彌補了學校提供課程的不足。

❸ 觀察也體驗生活

諮商師所遭遇當事人的諸多問題，都是自生活中產生，因此治療師本身的經驗可以讓治療師更明瞭、同理當事人的處境，當然諮商師不可能在經歷過人生的總總歷練之後，才來擔任治療工作，然而如果諮商師可以多做觀察以及真實體驗生活，這些對於臨床工作、在面對當事人時，可以發揮更多的人性與瞭解。諮商師倘若經歷過不舒服或是痛苦的經驗，可以較容易體會類似經驗的當事人心境，而生命中的喜怒哀樂、悲喜陰晴，可以讓諮商師真實生活，也擴展自己的感受範疇，對於自己的生命與當事人的協助都有加分。

❹ 增加自己的生活經驗與敏銳觀察

諮商師最重要的是觀察的工作，而許多的學習也是經由觀察效仿而來（所謂的「替代學習」），因此諮商專業學習也將觀察列為重要項目，另外準諮商師也需要培養自己敏銳的觀察能力，這不需要在課堂上才修練，而是在日常生活中就可以慢慢培養。對於觀察的敏銳度有一個很重要的前置因素是「好奇心」，好奇心可以讓學習動機強烈，也增加解決問題的動力，甚至對於生命或人間事物感到新鮮，有趣、願意涉入與參與。如何增加自己的生命經驗呢？當然也需要有冒險、嚐鮮的勇氣，不要怕去嘗試，也不要擔心不成功，生命意義之一就是「體驗」，不是嗎？

⑤ 聽取他人處理案例與生命故事

許多新手治療師擔心自己年輕、生命歷練不夠，因此可以處理的案例不多。即便是對諮商有經驗的諮商師也不可能經歷過生命所有的遭遇，然後才學會處理不同案例，何況周遭有太多可以學習的資訊，不需要事必躬親，或是親身體驗之後才會瞭解，這也是所以有「同理心」（感同身受）的發明。治療師在諮商場域中聽當事人的許多故事，也會喜歡在日常生活中聽聽別人的故事，雖然有些人（不是當事人）喜歡與學習諮商的人談話，或是趁機解決問題，但是也不妨礙諮商師聽別人的生命故事；聽故事可以讓我們更瞭解處於不同情境、遭遇不同人生課題的人所感、所思、所為，可以更同理他人處境，也豐富自己的生命智慧。可以在同一機構或是督導時間裡，聽到不同的案例與處置，也是相當寶貴的經驗，「他山之石可以攻錯」就是這個道理。

⑥ 與資深諮商師或同僚對話與學習

除了在實習階段有機會與諮商師、督導有晤談或談話的機會，在工作場上也有更多與同僚互動的可能，由於大家都是學同一專業，在語言與意念的溝通上較無障礙，最主要的是可以從不同觀點來看一件事情，增加自己的視野與廣度。我在實習階段與目前的教學場域裡，常常有機會與同僚或同業有互動機會，不管是我主動開始，或是被動提及，都可以獲得支持、鼓勵與同理，而學習更多的是不同的切入觀點與處置方式。

⑦ 觀賞電影、戲劇或是欣賞故事

電影或展現的故事，也是人生經驗的重現，可以看到人類共同的經驗、遭遇與感受，也是一種替代學習。許多感人的電影是因為視聽者與劇中人物有相似的經驗，可以互相感應，也讓觀（聽）眾或讀者領會到新的意義，甚至挑起動機，願意跟進（仿效）或做改變的動作。採用

影片觀賞的優點主要有：提供新手諮商師一個安全無威脅的距離去看一些生命事件；可以選擇一些較不具代表性族群（如弱勢族群）的影片；影片可以表現一些較難教導的觀念（如移情、精神疾病、權力與控制等）；可以同時有許多觀眾看到（有經濟效益）；基本上是一種娛樂活動，少了一些壓力。運用影片欣賞的一些策略是：讓同學先就某些理論取向作準備（或是要求同學以某個特定理論觀點）來看這部影片；從不同角色觀點去評估影片（如劇中父親或母親、孩子等立場）；可以將影片改成無聲狀態，讓學生專注在非語言溝通部分；分析學生對於影片的不同反應，看影片對學生情緒與想法的影響為何？看學生如何產生假設，並做示範，根據影片所提供的案例發展處置計畫；評估學生的發展與進步；可以將影片作為考試的替代或補充等（Higgins & Dermer, 2001, pp.184-189）。

❽ 善用網路與社區資源

社區或是自己系所學校的資源，最棒的一點是「免費」，而且可以使用的資源通常不勝枚舉，只要有心，甚至有系統地去蒐集，甚至鼓勵同學將所蒐集到的資料做統整，或是有系統的整理，都可以成為自己擔任臨床工作或是增進專業的最佳資源。此外，諮商師熟悉自己執業區域的許多資源，不僅可以讓自己取得時更方便，也可以作為協助當事人的資源（像是網路諮商、資訊提供、圖書館、熱線電話、社福機構等），可善加利用！

❾ 擔任義務工作

擔任義工也是一種對社會、社區的回饋，此外還可以淬鍊自己的技巧與知能，像是在研究所研習期間，除了有實習的課程外，不妨也利用空餘時間到附近社區與學校做義工，可以讓自己認識更多人，瞭解更多資源，還可以將在課堂所學做實際練習與檢討。

⑩ 無知才可能學習更多

新手諮商師或是資深治療師基本上有積極與謙虛的學習態度，可以讓自己的專業更上一層樓，而且時時更新進步，最怕的是自以為夠了、就不學習了，學習無止境，知道自己不足或願意進修的治療師才是當事人之福！所謂的「滿招損、謙受益」就是這個道理。不必裝做自己「知道」或是「全能」，在臨床上會表現更尊重當事人，在學習路程上會更能精進！

⑪ 諮商師的自我照顧

諮商師一如其他行業的人們，都需要花時間在自我的生活與照顧上，特別是諮商師所接觸的個案幾乎都是處於生命或人生最弱勢、脆弱、痛苦、不堪或危機的情境，聽到這些故事、接觸這些當事人，不免會讓諮商師覺得生命的無奈與苦痛，甚至感受到自己能力或精力被削弱或吞噬，也難怪有些人會認為諮商師或從事心理健康治療的專業人員，常常接收到的是「負面的能量」，而這些負面能量若不做適當處理，可能就轉而影響諮商師自己。

許多人的生活型態是以「做事情」表示「活著」，捨不得休閒，甚或是將「休閒」也當作一項工作來完成。然而「以做事為優先的活著並不是唯一的生存，以事情給出的意義來填塞自己也不是唯一的生存樣態」（崔國瑜、余德慧，民95，p.34）。我看到許多同業（包括我自己）也將許多事務充塞在生活當中，以為這就是表示活著，卻發現這樣的生活容易疲累、不滿足，而這樣的積累帶到工作場域就可能造成「枯竭」的前兆。

照顧自己的身心靈是很重要的，也唯有在與會自我照顧、健康的治療師的互動中，當事人才可以得到較佳的照護。

諮商師需要自我照顧，不只因為所面對的當事人絕大部分是處於生命中的低潮或困境，在臨床上「吸收」了許多負面能量，更主要的原

因是：每一個人都需要照顧到自己的需求，然後才能協助滿足他人的需求。諮商師當然也有職業上的「耗竭」（burnout）發生，也許就是因應平日生活與工作上的壓力，或是本身承受太多的創傷（包括未解決的事務）所引發的。壓力的來源可能來自當事人、任職機構、治療師本身的經驗與認知，而諮商師通常感受到壓力出現，也許會反映在身體況狀（如肌肉僵硬、頭痛、腹痛、生病、免疫差）、與人關係、家庭生活（Baird, 2005, pp.123-124），以及自我與工作效能上，而吸收了當事人的情緒或是創傷經驗，無法做適當的紓解，也可能會有所謂的「二度創傷」（secondary trauma）或「替代性創傷」（vicarious traumatization）出現（Braid, 2005, p.127）。耗竭的出現不一定就是負面的涵義，或是災難的結果，可以是一種因應的方式，或是一種警訊，提醒治療師壓力的程度已經超出了自己可以負荷的範圍（Baird, 2005, pp.131-132）；因此Barid（2005, pp.132-143）、Brems（2001, pp.71-97）、Corey與Corey（2002）也提供了一些自我照護的方向：

⑴時間管理；

⑵要知道拒絕（說「不」）也會要求（說「要」）；

⑶知道如何結束諮商與當事人的治療關係；

⑷對於自我、當事人、治療與世界的認知；

⑸身體上的照顧（適當的休息與放鬆、適度的運動與活動、監控身體的壓力指數、健康飲食與習慣、平衡的營養攝取）；

⑹情緒上的自我照顧（幽默、檢視與反省、儀式行為、冥思與禱告、與大自然的接觸）；

⑺瞭解機構運作與有效因應；

⑻與同僚間的支持；

⑼找治療師；

⑽財務上的管理；

⑾人際關係與親密關係的維繫與支持等。

Witmer與Sweeney（1995）提供的一個「健康與預防」的統整架構

（A holistic model for wellness and prevention over the life span）也可以做參考，包括了心靈（內在的生活與統一，目的、樂觀與價值）、自我管理（自我價值、掌控感、自發與情緒反應、幽默感、保健與健康習慣）、工作、友誼（社會興趣與連結、社會支持）與愛等面向。

在擔任碩三實習課程時，做了一些初步調查，我也發現實習同學較少花心力在自我照護上，似乎一切以工作為重心，在自身照顧與關係維持上很少花心思與氣力，而他們觀察到的諮商治療師反而比較會照顧到這一層，也提醒實習同學。誠如佛洛伊德所言，人生三大任務就是工作、愛與玩樂，諮商師的自我照護也應該涵括這些範圍，另外靈性的照顧也不可或缺。

⑫ 做研究

諮商師應該是研究的消費者與生產者，這是專業倫理上的要求，而將研究發現運用在臨床實務上，可以增加治療師的效率，而做研究也可以貢獻專業領域的知能（Omizo & Omizo, 1990, p.30）。但是我們一般對於臨床治療師較少這樣的要求，其實諮商師在臨床實務上最容易發現問題，以及看見理論的缺失，若是以系統的方式進行研究，對於專業的知識與技術都是極大的貢獻。

⑬ 努力實幹就是最便捷的道路

如果說淬鍊諮商師最佳的老師就是當事人，那麼讓自己知能更精進的便捷之道就是「努力實幹」，雖然這是最笨的方法，卻最有效，只要諮商師願意多付出一些努力與時間，相信最後的收穫會回到自己身上。只要是準諮商師認為可以做的，都需要付出相當的努力，因為天下沒有白吃的午餐。

家 庭 作 業

1. 妳／你平時是怎麼照護自己的心靈健康的？

2. 請教你／妳的同僚或督導，他們怎麼預防耗竭？

3. 諮商的路一路走來，你／妳認為對你／妳助益最多的是哪些因素？

參考書目

李宇宙（民95）今天不寫病歷：一位精神科醫師的人文情懷。臺北：心靈工坊。

李淑珺譯（民95）解剖自殺心靈（Autopsy of a suicidal mind, by E. S. Shneidman, 2004）。臺北：張老師文化。

何修瑜譯（民95）比激勵更重要的事：改變世界的領導者教我們的7堂領導課（Inspire! What great leaders do, by L. Secretan, 2004）。臺北：臉譜。

周世箴譯注（民95）我們賴以生存的譬喻（Metaphors we live by, by G. Lakoff & M. Johnson, 1980）。臺北：聯經。

邱珍琬（民95）自我覺察課程實施方案與成果報告。屏東教育大學研究報告，未出版。

洪秀如譯（民92）第二章：團體領導（收錄於王行審訂，團體諮商的理論與實務，By G. Corey, *Theory and practice of group counseling, 5th ed.*）(pp.35-76)。臺北：學富。

洪蘭譯（民89）腦內乾坤（A. Moir & D. Jessel 原著，*The real difference between men & women*）。臺北：遠流。

徐麗明譯（民92）人際歷程心理治療（Interpersonal process in psychotherapy, by E. Teyber, 2000）。臺北：揚智。

崔國瑜、余德慧（民95）從臨終照顧的領域對生命時光的考察，收錄於余德慧等著，臨終心理與陪伴研究（pp.14-50）。臺北：心靈工坊。

畢恆達（民93）空間就是性別。臺北：心靈工坊。

陳信昭等譯（民90）悖論心理治療：用於個人、婚姻及家庭的理論與實務（Paradoxical psychology: Theory and practice with individuals, couples, and families. By G. R. Weeks & L. L'Abate, 1982）。臺北：五南。

黃素菲譯（民93）人際溝通（R. B. Adler & N. Towne, Looking out, looking in, 10th ed.）。臺北：洪葉。

黃孟嬌譯（民93）兒童敘事治療：嚴重問題的遊戲取向（J. Freeman, D. Epston, & D. Lobovis, 1997, *Playful approaches to serious problems-Native therapy with children and their families*）。臺北：張老師文化。

賀孝銘、吳秀碧、張德榮、林清文、林杏足（民90）諮商員「個案概念化」之能力結構與評量標之編制。彰化師大輔導學報，22，193-230。

溫淑真譯（民86）我的孩子想自殺？（Helping your child cope with depression and

suicidal thoughts, by T. K. Shamoo & P. G. Patros, 1997）。臺北：商智文化。

鄭村棋、陳文聰、夏林清譯（民94）與改變共舞。（P. Watzlawick, J. Weakland & R. Fisch, 1974, *Change: Principles of problem formation and problem resolution*）。臺北：遠流。

蕭文（民95）幽默與諮商。「幽默與諮商工作坊」。屏東：屏東教育大學教育心理與輔導學系。

American Psychiatric Association (1994). DSM-IV. Washington, DC: Author.

Adler, A. (1956). Underdeveloped social interest. In H. L. Ansbacher, & R. R. Ansbacher, (Eds.) (pp.250-262), *Individual psychology of Alfred Adler*. N.Y.: Harper Torchbooks.

Aveline, M. (1997). Assessment for optimal therapeutic intervention. In S. Palmer & G. McMahon (Eds.), *Client assessment* (pp.93-114). London: Sage.

Baird, B. N. (2006). *The internship, practicum, and filed placement handbook: A guide for the helping professions* (4th ed.). Upper Saddle River, NJ: Pearson Education.

Baruth, L. G., & Huber, C. H. (1985). *Counseling and psychotherapy: Theoretical analyses and skills applications*. Columbus, OH: Charles E. Merrill.

Beck, A. T., & Weishaar, M. E. (2005). Cognitive therapy, In R. J. Corsini & D. Wedding (Eds.), *Current psychotherapies (7th ed.)* (pp.238-268). Belmont, CA: Brooks/Cole.

Bender, S., & Messner, E. (2003). *Becoming a therapist: What do I say and why?* N. Y.: Guilford.

Berman, P.S. (1997). *Case conceptualization and treatment planning: Exercises for integrating theory with clinical practice*. Thousand Oaks, CA: Sage.

Bobevski, I., & Holgate, A. M. (1997). Characteristics of effective telephone counseling skills. *British Journal of Guidance & Counseling*, 25 (2), 239-249.

Brems, C. (2001). *Basic skills in psychotherapy and counseling*. Belmont, CA: Brooks/Cole.

Burns, G. W. (2005). *101 healing stories for kids and teens: Using metaphors in therapy*. Hoboken, NJ: John Wiley & Sons.

Cade, B., & O'Hanlon, W. H. (1993). *A brief guide to brief therapy*. N. Y.: W. W. Norton & Company.

Capuzzi, D. & Gross, D. R. (1989). *Youth at risk: A resource for counselors, teachers, and parents*. American Association for Counseling and Development.

Carich, M. S. & Metzger, C. (1999). Hypnotherapy. In R. E. Watts & J. Carlson (Eds.), *Interventions and strategies in counseling and psychotherapy* (pp.43-57). Philadelphia, PA: Accelerated Development.

Carlson, J., Watts, R. E., & Maniacci, M. (2006). *Adlerian therapy: Theory & practice.* Washington DC: American Psychological Association.

China Post (6/22/2007, p.5). Name that feeling—you'll feel better.

Constantine, M. G. (2001). Multicultural training, theoretical orientation, empathy, and multicultural case conceptualization ability in counselors. *Journal of Mental Health Counseling*, 23(4), 357-372.

Constantine, M. G., & Gushue, G. V. (2003). School counselors' ethnic tolerance attitudes and racism attitudes as predictors of their multicultural case conceptualization of an immigrant student. *Journal of Counseling & Development, 81*(2), 185-190.

Conyne, R. K. (1999). *Failures in group work: How we can learn from our mistakes.* Thousand Oaks, CA: Sage.

Corey, G. (1996). *Case approach to counseling and psychotherapy* (4th ed.). Pacific Grove, CA: Brooks/Cole.

Corey, G. (2005). *Theory and practice of counseling and psychotherapy* (7th Ed.). Belmont, CA: Brooks/Cole.

Corey, G. & Corey, M. S. (2002). *I never knew I had a choice: Explorations in personal growth.* Pacific Groove, CA: Brooks/Cole.

Cormier, W. H. & Cormier, L. S. (1991). *Interviewing strategies for helpers: Fundamental skills and cognitive behavioral interventions* (3rd ed.). Pacific Grove, CA: Brooks/Cole.

Cormier, W. H., & Cormier, L. S. (1998). *Interviewing strategies for helpers: Fundamental skills and cognitive behavioral interventions* (4th ed.). Pacific Grove, CA: Brooks/Cole.

Culley, S. (1991). Integrative counseling skills in action. London: Sage.

Curwen, B. (1997). Medical and psychiatric assessment. In S. Palmer & G. McMahon (Eds.), *Client assessment* (pp.47-72). London: Sage.

Dattillo, F. M. (2000). Graphic perceptions, In R. E. Watts(Ed.), *Techniques in marriage and family counseling (Vol. 1)*, (pp.49-61). Alexandria, VA: American

Counseling Association.

de Shazer, S. (1985). *Keys to solution in brief therapy.* N. Y. : Norton.

Dougherty, J. (2005). Ethics in case conceptualization and diagnosis: Incorporating a medical model into the developmental counseling tradition. *Counseling & Values, 49*(2), 132-140.

Doyle, R. E. (1998). *Essential skills and strategies in the helping process* (2nd ed.). Pacific Grove, CA: Brooks/Cole.

Dryden, W., & Feltham, C. (1993). *Brief counseling: A practical guide for beginning practitioners.* Buckingham, PA: Open University.

Duys, D. K., & Hedstrom, S. M. (2000). Basic counselor skills training and counselor cognitive complexity. *Counselor Education & Supervision, 40*(1), 8-18.

Egan, G. (1998). *The skilled helper: A problem-management approach to helping* (6th ed.). Pacific Grove, CA: Brooks/Cole.

Egan, G. (2002). *The skilled helper: A problem-management approach to helping* (7th ed.). Pacific Grove, CA: Brooks/Cole.

Ellis, A. (2005). Rational emotive behavior therapy, In In R. J. Corsini & D. Wedding(Eds.), *Current psychotherapies (7th ed.)* (pp.166-201). Belmont, CA: Brooks/Cole.

Erdman, P., & Lampe, R. (1996). Adapting basic skills to counsel children. *Journal of Counseling & Development, 74*(4), 374-377.

Eriksen, K., & McAuliffe, G. (2003). A measure of counselor *competency. Counselor Education & Supervision, 43* (2), 120-133.

Falco, L. D., & Bauman, S. (2004). The use of process notes in the experiential component of training group workers. *Journal of Specialists in Group Work, 29*(2), 185-192.

Fontaine, J. H., & Hammond, N. L. (1994). Twenty counseling maxims. *Journal of Counseling & Development, 73*(2), 223-226.

Frame, M. W. (2000). Constructing religious/spiritual genograms. In R. E. Watts (Ed.), *Techniques in marriage and family counseling (Vol. 1)*, (pp.69-74). Alexandria, VA: American Counseling Association.

Ginns-Gruenberg, D., & Zacks, A. (1999). Bibliotherapy: The use of children's literature as a therapeutic tool. In C. Schaefer (Ed.) (2nd ed.), *Innovative psychotherapy techniques in child and adolescents therapy* (pp.454-489). N.Y.:

John Wiley & Sons.

Gladwell, M. (2005). *Blink:The power of thinking without thinking*. N.Y.: Back Bay Books/Little, Brown & Co.

Grant, J. (2006). Training counselors to work with complex clients: Enhancing emotional responsiveness through experiential methods. *Humanistic Counseling, Education & Development, 44* (2), 218-230.

Grant, J., & Crawley, J. (2002). *Transference and projection: Mirrors to the self.* Maidenhead, UK: Open University.

Greenberg, L. S., & Paicio, S. C. (1997). *Working with emotions in psychotherapy.* N.Y.: Guilford.

Hackney, H. L., & Cormier, L. S. (1994). *Counseling strategies and interventions* (4th ed.), Needham Heights, MA: Allyn & Bacon.

Hackney, H. L., & Cormier, L. S. (2001). *The professional counselor: A process guide to helping* (4th ed.). Needham, MA: Allyn & Bacon.

Haig, R. A. (1988). *The anatomy of humor: Biopsychosocial and therapeutic perspectives.* Springfield, IL: Charles C Thomas.

Hazler, R. J. & Kottler, J. A. (1994). *The emerging professional counselor: Student dreams to professional realities.* Alexandria, VA: American Counseling Association.

Heron, J. (2001). *Helping the client: A creative practical guide* (5th Ed.). London: Sage.

Higgins, J. A., & Dermer, S. (2001). The use of film in marriage and family counselor education. *Counselor Education & Supervision, 40*(3), 182-192.

Hill, C. E., & O'Brien, K. M. (1999). *Helping skills: Facilitating exploration, insight, and action.* Washington DC: American Psychological Association.

Ivey, A. E., & Ivey, M. B. (2003,). *Intentional interviewing and counseling: Facilitating client development in a multicultural society.* Pacific Groove, CA: Brooks/Cole.

Jacobs, E. E., Masson, R. L., & Harvill, R. L. (1998). *Group counseling: Strategies and skills* (3rd Ed).Pacific Grove, CA: Brooks/Cole.

Kottler, J. A., & Brew, L. (2003). *One life at a time:Helping skills and interventions.* N.Y.: Brunner-Routledge.

Ladany, N., Marotta, S., & Muse-Burke, J. L. (2001). Counselor experience related to complexity of case conceptualization and supervision preference. *Counselor Education & Supervision, 40* (3), 203-219.

Leeds, S. (1999,). Rational-Emotive adventure challenge therapy. In C. Schaefer (Ed.) (2nd ed.), *Innovative psychotherapy techniques in child and adolescents therapy* (pp.189-226). N.Y.: John Wiley & Sons..

Liu, D. (2002). *Metaphor, culture, and worldview: The case of American English and the Chinese language*. Lanham, MD: University Press of American.

Long, V. O. (1996). *Communication skills in helping relationships: A framework for facilitating personal growth*. Pacific Groove, CA: Brooks/Cole.

March-Smith, R. (2005). *Counseling skills for complementary therapists*. Berkshire, England: Open University.

Martin, D. G. (2000). *Counseling and therapy skills* (2nd ed.). Prospect Heights IL, : Waveland.

McAuliffe, G. (2000). How counselor education influences future helpers: What students say. In G. McAuliffe, K. Ericksen, & Associates, *Preparing counselors and therapists: Creating constructivist and developmental programs* (pp.42-61). Virginia Beach, VA: Donning Company.

McLennan, J., & Culkin, K. (1994). Telephone counselors' conceptualizing abilities and counseling skills. *British Journal of Guidance & Counseling, 22*(2), 183-195.

McLeod, J. (1996). Counselor competence. In R. Bayne, I. Horron, & J. Bimrose (Eds.), *New directions in counseling* (pp.36-49). London: Routledge.

Mosak, H. H. (1987). *Ha ha and aha: The role of humor in psychotherapy*. Chicago, IL: Accelerated Development.

Murdin, L., & Errington, M. (2005). *Setting out: The importance of the beginning in psychotherapy and counseling*. East Sussex, England: Routledge.

Murdock, N. L. (1991). Case conceptualization: Applying theory to individuals. *Counselor Education & Supervision, 30*(4), 355-365.

Nelson-Jones, R. (1997). *Practical counseling & helping skills: Text & exercises for the lifeskills counseling model* (4th Ed.). London: Cassell.

Nelson-Jones, R. (2005). *Introduction to counseling skills: Texts & activities* (2nd Ed.). London: Sage.

Nicoll, W. G. (1999). Brief therapy strategies and techniques. In R. E. Watts & J.

Carlson (Eds.), *Interventions and strategies in counseling and psychotherapy* (pp.15-30). Philadelphia, PA: Accelerated Development.

Nystul, M. (1999). Problem-solving counseling: Integrating Adler's and Glasser's theories. In In R. E. Watts, & J. Carlson (Eds.). *Interventions and strategies in counseling and psychotherapy* (pp.31-42). Philadelphia, PA: Accelerated Development.

O'Hanlon, W. H. (1987). *Taproots: Underlying principles of Milton Erickson's therapy and hypnosis.* N.Y.: W.W.Nprton & Company.

Okun, B. F. (1997). *Effective helping :Interviewing & counseling techniques* (5th Ed.). Pacific Groove, CA: Brooks/Cole.

Omizo, M. M., & Omizo, S. A. (1990). Children and stress: Using a phenomenological approach. *Elementary School Guidance & Counseling, 25*(1), 30-36.

Osborn, C. J., Dean, E. P., & Petruzzi, M. L. (2004). Use of siluated multidisciplinary treatment teams and client actors to teach case conceptualization and treatment planning skills. *Counselor Education & Supervision*, 44(2), 121-134.

Payne, H. (1999). The use of dance movement therapy with troubled youth. In C. Schaefer (Ed.)(2nd ed.), *Innovative psychotherapy techniques in child and adolescents therapy* (pp.36-76). N.Y.: John Wiley & Sons.

Pipes, R. B., & Davenport, D. S. (1990). Introduction to psychotherapy: Common clinical wisdom. Englewood Cliffs, N. J. : Prentice Hall.

Riordan, R. J., & Soet, J. E. (2000). Scripotherapy: Therapeutic writing for couples and families. In R. E. Watts(Ed.), *Techniques in marriage and family counseling (Vol. 1),* (pp.103-110). Alexandria, VA: American Counseling Association.

Rowan, J. (2005). *The future of training in psychotherapy and counseling.* East Sussex, UK Routledge.

Ruddell, P. (1997). General assessment issues. In S. Palmer & G. McMahon (Eds.), *Client assessment* (pp.6-28). London: Sage.

Sanders, D., & Wills, F. (2005). *Cognitive therapy: An introduction* (2nd ed.). Thousand Oaks, CA: Sage.

Seem, S. R., & Johnson, E. (1998). Gender bias among counselor trainees: A study of case conceptualization. *Counselor Education & Supervision, 37*(4), 257-268.

Selekman, M. D. (2005). *Pathways to change: Brief therapy with difficult adolescents* (2nd ed.). N.Y.: Guilford.

Sherman, R. (1999). Family therapy: The art of integration. In R. E. Watts & J. Carlson (Eds.), *Interventions and strategies in counseling and psychotherapy* (pp.101-134). Philadelphia, PA: Accelerated Development.

Sharry, J. (2004). *Counseling children, adolescents and families*. Thousand Oaks, CA: Sage.

Siegelman, E. Y. (1990). *Metaphor and meaning in psychotherapy*. N.Y.: Guilford.

Stevens, M. J., & Morris, S. J. (1995). A format for case conceptualization. *Counselor Education & Supervision, 35*(1), 82-94.

Stewart, I., & Joines, V. (1987). *TA today: A new introduction to transactional analysis*. Nottingham, UK: Lifespace.

Sweeney, D. S., & Rocha, S. L. (2000). Using play therapy to assess family dynamics. In R. E. Watts(Ed.), *Techniques in marriage and family counseling (Vol. 1)*, (pp.33-47). Alexandria, VA: American Counseling Association.

Sweeney, T. J. (1989). *Adlerian counseling: A practical approach for a new decade* (3rd ed.). Muncie, IN: Accelerated Development.

Tompkins, A. (2004). *Using homework in psychotherapy: Strategies, guidelines, and forms*. N. Y.: Guilford.

Totton, N. (2003). *Body psychotherapy: An introduction*. Maidenhead, PA: Open University.

Tudor, K., & Worrall, M. (2006). *Person-centered therapy: A clinical philosophy*. East Sussex, UK: Routledge.

Watts, R. E. (1999). The vision of Adler: An introduction. In R. E. Watts, & J. Carlson (Eds.). *Interventions and strategies in counseling and psychotherapy* (pp.1-13). Philadelphia, PA: Accelerated Development.

Wilkins, P. (2003). *Person-centered therapy in focus*. Thousand Oaks, CA: Sage.

Wimpory, D. C., & Nash, S. G. (1999). Musical interaction therapy for children with autism, In C. Schaefer (Ed.) (2nd ed.), *Innovative psychotherapy techniques in child and adolescents therapy* (pp.3-35). N.Y.: John Wiley & Sons.

Witmer, J. M., & Sweeney, T. J. (1995). A holistic model for wellness and prevention over life span. In M. T. Burke & J. G. Miranti (Eds.) *Counseling the spiritual dimension* (pp.19-39). Alexandria, VA: American Counseling Association.

國家圖書館出版品預行編目資料

諮商技術與實務／邱珍琬著. -- 三版. -- 臺
　北市：五南圖書出版股份有限公司, 2022.10
　面； 公分

ISBN 978-626-343-102-7（平裝）

1.CST: 諮商 2.CST: 諮商技巧

178.4　　　　　　　　　　111011458

1BAA

諮商技術與實務

作　　者 ─ 邱珍琬（149.29）

發 行 人 ─ 楊榮川

總 經 理 ─ 楊士清

總 編 輯 ─ 楊秀麗

副總編輯 ─ 王俐文

責任編輯 ─ 金明芬

封面設計 ─ 王麗娟

出 版 者 ─ 五南圖書出版股份有限公司

地　　址：106台北市大安區和平東路二段339號4樓

電　　話：(02)2705-5066　　傳　　真：(02)2706-6100

網　　址：https://www.wunan.com.tw

電子郵件：wunan@wunan.com.tw

劃撥帳號：01068953

戶　　名：五南圖書出版股份有限公司

法律顧問　林勝安律師

出版日期　2007年10月初版一刷
　　　　　2021年 8 月二版一刷
　　　　　2022年10月三版一刷
　　　　　2024年 1 月三版二刷

定　　價　新臺幣500元

經典永恆・名著常在

五十週年的獻禮——經典名著文庫

五南，五十年了，半個世紀，人生旅程的一大半，走過來了。

思索著，邁向百年的未來歷程，能為知識界、文化學術界作些什麼？

在速食文化的生態下，有什麼值得讓人雋永品味的？

歷代經典・當今名著，經過時間的洗禮，千錘百鍊，流傳至今，光芒耀人；

不僅使我們能領悟前人的智慧，同時也增深加廣我們思考的深度與視野。

我們決心投入巨資，有計畫的系統梳選，成立「經典名著文庫」，

希望收入古今中外思想性的、充滿睿智與獨見的經典、名著。

這是一項理想性的、永續性的巨大出版工程。

不在意讀者的眾寡，只考慮它的學術價值，力求完整展現先哲思想的軌跡；

為知識界開啟一片智慧之窗，營造一座百花綻放的世界文明公園，

任君遨遊、取菁吸蜜、嘉惠學子！